Alle Osho Diskurse sind als Originale publiziert worden und als Original-Audios erhältlich. Audios und das vollständige Text-Archiv finden sie unter der online Bibliothek „Osho Library" bei www.osho.com

Titel der Originalausgabe:
The Heart Sutra

3. Auflage 2018
Umschlaggestaltung: Silke Watermeier, www.watermeier.net
Übersetzung: Prem Nirvano
Copyright© Osho International Foundation, Zürich, Schweiz
Copyright© 2010, Innenwelt Verlag GmbH, Köln
OSHO® ist eine registrierte Handelsmarke der Osho International Foundation, Schweiz, lizenziert durch diese. www.osho.com/trademark
Alle Rechte vorbehalten
Nachdruck und fotomechanische Wiedergabe, auch auszugsweise, nur mit Genehmigung des Verlags
www.innenwelt-verlag.de

Druck: CPI books, Leck
Printed in Germany
ISBN 978-3-942502-02-3

OSHO

DAS
HERZ
SUTRA

OSHO KOMMENTIERT BUDDHAS HAUPTSUTRA

Inhalt

1. Du bist ein Buddha 7
2. Sich hingeben, heißt verstehen 36
3. Die Negation des Wissens 65
4. Es gibt kein Ego in dir 93
5. Der Duft des Nichts 123
6. Nur ein vollkommener Egoist kann sich aufgeben 157
7. Voll-Leere – die Seele des Buddhismus 187
8. Der Weg der Intelligenz 215
9. Gegangen, gegangen, hinübergegangen ... 239
10. Sich dem Strom überlassen 268

    Über Osho 298

Ehre der vollkommenen Weisheit,
der lieblichen, der heiligen!

Avalokita, der heilige Herr und Bodhisattva,
zog auf der tiefsinnigen Bahn
der transzendenten Weisheit dahin.
Herabschauend von der Höhe
erkannte er nichts als fünf Haufen,
und er sah, dass sie in ihrem So-sein
leer waren.

om namo bhagavatyai
arya-prajnaparamitayai!

arya-avolokitesvaro bodhisattvo
gambhiram prajnaparamitacaryam
caramano vyavalokayati sma:
panca-skandhas tams ca
svabhavasunyan pasyati sma.

1. KAPITEL

DU BIST EIN BUDDHA

ICH GRÜSSE DEN BUDDHA IN EUCH. ES MAG EUCH NICHT BEWUSST sein, ihr mögt nie im Traum daran gedacht haben, dass ihr Buddhas seid, dass niemand überhaupt etwas anderes sein kann, dass Buddhaschaft der absolut innerste Kern eures Wesens ist, dass sie nicht etwas ist, das erst in Zukunft passiert, sondern dass sie bereits passiert ist. Sie ist die eigentliche Quelle, aus der ihr kommt. Sie ist die Quelle und auch das Ziel. Buddhaschaft ist es, woher wir kommen, und Buddhaschaft ist es, wohin wir gehen. Dies eine Wort ‚Buddhaschaft' enthält alles – den vollen Zyklus des Lebens, vom Alpha bis zum Omega.

Aber ihr schlaft fest. Ihr wisst nicht, wer ihr seid.

Ihr müsst nicht erst zum Buddha werden. Ihr müsst nur erkennen, dass ihr nur einfach zu eurer eigenen Quelle zurückfinden müsst, ihr müsst nur in euch hineinschauen. Eine Konfrontation mit euch selbst wird euch eure Buddhaschaft enthüllen. Am selben Tag, an dem man sich endlich erkennt, wird die ganze Existenz erleuchtet. Nicht, dass da eine Person erleuchtet wird – wie sollte eine Person erleuchtet werden? Schon die Vorstellung, eine Person zu sein, ist Teil des unerleuchteten Geistes. Nicht etwa, dass ich erleuchtet worden wäre – das ‚Ich' muss fallen, ehe man erleuchtet werden kann! Wie also kann ‚ich' erleuchtet werden? Das ist absurd. Am Tag, als ich erleuchtet wurde, wurde die ganze Existenz erleuchtet. Von jenem Moment an habe ich nichts anderes gesehen als Buddhas – in vielen Formen, mit vielen Namen, mit tausendundeinem Problem, aber dennoch Buddhas. Also grüße ich den Buddha in euch. Ich bin ungeheuer froh, dass sich so viele Buddhas hier versammelt haben. Schon die Tatsache, dass ihr zu mir gekommen seid, ist der Anfang des Wiedererkennens. Die Achtung in eurem Herzen vor mir, die Liebe in eurem Herzen zu mir, ist die Achtung und Liebe für eure eigene Buddhaschaft. Das Vertrauen in mich ist kein Vertrauen in etwas außerhalb von euch, sondern euer Vertrauen in mich ist Selbst-Vertrauen. Indem ihr mir vertraut, werdet ihr lernen, euch selbst zu vertrauen. Indem ihr mir nahekommt, werdet ihr euch selbst nahekommen. Es muss nur ein Wiedererkennen passieren. Der Diamant ist da – ihr habt ihn vergessen oder ihr habt euch von Anfang an nicht an ihn erinnert.

Es gibt einen sehr berühmten Ausspruch von Emerson: „Der Mensch ist Gott in Ruinen." Ich stimme ihm zu und ich stimme ihm nicht zu. In dieser Erkenntnis steckt eine gewisse Wahrheit, der Mensch ist nicht, wie er sein sollte. Diese Erkenntnis ist darin enthalten, aber sie steht etwas auf dem Kopf. Der Mensch ist nicht Gott in Ruinen, der Mensch ist vielmehr Gott im Aufbau.

Der Mensch ist ein knospender Buddha. Die Knospe ist da, sie kann jeden Moment aufblühen: einfach ein wenig Mühe, einfach ein wenig Hilfe … Und die Hilfe ist nicht die Ursache. Alles ist ja schon da! Eure Mühe deckt es euch nur auf, hilft euch, das zu entfalten, was da ist – im Verborgenen! Es ist eine Entdeckung, aber die Wahrheit ist bereits da. Die Wahrheit ist ewig.

Hört euch diese Sutras an, denn das hier sind die wichtigsten Sutras in der großen buddhistischen Literatur. Daher heißen sie Das Herz-Sutra – weil es genau das Herz der buddhistischen Botschaft ist.

Aber ich möchte gern ganz von vorn anfangen; nur von dort aus wird der Buddhismus relevant. Lasst es da sein in eurem Herzen: „Du bist ein Buddha!" Ich weiß, es mag anmaßend wirken, es mag sehr hypothetisch wirken, ihr könnt der Sache nicht allzu sehr trauen. Das ist natürlich. Ich versteh das. Lasst es da sein – aber als Saatkorn. Mit diesem Faktum als Mittelpunkt kann vieles anfangen zu passieren, und nur mit diesem Faktum als Mittelpunkt werdet ihr diese Sutras verstehen können. Sie sind ungeheuer machtvoll – wenn auch sehr klein, sehr gedrängt, saatförmig. Aber auf diesem Boden, mit dieser Vision im Sinn – dass du ein Buddha bist, dass du ein knospender Buddha bist, dass du potenziell fähig bist, einer zu werden, dass nichts fehlt, alles bereitsteht, alles nur in die richtige Anordnung gebracht werden muss, dass nur ein bisschen mehr Wachheit dazu gehört, ein bisschen mehr Bewusstsein dazu gehört …

Der Schatz ist da; du brauchst nur ein Lichtchen in dein Haus zu bringen. Ist die Finsternis erst einmal fort, wirst du kein Bettler mehr sein, wirst du ein Buddha sein, wirst du ein Souverän sein, ein Kaiser. Dieses ganze Königreich ist dein, du brauchst es nur einzufordern. Du brauchst nur deinen Anspruch geltend zu machen. Aber du kannst es nicht beanspruchen, solange du glaubst, dass du ein Bettler bist. Du kannst es nicht beanspruchen, du kannst nicht einmal von Ansprüchen träumen, solange du glaubst, dass du ein Bettler bist.

Diese Vorstellung, dass du ein Bettler bist, dass du unwissend bist, dass du ein Sünder bist, ist seit Jahrhunderten von so vielen Kanzeln herab gepredigt worden, dass es zu einer tiefen Hypnose in euch geworden ist. Diese Hypnose gilt es zu brechen. Um sie zu brechen, beginne ich mit: „Ich grüße den Buddha in euch." Für mich seid ihr Buddhas.

All eure Mühen, erleuchtet zu werden, sind lächerlich. Wenn ihr dieses fundamentale Faktum nicht akzeptiert … Es muss einfach zu einem stillschweigenden Pakt werden – dass ihr es seid! Das ist der richtige Anfang, sonst geht ihr fehl. Das ist der richtige Anfang. Beginnt mit dieser Vision und macht euch keine Sorgen, dass daraus eine Art Ego entstehen könnte – dieses: „Ich bin ein Buddha!". Seid unbesorgt, denn der ganze Verlauf des Herz-Sutra wird euch klar machen, dass das Ego die einzige Sache ist, die nicht existiert – das einzige, was nicht existiert! Alles andere ist real.

Es hat Lehrer gegeben, die sagen: Die Welt ist illusorisch, und die Seele ist existent – das Ich ist wahr, und alles andere ist illusorisch, ist *Maya*. Buddha sagt genau das Umgekehrte. Er sagte: Nur das Ich ist unwahr, und alles andere ist real. Und ich gebe eher Buddhas Standpunkt recht als dem anderen. Buddhas Einsicht ist sehr tief, sie ist die tiefgründigere. Niemand ist je bis in solche Dimensionen, solche Tiefen und Höhen der Wirklichkeit vorgedrungen.

Aber fangt mit dieser Vorstellung an – mit diesem Klima um euch, mit dieser Vision. Lasst es jeder Zelle in eurem Körper und jedem Gedanken in eurem Geist gesagt sein; lasst es jedem Winkel und jeder Ecke in eurem Wesen gesagt sein: „Ich bin ein Buddha!" Und keine Sorge wegen dem Ich ... mit dem werden wir schon fertig. ‚Ich' und Buddhaschaft können nicht zusammen existieren. Sobald die Buddhaschaft aufgedeckt ist, verschwindet das ‚Ich' – so wie die Dunkelheit verschwindet, sobald man Licht hineinbringt. Bevor wir auf die Sutras eingehen, mag es helfen, einen kleinen Rahmen, ein kleines Raster zu verstehen. Die alten buddhistischen Schriften sprechen von sieben Tempeln. Genau wie die Sufis von sieben Tälern sprechen und die Hindus von sieben Chakren sprechen, sprechen die Buddhisten von sieben Tempeln. Der erste Tempel ist körperlich, der zweite Tempel ist psychosomatisch, der dritte Tempel ist psychologisch, der vierte Tempel ist psycho-spirituell, der fünfte Tempel ist spirituell, der sechste Tempel ist spirituell-transzendental, und der siebte Tempel – der höchste, der Tempel der Tempel – ist transzendental.

Diese Sutras gehören zum siebten. Das hier sind Aussagen von einem, der den siebten Tempel betreten hat, den transzendentalen, den absoluten. Das ist mit dem Sanskrit-Wort *Prajnaparamita* gemeint – die Weisheit des Jenseits, vom Jenseits, im Jenseits; die Weisheit, die erst kommt, wenn man alle möglichen Identifikationen abgestreift hat, niedrigere wie höhere, diesseitige wie jenseitige, wenn man alle möglichen Identifikationen transzendiert hat, wenn man absolut nicht mehr identifiziert ist, wenn nur eine reine Flamme der Bewusstheit zurückbleibt, unverhüllt durch jeglichen Rauch.

Aus diesem Grunde verehren die Buddhisten dieses Büchlein, dieses winzige Buch. Und sie nannten es das Herz-Sutra – das wahre Herz der Religion, ihr wahrer Kern.

Der erste Tempel – der körperliche – kann auf der Hindu-Leiter mit dem *Muladhar Chakra* verglichen werden; der zweite, der psychosomatische, mit dem *Svadisthan Chakra;* der dritte, der psychologische, mit *Manipura*; der vierte, der psycho-spirituelle, mit *Anahatta*; der fünfte, der spirituelle, mit *Vissudha*; der sechste, der spirituell-transzendentale, mit *Sahasrar*. *Sahasrar* bedeutet tausendblättriger Lotus. Das ist das Symbol des endgültigen Aufblühens: Nichts ist jetzt verhüllt; alles ist unverhüllt, offenbar geworden. Der tausendblättrige Lotus hat sich geöffnet, der ganze Himmel ist erfüllt von seinem Duft, seiner Schönheit, seinem Segen.

In der Moderne hat eine große Sucharbeit nach dem innersten Kern der menschlichen Existenz eingesetzt. Es wird gut sein zu verstehen, wie weit uns unsere modernen Bemühungen führen.

Pawlow, B.F. Skinner und andere Behavioristen drehen sich immer nur um das Körperliche – das *Muladhar*. Sie glauben, der Mensch sei nur Körper. Sie lassen sich allzu sehr auf den ersten Tempel ein, sie lassen sich allzu sehr auf das Körperliche ein, sie vergessen darüber alles andere. Diese Leute versuchen, den Menschen nur aus dem Körperlichen, dem Materiellen heraus zu verstehen. Diese Einstellung wird zum Hindernis, weil sie nicht offen sind.

Wenn man von Anfang an leugnet, dass es etwas anderes gibt als den Körper, dann leugnet man alles Weitersuchen, wird daraus ein Vorurteil. Ein Kommunist, ein Marxist, ein Behaviorist, ein Atheist – Menschen, die glauben, dass der Mensch nur Körper sei ... schon ihr Glaube verschließt ihnen von vornherein die Tür zu allen höheren Realitäten. Sie werden blind. Dabei ist das Körperliche durchaus da. Das Körperliche ist das Offensichtlichste, es bedarf keiner Beweise.

Der physische Körper ist einfach da, man braucht ihn nicht erst zu beweisen. Aber weil man ihn nicht zu beweisen braucht, wird er zur einzigen Realität! Das ist Unsinn. Dann verliert der Mensch alle Würde. Wenn es nichts gibt, worin oder wohin man zu wachsen hat, kann es keine Würde im Leben geben. Dann wird der Mensch zum Ding. Dann bist du nichts Offenes, dann wird dir nichts Höheres widerfahren, dann bist du Körper: Du wirst essen und du wirst ausscheiden und du wirst essen und du wirst Liebe machen und Kinder zeugen, und so geht es immer weiter, und eines Tages stirbst du. Eine mechanische Wiederholung der weltlichen, der trivialen Dinge – wie kann es da irgendeinen Sinn, irgendeine Bedeutung, irgendeine Poesie geben? Wie kann es da irgendeinen Tanz geben?

Skinner hat ein Buch geschrieben: „Jenseits von Freiheit und Würde".

Es sollte besser heißen: Unterhalb von Freiheit und Würde, nicht jenseits. Es ist unterhalb, es ist das denkbar niedrigste Menschenbild, das denkbar hässlichste. Mit dem Körper ist nichts verkehrt, vergesst das nicht! Ich bin nicht gegen den Körper, er ist ein schöner Tempel! Hässlich wird es erst, wenn ihr glaubt, er sei alles.

Man kann sich den Menschen als Leiter mit sieben Sprossen vorstellen – und ihr identifiziert euch mit der ersten Sprosse! Dann seid ihr nach nirgendwo unterwegs. Und die Leiter ist da, und die Leiter ist die Brücke zwischen dieser Welt und jener. Die Leiter ist eine Brücke von der Materie zu Gott. Die erste Sprosse ist völlig in Ordnung, wenn sie im Hinblick auf die ganze Leiter benutzt wird. Wenn sie als erste Stufe fungiert, ist sie ungeheuer schön: Man sollte dem Körper dankbar sein. Aber wenn ihr anfangt, die erste Sprosse anzubeten, dann ist es überhaupt keine Sprosse mehr. Denn eine Sprosse ist nur solange eine Sprosse, wie sie zu einer anderen Sprosse hinführt. Eine Sprosse ist nur dann eine Sprosse, wenn sie Teil einer Leiter ist. Wenn sie keine Sprosse mehr ist, dann sitzt du auf ihr fest. Daher stecken Menschen, die materialistisch sind, immer fest, sie haben immer das Gefühl, dass etwas fehlt, sie haben nicht das Gefühl, irgendwohin unterwegs zu sein. Sie drehen sich in der Runde, im Kreis, und sie kommen immer wieder zum gleichen Fleck. Sie werden müde und angeödet. Sie beginnen an Selbstmord zu denken. Und alle Bestrebungen in ihrem Leben richten sich nur noch darauf, irgendeinen Kitzel zu finden, damit etwas Neues passieren kann. Aber was kann schon ‚Neues' passieren? All die Sachen, mit denen wir uns immer beschäftigt halten, sind nichts als Spielsachen zur Ablenkung.

Denkt an folgende Worte von Frank Sheed: „Die Seele des Menschen schreit nach Sinn und Bedeutung. Und der Wissenschaftler sagt: ‚Hier habt ihr ein Telefon!' oder ‚Schaut nur, ein Fernseher!' – genau wie man ein Baby, das nach seiner Mutter schreit, damit abzulenken sucht, dass man ihm einen Lutscher gibt oder Grimassen schneidet. Die nie versiegende Quelle der Erfindungen hat es hervorragend geschafft, den Menschen abgelenkt zu halten, ihn von der Erinnerung abzuhalten, was ihn eigentlich quält."

Alles, womit euch die moderne Welt ausgestattet hat, ist nichts als süße Lutscher, Spielzeug zur Ablenkung – in Wirklichkeit habt ihr nach der Mutter geschrieen, habt ihr nach Liebe geschrieen, habt ihr nach Bewusstsein geschrieen und habt ihr nach irgendeinem Sinn im Leben geschrieen. Sie aber sagen: „Schaut mal das Telefon! Schaut mal der Fernseher! Schaut mal, wir haben euch lauter schöne Sachen mitgebracht!" Und ihr spielt ein bisschen damit rum; wieder habt ihr es satt, wieder ödet es euch an, und wieder suchen sie weiter nach neuen Spielsachen, um euch abzulenken. Dieser Zustand ist lächerlich. Er ist so lächerlich, dass es geradezu unvorstellbar scheint, wie wir so weiterleben können. Wir sind auf der ersten Sprosse stehengeblieben.

Vergesst nicht, ihr seid im Körper, aber ihr seid nicht der Körper. Haltet euch das ständig innerlich vor Augen. Ihr lebt im Körper, und der Körper ist ein schöner Wohnsitz ... denkt immer daran: Ich will nicht einen Moment lang darauf hinaus, dass ihr anti-körperlich werden sollt, dass ihr anfangt, den Körper zu leugnen, wie es die sogenannten Spiritualisten seit Jahrhunderten tun. Die Materialisten glauben immer, der Körper sei alles, und dann gibt es Leute, die ins andere Extrem gehen und dann behaupten, der Körper sei illusorisch, den Körper gebe es gar nicht: „Zerstört den Körper, auf dass die Illusion zerstört werde, und ihr könnt wahrhaft real werden."

Dieses andere Extrem ist eine Reaktion. Der Materialist schafft sich seine Gegenreaktion im Spiritualisten, aber sie stecken unter einer Decke, sie sind gar nicht so verschiedene Leute.

Der Körper ist schön, der Körper ist real, der Körper muss gelebt werden, der Körper muss geliebt werden. Der Körper ist ein großes Geschenk Gottes. Seid keinen Moment lang gegen ihn und glaubt keinen Moment lang, ihr wärt nur Körper. Ihr seid weit mehr als das. Nutzt den Körper als Sprungbrett.

Der zweite ist psychosomatisch – *Svadisthan*.

Hier liegt das Reich der Freudschen Psychoanalyse. Sie zielt ein wenig höher als Skinner und Pawlow. Freud dringt ein wenig tiefer in die Mysterien des Psychologischen ein. Er ist nicht einfach nur ein Behaviorist, aber er geht nie über das Träumen hinaus. Er analysiert immer nur Träume. Das Träumen existiert als Illusion in euch. Es ist aufschlussreich, es ist symbolisch, es hat eine Botschaft vom Unbewussten ans Bewusstsein zu übermitteln. Aber sich nur auf dieser Ebene zu verstricken, macht keinen Sinn. Nutze das Träumen, aber werde nicht der Traum. Du bist nicht der Traum. Und es ist nicht nötig, so viel Aufhebens davon zu machen, wie es die Freudianer nach wie vor tun. Ihr ganzes Bestreben scheint zu sein, sich in der Dimension des Träumens zu tummeln. Nehmt sie zur Kenntnis, nehmt einen sehr, sehr klaren Standpunkt hierzu ein, versteht ihre Botschaft, aber es ist eigentlich nicht nötig, sich seine Träume von einem anderen analysieren zu lassen. Wenn du selber deinen Traum nicht analysieren kannst, kann es auch sonst niemand, weil dein Traum dein Traum ist. Und dein Traum ist so persönlich, dass niemand anders so träumen kann wie du. Niemand hat je so geträumt wie du, niemand wird je so träumen wie du. Niemand kann dir deinen Traum erklären. Die Interpretation des anderen wird seine Interpretation sein. Nur du kannst da hineinschauen. Und der Traum braucht in Wirklichkeit auch gar nicht analysiert zu werden: Schau dir den Traum als ein Ganzes an – mit Klarheit, mit Wachheit –, und du wirst die Botschaft sehen. Sie ist so laut! Nicht nötig, drei, vier, fünf, sieben Jahre lang in Psychoanalyse zu gehen!

Ein Mensch, der jede Nacht träumt und tagsüber zum Psychoanalytiker geht, um sich analysieren zu lassen, verspinnt sich nach und nach in Traumgewebe. So, wie der erste Typus allzu sehr vom *Muladhara*, vom Körperlichen besessen ist, wird der zweite allzu besessen vom Sexuellen.

Denn das zweite – das Reich der psychosomatischen Wirklichkeit – ist der Sex. Der zweite Typus interpretiert alles im Sinne von Sex. Was immer du tust – geh zum Freudianer, und er wird es auf Sex zurückführen. Nichts Höheres existiert für ihn. Er lebt im Schlamm, er glaubt nicht an den Lotus. Du bringst ihm eine Lotusblüte, er wird sie anschauen und sie auf den Schlamm zurückführen. Er wird sagen: „Das ist nichts, das ist nur schmutziger Schlamm. Ist sie nicht aus dem schmutzigen Schlamm entstanden? Wenn sie aus schmutzigem Schlamm entstanden ist, dann muss sie schmutziger Schlamm sein.

Man führe alles auf seine Ursache zurück, und man hat das Wirkliche." Dann wird jedes Gedicht auf Sex zurückgeführt, wird alles Schöne auf Sex und Perversion und Repression zurückgeführt: Michelangelo ist ein großer Künstler? – dann muss seine Kunst irgendwie auf Sexualität zurückgeführt werden. Und die Freudianer schrecken vor keinen Absurditäten zurück. Sie sagen: „Michelangelo oder Goethe oder Byron, all ihre großen Kunstwerke, die Millionen von Menschen große Freude machen, sind nichts als verdrängter Sex – vielleicht wollte Goethe gerade onanieren und wurde verhindert." Millionen werden am Onanieren gehindert, aber sie werden darum keine Goethes.

Es ist absurd. Aber Freud ist der Herr der Klo-Welt. Dort lebt er, das ist sein Tempel. Kunst wird zu Pathologie, Dichtung wird zu Pathologie, alles wird zu Perversion. Hätte die Freudsche Analyse Erfolg, dann würde es keinen Kalidas, keinen Shakespeare, keinen Michelangelo, keinen Mozart, keinen Wagner mehr geben, weil jeder angepasst wäre. Das aber sind die unangepassten Leute. Fragt man Freud, sind diese Leute psychologisch krank. Das Oberste wird aufs Unterste reduziert. Freud zufolge ist Buddha krank – denn er mag reden, wovon er will: Es ist nur verdrängter Sex. Dieser Ansatz führt alle menschliche Größe auf Niedrigkeit zurück. Hütet euch davor.

Buddha ist nicht krank. Im Gegenteil – Freud ist krank. Die Stille Buddhas, die Freude Buddhas, die Feier Buddhas – sie ist nicht krank; sie ist die volle Blüte des Wohlseins.

Aber für Freud ist der normale Mensch einer, der nie ein Lied gesungen hat, der nie getanzt hat, der nie gefeiert hat, nie gebetet, nie meditiert, nie etwas Kreatives geschaffen hat, der einfach angepasst ist: geht ins Büro, kommt heim, isst, trinkt, schläft und stirbt, hinterlässt keine Spur von Kreativität, hinterlässt keinerlei Signatur, nirgends. Freuds Normalmensch scheint sehr durchschnittlich, stumpf und tot zu sein. Man hat bei Freud den Verdacht, dass er, weil er selber nicht kreativ sein konnte – er war ein unkreativer Mensch –, die Kreativität selbst als Pathologie verdammte. Höchstwahrscheinlich war er ein mittelmäßiger Mensch. Und genau diese seine Mittelmäßigkeit ist es, die sich durch alle Großen der Welt herabgesetzt fühlt.

Der mittelmäßige Geist versucht, alle Größe zu schmälern. Der mittelmäßige Geist kann nicht hinnehmen, dass es irgendein größeres Wesen geben könne als ihn. Das tut weh. Sie ist eine Rache seitens des Mittelmaßes, diese ganze Psychoanalyse und ihre Interpretation des Lebens. Hütet euch vor ihr. Sie ist besser als die erste Sprosse, das stimmt – ein wenig weiter fortgeschritten als die erste, aber man muss weiter und immer weiter Grenzen überschreiten.

Die dritte ist psychologisch. Adler lebt in der Welt des Psychologischen – des Willens zur Macht. Wenigstens etwas – sehr egoistisch, aber wenigstens etwas; ein wenig offener als Freud. Aber das Problem ist, dass Adler, in der gleichen Art und Weise, wie Freud alles auf den Sex zurückführt, immer alles auf den Minderwertigkeitskomplex zurückführt: Die Leute wollen groß werden, weil sie sich minderwertig fühlen: Ein Mensch, der erleuchtet zu werden versucht, ist ein Mensch, der sich minderwertig fühlt, und ein Mensch, der erleuchtet werden will, ist ein Mensch, der auf dem Power-Trip ist.

Nur stimmt das nicht, denn wir haben Menschen erlebt – einen Buddha, einen Christus, einen Krishna –, die so völlig hingegeben sind, dass ihr Trip nicht Power-Trip genannt werden kann. Und wenn ein Buddha aufblüht, hat er dabei keine Vorstellungen von Überlegenheit – absolut nicht. Er verbeugt sich vor der ganzen Existenz! Er hat nicht diese Vorstellung, heiliger als die anderen zu sein – absolut nicht. Alles ist ihm heilig, selbst der Staub ist göttlich. Nein, er hält sich nicht für überlegen, und er hat auch nicht danach gestrebt, überlegen zu werden. Er hat sich kein bisschen minderwertig gefühlt. Er wurde als König geboren; von Minderwertigkeitskomplexen konnte keine Rede sein. Er war von Anfang an obenauf, von Minderwertigkeitskomplexen konnte keine Rede sein. Er war der reichste Mann in seinem Land, der mächtigste Mann in seinem Land: Es gab keine weitere Macht zu erlangen, keine weiteren Reichtümer zu gewinnen. Er war einer der schönsten Männer, die je auf dieser Erde geboren wurden, er hatte eine der schönsten Frauen zur geliebten Gefährtin. Alles hatte er zur Verfügung.

Aber Adler suchte immer nur nach irgendwelchen Minderwertigkeitskomplexen, denn er mochte nicht glauben, dass ein Mensch ein anderes Ziel haben könnte als das Ego. Das ist besser, besser als Freud, ein wenig höher. Das Ego steht ein wenig höher als der Sex; nicht viel höher, aber etwas höher.

Die vierte ist psycho-spirituell, *Anahatta*, das Herz-Zentrum. Jung, Assagioli und andere dringen bis in diese Bereiche vor. Sie kommen höher als Pawlow, Freud und Adler, sie eröffnen mehr Möglichkeiten. Sie akzeptieren die Welt des Irrationalen, des Unbewussten. Sie beschränken sich nicht auf die Vernunft. Sie sind vernünftiger – sie akzeptieren auch die Unvernunft. Das Irrationale wird nicht geleugnet, sondern akzeptiert. Aber hier macht die moderne Psychologie Halt – auf der vierten Sprosse. Und die vierte Sprosse ist genau in der Mitte der ganzen Leiter: drei Sprossen auf der einen und drei Sprossen auf der anderen Seite. Die moderne Psychologie ist noch keine vollständige Wissenschaft. Sie hängt in der Mitte. Sie ist sehr wackelig, weiß nichts Bestimmtes. Sie ist eher hypothetisch denn erfahrungsbezogen. Sie liegt noch in den Geburtswehen.

Die fünfte ist spirituell: Islam, Hinduismus, Christentum – die massenorganisierten Religionen bleiben auf der fünften stecken. Sie gehen nicht über das Spirituelle hinaus. Alle organisierten Religionen, die Kirchen, bleiben dort.

Die sechste ist das Spirituell-Transzendentale – Yoga und andere Methoden. Auf der ganzen Welt sind über die Jahrhunderte hin viele Methoden entwickelt worden, die weniger einer organisierten Kirche gleichen, die nicht dogmatisch sind, sondern erfahrungsbezogen: Du musst etwas mit deinem Körper und Geist anfangen, du musst eine gewisse Harmonie in dir herstellen, sodass du dich zu dieser Harmonie emporschwingen kannst, dich auf diese Wolke der Harmonie schwingen kannst und darauf weit weg von deiner gewöhnlichen Realität ziehen kannst. Yoga kann für alles das stehen; das ist die sechste.

Und die siebte ist transzendental: Tantra, Tao, Zen. Buddhas Haltung ist die der siebten – *Prajnaparamita*. Das bedeutet Weisheit, die transzendental ist, Weisheit, die nur zu dir kommt, wenn all die anderen Körper durchquert wurden und du zu purer Bewusstheit geworden bist, einfach nur Zeuge, pure Subjektivität. Solange der Mensch nicht zum Transzendentalen gelangt, wird der Mensch mit Spielzeug und Lutschern versorgt werden müssen. Er wird mit falschen Sinngebungen versorgt werden müssen.

Erst kürzlich stieß ich auf eine amerikanische Autowerbung. Da stand neben einem schönen Auto ... über dem Auto stand: „Etwas, woran man glauben kann!" Der Mensch ist noch nie so tief gesunken! „Etwas, woran man glauben kann ..." Ihr glaubt an ein Auto? Ja, die Leute glauben dran – die Leute glauben an ihre Häuser, die Leute glauben an ihre Autos, die Leute glauben an ihre Bankkonten.

Wenn ihr euch umschaut, werdet ihr überrascht sein – Gott ist verschwunden, aber das Glauben ist nicht verschwunden. Gott ist nicht mehr da: Jetzt ist da ein Cadillac oder ein Lincoln! Gott ist verschwunden, aber der Mensch hat neue Götter geschaffen – Stalin, Mao. Gott ist verschwunden, und der Mensch hat neue Götter geschaffen – Filmstars. Dies ist das erste Mal in der Geschichte der Menschheit, dass der Mensch so tief gesunken ist. Und selbst wenn ihr euch manchmal an Gott erinnert, ist es nur ein leeres Wort. Vielleicht wenn ihr Schmerzen habt, vielleicht wenn ihr frustriert seid, benutzt ihr Gott – als ob Gott ein Aspirin wäre. Genau das haben euch die sogenannten Religionen glauben gemacht; sie sagen: „Nehmt Gott dreimal täglich, und ihr werdet keine Schmerzen haben!"

Gott ist kein Aspirin, Gott ist keine Schmerztablette. Nur also wenn ihr Schmerzen habt, erinnert ihr euch an Gott. Ein paar Leute erinnern sich an Gott gewohnheitsmäßig, ein paar andere erinnern sich an Gott berufsmäßig. Ein Priester – er erinnert sich berufsmäßig. Er hat nichts mit Gott am Hut, er wird dafür bezahlt. Er ist Profi geworden. Ein paar Leute erinnern sich gewohnheitsmäßig, ein paar Leute berufsmäßig, aber kein Mensch erinnert sich offenbar in tiefer Liebe an Gott. Ein paar Leute rufen seinen Namen an, wenn sie unglücklich sind; kein Mensch erinnert sich seiner, wenn sie frohen Herzens jubeln. Und genau das ist der richtige Moment, sich zu erinnern – denn nur wenn du voll Freude bist, ungeheuer von Freude erfüllt, bist du Gott nahe. Wenn du im Unglück bist, bist du weit entfernt, wenn du im Unglück bist, bist du verschlossen.

Wenn du glücklich bist, bist du offen, fließend, kannst du Gottes Hand halten. Also denkt ihr gewohnheitsmäßig an ihn, weil man euch das von Kindesbeinen an beigebracht hat. Es ist eine Art Gewohnheit geworden wie Rauchen: Wenn ihr raucht, genießt ihr das nicht besonders; wenn ihr jeden Morgen, jeden Abend an Gott denkt, ist nichts damit gewonnen, weil dieses Drandenken nicht aus dem Herzen kommt – rein verbal, mental, mechanisch. Aber wenn ihr nicht an ihn denkt, habt ihr das Gefühl, es fehle etwas. Es ist zum Ritual geworden. Hütet euch, aus Gott ein Ritual zu machen, und hütet euch, professionell damit zu werden.

Ich habe eine sehr berühmte Geschichte gehört:

Die Geschichte handelt von einem großen Yogi – sehr berühmt –, der von einem König das Versprechen erhielt, dass wenn er in tiefes *Samadhi* gehen und ein Jahr lang unter der Erde bleiben könne, der König ihm das beste Pferd des Reiches zum Geschenk machen würde. Der König wusste, dass der Yogi eine Schwäche für Pferde hatte, ein großer Pferdenarr war. Der Yogi war einverstanden. Er wurde lebendig begraben – ein Jahr lang. Aber im Laufe des Jahres wurde das Reich erobert und niemand dachte daran, den Yogi auszugraben.

Etwa nach zehn Jahren fiel es irgendwem ein: „Was ist aus dem Yogi geworden?" Der König schickte ein paar Leute, um nachzusehen. Der Yogi wurde ausgegraben, er war immer noch in seiner tiefen Trance. Ein Mantra, auf das man sich zuvor geeinigt hatte, wurde ihm ins Ohr geflüstert. Er wurde wach, und das erste, was er sagte, war: „Wo ist mein Pferd?"

Nach zehn Jahren tiefer Stille unter der Erde ... aber der Geist ist völlig unverändert geblieben: „Wo ist mein Pferd?" War dieser Mann wirklich in Trance, im *Samadhi*? Hat er an Gott gedacht? Er muss an das Pferd gedacht haben! Aber er war profimäßig bewandert, geschickt. Er hatte offenbar die Technik erlernt, wie man seinen Atem zum Stillstand bringt, und wie man in eine Art von Tod geht – aber es war technisch. Nach zehn Jahren in so tiefer Stille hat sich der Geist nicht im Geringsten verändert! Es ist genau so, als wären diese zehn Jahre nicht verstrichen. Wenn du dich technisch an Gott erinnerst, wenn du dich profimäßig, gewohnheitsmäßig, mechanisch an Gott erinnerst, dann wird nichts passieren.

Alles ist möglich, aber alle Möglichkeiten gehen nur durch das Herz. Daher der Name dieser Schrift: Das Herz-Sutra. Solange du etwas nicht mit großer Liebe tust, mit großer Anteilnahme, mit großem Einsatz, mit Aufrichtigkeit, mit Authentizität, mit deinem ganzen Sein, wird nichts passieren. Für manche Leute ist Religion wie eine Beinprothese – sie hat weder Wärme noch Leben. Und obwohl sie ihnen hilft herumzuhumpeln, wird sie nie Teil von ihnen, muss sie jeden Tag angeschnallt werden. Vergesst nicht: Genau das ist mit Millionen Menschen auf der Welt passiert, das kann auch mit euch passieren. Macht keine Prothese daraus. Lasst euch echte Glieder wachsen. Nur dann wird euer Leben Wärme haben, wird euer Leben Freude haben – nicht ein falsches Lächeln auf den Lippen, nicht eine Art Pseudoglück, das ihr vorspielt, nicht eine Maske, sondern Wirklichkeit. Gewöhnlich setzt ihr euch immerzu alles mögliche auf: Der eine setzt ein schönes Lächeln auf, der andere setzt ein sehr mitleidvolles Gesicht auf, der dritte setzt eine sehr, sehr liebende Persönlichkeit auf – aber all diese Dinge sind wie Kleider, die ihr euch selber anzieht. Tief drinnen bleibt ihr die gleichen.

Diese Sutras können eine Revolution werden.

Das allererste, der Anfang, ist stets die Frage: „Wer bin ich?" Und man muss immer weiterfragen. Wenn du das erste Mal „Wer bin ich?" fragst, wird das *Muladhar* antworten: „Du bist der Körper! Was soll der Unsinn? Frag nicht so dumm – du weißt es längst!" Dann wird das zweite sagen: „Du bist Sexualität." Dann wird das dritte sagen: „Du bist ein Power-Trip, ein Ego!" – und so weiter und so fort.

Merkt euch: Anhalten dürft ihr erst, wenn keine Antwort mehr kommt, eher nicht. Wenn irgendeine Antwort kommt, wie: „Du bist dies, du bist jenes!", dann wisst, dass irgendein Chakra euch mit einer Antwort beliefert. Erst wenn alle sechs Chakren durchlaufen und all ihre Antworten überholt sind. Ihr fragt immer noch: „Wer bin ich?", aber nirgendwoher kommt Antwort, es herrscht absolute Stille .... Eure Frage wird zu ihrem eigenen Echo – „Wer bin ich?" – und es herrscht Stille; nirgendwoher, aus keiner Ecke kommt Antwort, ihr seid absolut präsent, absolut still, und es kommt nicht die leiseste Welle ... „Wer bin ich?" – und nur Stille, dann passiert ein Wunder: Ihr könnt nicht einmal die Frage formulieren. Antworten sind absurd geworden. Zuerst verschwinden die Antworten, dann verschwindet auch die Frage – denn sie können nur gemeinsam leben. Sie sind wie die zwei Seiten einer Medaille – wenn die eine Seite weg ist, kann man die andere nicht behalten.

Erst verschwinden die Antworten, dann verschwindet die Frage. Und mit dem Verschwinden von Frage und Antwort kommst du zur Erkenntnis: Das ist das Transzendentale. Du weißt es, und doch kannst du es nicht sagen; du weißt es, und doch kannst du es nicht artikulieren. Du weißt aus deinem ganzen Sein heraus, wer du bist, aber es lässt sich nicht verbalisieren. Es ist gelebtes Wissen. Es kommt nicht aus irgendeiner Schrift. Es ist nicht geborgt, es stammt nicht von anderen. Es ist in dir aufgetaucht.

Und mit diesem Auftauchen bist du ein Buddha. Und dann fängst du an zu lachen, weil du jetzt erkennst, dass du von Anfang an ein Buddha gewesen bist. Du hattest nur nie so tief nachgeschaut. Du warst immer nur außerhalb deines Seins im Kreis herumgelaufen, du warst nie heimgekommen.

Der Philosoph Arthur Schopenhauer ging einmal eine einsame Straße entlang. In Gedanken vergraben rempelte er einen anderen Passanten an. Wütend gemacht durch den Stoß und die offensichtliche Gleichgültigkeit des Philosophen, schrie der Fußgänger: „Sie, was glauben Sie, wer Sie sind!"

Immer noch in Gedanken verloren sagte der Philosoph: „Wer ich bin? Ach, wüsst ich's!"

Niemand weiß es. Mit diesem Wissen – dass ich nicht weiß, wer ich bin – beginnt die Reise.

Das erste Sutra:

> Ehre der vollkommenen Weisheit,
> der lieblichen, der heiligen!

Das ist eine Anrufung. Alle indischen Schriften beginnen mit so einer Anrufung, aus einem besonderen Grund. In anderen Ländern und anderen Sprachen ist das nicht so – in Griechenland zum Beispiel. Was die Inder damit sagen wollen ist, dass wir hohler Bambus sind, nur Gefäße, durch die das Unendliche strömt. Das Unendliche muss angerufen werden, und wir werden einfach nur zu seinem Instrument. Wir rufen es an, wir rufen es herbei, auf dass es durch uns ströme.

Darum weiß auch niemand, wer dieses Herz-Sutra schrieb. Es ist nicht unterzeichnet worden, denn derjenige, der es schrieb, hielt sich nicht für den Autor. Er war ein Instrument. Er war einfach wie ein Stenotypist – das Diktat kam von jenseits. Es wurde ihm diktiert, er hat es getreu aufgeschrieben, aber er ist nicht der Autor davon – allerhöchstens der Schreiber.

> Ehre der vollkommenen Weisheit,
> der lieblichen, der heiligen!

Dies also die Anrufung – ein paar Wörter, aber jedes Wort ist sehr, sehr bedeutungsgeladen.

> Ehre der vollkommenen Weisheit ...

‚Vollkommene Weisheit' ist die Übersetzung für *Prajnaparamita*. *Prajna* heißt Weisheit. Merkt euch, es heißt nicht Wissen. Wissen ist das, was durch den Verstand kommt, Wissen ist das, was von außen kommt. Wissen ist niemals ursprünglich. Es kann nicht ursprünglich sein, seiner ganzen Natur nach ist es geborgt. Weisheit ist eure ursprüngliche Klarsicht: Sie kommt nicht von außen, sie wächst in euch heran. Sie ist nicht wie eine künstliche Plastikblume, die ihr bloß auf dem Markt zu kaufen braucht. Sie ist eine wirkliche Rose, die am Stamm wächst, durch den Stamm. Sie ist das Lied des Stammes. Sie kommt aus seinem innersten Kern, sie steigt aus seinen Tiefen herauf – gestern noch unausgedrückt, heute ausgedrückt. Gestern war sie unmanifest, heute ist sie manifest geworden.

Prajna heißt Weisheit, aber in der englischen Sprache hat sogar Weisheit einen anderen Beigeschmack. Im Deutschen heißt Wissen: ohne Erfahrung. Du gehst zur Universität und häufst Wissen an. Weisheit bedeutet: Du gehst zum Leben und sammelst Erfahrung. Ein junger Mann also kann viel wissen, aber nie weise sein, denn Weisheit benötigt Zeit. Ein junger Mann kann akademische Grade haben, er kann ein Dr. phil. sein oder ein Dr. med. – das ist nicht schwer; aber nur ein alter Mann kann weise sein. ‚Weisheit' heißt ein Wissen, das man durch die eigene Erfahrung gesammelt hat, aber es kommt immer noch von außen. *Prajna* ist weder Wissen noch Weisheit im üblichen Sinne. Es ist ein inneres Aufblühen, nicht durch Erfahrung, nicht durch andere, nicht einmal durch das Leben und die Konfrontationen des Lebens, nein – sondern einfach dadurch, dass man in absoluter Stille nach innen geht und dem, was dort verborgen ist, zu explodieren erlaubt …

Du trägst Weisheit als Saat in dir, sie braucht nur den richtigen Boden, sodass sie sprießen kann. Weisheit ist immer ursprünglich. Sie ist immer deine, und nur deine. Aber führt euch noch einmal vor Augen: Wenn ich *deine* sage, meine ich damit nicht, dass dabei irgendein Ego ins Spiel kommt. Sie ist deine in dem Sinne, dass sie aus deiner Selbst-Natur kommt, aber sie erhebt keinerlei Anspruch auf irgendein Ich – denn das Ego ist wiederum Teil des Verstandes, nicht deiner inneren Stille.

Paramita bedeutet jenseitig – aus dem Jenseits, jenseits von Zeit und Raum, wenn du in einen Zustand gelangst, wo die Zeit verschwindet, wenn du zu einem inneren Ort gelangst, wo der Raum verschwindet, wenn du nicht weißt, wo du bist und wann, wenn diese beiden Bezugspunkte verschwunden sind. Die Zeit ist außerhalb von dir und genauso ist der Raum außerhalb von dir. Es gibt einen Schnittpunkt in dir, wo alle Zeit verschwindet.

Jemand fragte Jesus: „Sag uns bitte etwas über das Reich Gottes. Was gibt es da Besonderes?" Und Jesus soll gesagt haben: „Dort wird es keine Zeit mehr geben." Dort herrscht Ewigkeit, ein zeitloser Augenblick. Das ist das Jenseits – ein raumloser Raum und ein zeitloser Augenblick. Du bist nicht länger begrenzt, du kannst nicht mehr sagen, wo du bist.

Nun, seht mich an: Ich kann nicht sagen: „Ich bin hier", weil ich auch dort bin. Und ich kann nicht sagen: „Ich bin in Indien", weil ich auch in China bin. Und ich kann nicht sagen, dass ich auf diesem Planeten bin, denn ich bin es nicht. Wenn das Ego verschwindet, bist du einfach eins mit dem Ganzen. Du bist überall und nirgends. Du existierst nicht als separate Wesenheit, du hast dich aufgelöst.

Seht! Am Morgen, auf einem schönen Blatt, schillert ein Tautropfen in der Morgensonne, unaussprechlich schön. Und dann fängt er an zu gleiten, und er gleitet in den Ozean. Auf dem Blatt war er da: Zeit und Raum waren da, er hatte seine eigene Definition, seine Persönlichkeit. Nun, da er in den Ozean geglitten ist, könnt ihr ihn nirgendwo wiederfinden – nicht, weil er nicht-existent geworden wäre, nein. Jetzt ist er überall – darum ist er nirgendwo mehr zu finden. Ihr könnt ihn nicht lokalisieren, weil der ganze Ozean sein Aufenthaltsort geworden ist. Jetzt existiert er nicht mehr getrennt.

Wenn du nicht getrennt von der Existenz existierst, taucht *Prajnaparamita* auf, die Weisheit, die vollkommen ist, die Weisheit, die vom Jenseits ist.

Ehre der vollkommenen Weisheit,
der lieblichen, der heiligen!

Eine wunderschöne Anrufung ... Sie besagt: Ich ehre die Weisheit, die kommt, wenn man ins Jenseits eingeht. Und sie ist lieblich, und sie ist heilig – heilig, weil du heil, das heißt eins mit dem Ganzen geworden bist; lieblich, weil jenes Ego, das nur Hässlichkeit in dein Leben gebracht hatte, nicht mehr ist.

Satyam, Shivam, Sunderam: es ist wahr, es ist gut, es ist schön. Das sind die drei Eigenschaften. Ehre der vollkommenen Weisheit ... Wahrheit. Und genau das ist das Wahre oder die vollkommene Weisheit; das Liebliche – das Schöne; das Heilige – das Gute. Warum wird sie heilig genannt? – weil Buddhas aus ihr geboren werden. Sie ist der Mutterschoß der Buddhas. Du wirst in dem Moment ein Buddha, wo du dieser vollkommenen Weisheit teilhaftig wirst. Du wirst ein Buddha, wenn der Tautropfen im Ozean verschwindet, sein Trennendes verliert, nicht mehr gegen das Ganze kämpft, sich aufgibt, mit dem Ganzen ist, nicht länger gegen es. Daher bestehe ich so darauf, mit der Natur mitzugehen. Seid niemals gegen sie! Versucht nie, sie zu überwinden, versucht nie, sie zu erobern, versucht nie, sie zu besiegen. Wenn ihr versucht, sie zu besiegen, seid ihr zum Scheitern verurteilt, weil der Teil nicht das Ganze besiegen kann – aber genau das versucht jeder. Daher so viel Frustration, weil offenbar alle Leute Gescheiterte sind. Alle versuchen sie, das Ganze zu besiegen, den Fluss anzutreiben. Natürlich wirst du eines Tages davon müde, erschöpft – man verfügt nur über eine sehr begrenzte Energiequelle, und der Fluss ist riesig. Eines Tages reißt er dich mit, und du gibst vor lauter Frustration auf.

Wenn du dich mit Freuden aufgeben kannst, wird daraus Hingabe. Dann ist es nicht mehr Niederlage, sondern wird es Sieg. Man gewinnt nur mit Gott, niemals gegen Gott. Und denkt daran, Gott hat nicht die Absicht, euch zu besiegen. Eure Niederlage ist selbstverursacht. Ihr werdet besiegt, weil ihr kämpft. Wenn ihr besiegt werden wollt, dann kämpft; wenn ihr gewinnen wollt, dann ergebt euch. Dies ist das Paradoxon: dass alle, die bereit sind, sich aufzugeben, zu Siegern werden. Die Verlierer sind die einzigen Gewinner in diesem Spiel. Versucht zu siegen, und eure Niederlage steht absolut fest – wann, ist nur eine Frage der Zeit. Aber sie steht fest, sie wird kommen.

Heilig ist es, weil du dann eins bist mit dem Ganzen.

Du pulsierst mit ihm, du tanzt mit ihm, du singst mit ihm. Du bist wie ein Blatt im Winde: Das Blatt tanzt einfach mit dem Wind, es hat keinen eigenen Willen. Diese Willenlosigkeit ist es, was ich Sannyas nenne, was dieses Sutra ‚heilig‘ nennt.

Das Sanskrit-Wort für ‚heilig‘ ist *Bhagavati*. Dieses Wort zu verstehen ist sogar noch wichtiger als das Wort ‚heilig‘, denn dem Wort ‚heilig‘ haftet vielleicht noch eine gewisse christliche Färbung an. *Bhagavati ... Bhagavati* ist die feminine Form von *Bhagavan*. Erstens benutzt das Sutra nicht das Wort *Bhagavan*, es benutzt *Bhagavati*, die feminine Form – weil die Quelle von allem weiblich, nicht männlich ist. Sie ist *yin*, nicht *yang*, sie ist eine Mutter, kein Vater.

Der christliche Gottesbegriff von Gott als Vater ist nicht so schön. Er ist nichts als das männliche Ego. Das männliche Ego kann sich nicht vorstellen, dass Gott eine Sie sein kann. Das männliche Ego möchte Gott als Er haben. Und ihr könnt selbst sehen: Die christliche Dreifaltigkeit, alle drei Personen sind Männer, die Frau hat hier keinen Zutritt – Gott, der Vater, Christus, der Sohn und der Heilige Geist. Ein reiner Männerclub.

Und merkt euch gut, dass das Weibliche sehr viel grundlegender im Leben ist als der Mann, weil nur die Frau den Mutterschoß hat, nur die Frau Leben, neues Leben auf die Welt bringen kann – es nimmt seinen Weg durch das Weibliche.

Warum kommt es durch das Weibliche? Es ist nicht nur zufällig. Es kommt durch das Weibliche, weil nur das Weibliche sein Kommen zulassen kann – weil das Weibliche rezeptiv ist. Das Männliche ist aggressiv. Das Weibliche kann empfangen, absorbieren, kann zu einem Durchgang werden. Im Sutra heißt es *Bhagavati*, nicht *Bhagavan*. Das ist von ungeheurer Bedeutung. Jene vollkommene Weisheit, aus der all die Buddhas kommen, ist ein weibliches Element, eine Mutter. Der Schoß muss eine Mutter sein. Sobald ihr euch Gott als Vater vorstellt, scheint ihr nicht zu verstehen, was ihr tut. Vater ist eine unnatürliche Institution. Vaterschaft existiert in der Natur nicht. Vaterschaft existiert erst seit ein paar tausend Jahren; sie ist eine menschliche Institution. Die Mutter existiert überall, die Mutter ist natürlich.

Der Vater kam in die Welt durch das Privateigentum. Der Vater gehört der Welt der Ökonomie an, nicht der Natur. Und wenn das Privateigentum erst einmal verschwindet – falls es je verschwindet –, wird der Vater verschwinden; die Mutter aber wird bleiben, wie eh und je. Wir können uns eine Welt ohne Mutter nicht vorstellen, wir können uns eine Welt ohne den Vater sehr leicht vorstellen. Und schon die bloße Vorstellung ist aggressiv. Habt ihr es nicht beobachtet? Nur Deutsche nennen ihr Land Vaterland, jedes andere Land nennt es Mutterland. Das sind gefährliche Leute!

‚Mutterland' ist okay. Sein Land ‚Vaterland' zu nennen ... da beginnt man ein gefährliches Spiel, bringt etwas Gefährliches in Gang. Früher oder später wird die Aggression kommen, wird der Krieg kommen.

Das Samenkorn ist gelegt. Alle Religionen, die sich Gott als Vater vorgestellt haben, sind aggressive Religionen gewesen. Das Christentum ist aggressiv, der Islam auch. Und ihr wisst sehr wohl, dass der jüdische Gott ein sehr wütender und arroganter Gott ist. Und der jüdische Gott erklärt: „Wer nicht für mich ist, ist gegen mich, und ich werde ihn zerstören. Und ich bin ein sehr eifersüchtiger Gott: Ich will keine anderen Götter neben mir!" Die Menschen, die sich Gott als Mutter vorgestellt haben, waren seit jeher friedvolle Menschen.

Buddhisten haben nie einen Krieg im Namen der Religion geführt. Sie haben nie versucht, einen einzigen Menschen mit Gewalt, mit Zwang gleich welcher Form zu bekehren. Die Muslime haben versucht, Menschen mit dem Schwert, gegen ihren Willen, gegen ihr Gewissen, gegen ihr Bewusstsein zu bekehren. Die Christen haben versucht, Menschen mit allen erdenklichen Manipulationen zu Christen zu machen – manchmal durch das Schwert, manchmal durch Brot, manchmal durch andere Gängeleien. Einzig der Buddhismus ... er ist diejenige Religion, die keinen einzigen Menschen je gegen sein Gewissen bekehrt hat. Nur der Buddhismus ist eine gewaltlose Religion, weil die Vorstellung von der letztendlichen Wahrheit eine weibliche ist.

> Ehre der vollkommenen Weisheit,
> der lieblichen, der heiligen!

Und denkt daran: Wahrheit ist schön. Wahrheit ist Schönheit, weil Wahrheit eine Segnung ist. Wahrheit kann nicht hässlich sein, und das Hässliche kann nicht wahr sein. Das Hässliche ist Illusion. Wenn ihr einen hässlichen Menschen seht, dann lasst euch nicht durch seine Hässlichkeit täuschen. Forscht ein wenig tiefer nach, und ihr werdet dort einen schönen Menschen verborgen finden. Lasst euch nicht durch Hässlichkeit täuschen. Die Hässlichkeit steckt nur in eurer Interpretation. Das Leben ist schön, die Wahrheit ist schön, die Existenz ist schön – sie kennt keine Hässlichkeit. Und sie ist lieblich, sie ist weiblich und sie ist heilig. Aber denkt daran, mit ‚heilig' ist nicht das üblich Gemeinte gemeint – etwa im Sinne von Weltfremdheit, so als wäre es heilig im Gegensatz zum Weltlichen und Profanen – nein. Alles ist heilig. Es gibt nichts, das man weltlich oder profan nennen könnte. Alles ist heilig, weil alles vom Einen durchströmt ist.

Es gibt solche und solche Buddhas! – Buddha-Bäume und Buddha-Hunde und Buddha-Vögel und Buddha-Männer und Buddha-Frauen – aber alle sind Buddhas! Alle sind auf dem Wege dahin. Der Mensch ist nicht Gott in Ruinen, der Mensch ist Gott im Aufbau, auf dem Weg.

Das zweite Sutra:

> Avalokita, der heilige Herr und Bodhisattva,
> zog auf der tiefsinnigen Bahn
> der transzendenten Weisheit dahin.
> Von der Höhe herabschauend
> erkannte er nichts als fünf Haufen,
> und er sah,
> dass sie in ihrem So-sein leer waren.

Avalokita ist eine Bezeichnung Buddhas. Buchstäblich bezeichnet sie jemanden, der von oben schaut: *Avalokita* – einer, der von oben schaut, einer, der am siebten Chakra, dem *Sahasrar* steht, am transzendentalen, und von dort aus sieht. Natürlich ist immer alles, was du siehst, von deinem Standpunkt gefärbt, von dem Zustand gefärbt, in dem du bist.

Wenn ein Mensch, der auf der ersten Sprosse lebt – dem physischen Körper –, etwas ansieht, sieht er von diesem Standpunkt aus. Ein Mensch, der auf der physischen Ebene lebt, schaut nur auf deinen Körper, wenn er dich anschaut. Er kann auf nichts anderes schauen als das, er kann nicht mehr sehen als das. Deine Sicht der Dinge hängt davon ab, von wo aus du schaust.

Ein Mensch, der sexuell gestört ist, sexuell in Fantasien verstrickt ist, schaut nur von dieser Warte. Ein Mensch, der Hunger hat, schaut von dieser Warte. Beobachtet es nur einmal in euch selber. Ihr schaut auf etwas, und jedesmal, wenn ihr darauf schaut, wirkt es anders, weil ihr anders seid. Morgens wirkt die Welt etwas schöner als abends. Morgens seid ihr frisch, und morgens seid ihr aus der Tiefe eines großen Schlafs erwacht – aus dem Tiefschlaf, dem traumlosen Schlaf. Ihr habt einen kleinen Geschmack vom Transzendenten bekommen, wenn auch unbewusst. Also sieht am Morgen alles schön aus. Die Leute sind mitfühlender, liebevoller; die Leute sind reiner am Morgen, die Leute sind unschuldiger am Morgen. Wenn es dann wieder Abend wird, werden genau dieselben Leute korrupter geworden sein, gerissener, schlitzohriger, manipulativer, hässlicher, gewalttätiger, betrügerischer. Es sind die gleichen Leute, aber am Morgen waren sie dem Transzendenten sehr nahe. Wenn es Abend geworden ist, haben sie zu sehr in der profanen, in der weltlichen, in der physischen Welt gelebt, und sie haben sich an ihr ausgerichtet.

Der vollkommene Mensch ist einer, der all diese sieben Chakras mit Leichtigkeit durchlaufen kann – das ist der Mensch der Freiheit, der an keinem Punkt festhängt, der wie eine Fernbedienung ist: Du kannst sie auf jedes Programm einstellen. Genau das ist es, was man einen *Mukta* nennt, einen, der wirklich frei ist. Er kann in jede Richtung gehen und dennoch von jeder unberührt bleiben. Seine Reinheit geht nie verloren, seine Reinheit bleibt die des Jenseitigen. Buddha kann kommen und deinen Körper berühren und deinen Körper heilen. Er kann zum Körper werden, aber das ist seine Freiheit. Er kann zum Verstand werden, und er kann zu euch sprechen und euch Dinge erklären, aber er ist nie der Verstand. Er kommt und steht hinter dem Verstand, benutzt ihn, genau so, wie ihr euer Auto fahrt – ihr werdet nie zum Auto. Er benutzt all diese Sprossen, er ist die ganze Leiter. Aber seine letztendliche Warte bleibt das Transzendentale. Das ist seine Natur. *Avalokita* bedeutet einer, der vom Jenseits her auf die Welt sieht.

Avalokita, der heilige Herr und Bodhisattva,
zog auf der tiefsinnigen Bahn
der transzendenten Weisheit dahin

Das Sutra sagt: Dieser Zustand der Jenseitigkeit ist nichts Statisches. Er ist eine Bewegung, er ist ein Prozess, flussartig. Er ist kein Substantiv, er ist ein Verb. Er entwickelt sich immerzu. Darum sprechen die Hindus

vom tausendblättrigen Lotus – tausend steht einfach für unaufhörlich. Es ist symbolisch für Unaufhörlichkeit. Blütenblätter über Blütenblätter über Blütenblätter öffnen sich, immerzu, ohne Ende.
Die Reise beginnt, aber endet nie. Es ist eine ewige Pilgerreise.

Avalokita, der heilige Herr und Bodhisattva,
zog auf der tiefsinnigen Bahn
der transzendenten Weisheit dahin.

Er strömt wie ein Fluss in die Welt des Jenseitigen ein. Er wird „der Heilige Herr und *Bodhisattva*" genannt. Wieder muss man an das Sanskrit-Wort erinnern. Das Sanskrit-Wort ist *Iswara*, was hier als ‚Heiliger Herr' übersetzt wird. *Iswara* bedeutet: der, der absolut reich geworden ist, aber aus eigenem Reichtum heraus, dessen Reichtümer seiner eigenen Natur entstammen; niemand kann sie ihm wegnehmen, niemand kann sie stehlen, sie können nicht verloren gehen. All die Reichtümer, die ihr habt, können verloren werden, können gestohlen werden, werden verloren gehen – eines Tages wird der Tod kommen und wird alles wegnehmen. Wer zu jenem inneren Diamanten vorgedrungen ist, der das eigene Sein ist, dem kann der Tod ihn nicht wegnehmen. Der Tod ist für ihn irrelevant. Er kann nicht gestohlen werden, er kann nicht verloren gehen. Dann ist man zu einem *Iswara* geworden, dann ist man ein ‚heiliger Herr' geworden. Dann ist man *Bhagavan* geworden.

Das Wort *Bhagavan* bedeutet einfach ‚der Gesegnete'. Dann ist man zum Gesegneten geworden. Jetzt gehört ihm seine Gesegnetheit auf Ewigkeit; sie hängt von nichts ab, sie ist unabhängig. Sie ist durch nichts verursacht, also kann sie nicht fortgenommen werden. Sie ist unverursacht, sie ist das eigene, unveräußerliche Wesen. Und er wird *Bodhisattva* genannt. *Bodhisattva* ist ein sehr schöner Begriff im Buddhismus. *Bodhisattva* bedeutet: einer, der zum Buddha geworden ist, sich aber noch in der Welt von Zeit und Raum aufhält, um anderen zu helfen. *Bodhisattva* bedeutet: im Grunde ein Buddha – jederzeit bereit, sich aufzugeben und zu verschwinden, bereit, ins *Nirvana* einzugehen.

Nichts bleibt mehr zu lösen, all seine Probleme sind gelöst. Es besteht keine Notwendigkeit mehr für ihn, hier zu sein, aber er ist immer noch hier. Es gibt hier nichts mehr zu lernen, aber er ist immer noch hier. Und er hält sich in der Körperform, in der Verstandesform – er behält die ganze Leiter. Er ist ins Jenseits gegangen, aber er behält die ganze Leiter – um zu helfen, aus Mitgefühl.

Es geht die Geschichte, als Buddha die Tore zum Höchsten erreichte – *Nirvana* ... Die Tore wurden ihm aufgetan, die Engel tanzten und sangen, um ihn zu empfangen, denn es kommt selten vor, nur alle Jahrmillionen, dass einmal ein Mensch zum Buddha wird. Die Tore öffnen sich, und dieser Tag ist natürlich ein großer Tag des Feierns. All die alten Buddhas hatten sich versammelt, und es gab großen Jubel, und es regnete Blumen, und es spielte Musik, und alles war geschmückt – es war ein Tag der Festlichkeit.

Aber Buddha trat nicht ein. Und die alten Buddhas, alle mit gefalteten Händen, baten ihn, ermunterten ihn einzutreten: „Was steht er da draußen?" Und Buddha soll gesagt haben: „Bis nicht auch alle anderen, die nach mir kommen werden, eingetreten sind, werde ich nicht eintreten. Ich werde mich draußen halten, denn wenn ich erst einmal reingekommen bin, werde ich verschwinden. Dann werde ich diesen Menschen keine Hilfe mehr sein. Ich sehe Millionen von Menschen im Dunkeln tappen und stolpern. Ich bin auf die gleiche Weise herumgetappt, Millionen von Leben lang. Ich möchte ihnen meine Hand geben. Ihr aber schließt jetzt bitte das Tor. Wenn alle da sind, will ich selbst anklopfen, dann mögt ihr mich in Empfang nehmen."

Eine sehr schöne Geschichte ...

Genau das nennt man den Zustand des *Bodhisattvas* – einer, der auf dem Sprung ist zu verschwinden, sich aber noch zurückhält – im Körper, im Verstand, in der Welt, in Zeit und Raum – um anderen zu helfen. Buddha sagt: Meditation ist alles, was du brauchst, um deine Probleme zu lösen, aber eines fehlt ihr: Mitgefühl. Wenn auch das Mitgefühl da ist, dann kannst du anderen helfen, ihre Probleme zu lösen.

Er sagt: Meditation ist pures Gold; sie hat ihre eigene Vollkommenheit. Aber wenn Mitgefühl da ist, dann bekommt das Gold auch noch einen Duft, dann ... eine höhere Art Vollkommenheit, eine neue Art Vollkommenheit, duftendes Gold! Gold ist an sich genug – sehr wertvoll; aber mit Mitgefühl bekommt Meditation einen Duft.

Mitgefühl ist es, was einen Buddha hält, als *Bodhisattva* da zu bleiben, genau auf der Grenzlinie. Ja, ein paar Tage, ein paar Jahre lang kann man sich halten, aber nicht allzu lange – weil alles sich nach und nach von allein auflöst. Wenn du nicht an deinen Körper gebunden bist, wirst du aus ihm entwurzelt. Du kannst manchmal hineingehen, mit Mühe, du kannst den Körper benutzen, mit Mühe, aber du bist nicht länger dort zu Hause. Wenn du nicht länger im Verstand bist, kannst du ihn noch manchmal benutzen, aber er funktioniert nicht mehr so gut, wie er früher funktioniert hat. Du fließt nicht mehr in ihm. Wenn du ihn nicht gerade benutzt, liegt er brach. Er ist eine Maschine, er fängt an zu rosten.

Wenn ein Mensch auf der siebten Sprosse angelangt ist, kann er ein paar Tage, ein paar Jahre lang noch die sechs anderen Sprossen benutzen. Er kann zurückgehen und sie benutzen, aber nach und nach fangen sie an zu brechen. Nach und nach fangen sie an zu sterben. Ein *Bodhisattva* kann nur noch ein einziges Leben hier sein – höchstens. Danach muss er sich auflösen, weil die Maschine sich auflöst.

Aber alle, die je angelangt sind, haben, so gut sie konnten, versucht, die Körper-Verstand-Maschine einzusetzen, um denjenigen zu helfen, die im Körper und im Verstand sind, um denen zu helfen, die nur die Sprache des Körpers und des Verstandes verstehen, um den Jüngern zu helfen.

> Avalokita, der heilige Herr und Bodhisattva,
> zog auf der tiefsinnigen Bahn
> der transzendenten Weisheit dahin.
> Von der Höhe herabschauend
> erkannte er nichts als fünf Haufen,
> und er sah,
> dass sie in ihrem So-sein leer waren.

Wenn man von dieser Warte aus schaut ... Zum Beispiel sagte ich euch eben schon, dass ich den Buddha in euch grüße. Das ist das eine, was man von der Warte des Jenseitigen her sieht: Ich sehe euch als potenzielle Buddhas. Und das andere ist genau dieses: dass ich euch als leere Hülsen sehe. Das, was ihr zu sein glaubt, ist nichts als eine leere Hülse. Der eine glaubt, ein Mann zu sein; das ist eine leere Vorstellung. Das Bewusstsein ist weder männlich noch weiblich.

Jemand glaubt, ein sehr schöner Körper zu sein – dass er schön, stark, dies und jenes ist; das ist eine leere Vorstellung, nur ein Täuschungsmanöver des Egos. Jemand glaubt, sehr viel zu wissen; das ist einfach irrelevant. Sein Hirnmechanismus hat Erinnerungen gespeichert, und er wird von diesen Erinnerungen genarrt. Das sind alles leere Dinge.

Von der Warte des Transzendenten aus sehe ich euch also einerseits als knospende Buddhas, und andererseits sehe ich euch nur als leere Hülsen.

Buddha hat gesagt, dass der Mensch aus fünf Elementen besteht, fünf *Skandhas* – die alle leer sind. Und durch Mischung dieser fünf entsteht ein Nebenprodukt, das man das Ego, das Selbst nennt. Es ist genau wie die Funktionsweise einer Uhr: Sie tickt immerzu, ihr könnt hinhören, und das Ticken ist da. Ihr könnt die Uhr aufmachen, ihr könnt alle Teile auseinandernehmen, um herauszufinden, woher das Ticken kommt. Wo ist das Ticken? Ihr werdet es nirgendwo finden. Das Ticken ist ein Nebenprodukt. Es ist nur eine Verknüpfung verschiedener Dinge. Verschiedene Dinge haben, solange sie zusammenwirken, ein Ticken zur Folge.

Genau das ist euer Ich – fünf Elemente, die zusammenwirken und dabei das Ticken namens Ich zur Folge haben. Aber es ist leer, es enthält nichts. Wenn ihr hingeht und nach irgendetwas Substanziellem in euch sucht, werdet ihr es nicht finden.

Dies ist eine von den tiefsten Intuitionen, Einsichten des Buddha: dass das Leben leer ist, dass das Leben, so wie wir es kennen, leer ist. Und dass das Leben auch voll ist – aber wir nichts darüber wissen. Ausgehend von dieser Leere müsst ihr zu einer Fülle weitergehen, aber diese Fülle ist im Moment unvorstellbar – weil diese Fülle von der jetzigen Warte aus nur leer erscheinen wird. Von jener Warte aus erscheint eure Fülle leer – erscheint ein König wie ein Bettler, erscheint ein Gelehrter, ein beschlagener Mensch, dumm und unwissend.

Eine kleine Geschichte:
Ein gewisser Heiliger nahm einen Schüler an und sagte zu ihm: „Es wäre gut, wenn du versuchen würdest, alles aufzuschreiben, was du vom religiösen Leben weißt, und was dich zu ihm geführt hat."
Der Schüler ging hin und fing an zu schreiben. Ein Jahr später kam er wieder zum Meister zurück und sagte: „Ich habe sehr hart daran gearbeitet, und obwohl es noch lange nicht komplett ist, findest du hier die Hauptgründe für meinen Kampf."
Der Meister las das Werk, das viele tausend Wörter umfasste, und sagte dann zu dem jungen Mann: „Die Gedankenführung ist bewundernswert, alles wird sehr klar ausgedrückt, aber es ist etwas lang. Versuche, es ein wenig zu kürzen." Also ging der Novize fort und kam nach fünf Jahren mit bloßen hundert Seiten zurück.
Der Meister lächelte, und nachdem er es gelesen hatte, sagte er: „Jetzt kommst du tatsächlich dem Herzen der Sache näher. Deine Gedanken haben Klarheit und Stärke. Aber es ist immer noch etwas lang. Versuch es zu kondensieren, mein Sohn."
Der Novize ging traurig fort, denn er hatte schwer gearbeitet, um zur Essenz zu gelangen. Aber nach zehn Jahren kam er wieder, und mit einer tiefen Verbeugung vor dem Meister bot er diesem fünf bloße Seiten dar und sagte: „Dies ist der Kern meines Glaubens, das Kernstück meines Lebens, und ich bitte um deinen Segen, denn du hast mich hingeführt."
Der Meister las es langsam und sorgfältig durch: „Es ist wirklich großartig", sagte er, „in seiner Schlichtheit und Schönheit. Aber vollkommen ist es noch nicht. Versuche es mit einer endgültigen Klärung."
Und als der Meister seine letzte Stunde kommen sah und sich auf sein Ende vorbereitete, eilte sein Schüler zu ihm, und indem er sich vor ihn hinkniete, um seinen Segen zu empfangen, überreichte er ihm ein einziges Blatt Papier – auf dem nichts mehr stand.

Da legte der Meister die Hände auf den Kopf seines Freundes und sagte: „Jetzt ... jetzt hast du verstanden."

Von dieser transzendentalen Warte aus ist das, was ihr habt, leer. Von eurer Warte, eurer neurotischen Warte aus ist das, was ich habe, leer. Buddha scheint leer, einfach pure Leere für euch zu sein. Aufgrund eurer Vorstellungen, aufgrund eures Klammerns, eurer Besitzgier in allem erscheint Buddha als leer. Buddha ist voll! Ihr seid leer. Und seine Warte ist absolut, eure Warte ist sehr relativ.

Das Sutra sagt: Leere ist der Schlüssel zum Buddhismus – *Shunyata*. Wir werden immer weiter da hineingehen, je mehr wir in die tieferen Schichten des Herz-Sutra eindringen. Meditiert über diese Sutras – meditiert mit Liebe, mit Mitgefühl, nicht mit Logik und Vernunft. Wenn ihr diese Sutras mit Logik und Vernunft angeht, werdet ihr ihren Geist töten. Nehmt sie nicht auseinander. Versucht, sie zu verstehen. Versucht, sie so zu verstehen, wie sie sind, und bringt nicht euren Verstand rein – euer Verstand ist ein Störenfried.

Wenn ihr diese Sutras ohne euren Verstand betrachten könnt, wird eine große Klarheit über euch kommen.

2. Kapitel

SICH HINGEBEN, HEISST VERSTEHEN

Die erste Frage:

> Manchmal, wenn ich einfach in Meditation sitze, kommt mir die Frage hoch: Was ist Wahrheit? Aber wenn ich dann hier bin, stelle ich fest, dass ich nicht fragen kann. Was passiert in solchen Momenten? Diese Frage kommt mit einer solchen Gewalt hoch, dass ich dich, wenn du in meiner Nähe wärst, bei Bart oder Kragen packen und fragen würde: „Was ist Wahrheit, Osho?"

Das ist die wichtigste Frage, die einem überhaupt in den Sinn kommen kann, aber es gibt keine Antwort darauf. Die wichtigste Frage, die letztmögliche Frage, kann keine Antwort haben; eben darum ist sie die letztmögliche.

Als Pontius Pilatus von Jesus wissen wollte: „Was ist Wahrheit?", schwieg Jesus. Und nicht nur das – es heißt, Pontius Pilatus habe die Antwort nicht einmal abgewartet, nachdem er die Frage „Was ist Wahrheit?" gestellt hatte. Er verließ den Raum und ging weg! Das ist sehr seltsam. Pontius Pilatus meint ebenfalls, dass es darauf keine Antwort geben könne – darum wartete er nicht die Antwort ab. Jesus schwieg, weil er ebenfalls weiß, dass sie nicht zu beantworten ist.

Aber diese zwei Varianten des Verstehens sind nicht gleich; denn diese beiden Personen sind diametral entgegengesetzt. Pontius Pilatus glaubt, sie könne nicht beantwortet werden, weil es gar keine Wahrheit gebe; wie also kann man dann antworten? Da sieht man den logischen Kopf, den römischen Kopf. Jesus schweigt nicht, weil es keine Wahrheit gibt, sondern weil die Wahrheit so unendlich ist – sie ist nicht definierbar! Die Wahrheit ist so riesig – unermesslich! Sie lässt sich nicht in ein Wort zwängen, sie lässt sich nicht auf Sprache reduzieren. Sie ist da. Man kann sie sein, aber man kann sie nicht sagen.

Aus zwei verschiedenen Gründen haben sie sich praktisch identisch verhalten: Pontius wartete nicht erst die Antwort ab, er wusste bereits, dass es keine Wahrheit gibt. Jesus schwieg, weil er die Wahrheit wusste – und wusste, dass sie nicht gesagt werden kann. Es ist Chidvilas, der diese Frage gestellt hat. Die Frage ist absolut triftig. Es gibt keine höhere Frage als diese, denn es gibt keine Religion, die über der Wahrheit stünde.

Das muss verstanden werden. Die Frage muss analysiert werden. Wenn ihr die Frage analysiert, die Frage selbst zu verstehen sucht, könnt ihr vielleicht einen Einblick gewinnen, was Wahrheit ist. Ich werde es nicht beantworten, ich kann es nicht beantworten. Niemand kann es beantworten. Aber wir können tief in die Frage hineingehen. Indem wir tief in die Frage gehen, wird die Frage langsam verschwinden. Wenn die Frage verschwunden ist, werdet ihr die Antwort finden – dort, im tiefsten Kern eures Herzens, seid ihr Wahrheit, wie könnt ihr sie also verfehlen? Vielleicht habt ihr es vergessen, vielleicht habt ihr es aus den Augen verloren, vielleicht habt ihr vergessen, wie das geht – in sein eigenes Sein, in seine eigene Wahrheit hineingehen.

Die Wahrheit ist keine Hypothese, die Wahrheit ist kein Dogma. Die Wahrheit ist weder hinduistisch noch christlich noch muslimisch. Die Wahrheit gehört weder dir noch mir. Die Wahrheit gehört niemandem, aber jeder gehört der Wahrheit.

Wahrheit heißt – das, was ist: das ist die genaue Wortbedeutung. Es kommt aus einer lateinischen Wurzel: *Vera*. *Vera* bedeutet: Das, was ist. Im Englischen gibt es ein paar Wörter, die aus der lateinischen Wurzel *Vera* stammen: ‚was‘, ‚were‘ – die kommen von *Vera*. Das deutsche ‚war‘ – auch das kommt von *Vera*… *Vera* heißt: Das, was ist, uninterpretiert. Sobald sich eine Interpretation einschleicht, ist das, was du weißt, Realität, nicht Wahrheit. Das ist der Unterschied zwischen Realität und Wahrheit: Realität ist interpretierte Wahrheit.

Im selben Moment also, wo du auf „Was ist Wahrheit?" antwortest, wird Realität draus, ist es nicht länger Wahrheit. Eine Deutung hat sich eingemischt, der Verstand hat sie gefärbt. Und Realitäten gibt es so viele, wie es Köpfe gibt. Es gibt nur Multi-Realitäten – Wahrheit ist eins. Denn Wahrheit wird nur dann erkannt, wenn der Verstand nicht da ist. Der Verstand ist es, der euch von mir getrennt hält, von anderen getrennt hält, von der Existenz getrennt hält. Wenn ihr durch den Verstand schaut, dann ist es der Verstand, der euch ein Bild der Wahrheit geben wird, und es wird nur ein Abbild, ein Foto dessen sein, was ist. Und natürlich hängt das Foto von der Kamera ab, von dem Film, der benutzt wird, von den Chemikalien ... davon, wie es entwickelt wurde, wie es abgezogen wurde, wer es gemacht hat. Tausenderlei Sachen treten dazwischen – es wird Realität.

Auch das Wort ‚Realität' hat einen schönen Wortsinn. Es kommt aus der Wurzel *Res,* was ‚Ding' oder ‚Dinge' bedeutet. Die Wahrheit ist kein Ding. Ist sie aber erst einmal gedeutet, erst einmal vom Verstand aufgegriffen, definiert, abgesteckt worden, wird sie zum Ding.

Wenn du dich in eine Frau verliebst, ist eine gewisse Wahrheit da – wenn es dir absolut unbewusst passiert ist, wenn du es in keiner Weise ‚gemacht' hast, wenn du nicht gehandelt, nicht manipuliert, wenn du nicht einmal darüber nachgedacht hast. Plötzlich siehst du eine Frau, schaust ihr in die Augen, sie schaut dir in die Augen, und etwas macht klick. Du bist dabei nicht der Macher, es ergreift einfach Besitz von dir, du plumpst einfach da hinein. Es hat nichts mit dir zu tun. Dein Ego spielt keine Rolle, jedenfalls nicht am allerersten Anfang, wenn die Liebe noch jungfräulich ist. In dem Moment ist Wahrheit da, aber völlig ungedeutet. Eben darum entzieht sich die Liebe jeglicher Definition.

Bald tritt der Verstand auf den Plan, fängt an, alles in die Hand zu nehmen, Besitz von dir zu ergreifen. Du fängst an, von dem Mädchen als ‚deiner Freundin' zu denken, du fängst an, ans Heiraten zu denken, du fängst an, von der Frau als ‚deiner Frau' zu denken. Nun, das alles sind Dinge: die Freundin, die Ehefrau – das alles sind Dinge. Die Wahrheit ist nicht mehr da, hat sich zurückgezogen. Jetzt werden Dinge wichtiger. Das Definierbare ist sicherer, das Undefinierbare ist unsicher. Du hast angefangen, die Wahrheit zu töten, zu vergiften. Früher oder später wird eine Ehefrau und ein Ehemann da sein – zwei Dinge. Aber die Schönheit ist weg, die Freude ist verschwunden, die Flitterwochen sind vorbei.

Die Flitterwochen sind exakt in demjenigen Moment vorbei, wo die Liebe zur Beziehung wird. Die Flitterwochen sind sehr kurz, leider; wobei ich nicht von den Flitterwochen spreche, die ihr macht. Die Flitterwochen sind sehr kurz. Vielleicht gab es sie nur für einen einzigen Moment – aber welch eine Reinheit, welch eine kristallklare Reinheit, welch eine Göttlichkeit, welch eine Jenseitigkeit ... das kommt aus dem Jenseits, das kommt nicht aus der Zeit. Das gehört nicht dieser profanen Welt an, es ist so etwas wie ein Lichtstrahl, der in ein dunkles Loch fällt. Es kommt aus der transzendentalen Welt. Es ist absolut zutreffend, die Liebe ‚Gott' zu nennen. Nirgendwo im gewöhnlichen Leben kommt ihr der Wahrheit näher als in der Liebe.

Du fragst: „Was ist Wahrheit?"

Das Fragen muss verschwinden; erst dann erkennst du. Wenn du fragst: „Was ist Wahrheit?" – was fragst du damit? Wenn ich sage: „A ist die Wahrheit, B ist die Wahrheit, C ist die Wahrheit", wird das dann die Antwort sein? Wenn ich sage: „A ist die Wahrheit", dann kann A mit Sicherheit nicht die Wahrheit sein, sondern ist etwas anderes, das ich als Synonym für die Wahrheit gebrauche. Wenn es absolut synonym ist, dann wird es eine Tautologie sein. Dann kann ich auch sagen: „Wahrheit ist Wahrheit", aber das ist albern, sinnlos. Nichts ist damit gelöst. Wenn es exakt das gleiche ist, wenn A die Wahrheit ist, dann heißt das, dass die Wahrheit die Wahrheit ist. Wenn A etwas anderes ist, nicht exakt die Wahrheit ist, dann verfälsche ich. Dann trifft die Aussage: „A ist die Wahrheit" nur ungefähr. Und vergiss nicht, da kann es nichts Ungefähres geben. Entweder die Wahrheit ist oder sie ist nicht. Also kann ich nicht sagen: „A ist die Wahrheit."

Ich kann nicht einmal sagen: „Gott ist die Wahrheit", denn wenn Gott die Wahrheit ist, dann ist es wieder eine Tautologie: „Wahrheit ist Wahrheit". Dann ist damit überhaupt nichts gesagt.

Wenn Gott etwas anderes ist als die Wahrheit, dann mag zwar etwas damit gesagt sein, aber dann sage ich etwas Unwirkliches. Dann ist Gott eben etwas anderes, wie kann er also die Wahrheit sein? Wenn ich sage, es ist ungefähr, klingt es linguistisch richtig, aber es ist nicht richtig. „Ungefähr" heißt, da ist eine Lüge, da stimmt etwas nicht. Denn warum sonst ist es nicht hundert Prozent die Wahrheit? Wenn es neunundneunzig Prozent die Wahrheit ist, dann ist etwas da, das nicht die Wahrheit ist. Und Wahrheit und Unwahrheit können nicht zusammen existieren, genausowenig wie Dunkel und Licht zusammen existieren können – denn Dunkelheit ist nichts als Abwesenheit. Abwesenheit und Anwesenheit können nicht koexistieren, Wahrheit und Unwahrheit können nicht koexistieren. Unwahrheit ist nichts als die Abwesenheit von Wahrheit. Es ist also keine Antwort möglich; darum blieb Jesus still.

Aber wenn ihr es euch mit tiefer Einfühlung anschaut, wenn ihr in die Stille von Jesus hineinschaut, werdet ihr eine Antwort bekommen. Stille ist die Antwort. Jesus sagt damit: „Sei still, so wie ich still bin, und du wirst erkennen" – ohne es mit Worten zu sagen. Es ist eine Geste, es ist sehr, sehr zenmäßig. In jenem Moment, da Jesus still blieb, kommt er dem Weg des Zen, dem buddhistischen Ansatz, sehr nahe. Er ist ein Buddha in jenem Moment.

Buddha beantwortete Fragen dieser Art nie. Er hatte eine Liste von elf Fragen. Wo immer er hinkam, machten seine Jünger die Runde und erklärten den Leuten: „Stellt Buddha nie folgende elf Fragen …" – lauter Fragen, die grundsätzlich sind, Fragen, die wirklich bedeutsam sind. Man konnte alles andere fragen, und Buddha war immer bereit zu antworten. Aber fragt nicht nach dem Grundsätzlichen, weil das Grundsätzliche nur erfahren werden kann. Und die Wahrheit ist das Grundsätzlichste überhaupt; die eigentliche Substanz der Existenz – das ist die Wahrheit. Geh in die Frage hinein. Die Frage ist sinnvoll, sie kommt dir aus dem Herzen: „Was ist Wahrheit?" – ein Verlangen steigt auf zu erkennen, was ist. Schieb es nicht beiseite, geh da hinein. Wann immer es wieder passiert, Chidvilas, dann schließe die Augen, geh hinein in die Frage. Lass den Fokus der Frage ganz, ganz scharf werden – „Was … ist … Wahrheit?"

Lass eine große Konzentration aufsteigen. Vergiss alles andere, als hinge dein ganzes Leben von dieser einfachen Frage ab: „Was ist Wahrheit?" Lass es zu einer Sache von Leben und Tod werden. Und versuche nicht, sie zu beantworten, denn du weißt die Antwort nicht. Zwar mögen Antworten kommen. Der Verstand versucht immer, Antworten zu liefern. Aber sieh die Tatsache, dass du es nicht weißt; deswegen fragst du ja. Wie kann dein Verstand dir also eine Antwort liefern? Der Verstand weiß keine, also sag dem Verstand: „Halt den Mund! Wenn du es wüsstest, wäre die Frage nicht nötig." Du weißt es nicht, daher die Frage.

Lass dich also nicht von den Spielsachen des Verstandes täuschen. Er kommt dir mit Spielsachen. Er sagt: „Sieh doch, in der Bibel steht … Sieh doch, in den *Upanishaden* steht … hier ist die Antwort! Sieh doch, das hier hat Laotse gesagt, hier ist die Antwort." Der Verstand kann dir alle möglichen Schriften hinwerfen. Der Verstand kann zitieren, der Verstand kann dich aus dem Gedächtnis beliefern. Du hast vieles gehört, du hast vieles gelesen, der Verstand schleppt all diese Erinnerungen mit. Er kann mechanisch nachplappern. Aber sieh in dieses Phänomen hinein, dass der Verstand es nicht weiß. Und alles, was der Verstand nachplappert, ist geborgt, und das Geborgte kann nicht helfen.

An einem Bahnübergang passierte folgendes: Die Schranken waren geschlossen, ein Zug sollte durchkommen, und ein Mann saß in seinem Auto, wartete auf den Zug und las dabei ein Buch. Ein Betrunkener, der zufällig neben den Schranken saß, näherte sich, klopfte an das Fenster des klimatisierten Wagens. Der Mann öffnete das Fenster und sagte: „Was kann ich für dich tun? Brauchst du Hilfe?" Der Penner sagte: „Ja, seit zwei Tagen habe ich keinen Bissen gegessen. Können Sie mir zwei Rupien geben? Das wird reichen, nur zwei Rupien."
Der Mann lachte und sagte: „Verleihe nichts und borg nie Geld!", zeigte dabei auf sein Buch und sagte: „Shakespeare – Shakespeare sagt nein. Da, sieh!"
Der Penner zog ein schmuddeliges Paperback aus der Tasche, zeigte auf eine Stelle darin und sagte zu dem Mann: „Verdammtes Arschloch – D.H. Lawrence."

Hüte dich vor dem Verstand. Der Verstand zitiert immer nur, der Verstand weiß alles, ohne das geringste zu wissen. Der Verstand ist ein Hochstapler. Sieh in dies Phänomen hinein – das nenne ich Einsicht! Es ist nicht eine Frage des Denkens. Wenn du darüber nachdenkst, ist es wieder nur der Verstand. Du musst ihn bis auf den Grund durchschauen. Du musst tief in das Phänomen selbst hineinschauen – die Funktionsweise des Verstandes, wie der Verstand funktioniert. Er borgt sich hier was und da was, er borgt immer nur und hamstert. Er ist ein Hamsterer, ein Horter von Wissen. Der Verstand wird sehr neunmalklug. Und dann, wenn du irgendwann eine Frage stellst, die wirklich wichtig ist, gibt der Verstand dir eine völlig belanglose Antwort darauf – sinnlos, oberflächlich, Schrott.

> Ein Mann besorgt sich einen Papagei aus dem Zoo-Geschäft. Der Ladenbesitzer versichert ihm, der Vogel werde binnen einer halben Stunde lernen, „Hallo" zu sagen.
> Zu Hause angekommen, macht er eine Stunde lang dem Papagei „Hallo!" vor, aber kein Wort von dem Vogel.
> Als er sich in schierer Verzweiflung abwendet, sagt der Vogel: „Kein Anschluss unter dieser Nummer!"
> Ein Papagei ist ein Papagei. Er muss es im Zoo-Geschäft gehört haben. Und dieser Mann war ihm mit seinem ewigen „Hallo! Hallo! Hallo!" gekommen, und der Vogel hatte zugehört und wollte nur, dass er endlich damit aufhörte. Da fiel ihm ein, dass er „Kein Anschluss unter dieser Nummer" sagen konnte.

Du kannst den Verstand immerzu fragen: „Was ist Wahrheit, was ist Wahrheit, was ist Wahrheit?" Und kaum hörst du damit auf, wird der Verstand sofort sagen: „Kein Anschluss unter dieser Nummer" oder dergleichen. Der Verstand wird dir jedenfalls eine Antwort geben. Hüte dich vor dem Verstand.

Der Verstand ist der Teufel, es gibt keinen anderen Teufel. Und es ist dein Verstand. Diese Einsicht muss entwickelt werden – dieses Durchschauen bis auf den Grund. Hau den Verstand entzwei und geh schnurstracks hindurch, geh über ihn hinaus! Und wenn du durch den Verstand über den Verstand hinausgehen kannst, und es steigt ein Moment des Nicht-Verstandes in dir auf, dann ist die Antwort da – keine Antwort in Worten, kein Schriftzitat, keine in Anführungszeichen, sondern authentisch deine – kurz, eine Erfahrung. Die Wahrheit ist eine existenzielle Erfahrung.

Die Frage ist ungeheuer triftig, aber du wirst die Frage mit großem Respekt behandeln müssen. Hab es nicht eilig, eine Antwort zu finden, sonst wird irgendwelcher Schrott die Frage töten. Erlaube deinem Verstand nicht, die Frage zu töten. Und der Verstand tötet die Frage damit, dass er Antworten liefert – ungelebte, unerfahrene.

Du bist die Wahrheit! Aber sie kann nur in äußerster Stille kommen, wenn sich kein einziger Gedanke regt, wenn der Verstand nichts zu sagen hat, wenn keine einzige Welle sich in deinem Bewusstsein kräuselt. Wenn dein Bewusstsein spiegelglatt ist, bleibt dein Bewusstsein unverzerrt. Sobald eine Welle es kräuselt, setzt Verzerrung ein.

Geh einfach einmal an einen See, stell dich ans Ufer und schau auf dein Spiegelbild. Wenn Wellen da sind, kleine Kräusel auf dem See, und der Wind bläst, verwackelt dein Spiegelbild. Du kannst nicht erkennen, was was ist, wo deine Nase ist und wo deine Augen sind – du kannst nur raten. Aber wenn der See still ist und der Wind nicht bläst und keine einzige Welle die Oberfläche kräuselt, bist du plötzlich da. In absoluter Vollkommenheit ist das Spiegelbild da, wird der See zum Spiegel.

Wann immer ein Gedanke durch dein Bewusstsein zieht, bringt er Verzerrung. Und es gibt viele Gedanken, Millionen von Gedanken, immer in Hast, und immer ist Stoßverkehr. Vierundzwanzig Stunden lang ist Stoßverkehr, und der Verkehr geht immer und immer weiter, und an jedem Gedanken hängen Tausende von anderen Gedanken. Sie halten sich alle bei den Händen und sind aneinandergekettet, kreuz und quer verkettet, und der ganze Mob keilt dich ein. Wie kannst du da erkennen, was Wahrheit ist? Komm raus aus dem Mob!

Genau das heißt Meditation. Genau darum geht es bei Meditation: ein Bewusstsein ohne Verstand, ein Bewusstsein ohne Gedanken, ein Bewusstsein ohne Schwanken – ein regloses Bewusstsein. Dann ist sie da, und alles ist Schönheit und Segen. Dann ist sie da, die Wahrheit – nenne sie Gott, nenne sie *Nirvana* oder wie immer du es nennen willst. Sie ist da, und sie ist da als Erfahrung. Du bist in ihr, und sie ist in dir.

Nutze diese Frage. Mache sie dringlicher. Mache sie so durchdringend, setze alles so aufs Spiel, dass der Verstand dich nicht mit seinen oberflächlichen Antworten zum Narren halten kann. Sobald der Verstand verschwindet, sobald der Verstand seine alten Tricks nicht mehr spielen kann, wirst du erkennen, was Wahrheit ist. Du wirst es in Stille erkennen. Du wirst es in gedankenloser Bewusstheit erkennen.

Die zweite Frage:

> Hinter meiner Hingabe steckt eine Absicht. Ich gebe mich hin, um Freiheit zu gewinnen; es ist also gar kein wirkliches Hingeben. Ich beobachte es, aber das Problem ist: Ich bin es immer selber, der es beobachtet. Und so ist jede Erkenntnis, die aus diesem Beobachten kommt, eine Stärkung des Egos. Ich fühle mich vom Ego ausgetrickst.

Du hast nicht begriffen, was Hingeben heißt. Das erste, was du dir über das Hingeben merken musst, ist: Du kannst es nicht tun. Es ist kein Tun. Du kannst wohl verhindern, dass es passiert, aber du kannst es nicht so hindrehen, dass es passiert. Deine Macht beim Hingeben ist rein negativ, du kannst es verhindern, aber du kannst es nicht herbeiführen.

Dich hinzugeben ist nicht etwas, das du tun kannst. Wenn du es tust, ist es kein Hingeben, weil der Macher da ist. Sich hinzugeben ist eine große Erkenntnis – dass „ich nicht bin". Sich hingeben heißt erkennen, dass das Ego nicht existiert, dass du nicht abgetrennt existierst. Sich hingeben ist kein Akt, sondern ein Verstehen. Ohnehin bist du unwirklich. Dein Getrenntsein ist unwirklich! Keinen einzigen Moment lang kannst du getrennt vom Universum existieren. Der Baum kann nicht existieren, wenn er aus der Erde entwurzelt ist. Der Baum kann nicht existieren, wenn die Sonne morgen verschwindet. Der Baum kann nicht existieren, wenn kein Wasser an seine Wurzeln kommt. Der Baum kann nicht existieren, wenn er nicht atmen kann. Der Baum ist in allen fünf Elementen verwurzelt – was die Buddhisten die *Skandhas* nennen, die fünf Gruppen, über die wir gestern sprachen. *Avalokita* ... Als Buddha die transzendentale Warte erreichte, als er alle Stufen hinter sich hatte, als er alle Sprossen der Leiter hinter sich hatte und zur siebten gelangt war und von dort herabsah, zurückschaute – was sah er da?

Er sah nur fünf Haufen mit nichts Substanziellem darin, nur Leere, *Shunyata*.

Der Baum kann nicht existieren, wenn diese fünf Elemente nicht ständig Energie in ihn einströmen lassen. Der Baum ist nur eine Kombination dieser fünf Elemente. Wenn der Baum zu denken anfängt: „Ich bin", dann wird es elend für den Baum. Der Baum wird sich selber die Hölle bereiten. Aber Bäume sind nicht so dumm, sie schleppen keinen Verstand mit. Sie sind da, und wenn sie morgen verschwinden, verschwinden sie einfach. Sie klammern sich nicht fest, es ist niemand da, an den sie sich klammern können. Der Baum ist ständig der Existenz hingegeben. Mit „hingegeben" meint er, er ist niemals getrennt. Er ist nie auf diese dumme Idee mit dem Ego gekommen. Und die Vögel genauso, die Berge genauso, die Sterne genauso. Nur der Mensch hat seine großartige Chance, bewusst zu sein, zu Ich-Befangenheit verkehrt. Der Mensch hat Bewusstsein. Wenn das Bewusstsein wächst, kann es euch die größtmögliche Seligkeit eintragen. Aber wenn etwas schief läuft und das Bewusstsein sauer wird und zu Ich-Befangenheit wird, dann ist die Hölle los, dann schafft es Unglück. Beide Alternativen stehen euch jederzeit offen – ihr habt die Wahl.

Das erste, was es beim Ego zu verstehen gibt, ist, dass es nicht existiert. Niemand existiert getrennt. Ihr seid so sehr eins mit dem Universum wie ich, wie Buddha, wie Jesus. Ich weiß es, ihr wisst es nicht. Der Unterschied liegt nur im Erkennen. Der Unterschied ist nicht existenziell, absolut nicht. Ihr müsst also in diese dumme Einbildung hineinschauen, getrennt zu sein. Wenn du jetzt also versuchst, dich hinzugeben, schleppst du immer noch die Vorstellung der Getrenntheit mit. Dann denkst du: „Ich will mich hingeben, jetzt will ich mich hingeben" – aber du gehst davon aus, dass du bist. Wenn du in die Vorstellung der Getrenntheit selbst hineinschaust, wirst du eines Tages entdecken, dass du nicht getrennt existierst – wie also kannst du dich hingeben? Es ist niemand da, der sich hingeben kann. Es ist nie jemand da gewesen, der sich hingeben kann! Das Hingeben ist nicht da, absolut nicht – nirgends zu finden. Wenn du in dich hineingehen kannst, wirst du das Hingeben nirgendwo finden. Im selben Moment ist das Hingeben da. Wenn das Hingeben nicht zu finden ist, ist augenblicklich die Hingabe da. Du kannst es nicht machen. Wenn du es machst, ist es etwas Unwirkliches. Aus Unwirklichem entsteht nur Unwirkliches. Du bist unwirklich, also wird alles, was du tust, unwirklich sein – noch unwirklicher. Und ein Unwirkliches führt zum nächsten, und so weiter und so fort. Und das grundsätzliche Unwirkliche ist das Ego, die Vorstellung „Ich existiere getrennt".

Du fragst: *„Hinter meiner Hingabe steckt eine Absicht."*

Das Ego ist immer voller Absichten. Es ist immer gierig, es ist immer grabschend. Es ist immer auf der Suche nach mehr und mehr. Es lebt im Mehr. Wenn du Geld hast, will es mehr Geld haben. Wenn du ein Haus hast, will es ein größeres Haus haben. Wenn du eine Frau hast, will es eine schöne Frau haben – aber es will immer mehr. Das Ego ist unentwegt hungrig. Es lebt in der Zukunft und in der Vergangenheit. In der Vergangenheit lebt es als Horter – „ich habe dies und dies und dies". Es zieht eine große Befriedigung daraus: „Ich habe was" – Macht, Prestige, Geld. Das verleiht ihm eine Art Realität. Das erlaubt die Vorstellung, dass es dich, da du all diese Dinge hast, geben muss. Und in der Zukunft lebt es mit der Vorstellung von Mehr. Es lebt als Erinnerung und als Begierde.

Was ist eine Absicht? – eine Begierde: „Da muss ich hin, das muss ich sein, ich muss es schaffen." Das Ego lebt nicht in der Gegenwart – kann es gar nicht, da die Gegenwart das Wirkliche ist und das Ego unwirklich ist – sie begegnen sich nie. Die Vergangenheit ist unwirklich, sie ist nicht mehr. Sie war einmal, aber als sie da war, war das Ego nicht da. Sobald sie verschwunden ist, nicht länger existenziell ist, greift das

Ego nach ihr, fängt es an, sie zu horten. Es grabscht und hortet lauter totes Zeug. Das Ego ist ein Friedhof; es sammelt Leichen, tote Knochen.

Oder es lebt in der Zukunft. Wieder dasselbe: Die Zukunft ist noch nicht – sie ist Einbildung, Phantasie, ein Traum. Damit kann das Ego auch leben, ganz leicht. Unwirklichkeiten passen bestens zusammen, elegant zusammen. Man bringe irgendetwas Existenzielles, und das Ego verschwindet. Darum bestehe ich so sehr darauf, in der Gegenwart zu sein, hier-jetzt zu sein. Einfach nur in diesem Moment ... Wenn du intelligent bist, ist es nicht nötig, über das, was ich hier sage, nachzudenken; es ist dir einfach jetzt, genau in diesem Moment einsichtig! Wo ist das Ego? Es ist Stille da, und es ist keine Vergangenheit da, und es ist keine Zukunft da, nur dieser Moment ... und dieser bellende Hund. Dieser Moment, – und schon bist du nicht. Lass diesen Moment da sein – und du bist nicht da. Da ist nur eine ungeheure Stille, da ist nur eine tiefe Stille, drinnen wie draußen. Und dann brauchst du dich nicht erst hinzugeben, weil du weißt, du bist nicht. Zu wissen, dass du nicht bist, bedeutet Hingabe.

Es geht nicht darum, dich mir hinzugeben. Es geht nicht darum, dich Gott hinzugeben. Es geht überhaupt nicht ums Hingeben! Hingabe ist eine Einsicht, eine Erkenntnis, nämlich dass „Ich nicht bin". Du siehst: „Ich bin nicht, ich bin ein Nichts, eine Leere", und die Hingabe wächst. Die Blüte der Hingabe wächst am Baum der Leere. Sie kann keine Absichten haben. Das Ego hat Absichten. Das Ego lechzt nach der Zukunft. Es kann sogar nach dem Leben im Jenseits lechzen, es kann nach dem Paradies lechzen, es kann nach dem *Nirvana* lechzen. Es ist egal, wonach es lechzt – es besteht nur aus Lechzen, es besteht nur aus dem Begehren, es besteht nur aus dem Projizieren in die Zukunft. Sieh es! Sieh hinein! Ich sage nicht: Denke darüber nach. Wenn du darüber nachdenkst, verfehlst du es. Denken heißt wieder Vergangenheit und Zukunft. Wirf einen Blick hinein – *Avalokita!* – sieh hinein. Das englische Wort *look* kommt aus derselben Wurzel wie *Avalokita*. Sieh hinein, und tu es gleich jetzt. Sag dir nicht: „Okay, ich will heimgehen und es tun."

Dann ist wieder das Ego da, die Absicht dazwischengekommen, die

Zukunft eingetreten. Wann immer die Zeit auftritt, stürzt du in die Unwirklichkeit des Getrenntseins. Fühle es, lass es da sein, genau in diesem Moment. Und dann siehst du plötzlich: Du bist, und du bist nicht irgendwohin unterwegs, und du kommst nicht irgendwoher. Du bist schon immer hier gewesen. Hier ist die einzige Zeit, der einzige Raum. Jetzt ist die einzige Existenz. In diesem Jetzt liegt die Hingabe.

„Hinter meinem Hingeben steckt eine Absicht", sagst du. *„Ich gebe mich hin um Freiheit zu gewinnen."*

Aber du bist frei! Du bist nie unfrei gewesen. Du bist frei, aber wieder taucht dasselbe Problem auf: Du möchtest frei sein, aber du verstehst nicht, dass du nur frei sein kannst, wenn du frei von dir selbst bist – eine andere Freiheit gibt es nicht. Wenn du über Freiheit nur nachdenkst, stellst du es dir so vor, als wärst du dann da – und frei. Du wirst nicht da sein, Freiheit wird da sein. Freiheit heißt Freiheit vom Selbst, nicht Freiheit des Selbst. Im selben Moment, da das Gefängnis verschwindet, verschwindet auch der Gefangene. Denn der Gefangene ist das Gefängnis! Im selben Moment, da du aus dem Gefängnis entkommst, bist auch du nicht. Da ist nur purer Himmel, purer Raum. Dieser pure Raum wird *Nirvana, Moksha,* Befreiung genannt.

Versuche lieber zu verstehen, statt etwas erreichen zu wollen: Ich gebe mich hin, um Freiheit zu gewinnen. Dann benutzt du die Hingabe als Mittel; und in Wirklichkeit ist die Hingabe das Ziel, der Endzweck. Wenn ich sage, die Hingabe ist das Ziel, meine ich damit nicht, dass die Hingabe irgendwo in der Zukunft vollbracht werden müsse. Ich sage damit, dass die Hingabe kein Mittel ist, sondern ein Zweck in sich. Nicht, dass die Hingabe Freiheit brächte – Hingabe ist Freiheit! Es sind Synonyme, beides bedeutet die gleiche Sache. Du schaust aus zwei verschiedenen Blickwinkeln auf die gleiche Sache.

… es ist also gar keine wirkliche Hingabe.

Es ist weder wirkliche noch unwirkliche. Sie ist überhaupt keine Hingabe. Sie ist noch nicht einmal unwirklich.

Ich beobachte es, aber das Problem ist: Ich bin es immer selbst, der beobachtet. Daher ist jede Erkenntnis, die aus diesem Beobachten kommt, eine Stärkung des Egos. Ich fühle mich vom Ego ausgetrickst.

Wer ist dieses Ich, von dem du da redest, und das sich vom Ego ausgetrickst fühlt? Doch nur das Ego selbst! Das Ego ist dergestalt, dass es sich in Fragmente aufsplittern kann, in Teile, und dann geht das Spiel los. Du bist der Jagende und du bist der Gejagte. Es ist wie ein Hund, der seinen eigenen Schwanz zu packen versucht und immer wieder danach springt. Und ihr schaut zu und seht das Absurde daran, aber nur ihr seht das Absurde, der Hund kann es nicht sehen. Je mehr er merkt, dass es schwierig ist, den Schwanz zu packen, desto verrückter wird er, desto mehr springt er. Und je schneller und größer der Sprung, desto schnellere und größere Sprünge macht auch der Schwanz. Und der Hund hat keine Ahnung, was da vor sich geht, und er kann doch sonst alles so toll zu fassen kriegen! Und es ist doch nur ein gewöhnlicher Schwanz, trotzdem kann er ihn nicht zu fassen kriegen?!

Genau dasselbe passiert mit dir. Es ist das Ich, das da zupacken will, und das sowohl der Fänger als auch das Gefangene ist. Sieh das Lächerliche daran, und in diesem bloßen Sehen sei frei davon. Hier braucht nicht das Geringste getan zu werden – nicht das geringste, sage ich. Denn ihr seid bereits das, was ihr werden möchtet. Ihr seid Buddhas, ihr seid nie etwas anderes gewesen. Sehen genügt. Und wenn du sagst: *Ich beobachte es,* ist es wieder das Ich. Im Beobachten setzt sich das Ich wiederum fort, denn dieses Beobachten ist ein Tun. Es erfordert Anstrengung: Du bist mit dem Beobachten beschäftigt, wer also beobachtet?

Entspanne dich! In der Entspannung – wenn es nichts zu beobachten gibt und keinen, der beobachtet, wenn du nicht in eine Dualität gespalten bist – ja, dann taucht eine andere Art von Zeugesein auf. Es ist kein Beobachten; es ist einfach passive Bewusstheit; passiv, sage ich – merkt es euch. Es hat nichts Aggressives in sich. Beobachten ist sehr aggressiv: Anstrengung ist nötig, man muss sich anspannen. Aber sei unverkrampft, entspannt. Sei einfach da. In dieser Bewusstheit, wenn du einfach nur da bist, wenn du da sitzt ohne etwas zu tun ... der Frühling kommt, und das Gras wächst von allein.

Das ist der ganze buddhistische Ansatz: dass alles, was du tust, den Macher erzeugt und verstärkt – selbst das Beobachten, selbst das Denken, selbst das Sich-hingeben. Was immer du tust – es wird die Falle erzeugen. Nichts braucht von dir aus getan zu werden. Sei einfach ... und lass die Dinge geschehen. Versuche nicht einzugreifen, versuche nicht zu manipulieren. Lass die Brise wehen, lass die Sonnenstrahlen kommen, lass das Leben tanzen und lass den Tod kommen und lass auch ihn seinen Tanz in dich hineintanzen. Das heißt für mich Sannyas: Es ist nicht etwas, das du tust; wenn du alles Tun fallen lässt und die Absurdität allen Tuns siehst ... Wer bist du, dass du tust?

Du bist nur eine Welle in diesem Ozean. Den einen Tag bist du, den andern Tag wirst du verschwinden; der Ozean besteht weiter. Warum solltest du dir Gedanken machen? – du kommst, du verschwindest. Aber dazwischen, in diesem kurzen Intervall, wirst du so sorgenvoll und verspannt und lädst dir allen möglichen Ballast auf die Schultern und schleppst Felsbrocken auf dem Herzen – ohne jeglichen Grund!

Ihr seid in genau diesem Augenblick frei! Ich erkläre euch in genau diesem Augenblick für erleuchtet. Aber ihr vertraut mir nicht. Ihr sagt: „Schon recht, Osho, aber sag uns doch nur, wie wir erleuchtet werden können!"

Dieses Werden, dieses Erreichen, dieses Wünschen stürzt sich auf jedes Objekt, das ihr nur finden könnt. Mal ist es Geld, mal ist es Gott. Mal ist es Macht, mal ist es Meditation – aber gleich welches Objekt, ihr fangt an, danach zu greifen. Nicht-Zupacken, das ist die Art, das wirkliche Leben zu leben, das wahre Leben – Nicht-Zupacken, Nicht-Besitzen.

Lass also alles geschehen. Lass das Leben sich ereignen, und die Freude ist da, der Jubel ist da – weil es dann keine Frustration gibt, nimmermehr. Weil du von vornherein mit nichts gerechnet hattest und weil dann alles, was kommt, gut ist. Dann gibt es kein Scheitern, kein Gelingen. Dieses Spiel von Scheitern und Gelingen ist weggefallen. Morgens kommt die Sonne und weckt dich auf, und abends kommt der Mond und singt dir ein Wiegenlied, und du gehst schlafen. Es kommt Hunger, und du isst ... und so weiter und so fort. Das genau meinen die Zen-Meister, wenn sie sagen: „Bist du hungrig, dann iss! Bist du müde, dann schlaf! Sonst gibt es nichts zu tun."

Und ich lehre euch damit keine Tatenlosigkeit. Ich sage damit nicht, geht nicht zur Arbeit. Ich sage damit nicht, verdient euch nicht euer Brot. Ich sage damit nicht, kehrt euch ab von der Welt und fallt andern zur Last und werdet zu Ausbeutern. Nein, absolut nicht. Aber seid keine Macher. Ja, wenn ihr hungrig seid, dann müsst ihr essen, und wenn ihr essen müsst, dann müsst ihr euch euer Brot verdienen – aber da ist niemand, der es tut. Es ist der Hunger selbst, der aktiv wird; da ist sonst niemand am Werk. Es ist der Durst selbst, der dich zum Brunnen führt oder zum Fluss. Es ist der Durst selbst, der hingeht. Da ist niemand, der durstig ist. Lasst die Nomen und Pronomen in eurem Leben weg, und lasst die Verben leben.

Buddha sagt: In Wahrheit seht ihr, wenn ihr einen Tänzer seht, keinen Tänzer, sondern nur ein Tanzen. Wenn ihr einen Fluss seht, dann ist da kein Fluss, sondern nur ein Flussen. Wenn ihr einen Baum seht, dann ist da kein Baum, sondern nur ein Baumen. Wenn ihr jemanden lächeln seht, dann ist da niemand, der lächelt, sondern nur ein Lächeln. Wenn ihr Liebe seht, ist da niemand, der liebt, sondern nur ein Lieben. Das Leben ist ein Prozess. Aber wir sind es gewohnt, in statischen Nomen zu denken. Das bringt Schwierigkeiten. Und es gibt nichts Statisches – alles ist Fluxus und Fließen. Fließe mit, ströme mit diesem Fluss mit, und sei nie ein Macher. Selbst wenn du etwas tust, sei nicht du es, der es tut. Wenn diese Erkenntnis erst einmal in dich eingesunken ist, gibt es nichts weiter.

Erleuchtung ist nicht so etwas wie ein Ziel, das erreicht werden muss. Sie ist das ganz gewöhnliche Leben, dieses einfache Leben, das dich umgibt. Aber wenn du nicht kämpfst, wird dieses gewöhnliche Leben außergewöhnlich schön. Dann sind die Bäume grüner, dann singen die Vögel in reicheren Tönen, dann ist alles um dich herum kostbar ... dann sind gewöhnliche Kieselsteine Diamanten. Akzeptiere dieses einfache, gewöhnliche Leben. Gib den Macher auf. Und wenn ich sage, gib den Macher auf, dann werde nicht zum Aufgeber! Du erkennst einfach das Wirkliche daran, und es verschwindet.

Die dritte Frage:

Besteht ein Unterschied zwischen dem „Shunyavada" des Nagarjuna und dem „Avyakritopadesh" – der „unsagbaren und undefinierbaren Lehre" des Gautam Buddha?

Da ist überhaupt kein Unterschied. Wenn ein Unterschied da zu sein scheint, dann nur aufgrund der Formulierung. Nagarjuna ist ein großer Philosoph, einer der größten der Welt. Nur wenige Menschen auf der Welt, ganz wenige, haben diesen Tiefblick, den Nagarjuna hat. Seine Art sich auszudrücken ist also sehr philosophisch, logisch, absolut logisch. Buddha ist ein Mystiker, kein Philosoph. Seine Art, die Dinge zu sagen, ist eher poetisch als philosophisch. Der Ansatz ist anders, aber Nagarjuna sagt genau das gleiche wie Buddha. Ihre Formulierungen unterscheiden sich, gewiss, aber man muss verstehen, was sie damit sagen wollen. Die Frage ist von Omanath Bharti. Du fragst: Besteht ein Unterschied zwischen dem *„Shunyavada"*…

Mit *Shunyavada* ist die Theorie, die Philosophie des Nichts gemeint. Im Englischen gibt es kein Wort, das dem Wort *Shunya* gleichkäme, und zwar adäquat gleichkäme. *Shunya* bedeutet Leere, aber keine negative Leere. Eine sehr positive Leere. Es bedeutet das Nichts, aber nicht einfach nur nichts. Es bedeutet Nicht-Etwas.

Shunya bedeutet leerer Raum, leer von allem. Aber die Leere selbst ist da, mit absoluter Präsenz, sie ist also nicht einfach leer. Sie ist wie der Himmel, der leer ist, der reiner Raum ist, aber dennoch ist. Alles kommt in ihn hinein und geht wieder, und er selbst bleibt. Shunya ist wie der Himmel … reine Präsenz. Du kannst es nicht berühren, obwohl du darin lebst. Du kannst es nicht sehen, obwohl du nie ohne es sein kannst. Du existierst darin. Genauso wie der Fisch im Ozean existiert, so existierst du im Raum, in *Shuny*a. *Shunyavada* bedeutet, dass alles aus Nicht-Etwas entsteht.

Erst vor wenigen Minuten habe ich euch den Unterschied zwischen Wahrheit und Realität erklärt. Realität bezeichnet die Welt der Dinge, und Wahrheit bezeichnet die Welt des Nicht-Dings, des Nichts –

Shunya. Alle Dinge entstehen aus dem Nichts und lösen sich wieder ins Nichts auf.

In den *Upanishaden* gibt es eine Geschichte:

Swetaketu ist vom Hause seines Meisters wieder heimgekehrt zu seinen Eltern. Er hat alles gelernt. Sein Vater, Uddalaka, ein großer Philosoph, schaut ihn an und sagt: „Swetaketu, geh hinaus und bringe mir eine Frucht von jenem Baum dort."

Er geht hinaus, bringt eine Frucht. Und der Vater sagt: „Brich sie auf. Was siehst du darin?" Und es sind viele Kerne darin. Und er sagt: „Nimm einen Kern und brich ihn auf. Was siehst du darin?" Und er sagt: „Nichts."

Und der Vater sagt: „Alles entsteht aus diesem Nichts. Dieser große Baum, so groß, dass tausend Ochsenkarren unter ihm ausruhen können, ist aus nur einem Saatkorn entstanden. Und du brichst das Saatkorn auf und findest dort nichts. Dies ist das Mysterium des Lebens – alles entsteht aus nichts. Und eines Tages verschwindet der Baum, und du weißt nicht wohin. Du kannst ihn nirgends mehr finden."

So auch der Mensch. Wir entstehen aus nichts, und wir sind nichts, und wir lösen uns in nichts auf. Das ist *Shunyavada*.

Und was ist Buddhas *Avyakritopadesh*, die unsagbare und undefinierbare Lehre? Es ist das gleiche. Er hat es nie so philosophisch klargestellt, wie es Nagarjuna getan hat. Darum hat er nie darüber gesprochen. Darum sagt er, dass es undefinierbar ist. Es lässt sich nicht auf die Ebene der Sprache holen. Er hat sich darüber ausgeschwiegen.

Habt ihr von seiner Blumenpredigt gehört? Eines Tages kommt er mit einer Lotusblume in der Hand und setzt sich hin, schweigend, ohne ein Wort zu sagen. Und die zehntausend Jünger sind da, die zehntausend *Bhikkhus* sind da, und sie warten darauf, dass er etwas sagt, und er schaut immerfort nur auf die Lotusblume. Es herrscht große Stille und dann auch eine große Unruhe. Die Leute fangen an, nervös zu werden – „Was macht er nur? Das hat er ja noch nie gemacht." Und dann lächelt plötzlich einer der Jünger, Mahakashyapa.

Buddha ruft Mahakashyapa zu sich, gibt ihm die Lotusblume und sagt zu der Versammlung: „Was gesagt werden kann, das habe ich euch gesagt. Und was nicht gesagt werden kann, das habe ich Mahakashyapa gegeben."

Das ist *Avyakritopadesh*, das ist die undefinierbare Botschaft. Hier haben wir den Ursprung des Zen-Buddhismus – die Übertragung. Irgendetwas wurde von Buddha auf Mahakashyapa übertragen, etwas, das nichts ist, auf der sichtbaren Ebene nichts – kein Wort, keine Schrift, keine Theorie. Aber irgendetwas wurde da übertragen. Was?

Die Zen-Mönche meditieren seit zweitausendfünfhundert Jahren darüber: „Was – was wurde übertragen? Was genau wurde weitergegeben?" Tatsächlich wurde nichts von Buddha an Mahakashyapa weitergegeben; Mahakashyapa hat nur plötzlich etwas verstanden: Er verstand die Stille, er verstand die durchdringende Stille. Er verstand jenen Moment der Klarheit, jenen Moment äußerster Gedankenlosigkeit. Er wurde in jenem Moment eins mit Buddha. Genau das heißt sich hingeben. Nicht, dass er es getan hätte. Buddha war still, und er war still, und beide Stillen begegneten sich, und beide Stillen lösten sich ineinander auf.

Und die beiden Stillen sind nicht zu trennen, denkt daran. Denn eine Stille hat keine Grenze, eine Stille ist unbegrenzt, eine Stille ist einfach offen, offen nach allen Seiten. In dieser großen Versammlung von zehntausend Mönchen gab es an jenem Tag zwei Stillen – Buddha und Mahakashyapa. Alle anderen blieben draußen vor. Mahakashyapa und Buddha begegneten sich: Das ist der Grund, warum er lächelte – weil dies die größte Predigt war, die Buddha je gehalten hatte.

Ohne ein einziges Wort zu sagen, hatte er doch alles gesagt: Alles, was gesagt werden kann, und alles, was nicht gesagt werden kann – auch das! Mahakashyapa verstand und lachte. In diesem Lachen löste sich Mahakashyapa endgültig auf, wurde er zum Buddha. Die Flamme von Buddhas Licht sprang auf Mahakashyapa über. Das nennt man „die Übertragung jenseits der Schriften" – die Blumenpredigt. Sie ist einmalig in der Geschichte des menschlichen Bewusstseins. Das ist es, was man *Avyakritopadesh* nennt – das ungesagte Wort, das unausgesprochene Wort. Die Stille wurde so substanziell, so konkret, die Stille wurde so real, so existenziell, die Stille wurde so greifbar in jenem Moment!

Buddha war ein Nichts, und Mahakashyapa verstand ebenfalls, was es heißt, ein Nichts zu sein, absolut leer zu sein. Es besteht kein Unterschied zwischen Nagarjunas *Shunyavada* und Buddhas unausgesprochener Botschaft. Nagarjuna ist einer der größten Jünger Buddhas, und einer der scharfsinnigsten Intellekte überhaupt. Nur sehr wenige Menschen – ab und zu ein Sokrates, ein Shankara – lassen sich mit Nagarjuna vergleichen. Er war sehr, sehr intelligent.

Das Höchste, was der Intellekt tun kann, ist, Selbstmord zu begehen; das Größte, das größte Crescendo, das dem Intellekt begegnen kann, ist, über sich selbst hinauszuwachsen. Und genau das hat Nagarjuna getan. Er hat alle Bereiche des Intellekts durchwandert – und überschreitet die Grenze.

Die logischen Positivisten sagen, das Wort „nichts" sei nur die Verallgemeinerung von lauter Einzelbeispielen negativer Aussagen, von Negierungen ... etwa wie: „dies ist nicht süß; ich bin nicht gesund; ich war nicht da; er mochte mich nicht" und so weiter. Solche Aussagen enthalten keine Substanz – sagen die logischen Positivisten.

Buddha ist da anderer Meinung. Nagarjuna ist anderer Meinung. Martin Heidegger, einer der scharfsinnigsten Intellekte der Neuzeit, ist da anderer Meinung. Heidegger sagt, es gibt eine unmittelbare Nichts-Erfahrung, es ist nicht nur etwas rein sprachlich Erfundenes. Es gibt eine tatsächliche Erfahrung des Nichts, sie ist untrennbar mit dem Sein verknüpft. Die Erfahrung, die das untermauert, ist die des Grauens. Kierkegaard, der dänische Philosoph, fragt ebenfalls: „Was bewirkt das Nichts?", und antwortet: „Es bewirkt Grauen."

„Das Nichts" ist eine konkrete Erfahrung. Entweder kannst du ihm in tiefer Meditation begegnen oder wenn der Tod kommt. Tod und Meditation sind die zwei Möglichkeiten, es zu erfahren. Ja, manchmal kann man es auch in der Liebe erfahren. Wenn du dich in tiefer Liebe auflöst in jemandem, kannst du eine Art Nichts erfahren. Das ist es, warum Menschen Angst vor der Liebe haben – sie gehen nur bis zu einem bestimmten Punkt, dann kommt Panik, dann sind sie verschreckt. Darum sind nur sehr wenige Menschen orgasmisch geblieben. Der Orgasmus beschert euch nämlich eine Erfahrung des Nichts. Ihr verschwindet, ihr schmelzt in irgendetwas dahin, aber ihr wisst nicht, was es ist. Ihr geratet ins Undefinierbare – *Avyakrit*. Ihr verlasst das Gesellschaftliche. Ihr fallt in eine Vereinigung, wo keine Trennung mehr gilt, wo Ego nicht existiert. Und das macht Angst, denn es ist wie der Tod. Es ist also eine Erfahrung.

Entweder in der Liebe – was die Leute zu meiden gelernt haben ... Wie viele Leute verzehren sich nicht ständig nach Liebe, zerstören aber aus dieser Angst vor dem Nichts jegliche Möglichkeit, dass sie kommen kann! Oder in tiefer Meditation, wenn das Denken stillsteht: Du siehst einfach, dass innen nichts ist, aber dies Nichts eine Präsenz hat, nicht einfach eine Abwesenheit von Denken ist, sondern eine Anwesenheit von etwas Unbekanntem, Mysteriösem, etwas Riesigem ist. Oder aber im Tod – wenn du wach dabei bleibst. Die Leute sterben meist in Unbewusstheit. Aus ihrer Angst vor dem Nichts werden sie unbewusst. Wenn du bewusst stirbst ... Und du kannst nur dann bewusst sterben, wenn du das Phänomen des Todes akzeptierst; aber dazu muss man sein Leben lang lernen, muss sich vorbereiten. Man muss lieben können, um zum Sterben bereit zu sein, und man muss meditieren können, um zum Sterben bereit zu sein. Nur ein Mensch, der geliebt und meditiert hat, wird bewusst sterben können. Und wenn du einmal bewusst stirbst, dann brauchst du nicht wieder zurückzukehren, weil du die Lektion des Lebens gelernt hast. Dann löst du dich im Ganzen auf: Das heißt *Nirvana*.

Die logischen Positivisten erscheinen sehr logisch, aber sie übersehen etwas – weil die Wirklichkeit sehr viel mehr ist als Logik. In der gewöhnlichen Erfahrung kommen wir nicht über Logik hinaus. Sie sagen: „Dieser Sessel ist da. Nehmt ihn weg, und ihr werdet sagen, es ist kein Sessel da. Also wird damit eine bloße Abwesenheit bezeichnet. Der Sessel ist fortgenommen worden." Dies sind gewöhnliche Beispiele für „nichts" – einst war hier ein Haus, dann wurde es abgerissen, jetzt ist es nicht da. „Nicht da" bezeichnet nur eine Abwesenheit.

Aber es gibt Formen des Nichts, tief in eurem Sein, mitten im Kern. Im genauen Kern des Lebens existiert der Tod. Der Tod ist das Auge des Zyklons. In der Liebe kommt ihr ihm nahe, in der Meditation kommt ihr ihm nahe, im körperlichen Tod kommt ihr ihm ebenfalls nahe. Im Tiefschlaf, wenn die Träume verschwinden, kommt ihr ihm nahe. Es ist sehr lebensspendend, es ist lebensbestärkend. Ein Mensch, der nicht tief schlafen kann, wird krank werden, weil er nur im tiefen Schlaf, wenn er in seine tiefsten Tiefen hineinstirbt, wieder Leben, Energie, Vitalität schöpft. Am Morgen ist er wieder frisch und voller Saft und Kraft – pulsierend, wieder pulsierend. Lernt zu sterben! Das ist die größte Kunst, die es zu lernen gilt, das größte Know-how.

Heidegger sagt … Sein Standpunkt kommt demjenigen Buddhas sehr nahe, aber seine Sprache ist sehr modern. Das ist der Grund, warum ich ihn hier zitiere: „Jedes Sein, insofern es ein Sein ist, besteht aus nichts." Es gibt dazu auch eine parallele christliche Doktrin, wenn auch sehr gemieden – denn die christlichen Theologen können nichts damit anfangen, sie fühlen sich von ihr überfordert: nämlich die Doktrin der *creatio ex nihilo* – dass die Schöpfung aus dem Nichts kommt.

Fragt ihr den modernen Physiker, wird er Buddha recht geben: Je tiefer man in die Materie eindringt, desto mehr löst sich alles auf. Es kommt der Moment – wenn man das Atom spaltet –, wo die Dinglichkeit vollends verschwindet. Dann gibt es noch Elektronen, aber das sind keine Dinge mehr, sondern Nichtse. Es ist sehr schwierig zu verstehen. Aber die Physik, die moderne Physik, ist der Metaphysik sehr nahe gekommen – weil sie mit jedem Tag der Wirklichkeit immer näher kommt. Sie nimmt ihren Weg durch die Materie, aber kommt beim Nichts an. Ihr wisst, es gibt in der modernen Physik keine Materie mehr.

Materie ist nur eine Illusion: Sie scheint nur da zu sein, ist es aber nicht. Ihre ganze Solidität, ihre ganze Stofflichkeit – alles nur Illusion, nichts ist stofflich, alles ist Fluxus und Energie. Die Materie ist nichts als Energie. Und je tiefer man in die Energie hineingeht, desto mehr ist Energie nicht ein Etwas, sondern ein Nicht-Etwas.

Der Tod ist der Punkt, wo alles Wissen scheitert und wir offen werden für das Sein. Das ist auch seit Jahrhunderten die buddhistische Erfahrung. Buddha schickte seine Jünger, wenn jemand gestorben war, immer zum Zuschauen – sie sollten sich anschauen, wie die Leiche auf dem Scheiterhaufen verbrennt: „Meditiert dort, meditiert über die

Nichtigkeit des Lebens." Der Tod ist der Punkt, an dem alles Wissen scheitert, und wo das Wissen scheitert, scheitert der Verstand. Und wenn der Verstand scheitert, besteht eine Möglichkeit, dass die Wahrheit zu dir durchdringt. Aber die Leute wissen es nicht. Wenn jemand stirbt, wisst ihr nicht, was ihr tun sollt, werdet ihr sehr verlegen. Wenn jemand stirbt, ist das ein großartiger Moment zu meditieren.

Ich denke immer, dass jede Stadt ein Sterbezentrum braucht. Wenn jemand stirbt und sein Tod ganz, ganz nah ist, sollte er ins Sterbezentrum gebracht werden. Es sollte ein kleiner Tempel sein, wo Menschen, die tief in Meditation gehen können, um den Sterbenden herumsitzen sollten, ihm helfen sollten zu sterben und an seinem Sein teilhaben sollten, wenn es ins Nichts übergeht. Wenn jemand sich ins Nichts auflöst, wird eine enorme Energie freigesetzt. Die Energie, die da war, die ihn umgab, wird freigesetzt. Wenn ihr in schweigendem Zustand um ihn herumsitzt, werdet ihr auf eine phantastische Reise gehen. Kein psychedelisches Mittel kann euch da hinbringen. Der Sterbende setzt auf natürlichem Wege eine enorme Energie frei. Wenn ihr diese Energie absorbieren könnt, werdet auch ihr quasi mit ihm sterben. Und ihr werdet das Höchste sehen – den Ursprung und das Ziel, den Anfang und das Ende.

„Der Mensch ist dasjenige Wesen, durch das das Nichts in die Welt kommt", sagt Jean-Paul Sartre. Bewusstsein ist nicht dieses oder jenes Objekt, es ist überhaupt kein Objekt. Aber es ist doch zumindest es selbst? „Nein", sagt Sartre, „genau das ist es nicht. Bewusstsein ist nie identisch mit sich selbst. Daher ist das reflektierte Selbst, wenn ich über mich selbst reflektiere, etwas anderes als das reflektierende Selbst. Wenn ich versuche auszusprechen, was ich bin, scheitere ich, weil das, worüber ich spreche, während des Sprechens in die Vergangenheit entgleitet und zu dem wird, was ich war. Ich bin meine Vergangenheit und meine Zukunft, und dennoch bin ich nicht. Ich war das eine, und ich werde das andere sein. Aber in der Gegenwart ist da ein Nichts."

Wenn jemand dich fragt: „Wer bist du?", was wirst du sagen? Entweder wirst du aus der Vergangenheit heraus antworten – die nicht mehr ist; oder du kannst aus der Zukunft heraus antworten – die noch nicht ist. Aber wer bist du genau in diesem Moment? – ein Niemand, ein Nichts. Dieses Nichts ist der wahre Kern, das Herz … das Herz deines Seins.

Der Tod ist nicht die Axt, die den Baum des Lebens umhaut, sondern die Frucht, die an ihm heranwächst. Der Tod ist die eigentliche Substanz, aus der du gemacht bist. Das Nichts ist dein eigentliches Sein. Dringe zu diesem Nichts vor, entweder durch Liebe oder durch Meditation, und sieh es immer wieder blitzhaft aufleuchten. Das ist es, was Nagarjuna mit *Shunya* meint. Das ist es, was Buddha an jenem Tag übertrug, als er die Blumenpredigt hielt. Das ist es, was Mahakashyapa verstand, als er lachte. Er sah das Nichts und seine ganze Reinheit, seine ganze Unschuld, seine ganze unberührte Unschuld, seinen ganzen Glanz, seine ganze Unsterblichkeit – denn das Nichts kann nicht sterben. Dinge sterben; das Nichts ist unsterblich, ewig. Wenn ihr mit etwas identifiziert seid, egal was es ist, werdet ihr den Tod erleiden. Aber wenn ihr wisst, dass ihr der Tod seid, wie könnt ihr dann den Tod erleiden? Dann kann euch nichts zerstören; das Nichts ist unzerstörbar.

Eine buddhistische Parabel erzählt, dass der König der Hölle einen frisch angekommenen Geist fragte, ob er während seines Lebens den drei himmlischen Boten begegnet sei. Und als dieser antwortete: „Nein, Herr, ich bin ihnen nicht begegnet", fragte er, ob er je einen alten, altersgebeugten Mann, oder je einen armen, kranken, freundlosen Mann, oder je einen toten Mann gesehen habe.

Diese drei Dinge nennen die Buddhisten „die Botschafter Gottes": Alter, Krankheit, Tod – die drei Boten Gottes. Warum? Weil man nur durch diese Erfahrungen im Leben den Tod gewahr wird. Und wenn man sich des Todes bewusst wird und man zu lernen anfängt, wie man in ihn hineingehen, wie man ihn willkommen heißen, wie man ihn empfangen kann, befreit man sich von den Fesseln, vom Rad des Lebens und des Todes. Heidegger sagt – und Sören Kierkegaard auch: Das Nichts erregt Grauen. Das ist aber nur die Hälfte der Geschichte. Denn diese beiden Leute sind lediglich Philosophen, darum erregt es Grauen.

Wenn ihr dagegen Buddha, Mahakashyapa, Nagarjuna fragt, wenn ihr mich fragt, erregt der Tod nur solange Grauen, wie ihr nur den einen Teil von ihm seht. Wenn ihr ihn absolut, total seht, befreit er euch von allem Grauen, von aller Qual, von aller Angst, befreit er euch vom *Samsara*. Denn wenn ihr nur halb hinschaut, dann erzeugt er Angst – dass ihr sterben müsst, dass ihr zu nichts werden müsst, dass ihr euch irgendwann auflösen müsst. Und natürlich fühlt ihr euch nervös, entsetzt, entwurzelt. Wenn ihr dem Tod total ins Auge seht, dann wisst ihr, dass ihr Tod seid, dass ihr aus ihm besteht. Also wird sich weder etwas auflösen noch etwas dableiben. Nur das Nichts ist. Der Buddhismus ist keine pessimistische Religion, wie so viele Menschen immer glauben. Der Buddhismus ist der Weg, sich sowohl von Optimismus wie Pessimismus freizumachen, sich von der Dualität zu befreien.

Fangt an, über den Tod zu meditieren. Und wo immer ihr den Tod in der Nähe spürt, geht in ihn hinein – durch die Tür der Liebe, durch die Tür der Meditation, durch die Tür eines Menschen, der gerade stirbt. Und wenn ihr dann eines Tages selbst sterbt – und der Tag wird eines Tages kommen –, dann empfangt ihn mit Freude, mit Segnungen. Und wenn ihr den Tod mit Freude und Segnungen empfangen könnt, werdet ihr den größten Gipfel erreichen, weil der Tod der Höhepunkt des Lebens ist. In ihm verborgen liegt der größte Orgasmus – weil in ihm die größte Freiheit verborgen liegt.

Der Tod ist dein Liebesakt mit Gott – oder Gottes Liebesakt mit dir. Der Tod ist ein kosmischer, totaler Orgasmus. Lasst also alle Vorstellungen fallen, die ihr über den Tod mitschleppt – sie sind gefährlich. Sie machen euch feindselig gegenüber der größten Erfahrung, die ihr nötig habt. Wenn ihr den Tod verfehlt, werdet ihr wiedergeboren. Solange ihr noch nicht richtig zu sterben gelernt habt, werdet ihr wieder und wieder und wieder geboren werden. Das ist das Rad – *Samsara*, die Welt. Sobald ihr den größten Orgasmus kennengelernt habt, braucht ihr es nicht mehr. Man löst sich auf und man bleibt für immer in diesem Orgasmus. Du bleibst nicht als du, du bleibst nicht als Wesenheit, du bleibst nicht definiert, nicht mit irgendetwas identifiziert, sondern du bleibst als das Ganze, nicht als ein Teil. Dies ist Nagarjunas *Shunyavada*, und dies ist Buddhas unausgesprochene Botschaft, das unsagbare Wort. Beides ist das gleiche.

Die letzte Frage:

Ich habe Angst, Sannyas zu nehmen, obwohl ich mich ungeheuer angezogen fühle. Ich habe Angst wegen meines Mannes. Ich glaube nicht, dass er es verstehen wird.

Du hast nicht sehr viel Achtung vor deinem Mann! Hältst du ihn für dumm, oder was? Warum sollte er es nicht verstehen können? Wenn er dich liebt, wird er es verstehen. Liebe ist Verstehen. Wenn er dich nicht liebt, dann wird er dich nicht verstehen, egal ob du Sannyasin wirst oder nicht.

Das zweite: Wenn er dein Sannyas nicht versteht, ist es sein Problem. Du musst dein Leben leben. Mache nie Kompromisse, sonst wird dir vieles entgehen. Mache nie Kompromisse! Wenn dir dein Gefühl sagt, Sannyas zu nehmen, dann nimm Sannyas. Geh das Risiko ein. Wenn er dich liebt, gibt es kein Problem, dann wird er dich verstehen – denn Liebe schenkt Freiheit. Wenn er dich nicht liebt, dann wird er sich schwer tun, denn er wird das Gefühl haben, dass du aus seinem Besitz entweichst, dass du unabhängig wirst, dass du du selbst zu sein versuchst. Aber sich solchen Erwartungen zu beugen, ist selbstmörderisch. Das ist sein Problem. Du musst dein Leben leben, er muss sein Leben leben. Niemand sollte versuchen, dem anderen etwas aufzuzwingen.

Aber mein Gefühl ist, dass du ihm offenbar auch etwas aufzwingst – darum hast du Angst. Wenn du ihm gar nichts aufzwingst, kannst du unabhängig sein. Aber es ist ein Kuhhandel: Die Menschen sind sich gegenseitig Sklaven. Und immer wenn du jemanden zum Sklaven machst, dann vergiss nicht, dass du damit auch jemanden zu deinem Herrn machst. Es beruht auf Gegenseitigkeit.

Ich wette, du versuchst, deinen Mann zu manipulieren, ich wette, du versuchst, ihm gewisse Dinge aufzuzwingen, ich wette, du verkrüppelst ihn. Jetzt möchtest du unabhängig sein, aber tief drinnen hast du Angst, dass er, wenn du unabhängig wirst, ebenfalls seine Unabhängigkeit erklärt. Dann würde er seinen eigenen Weg gehen wollen, und das kannst du dir nicht leisten. Das ist es, was du eigentlich fürchtest.

Aber wenn du etwas nicht tust, das du tun möchtest, das du tun wolltest, das du sein wolltest, dann wirst du ihm nie verzeihen können. Und du wirst Rache nehmen und du wirst böse sein und du wirst wüten – denn du wirst ständig daran denken, dass du Sannyasin werden wolltest und du nur diesem Mann zuliebe ... Und du wirst dich eingesperrt, gefangen fühlen. Niemand mag es, gefangen zu sein. Dann hasst man die Person, die für deine Gefangenschaft die Ursache ist, dann versucht man, sich auf subtile Weise zu rächen. Das wird deine Ehe zerstören. Stelle nie eine Situation her, in der du dem anderen nicht verzeihen kannst. Nur zwei unabhängige Menschen können einander verzeihen. Sklaven können nicht verzeihen. Und wer weiß? – vielleicht hilft es ja auch ihm auf irgendeine Weise.

Ich las gestern eine Anekdote ...
Zwei Forscher treffen sich im Urwald des Amazonas. Folgendes Gespräch findet statt: Erster Forscher: „Ich bin hier, weil ich den Wandertrieb im Blut habe. Die Zivilisation macht mich krank. Ich möchte die Natur in ihrer primitiven Form erleben. Ich möchte meinen Fuß hinsetzen, wo bisher noch kein Mensch war. Und Sie? Was hat Sie hierher verschlagen?"
Zweiter Forscher: „Meine Frau ist in Pune Sannyasin geworden und macht morgens Dynamische Meditation und abends Kundalini – darum!"

Aber gut! Wenn dein Mann zum Amazonas geht und Forscher wird, dann ist das eine gute Gelegenheit, etwas aus sich zu machen.

Hier, oh Sariputra, ist Form Leere,
und die Leere selber ist Form;
Leere unterscheidet sich nicht von Form,
Form unterscheidet sich nicht von Leere.
Was immer Form ist, ist Leere,
was immer Leere ist, ist Form.
Dasselbe gilt für Gefühle,
Wahrnehmungen, Impulse und Bewusstsein.

Hier, oh Sariputra,
sind alle Dharmas gezeichnet von Leere;
sind sie weder erzeugt noch beendet,
weder beschmutzt noch unberührt,
weder beschädigt noch heil.

Iha Sariputra rupam sunyata sunataiva rupam,
rupam na prithak sunyata sunyataya na prithag rupam,
yad rupam sa sunyata ya sunyata tad rupam;
evam eva vedana-samjna-samskara-vijnanam.

Iha Sariputra sarva-dharmah sunyata-laksana,
anutpanna aniruddha,
amala avimala,
anuna aparipurnah

3. Kapitel

DIE NEGATION DES WISSENS

WISSEN IST DER FLUCH, DIE KATASTROPHE, DER KREBS. WISSEN IST schuld, dass der Mensch vom Ganzen abgetrennt ist. Wissen schafft eine Distanz. Du entdeckst im Gebirge eine Wildblume, du weißt nicht, wie sie heißt, dein Verstand weiß nichts dazu zu sagen, der Verstand schweigt. Du schaust die Blume an, du siehst die Blume, aber kein Wissen steigt in dir auf – da ist nur ein Staunen, ein Geheimnis. Die Blume ist da, du bist da. Das Staunen schafft keine Distanz, es schafft eine Brücke. Wenn du weißt, dass dies eine Rose ist oder eine Ringelblume oder was auch immer, dann schneidet dich genau dieses Wissen ab. Die Blume ist da, du bist da, aber es ist keine Brücke da – du weißt Bescheid! Wissen schafft Distanz. Je mehr du weißt, desto größer ist die Distanz; je weniger du weißt, desto geringer die Distanz. Und wenn du in einem Moment des Nichtwissens bist, ist keine Distanz da, bist du durch eine Brücke verbunden.

Du verliebst dich in eine Frau oder einen Mann. An dem Tag, an dem du dich verliebst, ist keine Distanz da. Es ist nur ein Staunen da, eine gewisse Gespanntheit, Erregung, Ekstase – aber kein Wissen. Du weißt nicht, wer diese Frau ist. Ohne Wissen gibt es nichts, was dich abspalten könnte. Daher die Schönheit jener ersten Liebesmomente. Kaum hast du vierundzwanzig Stunden mit der Frau verbracht, schon ist Wissen entstanden. Jetzt hast du ein paar Gedanken über diese Frau: Du weißt, wer sie ist, es ist ein Bild da. Vierundzwanzig Stunden haben eine Vergangenheit erzeugt. Diese vierundzwanzig Stunden haben Spuren im Verstand hinterlassen: Du siehst dieselbe Frau an – es ist nicht mehr das gleiche Geheimnis. Es geht bergab, der Gipfel ist verloren gegangen. Wer das versteht, hat vieles verstanden.

Wer versteht, dass alles Wissen trennt, dass Wissen Distanz erzeugt, der hat das innerste Geheimnis der Meditation verstanden. Meditation ist ein Zustand des Nichtwissens. Meditation ist reiner Raum, ungetrübt von Wissen. Ja, die biblische Geschichte ist wahr, dass der Mensch durch Wissen gefallen ist – dadurch, dass er die Frucht vom Baum des Wissens aß. Keine andere Schrift der Welt hat das je übertroffen.

Dieses Gleichnis ist das letzte Wort. Kein anderes Gleichnis ist zu solcher Höhe und Einsicht aufgestiegen. Es klingt so unlogisch, dass der Mensch durch Wissen gefallen ist! Es klingt deshalb unlogisch, weil Logik zum Wissen gehört. Die Logik ergreift voll die Partei des Wissens. Es klingt deshalb unlogisch, weil die Logik die eigentliche Ursache für den Fall des Menschen ist. Ein Mensch, der absolut logisch, absolut vernünftig, immer vernünftig ist, der nie in seinem Leben etwas Unlogisches zulässt, ist ein Wahnsinniger.

Vernunft muss sich mit Unvernunft die Waage halten; Logik muss durch Unlogik aufgewogen werden. Die Gegensätze treffen sich und wiegen einander auf. Ein Mensch, der nur rational ist, ist unvernünftig – ihm wird vieles entgehen. Tatsächlich wird ihm alles, was schön ist und alles, was wahr ist, entgehen. Er wird Plattheiten sammeln, sein Leben wird ein oberflächliches Leben sein. Er wird ein weltlicher Mensch sein.

Diese biblische Geschichte hat einen ungeheuren Tiefblick. Warum ist der Mensch durch Wissen gefallen? – weil Wissen Distanz erzeugt, weil Wissen das Ich und das Du erzeugt, weil Wissen das Subjekt und das Objekt erzeugt, den Wissenden und das Gewusste, den Beobachter und das Beobachtete. Wissen ist im Grunde schizophren. Es erzeugt eine Kluft – und dann gibt es keine Möglichkeit, sie zu überbrücken. Das ist der Grund, warum der Mensch umso unreligiöser geworden ist, je wissender er geworden ist.

Je gebildeter ein Mensch ist, desto geringer seine Chance, sich Gott zu nähern. Jesus hat recht, wenn er sagt: „Nur Kinder werden in mein Himmelreich kommen können"... nur Kinder? Was ist diese Eigenschaft, die ein Kind hat, und die ihr verloren habt? Das Kind hat die Eigenschaft des Nichtwissens, der Unschuld. Es schaut mit Staunen, seine Augen sind absolut klar. Es schaut tief, aber es hat keine Vorurteile, keine Urteile, keine *A-priori*-Vorstellungen. Es projiziert nicht, daher lernt es nur das kennen, was ist.

Erst neulich sprachen wir über den Unterschied zwischen Realität und Wahrheit. Ein Kind weiß die Wahrheit, ihr kennt nur die Realität. Realität ist das, was ihr erzeugt habt – durch Projizieren, Begehren, Denken. Die Realität ist eure Interpretation der Wahrheit. Die Wahrheit ist einfach das, *was ist.* Die Realität ist das, was ihr begriffen habt – sie ist euer ‚Begriff' von Wahrheit. Realität besteht aus lauter Dingen, alle getrennt. Die Wahrheit besteht aus einer einzigen kosmischen Energie. Die Wahrheit besteht aus Einheit, die Realität aus Vielheit. Die Realität ist ein Mob, die Wahrheit ist Einklang. Ehe wir auf die Sutras eingehen, muss dies der Grundstein sein: dass Wissen ein Fluch ist.

J. Krishnamurti hat gesagt: „Negieren heißt still sein." Was negieren? Das Wissen, den Verstand negieren, diese ständige Geschäftigkeit in dir negieren, einen ungeschäftigen Raum kreieren. Wenn du unbeschäftigt bist, bist du mit dem Ganzen in Einklang. Wenn du beschäftigt bist, hast du den Einklang verloren. Daran liegt es, dass jedesmal, wenn du zu einem Moment der Stille kommst, eine ungeheure Freude aufkommt. In so einem Moment hat das Leben Bedeutung, in so einem Moment hat das Leben eine Großartigkeit jenseits aller Worte. In so einem Moment ist das Leben ein Tanz. Selbst wenn in so einem Moment der Tod kommt, wird es ein Tanz und ein Fest werden, weil so ein Moment nichts anderes kennt als Freude. So ein Moment ist froh, er ist selig. Wissen muss negiert werden. Aber nicht, weil ich es sage oder weil J. Krishnamurti es sagt oder weil Gautam Buddha es gesagt hat. Wenn ihr es nur deshalb negiert, weil ich es sage, dann werdet ihr euer Wissen negieren und stattdessen alles, was ich sage, als euer Wissen einsetzen; ihr werdet es ersetzen. Das Negieren darf nicht vom Verstand ausgehen, denn sonst ist der Verstand sehr trickreich. Dann wird alles, was ich sage, zu eurem Wissen gemacht, und ihr fangt an, euch daran zu klammern. Dann werft ihr eure alten Götzenbilder fort und ersetzt sie durch neue. Aber es ist das gleiche Spiel, nur gespielt mit neuen Wörtern, neuen Vorstellungen, neuen Gedanken.

Wie soll man denn dann sein Wissen negieren? – nicht durch anderes Wissen! Es genügt, einfach die Tatsache einzusehen, dass Wissen Distanz schafft – einfach intensiv und total diese Tatsache einzusehen. Nicht, dass du es durch etwas anderes ersetzen müsstest. Solch eine Intensität ist Feuer, solch eine Intensität wird dein Wissen einäschern. Solch eine Intensität ist es, die man ‚Erkenntnis' nennt. Die Einsicht wird dein Wissen verbrennen, und dann wird es nicht durch anderes Wissen ersetzt werden. Danach herrscht Leere – *Shunyata*. Danach herrscht das Nichts, denn dann gibt es keinen Inhalt. Danach herrscht die ungetrübte, unverzerrte Wahrheit.

Ihr müsst sehen, was ich hier sage; ihr dürft nicht auswendig lernen, was ich hier sage. Wenn ihr hier bei mir sitzt, wenn ihr mir jeden Tag lauscht, dann fangt nicht an, Wissen zu sammeln! Wenn ihr mir hier lauscht, fangt nicht an zu horten!

Mir zu lauschen muss ein Experiment im Erkennen werden. Ihr müsst mir mit Intensität, mit Totalität zuhören, mit so viel Wachheit, wie euch nur möglich ist. In dieser Wachheit selber seht ihr den springenden Punkt, und in diesem bloßen Sehen liegt die Verwandlung. Nicht, dass ihr hinterher noch darüber hinaus etwas zu tun hättet. Das Sehen selbst bringt die Mutation.

Wenn Anstrengung nötig ist, beweist das nur, dass du missverstanden hast. Wenn du morgen zu mir kommst und fragst: „Ich habe kapiert, dass Wissen der Fluch ist, dass Wissen Distanz schafft. Wie werde ich es nun aber los?" – dann hast du missverstanden. Wenn das ‚Wie' auftaucht, hast du missverstanden. Das ‚Wie' kann nicht auftauchen, denn das ‚Wie' bittet um mehr Wissen. Das ‚Wie' bittet um Methoden, um Techniken: „Was sollte man tun?" Dabei genügt das Erkennen; es braucht durch keine Anstrengungen unterstützt zu werden. Sein Feuer ist mehr als genug, um alles Wissen, das du in dir trägst, zu verbrennen. Sieh einfach den springenden Punkt!

Wenn du mir zuhörst, geh mit mir mit! Wenn du mir zuhörst, halte meine Hand und geh in die Räume hinein, in die ich dir hineinhelfen möchte. Und sieh, was ich sage, diskutiere nicht. Sage nicht ja, sage nicht nein. Stimme nicht zu, lehne nicht ab. Sei einfach mit mir in diesem Moment! – und plötzlich ist die Erkenntnis da. Wenn du aufmerksam zuhörst... Und mit Aufmerksamkeit meine ich nicht Konzentration. Mit Aufmerksamkeit meine ich einfach, dass du mir mit Bewusstheit, nicht mit Stumpfsinn zuhörst, sondern mit Intelligenz, mit Lebendigkeit, mit Offenheit zuhörst. Du bist hier, jetzt, mit mir. Genau das meine ich mit Aufmerksamkeit: Du bist nirgendwo anders. Du vergleichst nicht in deinem Kopf das, was ich sage, mit deinen alten Gedanken. Du vergleichst überhaupt nicht, du urteilst nicht. Was immer ich sage, du urteilst nicht innen, in deinem Innern darüber, ob es stimmt oder nicht stimmt oder wieviel davon stimmt.

Erst vor wenigen Tagen sprach ich mit einem Sucher. Er hat die Qualität eines Suchers, aber ist beladen von Wissen. Während ich zu ihm sprach, füllten sich seine Augen mit Tränen. Sein Herz wollte sich gerade öffnen, aber im selben Moment sprang der Verstand dazwischen und zerstörte die ganze Schönheit. Er ging gerade ins Herz und öffnete sich, aber sofort schaltete sich sein Verstand ein. Diese Tränen, die kurz davorstanden überzufließen, verschwanden. Seine Augen wurden trocken. Was war geschehen? Ich hatte etwas gesagt, womit er nicht einverstanden war. Bis zu einem bestimmten Punkt hatte er mir zugestimmt, dann sagte ich etwas, was gegen seine jüdische Erziehung, was gegen die Kabbala ist. Und sofort veränderte sich die ganze Energie. Er sagte: „Das ist alles richtig. Alles, was du sagst, stimmt, nur dieser eine Punkt nicht – dass Gott keine Absichten hätte, dass die Existenz absichtslos sei – dem kann ich nicht beipflichten. Denn die Kabbala sagt genau das Gegenteil – dass das Leben einen Zweck hat, dass Gott absichtsvoll plant, dass er uns ein Schicksal zuteilt, dass es eine Bestimmung gibt!"

Er mag es vielleicht nicht einmal so gesehen haben – dass er in dem Moment den Faden verlor, weil das Vergleichen dazwischenkam. Was hat die Kabbala mit mir zu tun? Wenn ihr bei mir seid, dann legt all euer Wissen über Kabbala, über Yoga, über Tantra, über dieses und jenes beiseite. Wenn ihr bei mir seid, seid bei mir. Wenn ihr total bei mir seid – und ich meine damit nicht, dass ihr mit mir einer Meinung seid, vergesst das nicht.

Ich sage damit nicht, seid einer Meinung mit mir! Es geht absolut nicht ums Zustimmen oder Nichtzustimmen. Wenn du eine Rose siehst, bist du dann einer Meinung mit ihr oder bist du anderer Meinung? Wenn du einen Sonnenaufgang siehst, bist du einer Meinung damit oder anderer Meinung? Wenn du den Mond in der Nacht siehst, dann siehst du ihn einfach! Entweder du siehst ihn oder du siehst ihn nicht, aber Zustimmung oder Nichtzustimmung kommen nicht in Betracht.

Seid genau auf diese Art und Weise mit mir zusammen. Das ist die Art und Weise, mit einem Meister zu sein. Seid einfach mit mir. Ich versuche euch nicht von irgendetwas zu überzeugen. Ich versuche euch nicht zu irgendeiner Theorie, Philosophie, Lehrmeinung, zu irgendeiner Kirche zu bekehren, nein! Ich teile nur mit euch, was mir widerfahren ist. Und genau in diesem Teilen kann es, wenn ihr euch einlasst, auch euch widerfahren. Es ist ansteckend. Erkennen verwandelt.

Wenn ich sage, Wissen ist ein Fluch, mögt ihr zustimmen, nicht zustimmen – daneben! Ihr hört einfach zu, ihr schaut einfach hinein, ihr geht in den ganzen Prozess des Wissens hinein. Ihr seht, wie Wissen Distanz erzeugt, wie Wissen zur Barriere wird, wie das Wissen sich querstellt, wie das Wissen immer mehr wird und die Distanz immer größer wird, wie die Unschuld durch Wissen verloren geht, wie das Staunen durch Wissen zerstört, verkrüppelt, gemordet wird, wie das Leben durch Wissen zu einer stumpfen und langweiligen Geschichte wird. Alles Geheimnis geht verloren, und mit dem Geheimnisvollen geht Gott verloren.

Das Geheimnisvolle verschwindet, weil ihr die Vorstellung habt, Bescheid zu wissen. Wenn ihr Bescheid wisst, wie kann es dann etwas Geheimnisvolles geben? Geheimnisse sind nur möglich, wenn ihr nicht wisst. Und denkt daran, der Mensch ist nicht etwas Altbekanntes! Alles, was wir angesammelt haben, ist nur Müll. Das Letzte und Höchste entzieht sich dem Zugriff. Was wir angesammelt haben, sind nur Fakten, die Wahrheit bleibt von unseren Anstrengungen unberührt. Und das ist die Erfahrung nicht nur Buddhas, Krishnas, Krishnamurtis und Ramanas, sondern das ist sogar auch die Erfahrung Edisons, Newtons, Albert Einsteins. Das ist die Erfahrung der Dichter, Maler, Tänzer.

Alle großen Intelligenzen der Welt – sie mögen Mystiker sein, sie mögen Dichter sein, sie mögen Wissenschaftler sein – stimmen absolut in einem Punkt überein: Je mehr wir wissen, desto mehr verstehen wir, dass das Leben ein absolutes Geheimnis ist. Unser Wissen zerstört sein Geheimnis nicht. Nur dumme Leute sind es, die meinen, weil sie ein bisschen wüssten, gäbe es jetzt kein Geheimnis mehr im Leben. Nur der mittelmäßige Kopf ist es, der zuviel Wert auf sein Wissen legt. Der intelligente Kopf steht über dem Wissen. Er benutzt es, benutzt es zweifellos – es ist nützlich, zweckmäßig, aber er weiß sehr genau, dass alles Wahre verborgen ist, verborgen bleibt.

Wir können immer mehr wissen und wissen, aber Gott bleibt unergründlich. Lauscht mit Einsicht, Aufmerksamkeit und Totalität. Und in diesem bloßen Hinsehen werdet ihr etwas erkennen, und dieses Erkennen verändert euch. Ihr fragt nicht nach dem Wie. Das meint Krishnamurti, wenn er sagt: „Negieren heißt still sein". Erkennen negiert. Und wenn etwas negiert wird und nichts an dessen Stelle gesetzt wird, wenn etwas zerstört wurde und nichts an seinen Platz gestellt, nachgefüllt wurde, dann ist Stille da. Denn dann ist Raum da. Stille ist da, weil das Alte hinausgeworfen und das Neue nicht hereingeholt wurde.

Diese Stille nennt Buddha *Shunyata*. Diese Stille ist die Leere, das Nichts. Und nur dieses Nichts kann in der Welt der Wahrheit operieren. Das Denken kann dort nicht operieren. Das Denken funktioniert nur in der Welt der Dinge, weil das Denken auch ein Ding ist – subtil zwar, aber immer noch materiell. Das ist der Grund, warum sich Denken aufzeichnen lässt, warum sich Denken weiterleiten, mitteilen lässt. Ich kann dir einen Gedanken hinwerfen, und du kannst ihn aufgreifen, kannst ihn dir aneignen. Man kann ihn nehmen und geben, er ist auslieferbar, weil er ein Ding ist. Er ist ein materielles Phänomen.

Die Leere lässt sich nicht geben. Die Leere kann dir nicht hingeworfen werden. Du kannst an ihr teilhaben, du kannst in sie eingehen, aber niemand kann sie dir geben. Sie ist unauslieferbar. Und nur Leere operiert in der Welt der Wahrheit. Die Wahrheit wird nur erkannt, wenn der Verstand nicht ist. Um die Wahrheit zu wissen, muss der

Verstand aufhören, muss er seine Funktion aufgeben, muss er ruhig, still, reglos sein.

Denken kann in der Wahrheit nicht operieren. Aber die Wahrheit kann durch Gedanken operieren. Man kann durch Denken nicht bis zur Wahrheit vordringen. Aber wenn du die Wahrheit erlangt hast, kannst du das Denken in ihren Dienst stellen. Das ist es genau, was ich hier mache, was Buddha getan hat, was alle Meister getan haben. Was ich sage, ist Gedanke, aber hinter diesem Gedanken ist Leere. Diese Leere ist nicht durch Denken hervorgebracht worden, diese Leere existiert jenseits des Denkens. Denken kann sie nicht berühren, Denken kann sie nicht einmal anschauen.

Ist euch schon eines aufgefallen? – dass ihr über die Leere nicht nachdenken könnt, dass ihr die Leere nicht zu einem Gedanken machen könnt? Ihr könnt nichts über sie denken, sie ist ‚undenkbar'. Wenn ihr über sie etwas denken könnt, wäre es überhaupt nicht die Leere. Das Denken muss weichen, damit die Leere kommen kann; sie begegnen sich nie. Sobald die Leere gekommen ist, kann sie sich aller möglichen Mittel bedienen, um sich auszudrücken.

Erkennen ist ein Zustand des Nichtdenkens. Was immer ihr erkennt, erkennt ihr nur, wenn kein Gedanke da ist. Auch hier, während ihr mir lauscht, mit mir seid, erkennt ihr manchmal. Aber diese Momente sind Lücken, Zwischenräume. Der eine Gedanke ist gerade fort, der nächste ist noch nicht da, und eine Lücke tut sich auf; und in dieser Lücke schlägt etwas zu, beginnt zu vibrieren. Es ist, wie wenn jemand auf einer Trommel spielt. Die Trommel ist innen leer, nur darum kann man auf ihr spielen. Diese Leere vibriert. Dieser wundervolle Ton, der aus ihr kommt, wird aufgrund der Leere erzeugt. Wenn du ohne einen Gedanken bist, dann wird etwas möglich, sofort möglich. Dann kannst du sehen, wovon ich spreche. Dann wird es nicht nur ein gehörtes Wort sein, dann wird es eine Intuition, eine Einsicht, eine Vision sein, dann hast du hineingeschaut, warst du meiner teilhaftig.

Erkennen ist ein Zustand des Nichtdenkens, Nicht-Gedankens. Es ist eine Lücke, ein Zwischenraum im Prozess des Denkens, und in dieser Lücke blitzt es auf, ist die Wahrheit. Das englische Wort für leer, *empty*, kommt aus einer Wurzel, die Muße, Tatenlosigkeit bedeutet. Das ist ein schönes Wort, wenn ihr an seine Wurzel geht. Die Wurzel ist bedeutungsschwer – sie bedeutet müßig, unbeschäftigt. Wann immer ihr unbeschäftigt seid, Muße habt, seid ihr leer. Und denkt daran: Das Sprichwort, das besagt, dass ein unbeschäftigter Kopf die Werkstatt des Teufels sei, ist purer Unsinn. Genau das Gegenteil ist der Fall: Der beschäftigte Kopf ist die Werkstatt des Teufels! Aber ihr müsst verstehen, was ich unter leer verstehe – voller Muße, entspannt, unverkrampft, reglos, wunschlos sein, nirgendwohin streben, einfach nur hier sein, absolut hier. Ein leerer Kopf ist eine reine Präsenz. Alles ist möglich in jener reinen Präsenz, weil die ganze Existenz dieser reinen Präsenz entspringt.

Diese Bäume hier wachsen aus dieser reinen Präsenz, diese Sterne werden aus dieser reinen Präsenz geboren, wir alle hier, alle Buddhas sind aus dieser reinen Präsenz hervorgegangen. In dieser reinen Präsenz bist du in Gott, bist du Gott. Beschäftigt fällst du; beschäftigt musst du aus dem Garten Eden vertrieben werden. Unbeschäftigt bist du wieder in den Garten zurückgekehrt, unbeschäftigt bist du wieder daheim.

Wenn der Kopf nicht mit der Realität, mit Dingen, mit Gedanken beschäftigt ist, dann ist dasjenige da, was ist. Und das, was ist, ist die Wahrheit. Nur in der Leere kommt es zur Begegnung, zur Verschmelzung. Nur in der Leere öffnest du dich der Wahrheit und geht die Wahrheit in dich ein. Nur in der Leere wirst du schwanger von Wahrheit.

Dies sind die drei Zustände des Geistes: Der erste ist Inhalt und Bewusstsein. Du hast immer irgendwelche Inhalte im Kopf – ein Gedanke, der vorüberzieht, ein Wunsch, der aufsteigt, Wut, Gier, Ehrgeiz. Du hast immer einen Inhalt im Kopf. Der Kopf ist niemals unbeschäftigt. Der Verkehr geht weiter, tagein, tagaus. Im Wachen ist er da, im Schlaf ist er da. Wachend nennt man es Denken, schlafend nennt man es Träumen – es ist derselbe Prozess. Das Träumen ist etwas primitiver, das ist alles – weil es in Bildern denkt. Es benutzt keine Begriffe, nur Bilder. Es ist primitiver; wie die kleinen Kinder denkt es in Bildern. Darum müsst ihr in Bücher für kleine Kinder große Bilder hineintun, bunt, weil sie in Bildern denken. Durch die Bilder werden sie Wörter lernen. Nach und nach werden diese Bilder immer kleiner, und schließlich verschwinden sie.

Der primitive Mensch denkt ebenfalls in Bildern. Die ältesten Sprachen sind Bildersprachen. Chinesisch ist eine Bildersprache, es hat kein Alphabet. Es ist die älteste Sprache überhaupt. Nachts also werdet ihr wieder zu Primitiven, da vergesst ihr eure Bildung vom Tage und fangt an, in Bildern zu denken. Aber es ist das gleiche. Und die Idee des Psychoanalytikers, in eure Träume hineinzuschauen, ist wertvoll, weil dann mehr Wahrheit da ist, weil ihr dann primitiver seid. Ihr versucht nicht, irgendwen zu täuschen, ihr seid authentischer. Am Tage zieht ihr euch eine Persönlichkeit an, die euch verdeckt – Schichten über Schichten von Persönlichkeit. Es ist sehr schwierig, den wahren Menschen ausfindig zu machen. Ihr werdet tief nachgraben müssen, und das tut weh, und der Betreffende wird sich sträuben. Aber in der Nacht legt ihr zugleich mit euren Kleidern auch eure Persönlichkeit ab. Ihr braucht weder das eine noch das andere, weil ihr mit niemandem kommunizieren werdet. Ihr seid allein in eurem Bett; und da werdet ihr nicht in der Welt sein, ihr werdet absolut in eurem privaten Reich sein, ihr braucht also nichts zu verstecken und niemandem etwas vorzumachen. Eben darum versucht der Psychoanalytiker, in eure Träume einzudringen, denn die zeigen sehr viel klarer, wer ihr seid. Aber es ist das gleiche Spiel, nur in verschiedenen Sprachen gespielt; das Spiel selber unterscheidet sich nicht. Das also ist der gewöhnliche Geisteszustand: Geist und Inhalt, Bewusstsein plus Inhalt.

Der zweite Geisteszustand ist Bewusstsein ohne Inhalt. Genau das ist Meditation. Du bist ganz und gar wach, und eine Lücke, eine Pause ist da. Du triffst keinen Gedanken an, du hast keinen Gedanken vor dir. Du schläfst nicht, du bist wach – aber es ist kein Gedanke da. Das ist Meditation.

Der erste Zustand heißt Verstand, der zweite Zustand heißt Meditation. Und es gibt einen dritten Zustand. Wenn der Inhalt verschwunden ist, das Objekt verschwunden ist, kann das Subjekt sich nicht mehr lange halten – denn sie existieren nur zusammen. Sie hatten einander erschaffen. Wenn das Subjekt allein ist, kann es nur noch eine kleine Weile lang bleiben, einfach kraft der Schubkraft der Vergangenheit. Ohne Inhalte kann sich das Bewusstsein nicht lange halten – es wird nicht gebraucht. Denn ein Bewusstsein ist immer ein Bewusstsein von etwas. Wenn man sagt ‚bewusst', kann man nur fragen: ‚wessen?' Man sagt: „Ich bin mir dessen bewusst, dass … ", dieses Objekt gehört dazu, es ist ein Muss, wenn das Subjekt da sein soll. Sobald das Objekt verschwunden ist, wird bald auch das Subjekt verschwinden. Erst geht der Inhalt, dann verschwindet das Bewusstsein.

Dann heißt der dritte Zustand *Samadhi* – kein Inhalt, kein Bewusstsein. Aber vergesst nicht, dieser Nicht-Inhalt, dieses Nicht-Bewusstsein ist nicht ein Zustand der Bewusstlosigkeit. Es ist ein Zustand des Überbewusstseins, des transzendentalen Bewusstseins: Das Bewusstsein ist sich jetzt nur seiner selbst bewusst. Das Bewusstsein hat sich sich selbst zugekehrt; der Kreis hat sich geschlossen. Du bist heimgekehrt. Dies ist der dritte Zustand, *Samadhi*; und dieser dritte Zustand ist es, was Buddha mit *Shunyata* meint. Lasst zunächst den Inhalt fallen – das macht euch halbleer. Dann lasst das Bewusstsein fallen – das leert euch vollends. Und diese Voll-Leere ist das Schönste, was passieren kann, der größte Segen überhaupt. In diesem Nichts, in dieser Leere, in dieser Selbst-Losigkeit, in diesem *Shunyata* liegt komplette Sicherheit und Stabilität.

Es wird euch überraschen, dies zu hören – komplette Sicherheit und Stabilität, wenn ihr doch gar nicht da seid?! Alle Ängste verschwinden. Denn was ist die Grundangst? – die Grundangst ist die Angst vor dem Tod. Alle Ängste sind nur Brechungen dieser Grundangst. Alle anderen Ängste lassen sich auf eine einzige Angst zurückführen: die Angst vor dem Tod, die Angst, dass du eines Tages vielleicht verschwinden musst, dass du eines Tages vielleicht sterben musst. „Ich bin, und der Tag wird kommen, da ich nicht sein werde." Das macht Angst, das ist es, was wir fürchten. Um dieser Furcht auszuweichen, stellen wir alles Mögliche an. Um so lange wie möglich leben zu können, versuchen wir, unser Leben abzusichern.

Wir fangen an, Kompromisse zu machen, wir fangen an, uns immer mehr zu schützen, abzusichern – aus dieser Angst heraus. Wir werden gelähmt, denn je sicherer man ist, je geschützter man ist, desto weniger lebendig ist man. Das Leben besteht aus Herausforderungen, das Leben besteht aus Krisen, das Leben braucht Unsicherheit. Es wächst auf dem Boden der Unsicherheit. Wann immer du unsicher bist, wirst du dich entsprechend lebendiger, wacher erleben.

Das ist es, warum reiche Menschen abstumpfen: Ihnen haftet eine gewisse Dummheit, eine gewisse Betäubtheit an. Sie sind dermaßen sicher, dass jede Herausforderung fehlt. Sie sind dermaßen sicher, dass sie nicht intelligent zu sein brauchen. Sie sind dermaßen sicher – wozu bräuchten sie noch Intelligenz? Intelligenz wird gefordert, wo sie gebraucht wird, Intelligenz zeigt sich erst, indem sie gefordert wird. Aus der Angst vor dem Tod heraus also streben wir Sicherheit an – ein dickes Bankkonto, die Ehe, ein geregeltes Leben, ein Eigenheim –, schließen wir uns einer Nation an, einer Partei, einer religiösen Kirche, werden wir Hindus, Christen, Muslime. Das sind alles nur Mittel, um Sicherheit zu finden. Das sind alles Mittel, einen Platz zu finden, wo wir dazugehören – ein Land, eine Kirche.

Aufgrund dieser Angst können euch Politiker und Priester immerzu ausbeuten. Wenn ihr keinerlei Angst habt, kann euch kein Politiker, kein Priester ausbeuten. Nur aus eurer Angst heraus kann er euch ausbeuten, denn er kann euch das Gewünschte liefern. Zumindest kann er es versprechen: „Das hier wird euch absichern, das hier wird eure Sicherheit sein. Ich garantiere es euch." Das Versprochene mag ausbleiben – das steht auf einem anderen Blatt, aber allein das Versprechen... Und so lassen sich die Leute mit Versprechungen immerzu ausbeuten und unterdrücken. Das Versprechen hält die Menschen in Sklaverei.

Hast du aber einmal diese innere Leere kennengelernt, dann gibt es keine Angst, weil der Tod schon passiert ist. In dieser Leere ist er passiert. In dieser Leere hast du dich aufgelöst. Wie kannst du noch weiter Angst haben? Vor was? Vor wem? Und wer sollte Angst haben. In dieser Leere verschwindet alle Angst, weil der Tod schon passiert ist. Jetzt ist kein Tod mehr möglich. Du empfindest eine Art Todlosigkeit, Zeitlosigkeit. Die Ewigkeit ist eingetreten. Jetzt suchst du nach keiner Sicherheit mehr. Es ist nicht nötig.

Das ist der Zustand eines Sannyasin. Das ist der Zustand, wo ein Mensch keinem Land, keiner Kirche oder ähnlichen Dummheiten mehr anzugehören braucht. Nur wenn du nichts geworden bist, kannst du endlich du selbst sein, so paradox es klingt. Und dann brauchst du keine Kompromisse mehr zu machen, weil man nur aus Angst und Gier Kompromisse macht. Und dann kannst du in Rebellion leben, weil es nichts zu verlieren gibt, kannst du zu einer Rebellion werden, es gibt nichts zu befürchten. Niemand kann dich töten. Das hast du schon selber besorgt. Niemand kann dir noch irgendetwas wegnehmen; du hast alles aufgegeben, was man dir nehmen könnte. Jetzt bist du im Nichts, bist du ein Nichts. Daher das paradoxe Phänomen, dass sich in diesem Nichts eine große Sicherheit, eine große Gewissheit, eine Stabilität zeigt – weil kein Tod mehr möglich ist.

Und mit dem Tod verschwindet die Zeit. Mit dem Tod verschwinden all die Probleme, die durch Tod und Zeit erzeugt werden. Im Fahrwasser all dieser verschwundenen Dinge bleibt nur noch eines übrig – ein reiner Himmel. Dieser reine Himmel ist *Samadhi, Nirvana*. Das ist es, wovon Buddha hier spricht. Diese Sutras sind an einen von Buddhas größten Jüngern gerichtet, Sariputra. Warum an Sariputra?

Am ersten Tag sagte ich euch, dass es sieben Ebenen gibt, sieben Sprossen der Leiter. Die siebte ist die transzendentale: Zen, Tantra, Tao. Die sechste ist die spirituell-psychologische: Yoga. Bis hinauf zur sechsten bleiben Methoden wichtig, bleibt das Wie wichtig. Bis hinauf zur sechsten bleibt Disziplin wichtig, bleiben Rituale wichtig, bleiben Techniken wichtig. Erst wenn ihr zur siebten gelangt seid, seht ihr, dass man nur eines braucht, nämlich nichts zu sein. Das Wort wird in diesen Sutras an Sariputra gerichtet, weil Sariputra im sechsten Zentrum war, auf der sechsten Sprosse.

Er war einer der größten Jünger Buddhas. Buddha hatte achtzig große Jünger; Sariputra war eine der Hauptpersonen unter diesen achtzig. Er war der Gebildetste in Buddhas Umgebung. Er war der größte Gelehrte und *Pandit* in Buddhas Umgebung. Als er zu Buddha kam, hatte er selber fünftausend Jünger. Als er das erste Mal zu Buddha kam, war er nur gekommen, um mit ihm zu streiten, mit ihm zu debattieren und ihn dabei zu besiegen. Er war mit fünftausend Jüngern angetreten – um Eindruck zu machen. Und als er vor Buddha stand, lachte Buddha. Und Buddha sagte zu ihm: „Sariputra, du weißt sehr viel, aber du hast überhaupt keine Ahnung. Ich kann sehen, du hast ein großartiges Wissen angesammelt, aber du bist leer. Du bist hergekommen, um mit mir zu diskutieren und zu debattieren und mich zu besiegen, aber wenn du wirklich mit mir diskutieren willst, wirst du mindestens ein Jahr lang warten müssen."

Sariputra sagte: „Ein Jahr? Wozu?"

Buddha sagte: „Du wirst ein Jahr lang still bleiben müssen; das wird der Preis sein, der zu zahlen ist. Wenn du ein Jahr lang still bleiben kannst, dann kannst du mit mir diskutieren. Denn das, was ich dir sagen werde, wird aus der Stille kommen. Du brauchst etwas Übung. Ich sehe, Sariputra, du hast bisher noch keinen einzigen Moment der Stille gekostet. Du bist so voller Wissen, dass dir der Kopf schwer ist. Ich habe Mitgefühl für dich, Sariputra. Du hast über viele Leben hin eine solche Last geschleppt! Du bist nicht erst in diesem Leben ein Brahmane, Sariputra, du bist schon seit vielen Leben Brahmane. Und seit vielen Leben schleppst du die Veden und Schriften mit dir herum. Das ist viele Leben lang dein Lebensstil gewesen, aber ich sehe eine Möglichkeit. Du bist ein Gelehrter, ein vielversprechender. Du weißt sehr viel, aber dein Wissen hat dein Sein noch nicht völlig blockiert. Es sind immer noch ein paar Fenster übrig. Ich möchte ein Jahr lang diese Fenster putzen, und dann besteht eine Möglichkeit für uns, zusammenzukommen, uns zu unterhalten und zusammenzusein. Sei nur erst ein Jahr hier."

Das war seltsam, Sariputra hatte das ganze Land bereist und Leute besiegt. Das war so eine Sitte in Indien damals: Gelehrte reisten immer überall herum und besiegten einander in großen Debatten und Diskussionen, Marathon-Debatten. Und es war das höchste der Gefühle, wenn einer im ganzen Lande Sieger geblieben war und er alle Gelehrten besiegt hatte – es war eine große Egobefriedigung. So jemand wurde höher geachtet als Könige, Kaiser. So jemand wurde für größer gehalten als die Reichen. Sariputra war unterwegs. Und natürlich konnte man sich nicht als Sieger ausgeben, solange man nicht auch Buddha besiegt hatte. Dafür war er gekommen. Also sagte er: „Okay, wenn ich ein Jahr lang warten muss, werde ich eben warten." Und ein Jahr lang saß er schweigend bei Buddha. In diesem einen Jahr machte sich die Stille in ihm breit. Und nach einem Jahr fragte ihn Buddha: „Jetzt kannst du mit mir diskutieren und mich besiegen, Sariputra. Ich würde mich riesig freuen, von dir besiegt zu werden."

Der aber lachte und berührte ihm die Füße und sagte: „Weihe mich ein. In diesem einen Jahr Schweigen hatte ich beim bloßen Zuhören ein paar Momente, wo mir die Erkenntnis gekommen ist. Obwohl ich als Gegner gekommen war, dachte ich bei mir: ‚Wenn ich hier schon ein Jahr lang sitzen soll, warum dem Mann dann nicht zuhören? Mal hören, was er sagt.' Aus Neugier fing ich also an zuzuhören. Aber manchmal kamen jene Momente, und dann durchdrangst du mich und berührtest mein Herz und spieltest Orgel auf meinem Inneren, und so habe ich die Musik gehört. Du hast mich besiegt, ohne mich zu besiegen."

Sariputra wurde Buddhas Jünger, und seine fünftausend Jünger wurden auch Buddhas Jünger. Sariputra war einer der bekanntesten Gelehrten in jenen Tagen. Diese Sutras sind an Sariputra gerichtet.

> Hier, oh Sariputra, ist Form Leere,
> und die Leere selber ist Form;
> Leere unterscheidet sich nicht von Form,
> Form unterscheidet sich nicht von Leere.
> Was immer Form ist, ist Leere,
> was immer Leere ist, ist Form.
> Dasselbe gilt für Gefühle,
> Wahrnehmungen, Impulse und Bewusstsein.

Hier, oh Sariputra ... Was meint Buddha mit „Hier"? Er meint seinen Raum. Er sagt: Aus der Sicht meiner Welt, von der transzendentalen Warte aus, von dem Raum aus, wo ich existiere, und der Ewigkeit aus, wo ich existiere ...

Hier, oh Sariputra, ist Form Leere,
und die Leere selber ist Form;

Dies gehört zu den wichtigsten Aussagen überhaupt. Der ganze buddhistische Ansatz beruht auf diesem: dass das Manifeste das Unmanifeste ist, dass die Form nichts anderes ist als die Form der Leere selbst, und die Leere selbst nichts anderes ist als Form – die Möglichkeit zu Form. Diese Aussage ist unlogisch und scheint offenkundiger Unsinn zu sein. Wie kann Form Leere sein? Es sind Gegensätze. Wie kann Leere Form sein? Es sind Gegenpole. Man muss eines verstehen, bevor wir richtig in dieses Sutra hineingehen können: Buddha ist nicht logisch, Buddha ist dialektisch.

Man kann die Wirklichkeit auf zweierlei Art angehen: Die eine ist logisch. Im Westen ist Aristoteles der Vater dieses Ansatzes. Dieser Ansatz folgt einfach einer geraden Linie, einer klar definierten Linie. Er lässt nie das Gegenteil zu, das Gegenteil muss verworfen werden. Dieser Ansatz besagt: A ist A und niemals Nicht-A. A kann nicht Nicht-A sein. Das ist die Formel der aristotelischen Logik – und sie klingt völlig plausibel, denn wir alle sind mit dieser Logik aufgewachsen, in den Schulen, den Hochschulen, den Universitäten. Die ganze Welt wird von Aristoteles beherrscht: A ist A und niemals Nicht-A.

Der zweite Ansatz, sich der Wirklichkeit zu nähern, ist dialektisch. Im Westen wird dieser Ansatz mit den Namen Heraklit und Hegel in Verbindung gebracht. Der dialektische Prozess besagt: Das Leben schreitet in Polaritäten fort, in Gegensätzen – so wie ein Fluss zwischen zwei entgegengesetzten Ufern fließt. Aber erst durch diese beiden entgegengesetzten Ufer wird der Fluss zwischen ihnen in Fluss gehalten. Dieser Ansatz ist existenzieller. Elektrischer Strom hat zwei Pole, positiv und negativ. Wenn die Logik des Aristoteles existenziell stichhaltig ist, dann ist Elektrizität etwas sehr, sehr Unlogisches. Dann ist Gott selber unlogisch, denn er produziert neues Leben aus der Begegnung eines Mannes mit einer Frau, die gegensätzlich sind – Yin und Yang, männlich und weiblich. Wenn Gott von Aristoteles in aristotelischer Logik, in linearer Logik erzogen worden wäre, dann wäre Homosexualität die

Norm gewesen und Heterosexualität die Perversion. Dann würde der Mann den Mann lieben und die Frau die Frau lieben. Dann könnten sich Gegensätze nicht begegnen.

Aber Gott ist dialektisch. Überall begegnen sich Gegensätze. In dir begegnen sich Geburt und Tod. Überall begegnen sich Gegensätze! – Tag und Nacht, Sommer und Winter. Der Dorn und die Blüte – sie begegnen sich, sie sind am selben Ast, sie kommen aus derselben Quelle. Mann und Frau, Jugend und Alter, Schönheit und Hässlichkeit, Körper und Seele, die Welt und Gott – lauter Gegensätze. Dies Ganze ist eine Symphonie aus Gegensätzen. Die Gegensätze begegnen sich nicht nur, sondern erzeugen einen großen Zusammenklang – nur Gegensätze können Symphonie erzeugen. Andernfalls wäre das Leben eine Monotonie, keine Symphonie. Das Leben wäre eine einzige Langeweile. Wenn immer nur dieselbe Note wiederholt würde, käme zwangsläufig Langeweile dabei heraus. Es gibt gegensätzliche Noten: die These begegnet der Antithese, und daraus entsteht eine Synthese. Und die Synthese wiederum wird zur These, erzeugt eine Antithese, und es entwickelt sich eine höhere Synthese. Genau so geht das Leben vor. Dieser Ansatz, Buddhas Ansatz, ist dialektisch, und er ist existenzieller, wahrer, gültiger.

Ein Mann liebt eine Frau, eine Frau liebt einen Mann … Und dann gibt es hier noch ein weiteres zu verstehen. Heute sagen die Biologen, und die Psychologen sind gleicher Meinung, dass der Mann nicht nur Mann, sondern auch Frau ist. Und die Frau ist nicht einfach nur Frau, sie ist auch Mann. Wenn sich also ein Mann und eine Frau begegnen, begegnen sich nicht zwei Personen, sondern vier Personen. Der Mann begegnet der Frau, aber der Mann hat eine verborgene Frau in sich, genauso wie die Frau einen verborgenen Mann in sich hat – die begegnen sich ebenfalls. Die Begegnung läuft auf doppelter Ebene; sie ist verwobener, komplexer, verflochtener. Ein Mann ist Mann und Frau, beides. Warum? – weil er aus beidem kommt. Ein wenig hast du vom Vater mitbekommen, und ein wenig hast du von deiner Mutter mitbekommen. Egal wer du bist, es fließt ein Mann in deinen Adern, aber auch eine Frau. Du musst also beides sein, weil du die Begegnung der polaren Gegensätze bist. Du bist eine Synthese! Es ist unmöglich, das eine zu leugnen und nur das andere zu sein.

Aber genau das ist passiert. Man hat Aristoteles beim Wort genommen, in jeder Hinsicht, und das hat zu vielen Problemen für die Menschheit geführt – zu so enormen Problemen, dass sie unlösbar scheinen, wenn man Aristoteles folgen soll. Dem Mann ist beigebracht worden, immer nur ein Mann zu sein: Zeig nie irgendwelche weiblichen Züge in dir, zeig nie irgendwelche Weichheit des Herzens, zeig nie irgendeine Empfänglichkeit, sei immer aggressiv. Dem Mann ist beigebracht worden, niemals zu weinen, nie Tränen zu zeigen – weil die zu weiblich sind. Den Frauen ist beigebracht worden, niemals wie der Mann zu sein: Zeigt niemals Aggression, zeigt niemals Ausdruck, bleibt immer passiv, empfänglich.

Dies ist wider die Realität, und dies hat beide verkrüppelt. In einer besseren Welt mit besserer Einsicht wird ein Mann beides sein, wird eine Frau beides sein – weil ein Mann es manchmal braucht, eine Frau zu sein. Es gibt Momente, in denen er es braucht, weich zu sein – zarte Momente, Liebesmomente. Und es gibt Momente, in denen eine Frau es braucht, ausdrucksstark und aggressiv zu sein – in der Wut, in der Selbstverteidigung, in der Rebellion. Wenn eine Frau einfach nur passiv ist, dann wird sie automatisch zu einer Sklavin. Eine passive Frau muss zwangsläufig zu einer Sklavin werden – genau das ist über die Jahrhunderte passiert. Und ein aggressiver Mann, betont aggressiv und niemals zärtlich, muss zwangsläufig Krieg, Neurose, Gewalt über die Welt bringen.

Der Mann hat immer nur gekämpft, ununterbrochen gekämpft. Es scheint, der Mann ist nur auf Erden, um zu kämpfen. In dreitausend Jahren hat es fünftausend Kriege gegeben! Immerzu ist irgendwo Krieg. Die Erde ist niemals heil und gesund ... nie ein Moment ohne Krieg! Entweder ist er in Korea oder er ist in Vietnam oder er ist in Israel oder Indien, Pakistan oder in Bangladesh. Irgendwo muss das Massaker weitergehen, muss der Mann töten. Um Mann zu bleiben, muss er töten. Fünfundsiebzig Prozent der Energie wird in die Kriegsrüstung gesteckt, in die Produktion von mehr Bomben, Wasserstoffbomben,

Neutronenbomben und so weiter und so fort. Es scheint, der einzige Daseinszweck des Mannes hier auf Erden ist Krieg. Die Kriegshelden werden am meisten geachtet. Die Kriegspolitiker stellen die großen Namen der Geschichte: Adolf Hitler, Winston Churchill, Joseph Stalin, Mao Tse Tung – diese Namen werden bleiben. Warum? Weil sie große Kriege geführt haben – sie haben zerstört. Ob als Aggression oder als Verteidigung spielt keine Rolle, aber das waren die Kriegstreiber. Und niemand weiß jemals, wer der Aggressor war. Ob Deutschland aggressiv war oder nicht – das hängt ganz davon ab, wer die Geschichte schreibt.

Wer jeweils gewinnt, wird die Geschichte schreiben, und er wird nachweisen, dass der andere der Aggressor war. Die Geschichte wäre total anders, wenn Adolf Hitler Sieger gewesen wäre. Ja, die Nürnberger Prozesse hätte es dann auch gegeben, aber dann hätten amerikanische und englische und französische Generäle auf der Anklagebank gesessen. Und die Geschichte wäre von Deutschen geschrieben worden; natürlich hätten sie eine andere Sicht der Dinge.

Niemand weiß, was wahr ist. Eines steht fest: dass der Mann seine ganze Energie in Kriegsvorbereitungen steckt. Der Grund? – der Grund ist, dass der Mann seit jeher gelernt hat, nur Mann zu sein. Seine Frau wird grundsätzlich geleugnet. Also ist kein Mann ganz! Und dasselbe gilt für die Frau – keine Frau ist ganz! Man hat ihr ihre Mann-Seite verwehrt. Als kleines Mädchen darf sie nicht mit den Jungs kämpfen, darf sie nicht auf die Bäume klettern, muss sie mit Puppen spielen, muss sie zu Hause spielen. Das ist eine sehr, sehr verzerrte Sichtweise. Der Mann ist beides, und die Frau auch. Und beides ist nötig, um ein wirklich harmonisch menschliches Wesen hervorzubringen. Die Existenz ist dialektisch. Und Gegensätze sind nicht nur Gegensätze, sie sind auch Ergänzungen.

Buddha sagt: Hier, oh Sariputra – in meiner Welt, Sariputra, in meinem Raum, in meiner Zeit, Sariputra, hier auf der siebten Stufe der Leiter, in diesem Zustand des Nicht-Verstandes, in diesem Zustand von *Samadhi*, in diesem Zustand von *Nirvana*, Erleuchtung – ist Form Leere, ist Mann Frau und ist Frau Mann und ist Leben Tod und Tod Leben. Gegensätze sind keine Gegensätze, Sariputra. Sie durchdringen sich gegenseitig, sie bedingen einander. Um diese Grundeinsicht aufzuzeigen, sagt Buddha: Form ist Formlosigkeit und Formlosigkeit ist Form. Das Unmanifeste wird manifest, und das Manifeste wird wieder unmanifest. Sie sind nicht verschieden, Sariputra, sie sind eins. Die Dualität ist nur scheinbar, tief unten ist alles eins.

> Leere unterscheidet sich nicht von Form,
> Form unterscheidet sich nicht von Leere.
> Was immer Form ist, ist Leere,
> was immer Leere ist, ist Form.
> Dasselbe gilt für Gefühle,
> Wahrnehmungen, Impulse und Bewusstsein.

Das ganze Leben und die ganze Existenz besteht aus polaren Gegensätzen. Und nur an der Oberfläche unterscheiden sie sich. Diese Gegensätze sind wie meine beiden Hände: Ich kann sie gegeneinander stellen, ich kann sogar eine Art Kampf zwischen ihnen bewerkstelligen, aber meine linke Hand und meine rechte Hand sind beides meine Hände. In mir sind sie eins. Und genauso ist es überhaupt.

Warum sagt Buddha dies zu Sariputra? Weil alle Sorgen verschwinden, wenn man dies versteht. Dann gibt es keine Sorgen: das Leben ist Tod, Tod ist Leben. Sein ist ein Weg in Richtung Nichtsein. Und Nichtsein ist ein Weg in Richtung Sein. Es ist das gleiche Spiel, und dann gibt es keine Angst, dann gibt es kein Problem. Mit dieser Erkenntnis kommt ein großes Akzeptieren.

> Hier, oh Sariputra,
> sind alle Dharmas gezeichnet von Leere;
> sind sie weder erzeugt noch beendet,
> weder beschmutzt noch unberührt,
> weder beschädigt noch heil.

Buddha sagt: Alle *Dharmas* sind voller Leere. Dieses Nichts existiert im Kern aller Dinge, dieses Nichts existiert in einem Baum, dieses

Nichts existiert in einem Stein, dieses Nichts existiert in einem Stern. Heute werden die Wissenschaftler dem zustimmen. Sie sagen, dass jedesmal, wenn ein Stern kollabiert, daraus ein schwarzes Loch wird: Nichts. Aber dieses Nichts ist nicht einfach nur nichts. Es hat unermessliche Kraft. Es ist sehr voll, es fließt über. Die Vorstellung, die Hypothese von einem ‚schwarzen Loch' ist enorm wertvoll, um Buddha zu verstehen. Ein Stern existiert Millionen und Milliarden von Jahren. Aber eines Tages muss er sterben; alles, was geboren wird, muss sterben. Der Mensch existiert siebzig Jahre – und was passiert dann? Erschöpft, ermüdet, verschwindet er, fällt er zurück in die ursprüngliche Einheit. Und so ist es in allem – früher oder später, eines schönen Tages wird der Himalaja verschwinden, und genauso wird diese Erde eines Tages verschwinden, und genauso wird diese Sonne eines Tages verschwinden. Aber wenn ein großer Stern verschwindet, wohin verschwindet er dann? Er kracht in sich zusammen. Es ist eine solche Riesenmasse – sie bricht zusammen, so wie ein alter Mann im Gehen mitten auf der Straße zusammenbricht. Wenn ihr den Mann dort liegen lasst, wird seine Leiche früher oder später verschwinden, wird sie sich im Schlamm, in der Erde auflösen. Wenn ihr sie dort viele Jahre liegen lasst, werden auch die Knochen zu Staub zerfallen. Der Mann war irgendwann da – lief, lebte, liebte, kämpfte, und jetzt hat sich alles in ein schwarzes Loch aufgelöst. Und genau dasselbe passiert mit einem Stern: Wenn ein Stern in sich zusammenbricht, wird er zu einem schwarzen Loch. Warum nennt man es ein schwarzes Loch? Weil jetzt keine Masse mehr da ist, nur eine reine Leere da ist – das, was Buddha *Shunyata* nennt. Und dieses *Shunyata*, die reine Leere, ist so voller Kraft, dass du, wenn du in ihren Einflussbereich kommst, in ihre Nähe, ihre Nachbarschaft kommst, angesogen wirst, in die Leere hineingesogen wirst und ebenfalls zusammenbrichst und verschwindest.

Für die Raumfahrt wird das ein Zukunftsproblem werden, weil es viele Sterne gibt, die zu schwarzen Löchern geworden sind. Und man kann es nicht sehen, weil da nichts ist, weil da nur Abwesenheit ist. Man kann es nicht sehen, aber man kann darauf stoßen. Wenn ein Raumschiff sich nähert, in sein Gravitationsfeld eintritt, wird es einfach hineingesogen, und dann wird es keine Möglichkeit haben, da wieder herauszukommen. Es ist unmöglich, einen Ausweg zu finden, der Sog wird so groß sein, dass es einfach aufgesogen wird und darin verschwindet und kollabiert. Und ihr werdet nie wieder etwas von diesem Raumschiff hören – wo es hingekommen ist, was mit ihm passiert ist, was aus den Astronauten geworden ist.

So ein schwarzes Loch kommt Buddhas Begriff der Leere sehr, sehr nahe: Alle Formen brechen in sich zusammen und lösen sich in Schwärze auf; und dann, wenn sie sich lange Zeit ausgeruht haben, sprudeln sie hoch – wieder wird ein Stern geboren. Das geht immer so weiter: Leben und Tod, Leben und Tod – so geht es weiter. So läuft die Existenz. Erst wird sie manifest, dann wird sie müde, geht ins Unmanifeste, dann verjüngt sich ihre Energie wieder durch Ruhe und Entspannung, manifestiert sich wieder. Den ganzen Tag lang arbeitest du; du wirst müde; nachts löst du dich schlafend in ein schwarzes Loch auf. Du machst das Licht aus, du schlüpfst unter die Bettdecke, du schließt die Augen, und in wenigen Augenblicken ist das Bewusstsein weg: Du bist einwärts kollabiert.

Es gibt Momente, wo nicht einmal mehr Träume da sind, wo der Schlaf tiefer sinkt als sonst. In diesem Tiefschlaf bist du in einem schwarzen Loch, bist du tot. Vorübergehend bist du im Tod, ruhst du dich im Tod aus. Und dann am Morgen bist du wieder zurück, wieder voller Saft und Kraft und Leben, wieder verjüngt. Wenn du einen wirklich guten Tiefschlaf ohne Träume hattest, dann ist der Morgen so frisch, so vital, so strahlend! Du bist wieder jung!

Wenn du tief zu schlafen weißt, weißt du auch, wie du dich immer wieder verjüngen kannst. Wenn es wieder Abend wird, kollabierst du wieder, müde und erschöpft von den Geschäften des Tages. Dasselbe geschieht mit allem. Der Mensch ist eine Miniaturausgabe der gesamten Existenz. Was mit dem Menschen geschieht, passiert mit der gesamten Existenz – nur in größerem Maßstab, das ist alles. Jeden Abend löst du dich auf im Nichts, jeden Morgen kommst du in die Form.

Form – Nichtform, Form – Nichtform – so läuft das Leben.

Das sind die beiden Phasen.

> Hier, oh Sariputra,
> sind alle Dharmas gezeichnet von Leere;
> sind sie weder erzeugt noch beendet …

Und Buddha sagt hier: Man braucht nichts zu tun; man braucht nur eines: Erkennen. Das ist eine radikale Aussage. Sie kann dein ganzes Leben transformieren, wenn du es als Erkennen sehen kannst.

> … sind sie weder erzeugt noch beendet …

Niemand erzeugt diese Formen, und niemand beendet diese Formen. Buddha glaubt nicht an einen Gott als Manipulator, als Kontrolleur, als Schöpfer, nein. Das wäre eine Dualität, eine unnötige Hypothese. Buddha sagt, es passiert von allein, es ist natürlich, niemand macht es. Nicht etwa, dass Gott erst, wie es in der Bibel heißt, bei sich denkt: „Es werde Licht!", damit Licht erscheine. Und er dann eines Tages sagt: „Jetzt sei kein Licht mehr!", und das Licht verschwindet.

Warum diesen Gott belangen, warum ihm diese hässliche Arbeit geben? Und er wird sie für immer und ewig machen müssen! „Es werde Licht – Es sei kein Licht – Es werde Licht – Es sei kein Licht – Jetzt sei der und der Mensch, und jetzt sterbe er!" Denkt doch auch mal an ihn und seine Langeweile! Buddha entlässt ihn daraus, er sagt, es ist unnötig.

Es geht einfach natürlich zu. Bäume bringen Samen hervor, dann bringen Samen Bäume hervor, dann bringen Bäume wieder Samen hervor. Was ist ein Same? – das Verschwinden des Baumes. Der Baum ist in Nichtform übergegangen. Du kannst ein Samenkorn in der Tasche tragen, tausend Samen kannst du in der Tasche tragen – aber du kannst keine tausend Bäume in deiner Tasche tragen. Bäume haben Form, Volumen, Masse. Der Same hat nichts, und wenn du in den Samen hineinschaust, wirst du nichts finden. Wenn du noch nie gesehen, noch nie erlebt hättest, dass ein Same zum Baum wird, und es käme jemand daher und würde dir ein Saatkorn geben und sagen: „Sieh her, dieses Saatkorn ist reine Magie – es kann zu einem großen Baum werden, und er wird viele Früchte haben, viele Jahre lang, und ein großes Laubdach und Blüten und Grün, und es werden Vögel kommen und Nester dort bauen", wirst du sagen: „Was redest du? Aus diesem kleinen Körnchen? Willst du mich für dumm verkaufen oder was? Wie soll das angehen? Es geht nicht."

Aber du weißt, es geht, darum nimmst du nicht weiter Notiz davon. Ein Wunder geschieht da! Das kleine Saatkorn birgt den gesamten Bauplan des Baumes, der Blätter, ihrer Form und Größe und Zahl, und der Äste und der Form der Äste und ihrer Länge, und der Höhe des Baumes und seines Lebens, und wieviel Früchte und wieviel Blüten aus ihm kommen werden, und wieviel Samen dieser eine Same am Ende hervorbringen wird.

Wissenschaftler sagen, schon ein einziger Same genüge, um die ganze Welt zu begrünen. Er hat ein ungeheures Potenzial. Nicht nur die ganze Erde – ein einziger Same kann alle Planeten mit Grün füllen. Denn ein Same kann Millionen von Samen hervorbringen, und dann wird jeder Same Millionen von Samen hervorbringen und so weiter und so fort. Die ganze Existenz kann aus einem einzigen Samen heraus grün werden. Dieses Nichts ist sehr trächtig, sehr mächtig! Unerschöpflich! Enorm! Unendlich!

Buddha sagt, niemand erzeugt es und niemand beendet es. Buddha sagt, ihr könnt es euch sparen, in einen Tempel zu gehen und zu beten und von Gott zu verlangen: „Dieses tu! Jenes tu nicht!" Es ist niemand da! Was ist dann seine Botschaft? Er sagt: „Akzeptiert es. So ist es. Es liegt in der Natur der Dinge. Es ist einfach natürlich – die Dinge kommen und gehen."

In diesem Akzeptieren, in diesem *Tathata*, in diesem Sosein lösen sich alle Sorgen auf, wirst du frei von Sorgen. Dann gibt es kein Problem. Und nichts lässt sich beenden und nichts lässt sich ändern und nichts lässt sich erzeugen. Die Dinge sind, wie sie sind, und die Dinge werden sein, wie sie sein werden. Es gibt also nichts zu tun für dich. Du kannst zuschauen, wie diese Dinge geschehen, du kannst an diesen Dingen teilnehmen. Sei – in solchem Sein ist Stille, in solchem Sein ist Freude. Solches Sein ist Freiheit.

... weder beschmutzt noch unberührt ...

Diese Existenz ist weder unrein noch rein. Es gibt niemanden, der Sünder wäre und niemanden, der Heiliger wäre. Buddhas Erkenntnis ist absolut revolutionär. Er sagt hier: Nichts kann rein sein und nichts kann unrein sein. Die Dinge sind einfach so, wie sie sind. Das sind alles nur Kopfspielereien zum Zeitvertreib, und wir denken uns erst die Reinheit aus, und dann kommt die Unreinheit; wir denken uns erst den Heiligen aus, und schon kommt der Sünder.

Wollt ihr, dass die Sünder verschwinden? Sie können erst verschwinden, wenn eure Heiligen verschwunden sind, nicht eher! Sie existieren zusammen. Ihr wollt, dass die Unmoral verschwindet? Dann muss die Moral weg, denn erst die Moral erzeugt die Unmoral. Erst die moralischen Ideale erzeugen die Verdammung von den paar Leuten, die ihnen nicht folgen können, die sich nicht an sie halten können. Und ihr könnt alles zu Unmoral machen, ihr braucht euch nur irgendetwas auszudenken – dies und das ist moralisch. Ihr könnt aus allem möglichen eine heilige Kuh machen, und sofort wird ein Problem daraus.

Buddha sagt, nichts wird je beschmutzt und nichts ist je unberührt. Reinheit, Unreinheit – das sind Einstellungen des Verstandes. Könnt ihr einem Baum ansehen, ob er moralisch oder unmoralisch ist? Kann man von einem Tier sagen, es sei ein Sünder oder ein Heiliger? Versucht, diese letztmögliche Vision zu erfassen: Es gibt keinen Sünder, keinen Heiligen, nichts Moralisches, nichts Unmoralisches. In diesem Akzeptieren – wo gibt es da noch die Möglichkeit zur Sorge? Und da gibt es auch nichts zu verbessern! Und es gibt kein Ziel, denn es gibt keine Wertvorstellungen. Diese Reise ist eine Reise ohne jedes Ziel, sie ist eine Reise an sich, sie ist ein Spiel, ein *Leela*. Und es gibt niemanden, der dahinter steht und es macht. Alles geschieht, und es gibt niemanden, der es macht. Sobald der Macher auftritt, haben wir das Problem. Dann heißt es: Betet den Macher an, beschwatzt den Macher, seid gut Freund mit dem Macher, auf dass ihr Vorteile habt, und die, die nicht Freund mit dem Macher sind, benachteiligt werden, in der Hölle leiden müssen.

Das ist es, was Christen, Hindus und Muslime glauben. Die Muslime glauben, nur wer Muslim ist, kommt in den Himmel, und wer es nicht ist – arme Kerle, sie kommen in die Hölle! Und das gleiche gilt bei den Christen und den Hindus. Die Hindus glauben, dass die, die keine Hindus sind, keine Chance haben. Die Christen glauben, dass wer nicht über die Kirche geht, wer seinen Weg nicht durch die Kirche nimmt, eine ewige Hölle erleiden wird; nicht begrenzt – unbegrenzt, für immer und ewig!

Buddha sagt: Es gibt keinen Sünder, keinen Heiligen, nichts ist rein, nichts ist unrein, die Dinge sind, wie sie sind. Redet einfach einmal einem Baum ins Gewissen und fragt den Baum: „Wieso bist du grün? Wieso bist du nicht rot?" Und wenn der Baum auf euch hört, wird er neurotisch: „Wieso bin ich nicht rot? Warum? Wirklich, die Frage ist relevant. Warum bin ich grün?" Man verdamme das Grün und lobe das Rot, und früher oder später wird man den Baum auf der Couch irgendeines Psychiaters wiederfinden, wie er gerade analysiert wird, wie ihm geholfen wird.

Erst schafft ihr das Problem, und dann kommt der Heiland. Es ist ein schönes Geschäft.

Buddha schneidet dem die eigentliche Wurzel ab. Er sagt, du bist so, wie du bist. Es gibt nichts zu beweisen, es geht nirgendwohin. Und das ist auch mein ganzer Ansatz: Du bist so vollkommen, wie du nur sein kannst, mehr ist nicht möglich. Das ‚Mehr' wird dir nur Probleme machen. Die Vorstellung von ‚Mehr' wird dich zum Wahnsinn treiben. Akzeptiere die Natur, lebe natürlich, einfach, spontan, von Moment zu Moment, und das Heilige ist da – weil du heil bist, nicht weil du ein Heiliger geworden bist.

> ... weder beschmutzt noch unberührt,
> weder beschädigt noch heil.

Nichts ist vollständig und nichts ist unvollständig; solche Werte sind bedeutungslos. Buddha sagt: „Hier, oh Sariputra, wo ich existiere, ist nichts gut, ist nichts böse. Hier, wo ich existiere, sind *Samsara* und

Nirvana das gleiche, gibt es keinen Unterschied zwischen dieser Welt und jener Welt, gibt es keinen Unterschied zwischen dem Profanen und dem Sakralen. Hier, wo ich existiere, sind alle Unterschiede aufgehoben. Denn Unterschiede werden durch Denken erzeugt. Wo das Denken verschwindet, verschwinden die Unterschiede. Sünder werden durch Denken erzeugt, und Heilige werden durch Denken erzeugt. Gut und Böse werden durch Denken erzeugt. Einzig und allein das Denken erzeugt Unterschiede. Buddha sagt, wenn das Wissen verschwindet, verschwindet das Denken.

Es gibt keine Dualität. Es ist alles eins.

Es gibt einen berühmten Spruch von Sosan:

> In den höheren Reichen des reinen Soseins
> gibt es weder Selbst noch anderes als Selbst.
> Wenn direkte Identifikation gesucht wird,
> können wir nur sagen: „Nicht zwei."
> Eins in allem, alles in einem:
> Sobald dies erkannt ist –
> keine Sorge mehr, ob du vollkommen bist.

„Eins in allem, alles in einem. Sobald dies erkannt ist – keine Sorge mehr, ob du vollkommen bist." Es gibt nichts Vollkommenes, nichts Unvollkommenes. Seht es, und seht es jetzt sofort! Kommt nicht später an und fragt mich, wie es geht. Es gibt auch kein Wie. Das Wie bringt Wissen – und Wissen ist der Fluch. Ohne das verzerrende Medium des Denkens fällst du in Gleichklang mit dem Ganzen. Ohne das Denken, das zwischen dir und dem Wirklichen operiert, verschwinden alle Unterschiede, ist deine Brücke hergestellt. Und genau das ist es, wonach sich der Mensch ständig sehnt. Ihr fühlt euch entwurzelt, aus dem Ganzen herausgerissen. Das ist euer Elend. Und entwurzelt seid ihr nur wegen dieses verzerrenden Mediums des Denkens.

Lasst dieses verzerrende Medium der Gedanken fallen, lasst diese Zwischenträger fallen, schaut in die Wirklichkeit hinein, so wie sie ist, ohne jede Vorstellung im Geist, ohne jede Vorstellung, wie es sein sollte. Schaut mit Unschuld. Schaut mit Nichtwissen, und alle Sorgen verschwinden. In diesem Verschwinden der Sorgen wird man zum Buddha. Du bist ein Buddha! Aber das entgeht dir. Denn du schleppst verzerrende Medien mit dir herum. Du hast wunderbare Augen – und du trägst eine Brille! Diese Brille verzerrt, sie verfärbt, sie macht die Dinge so, wie sie nicht sind. Wirf die Brille fort! Das ist gemeint, wenn wir sagen: Wirf den Verstand fort. Negiere den Verstand, und Stille tritt ein – und in dieser Stille – bist du göttlich. Du bist nie etwas anderes gewesen, du warst seit jeher dies. Aber jetzt erkennst du es wieder, jetzt erinnerst du dich wieder. Plötzlich siehst du den springenden Punkt: Du hast immer versucht, einer Schlange Beine anzukleben. Das war von vornherein unnötig, die Schlange war vollkommen in Ordnung so! Ohne Beine bewegt sie sich vollendet fort. Und aus lauter Mitleid hast du versucht, ihr Beine zu machen! Wenn du es schaffst, bringst du die Schlange um! Es ist ein Glück, dass es dir nie gelingen kann.

Du willst so viel wie möglich wissen, und genau deswegen verlierst du deine Wahrnehmung, deine Weisheit, deine Fähigkeit zu sehen. Das ist es, was ich mit „einer Schlange Beine machen" meine. Weisheit ist deine Natur. Du brauchst kein Wissen, um weise zu sein. Ja, Wissen ist das Hindernis! Wissen ist der Fluch!

Negiere das Wissen und sei – und du bist ein Buddha, und du bist seit jeher ein Buddha.

4. Kapitel

ES GIBT KEIN EGO IN DIR

Die erste Frage:

Ich komme aus einer Familie mit vier Selbstmorden mütterlicherseits, einschließlich meiner Großmutter. Welchen Einfluss hat das auf den eigenen Tod? Was kann ich tun, um diese Perversion des Todes zu überwinden, die sich wie ein Leitfaden durch die Familie zieht?

Das Phänomen des Todes ist eines der mysteriösesten. Und das gleiche gilt für das Phänomen des Selbstmordes. Ihr dürft nicht von der Oberfläche aus entscheiden, was Selbstmord ist. Er kann vieles sein. Meine eigene Erkenntnis ist, dass Menschen, die Selbstmord begehen, die sensibelsten Menschen auf der Welt sind – sehr intelligent. Aufgrund ihrer Sensibilität, aufgrund ihrer Intelligenz haben sie es schwer, mit dieser neurotischen Welt fertigzuwerden.

Die Gesellschaft ist neurotisch, sie steht auf neurotischen Grundmauern. Ihre Geschichte ist eine einzige Geschichte des Wahnsinns, der Gewalt, des Krieges, der Zerstörung. Der eine sagt: „Mein Land ist das größte der Welt!" – nun, das ist Neurose. Ein anderer sagt: „Meine Religion ist die größte und die höchste Religion der Welt!" – nun, das ist Neurose. Und diese Neurose sitzt euch jetzt in Mark und Bein. Und die Menschen sind sehr, sehr abgestumpft – unempfindlich geworden. Sie konnten nicht anders, das Leben wäre sonst unmöglich. Man muss abgebrüht werden, um mit diesem stumpfen Leben ringsum fertigzuwerden, andernfalls kommt man aus dem Tritt. Wenn du aus dem Tritt kommst mit der Gesellschaft, erklärt dich die Gesellschaft für verrückt. Die Gesellschaft ist verrückt, aber wenn du mit ihr nicht auf Linie bist, erklärt dich die Gesellschaft für verrückt. Entweder musst du also verrückt werden oder du musst einen Ausweg aus der Gesellschaft finden – und genau das heißt Selbstmord. Das Leben wird unerträglich, es scheint unmöglich, mit so vielen Menschen um dich her fertigzuwerden – und sie sind alle wahnsinnig. Was willst du machen, wenn man dich in ein Irrenhaus gesteckt hat?

Genau das ist einmal einem meiner Freunde passiert. Er war in einem Irrenhaus. Er war für neun Monate dort eingesperrt. Nach sechs Monaten – er war verrückt, also konnte er so etwas tun – fand er eine große Flasche Phenol im Badezimmer. Er trank sie aus. Fünfzehn Tage lang hatte er Durchfall und musste sich übergeben, und weil er Durchfall hatte und kotzen musste, fand er wieder zur Welt zurück: sein System war gereinigt, das Gift verschwunden.

Er erzählte mir, dass die letzten drei Monate die schlimmsten waren: „Die ersten sechs Monate waren schön, weil ich ja auch verrückt war und die anderen alle verrückt waren. Alles lief einfach prima, es gab kein Problem. Ich war eingestimmt auf den ganzen Wahnsinn um mich herum."

Als er Phenol getrunken hatte, nach fünfzehn Tagen Durchfall und Kotzen, wurde per Zufall sein System irgendwie entgiftet, wurde sein Magen gereinigt. Er konnte in diesen fünfzehn Tagen nichts essen, er musste einfach zu viel kotzen! Also musste er fasten, und er musste fünfzehn Tage im Bett bleiben. Diese Bettruhe, dieses Fasten, diese Reinigungskur half. Es war ein Unfall – aber er wurde normal. Er ging zu den Ärzten, teilte ihnen mit: „Ich bin wieder normal!", aber alle lachten sie ihn aus. Sie sagten: „Das sagt jeder." Je mehr er darauf bestand, desto sturer behaupteten sie: „Du bist verrückt, denn jeder Verrückte sagt das. Geh und mach deine Arbeit. Du kommst nicht eher hier heraus, als bis der Gerichtsbescheid da ist."

„Diese drei Monate waren unerträglich", sagte er, „ein Alptraum!" Immer wieder dachte er an Selbstmord. Aber er ist ein Mann mit starkem Willen. Und es war nur eine Frage von drei Monaten ... er konnte abwarten. Es war unerträglich! Der eine zog ihn an den Haaren, ein anderer zog ihn am Bein, ein dritter sprang einfach auf ihn drauf. All das war schon sechs Monate lang so zugegangen, aber er hatte selber dazugehört, hatte selber dieselben Sachen gemacht, war ein ideales Mitglied dieser verrückten Gesellschaft gewesen. Aber diese drei Monate waren unmöglich, denn er war normal, und alle waren verrückt.

Wenn du in dieser neurotischen Welt normal, sensibel, intelligent bist, musst du entweder wahnsinnig werden – oder du musst Selbstmord begehen oder du musst Sannyasin werden – was gibt es sonst?

Die Frage ist von Jane Ferber, sie ist Bodhicittas Ehefrau. Sie ist zur richtigen Zeit zu mir gekommen. Sie kann Sannyasin werden und auf diese Art den Selbstmord umgehen. Im Osten kommt Selbstmord nicht so oft vor, weil hier Sannyas eine Alternative bietet. Man kann sich mit Anstand zurückziehen – der Osten akzeptiert das. Du kannst anfangen, ‚dein eigenes Ding zu machen'. Der Osten hat Respekt davor. Daher ist die Quote in Amerika fünfmal so hoch wie in Indien: Auf einen Inder, der Selbstmord begeht, kommen fünf Amerikaner, die Selbstmord begehen. Und das Phänomen des Selbstmordes breitet sich in Amerika immer mehr aus. Die Intelligenz nimmt zu, die Sensibilität nimmt zu, aber die Gesellschaft ist abgestumpft, und die Gesellschaft bietet keine intelligente Welt. Was also tun? Einfach unnötig weiterleiden? Dann kommen Gedanken wie: „Warum nicht alles hinschmeißen? Warum nicht Schluss machen? Warum die Fahrkarte nicht an Gott zurückgeben?"

Die Selbstmordquote in Amerika wird, wenn Sannyas eine große Bewegung wird, zu fallen anfangen. Denn die Leute werden dann eine sehr viel bessere und weit kreativere Alternative zum Aussteigen haben. Habt ihr schon einmal beobachtet, dass Hippies keinen Selbstmord begehen? Nur in der angepassten Welt, der Welt der Konventionen, breitet sich der Selbstmord immer mehr aus. Der Hippie ist bereits ausgestiegen. Er ist eine Art von Sannyasin – ist sich noch nicht ganz im klaren, was er da eigentlich macht, aber auf dem richtigen Weg; schon aufgebrochen, noch im Dunkeln tappend, aber schon in der richtigen Richtung. Der Hippie ist der Startpunkt von Sannyas. Der Hippie sagt: „Ich will nicht bei diesem kaputten Spiel mitmachen", sagt: „Ich will nicht an diesem Polit-Spiel teilnehmen", sagt: „Ich habe Augen im

Kopf, und ich möchte mein eigenes Leben leben. Ich möchte nicht Sklave von irgendwem sein. Ich will nicht an irgendeiner Kriegsfront getötet werden. Ich will nicht kämpfen. Es gibt weit schönere Dinge zu tun."

Aber für Millionen gibt es überhaupt nichts – die Gesellschaft hat ihnen jede Möglichkeit geraubt, weiterzuwachsen. Sie stecken fest. Die Leute begehen Selbstmord, weil sie sich festgefahren fühlen und nirgends einen Ausweg sehen. Sie sind in eine Einbahnstraße geraten.

Und je intelligenter du bist, desto früher kommst du in diese Einbahnstraße, diese Sackgasse – und was sollst du dann machen? Die Gesellschaft lässt dir keine Alternative. Die Gesellschaft gestattet dir keine alternative Gesellschaft. Sannyas ist eine alternative Gesellschaft. Es mag seltsam klingen, dass ausgerechnet Indien die niedrigste Selbstmordrate der Welt hat. Es sollte die höchste sein, logisch gesehen, denn die Menschen hier leiden. Die Menschen sind elend, sie verhungern.

Aber dieses seltsame Phänomen ist überall zu beobachten: Arme Menschen begehen nicht Selbstmord. Sie haben nichts, wofür sie leben können; sie haben nichts, wofür sie sterben können. Weil sie ausgehungert sind, sind sie mit ihrem Essen beschäftigt, mit ihrem Obdach, mit Geld und dergleichen. Sie können es sich nicht leisten, an Selbstmord zu denken – so gut geht es ihnen einfach noch nicht.

Amerika hat alles. Indien hat nichts. Erst neulich las ich …

Jemand schreibt: „Was haben die Amerikaner? Einen lächelnden Jimmy Carter, einen Johnny Cash und einen Bob Hope. Und was haben die Inder? Einen langweiligen, ausgetrockneten, untoten Morarji Desai, *No Cash und No Hope.*"

Und trotzdem begehen die Leute nicht Selbstmord! Sie leben weiter, sie genießen das Leben. Selbst Bettler sind munter und aufgeregt – und haben nichts, was so aufregend wäre. Warum passiert es in Amerika so oft? Die gewöhnlichen Probleme des Lebens sind verschwunden. Der Geist ist frei, über das gewöhnliche Bewusstsein hinaus zu fliegen. Der Geist kann sich über den Körper, ja selbst über den Geist hinaus aufschwingen. Das Bewusstsein ist bereit, sich in die Lüfte zu erheben, aber die Gesellschaft erlaubt es nicht. Von zehn Selbstmördern sind fast neun sensible Menschen. Angesichts der Sinnlosigkeit des Lebens, angesichts der Würdelosigkeit, die das Leben aufzwingt, angesichts der Kompromisse, die man für nichts und wieder nichts machen muss, angesichts der Öde – sie schauen sich um, sehen nur „eine Geschichte, erzählt von einem Idioten, ohne Sinn und Zweck", und beschließen, den Körper loszuwerden. Würden ihnen Flügel im Inneren ihres Körper gestattet, kämen sie nicht zu diesem Schluss.

Und dann hat Selbstmord noch eine andere Bedeutung. Auch sie muss verstanden werden. Im Leben scheint alles gewöhnlich, alles Nachahmung zu sein. Du kannst kein Auto haben, das nicht auch andere haben. Millionen von Leuten haben das gleiche Auto wie du; Millionen von Leuten leben das gleiche Leben wie du, sehen den gleichen Film, das gleiche Kino, die gleiche TV-Sendung wie du, lesen die gleiche Zeitung wie du. Das Leben ist allzu platt, es bleibt dir nichts Einmaliges zu tun übrig, zu sein übrig. Selbstmord scheint etwas Einmaliges zu sein – nur du allein kannst dein Sterben übernehmen, niemand kann für dich sterben. Dein Tod wird dein Tod sein, nicht der eines anderen. Er ist einmalig!

Schaut euch dieses Phänomen genau an: Er ist einmalig! Er definiert dich als Individuum, gibt dir Individualität. Die Gesellschaft hat dir deine Individualität geraubt. Du bist nur ein Rädchen im Getriebe, bist ersetzbar. Wenn du stirbst, wird niemand dich vermissen, wirst du ersetzt. Wenn du ein Professor an der Universität bist, wird jemand anderes Professor an der Universität werden. Selbst wenn du der Präsident eines Landes bist, wird jemand anderer Präsident des Landes werden, sofort, im selben Moment, wo du nicht mehr bist.

Du bist ersetzbar. Das schmerzt – dass dein Wert nicht weiter groß ist, dass man dich nicht vermissen wird, dass du eines Tages verschwinden wirst und bald auch alle, die sich noch deiner entsinnen, verschwunden sein werden. Dann wird es praktisch so sein, als wärst du nie da gewesen. Stell dir einfach einmal diesen Tag vor, an dem du verschwunden sein wirst ... Sicher, ein paar Tage lang werden die Leute sich noch erinnern – dein Lebensgefährte wird sich an dich erinnern, deine Kinder werden sich an dich erinnern, hie und da ein paar

Freunde. Nach und nach wird ihre Erinnerung verblassen, schwach werden, sich aufzulösen beginnen. Nur diese Leute, mit denen du eine gewisse Intimität hattest, werden sich vielleicht noch ab und zu deiner entsinnen – solange sie noch leben. Aber wenn die dann auch verschwunden sind, dann ... dann bist du einfach verschwunden, so als wärst du nie da gewesen. Kein Unterschied, ob du da warst oder nicht da warst. Das Leben erweist dir nicht die Ehre der Einmaligkeit. Das ist sehr demütigend. Es treibt dich in ein solches Loch, dass du nur ein Rädchen im Getriebe bist, ein Rädchen in dieser riesigen Maschinerie. Es macht dich anonym.

Wenigstens der Tod ist einmalig. Und Selbstmord ist noch einmaliger als der Tod. Warum? – weil der Tod von sich aus kommt, der Selbstmord aber etwas ist, was du selber herbeiführst. Den Tod hast du nicht in der Hand; wenn er kommt, kommt er. Aber den Selbstmord hast du in der Hand, da bist du nicht Opfer. Selbstmord hast du in der Hand. Beim Tod bist du Opfer, beim Selbstmord hast du die Kontrolle. Deine Geburt ist bereits passiert, da kannst du jetzt nichts tun, und du hattest auch nichts getan, bevor du geboren wurdest – es war Zufall.

Es gibt drei Dinge im Leben, die zentral wichtig sind:
Die Geburt, die Liebe und der Tod.

Die Geburt ist schon passiert, daran ist nichts mehr zu ändern. Du wurdest nicht einmal gefragt, ob du geboren werden willst oder nicht. Du bist Opfer. Die Liebe passiert ebenfalls – du kannst nichts daran ändern, du bist hilflos. Eines Tages verliebst du dich in jemanden, du kannst nichts dran ändern. Wenn du dich in jemanden verlieben willst, kriegst du es nicht hin – das ist unmöglich. Und wenn du dich in jemanden verliebst, es aber nicht willst, wenn du dich wegreißen möchtest – auch das scheint schwierig.

Die Geburt ist etwas, das dir geschieht, und die Liebe ebenso. Jetzt bleibt nur noch der Tod, mit dem man etwas anfangen kann: Du kannst entweder Opfer sein oder du kannst für dich selber entscheiden. Ein Selbstmörder ist einer, der entscheidet, der sagt: „Lasst mich zumindest eines in dieser Existenz, in der ich praktisch ein Spielball des Zufalls war, selber tun. Ich werde Selbstmord begehen. Wenigstens etwas kann ich tun!" Die Geburt ist ausgeschlossen, die Liebe lässt sich nicht erzwingen, wenn sie nicht da ist, aber der Tod? Der Tod hat eine Alternative: Entweder kannst du Opfer sein oder du kannst entscheiden.

Diese Gesellschaft hat euch alle Würde genommen; darum begehen die Leute Selbstmord. Denn dass sie Selbstmord begehen, verleiht ihnen eine Art Würde. Sie können zu Gott sagen: „Ich habe auf deine Welt und dein Leben gepfiffen, denn es war wertlos!" Die Menschen, die Selbstmord begehen, sind fast immer sensibler als die, die sich weiter mit dem Leben abquälen. Und ich sage damit nicht, begeht Selbstmord! Was ich sage ist: Es gibt eine höhere Möglichkeit. Jeder Moment des Lebens kann so schön, so individuell, so unnachahmlich, so unwiederholbar sein! So kostbar kann jeder Moment sein! Dann braucht man keinen Selbstmord. Jeder Moment kann einen solchen Segen bringen, und jeder Moment kann dich als einmalig definieren – denn du bist einmalig! Noch nie hat es einen Menschen wie dich gegeben, und nie wieder wird es einen Menschen wie dich geben. Aber die Gesellschaft zwingt dich, Teil einer großen Armee zu werden. Die Gesellschaft schätzt nie denjenigen Menschen, der seinen eigenen Weg geht. Die Gesellschaft will dich als Teil der Masse: Sei ein Hindu, sei ein Christ, sei ein Jude, sei ein Amerikaner, sei ein Inder – aber sei Teil einer Masse, egal welcher Masse, aber sei Teil einer Masse. Sei niemals du selbst!

Und diejenigen, die nur sie selbst sein wollen ... Sie sind das Salz der Erde, diese Menschen, die nur sie selbst sein wollen! Sie sind die wertvollsten Menschen auf der Erde. Die Erde verdankt ihr bisschen Würde und Duft allein diesen Menschen ... und ausgerechnet sie begehen Selbstmord!

Sannyas oder Selbstmord ist eine Alternative. Dies ist meine Erfahrung: Du kannst nur noch Sannyasin werden, wenn du an den Punkt gelangt bist, wo dir außer Sannyas nur noch Selbstmord bleibt. Sannyas bedeutet: „Ich will versuchen, zu Lebzeiten ein Einzelner zu werden. Ich werde mein Leben auf meine Art leben, ich werde mir nichts vorschreiben und mich nicht beherrschen lassen. Ich werde nicht wie eine Maschine, wie ein Roboter funktionieren. Ich werde keine Ideale haben und ich werde keine Ziele haben; ich werde im Moment leben, und ich werde aus dem Moment heraus leben. Ich werde spontan sein. Und ich werde alles dafür riskieren." Sannyas ist ein Risiko.

Jane, was ich dir sagen möchte: Ich habe dir in die Augen gesehen; die Möglichkeit des Selbstmordes ist auch da. Aber ich glaube nicht, dass du Selbstmord begehen müssen wirst. Sannyas genügt! Du hast mehr Glück als die Familienangehörigen vor dir, die Selbstmord begingen. Tatsache ist, dass jeder intelligente Mensch die Voraussetzung mitbringt, Selbstmord zu begehen. Nur Idioten begehen ihn nicht. Hat man je davon gehört, dass irgendein Idiot Selbstmord begangen hätte? Er macht sich keine Gedanken über das Leben – warum sollte er Selbstmord begehen? Nur eine seltene Intelligenz fühlt mit der Zeit den Drang, da etwas zu unternehmen, weil das Leben, so wie es gelebt wird, nicht wert ist, gelebt zu werden: „Also entweder tust du jetzt etwas und änderst dein Leben, gibst ihm eine andere Form, eine neue Richtung, andernfalls – warum diese Alptraum-Last weiterschleppen, tagein, tagaus, jahrein, jahraus… "

Und es kann unabsehbar so weitergehen. Und die medizinische Wissenschaft hilft euch auch noch, es immer weiter fortzusetzen – hundert Jahre, hundertzwanzig Jahre! Und jetzt sagen diese Leute, dass der Mensch bis etwa dreihundert Jahre leben kann – ohne weiteres! Überlegt mal: Wenn die Leute dreihundert Jahre lang leben müssen, wie wird die Selbstmordrate dann erst in die Höhe schnellen! Denn dann dämmert es allmählich auch den Dummköpfen: „Das ist ja absurd!"

Intelligenz heißt, tief in die Dinge hineinzuschauen. Hat dein Leben irgendeinen Sinn? Hat dein Leben irgendwelche Freude? Hat dein Leben irgendwelche Poesie in sich? Hat dein Leben irgendwelche Kreativität in sich? Fühlst du dich dankbar, dass du hier bist, fühlst du dich dankbar, dass du geboren wurdest, kannst du deinem Gott danken, kannst du mit deinem ganzen Herzen sagen, dass dies ein Segen ist?

Wenn du es nicht kannst, warum dann weiterleben? „Entweder sieh zu, dass dein Leben ein Segen wird, andernfalls warum diese Erde weiter belasten? Verschwinde! Soll ein anderer deinen Platz einnehmen und es vielleicht besser machen!" Dieser Gedanke kommt dem intelligenten Kopf ganz natürlich ein. Es ist ein sehr, sehr natürlicher

Gedanke, wenn du intelligent bist. Intelligente Menschen begehen Selbstmord, und wer noch intelligenter ist als die intelligenten Menschen, der nimmt Sannyas! Der fängt an, einen Sinn zu schaffen, der fängt an, eine Bedeutung zu schaffen, der fängt an zu leben: „Warum sich diese Chance entgehen lassen?"

Heidegger hat gesagt: „Der Tod isoliert mich und macht mich zum Einzelmenschen. Es ist mein Tod, nicht der der Masse, der ich angehöre. Jeder von uns stirbt seinen eigenen Tod. Der Tod ist unwiederholbar. Ich kann ein Examen ein oder zwei oder drei Mal machen, kann meine erste Ehe mit meiner zweiten vergleichen, und so weiter und so fort. Sterben aber kann ich nur einmal. Heiraten kann man so oft man will. Seine Arbeit kann man wechseln, so oft man will. Man kann den Wohnort wechseln, so oft man will, aber sterben kann ich nur einmal. Der Tod ist deshalb eine solche Herausforderung, weil er zugleich gewiss und ungewiss ist. Dass er kommen wird, ist gewiss; wann er es tun wird, ist ungewiss. Darum die große Neugier auf den Tod: Was ist er? Man möchte es wissen. Und an dieser Kontemplation des Todes ist nichts Morbides. Anschuldigungen dieser Art sind nichts als ein Trick des anonymen ‚Man' – der Masse –, um dich zu hindern, seiner Tyrannei zu entfliehen und Einzelmensch zu werden. Was wir erkennen müssen ist, dass unser Leben ein Sein zum Tode ist. Sobald man an diesen Punkt gelangt ist, ist die Chance da, sich von der Banalität des Alltags und der Abhängigkeit von anonymen Mächten zu befreien. Wer sich dergestalt seinem Tod gestellt hat, erhält den augenöffnenden Gnadenstoß. Er nimmt sich nunmehr als Einzelnen wahr, getrennt von der Masse, bereit, die Verantwortung für sein eigenes Leben zu übernehmen. Auf diese Art und Weise entscheiden wir uns zu einer authentischen statt einer unwahren Existenz. Wir erheben das Haupt aus der Masse und werden am Ende wir selbst."

Allein schon dich in solche Dinge zu versenken, verleiht dir eine gewisse Individualität, eine Form, eine Definition – denn es handelt sich um deinen Tod. Er ist das einzig Eigene, was dir auf der Welt geblieben ist. Und wenn du an Selbstmord denkst, wird er sogar noch eigener: Du hast die Wahl.

Noch einmal: Ich sage damit nicht, geht hin und begeht Selbstmord! Ich sage damit, dass euer Leben, so wie es ist, euch zum Selbstmord hinführt. Verändert es! Und versenkt euch in den Tod – er kann jederzeit kommen. Denkt also nicht, es sei morbide, sich über den Tod Gedanken zu machen. Es ist nicht morbide – denn er ist der Höhepunkt des Lebens, das eigentliche Crescendo des Lebens. Ihr müsst ihm Aufmerksamkeit schenken. Er ist bereits unterwegs. Ob du nun Selbstmord begehst oder er kommt ... kommen wird er. Er muss kommen. Ihr müsst euch darauf vorbereiten. Und der einzige Weg, der richtige Weg sich auf den Tod vorzubereiten, ist nicht, Selbstmord zu begehen; der richtige Weg ist, jeden Augenblick die Vergangenheit absterben zu lassen. Das ist der richtige Weg; genau das muss ein Sannyasin tun: jeden Moment für die Vergangenheit tot zu sein, nie die Vergangenheit mitzuschleppen, auch nicht einen Moment lang. Stirb mit jedem Moment gegenüber der Vergangenheit und sei für die Gegenwart wiedergeboren. Das wird dich frisch erhalten – jung, vibrierend, strahlend, das wird dich lebendig, pulsierend, erregt, ekstatisch erhalten. Und ein Mensch, der weiß, wie man in jedem Moment gegenüber der Vergangenheit stirbt, versteht zu sterben. Und das ist die größte Fertigkeit und Kunst. Wenn also zu einem solchen Menschen der Tod kommt, dann tanzt er mit ihm, umarmt er ihn! Er ist Freund, er ist nicht Feind. Es ist Gott, der in der Form des Todes zu dir kommt. Es ist ein völliges Entspannen in die Existenz hinein, ein Wiederganzwerden, ein Wiedereinswerden mit dem Ganzen. Nenne es also bitte nicht Perversion.

Du sagst: *Ich komme aus einer Familie mit vier Selbstmorden mütterlicherseits, einschließlich meiner Großmutter.*

Verdamme diese armen Menschen nicht! Und denke keinen Moment lang, dass sie pervers waren.

Welchen Einfluss hat das auf den eigenen Tod? Was kann ich tun, um diese Perversion des Todes zu überwinden, die sich wie ein Leitfaden durch die Familie zieht?

Nenne es nicht Perversion, es ist keine. Diese Menschen waren einfach Opfer, sie konnten mit der neurotischen Gesellschaft nicht fertigwerden, und sie beschlossen, ins Unbekannte zu verschwinden. Habe

Mitgefühl mit ihnen, verurteile nicht. Beleidige sie nicht mit Schimpfworten! Nenn es nicht Perversion und ähnliche Dinge. Hab Mitgefühl für sie, hab Liebe für sie. Es ist nicht nötig, es ihnen gleichzutun, aber fühle mit ihnen. Sie müssen eine Menge gelitten haben. Man beschließt nicht einfach so, das Leben wegzuwerfen. Sie müssen enorm gelitten haben, sie müssen die Hölle des Lebens gesehen haben. Man entscheidet sich niemals leicht für den Tod, denn zu überleben ist ein natürlicher Instinkt. Man überlebt immerzu, in allen möglichen Situationen und Bedingungen. Man macht immerzu Kompromisse, nur um zu überleben. Wenn jemand sein Leben hinwirft, zeigt das nur, dass es über seine Kräfte geht, weiterhin Kompromisse zu machen. Er ist überfordert. Es wird so viel von ihm verlangt, dass es sich nicht mehr lohnt. Nur dann beschließt man, Selbstmord zu begehen. Hab Mitgefühl mit diesen Menschen. Und wenn du das Gefühl hast, da würde etwas nicht stimmen, dann stimmt etwas mit der Gesellschaft nicht – und nicht mit diesen Leuten. Die Gesellschaft ist pervers! In einer primitiven Gesellschaft begeht niemand Selbstmord.

Ich habe primitive Gesellschaften in Indien besucht. Seit Jahrhunderten haben sie von keinem Selbstmord gehört, wird nichts überliefert, dass einer je Selbstmord begangen hätte. Warum? – ihre Gesellschaft ist natürlich, ihre Gesellschaft ist nicht pervertiert. Sie treibt die Menschen nicht dazu, unnatürliche Dinge zu tun. Die Gesellschaft akzeptiert, lässt jedem seine Art, seine Wahl, wie er sein Leben leben will. Dieses Recht hat jeder. Selbst wenn jemand verrückt wird, akzeptiert die Gesellschaft das – es ist sein Recht, verrückt zu werden. Es gibt keine Verurteilung. Ja, in einer primitiven Gesellschaft werden Wahnsinnige als Mystiker verehrt. Ein gewisses Mysterium umgibt sie. Wenn ihr einem Wahnsinnigen und einem Mystiker in die Augen schaut, ist da eine gewisse Ähnlichkeit – etwas Riesiges, etwas Unbegrenztes, etwas Nebelhaftes, so etwas wie ein Urnebel, der Sterne gebiert ... Der Mystiker und der Wahnsinnige haben eine gewisse Ähnlichkeit.

Alle Wahnsinnigen sind vielleicht keine Mystiker, aber alle Mystiker sind wahnsinnig. Mit „wahnsinnig" meine ich, dass sie den Verstand hinter sich gelassen haben. Der Wahnsinnige mag unter die Grenzen des Verstandes gefallen sein, und der Mystiker mag über die Grenzen des Verstandes hinausgegangen sein – aber eines haben sie gemeinsam: Beide wohnen sie nicht mehr in ihrem Verstand. In einer primitiven Gesellschaft wird sogar der Wahnsinnige geachtet, ausgesprochen geachtet. Wenn er beschließt, wahnsinnig zu sein, ist das okay. Die Gesellschaft kümmert sich um seine Ernährung, um seine Unterkunft. Die Gesellschaft liebt ihn, liebt ihn um seines Wahnsinns willen. Die Gesellschaft hat keine fixe Regel; also begeht niemand Selbstmord, denn die Freiheit bleibt unangetastet.

Wenn die Gesellschaft Unterwerfung verlangt und eure Freiheit immerzu zerstört und euch von allen Seiten verkrüppelt und eure Seele lähmt und euer Herz abtötet, fühlt ihr am Ende, dass es besser ist zu sterben, als Kompromisse zu machen. Nenne sie nicht pervers.

Hab Mitgefühl mit ihnen, sie haben viel gelitten, sie waren Opfer. Und versuche zu verstehen, was in ihnen vor sich ging. Das wird dir einen Einblick in dein eigenes Leben verschaffen – und es ist nicht nötig, es genauso zu machen. Denn ich gebe dir eine Chance, du selbst zu sein. Ich öffne dir eine Tür. Wenn du verständig bist, wirst du den springenden Punkt erkennen. Aber wenn du es nicht verstehst, dann wird die Sache schwierig, dann mag ich noch so laut rufen, aber du wirst nur das hören, was du hören kannst, und du wirst nur das hören, was du zu hören wünschst.

Ein Freund, ein Psychologe, ist hergekommen, er hat eine lange Frage gestellt. Er will wissen: „Warum sagst du immer: ‚Lasst das Ego fallen'? Noch keiner hat es geschafft, das Ego fallenzulassen!" Nun, woher weiß er das? – dass noch keiner das Ego hat fallenlassen können? Er sagt, das hätte noch nie geklappt. Wie will er das wissen? Es hat geklappt – auch wenn es nur bei sehr wenigen, seltenen Menschen geklappt hat. Aber es hat geklappt, und es hat nur deshalb bei seltenen Menschen geklappt, weil diese seltenen Menschen zuließen, dass es klappte. Klappen kann es bei jedem! Aber die Leute lassen es nicht zu. Sie sind nicht bereit, ihr Ego zu verlieren.

Er ist Psychologe und er sagt: „Osho, ich sehe auch in dir ein großes Ego." Als Psychologe sagt er: „Ich sehe ein großes Ego in dir." Dann hast du mich überhaupt nicht gesehen. Dann hast du etwas gesehen, was deine Projektion ist. Das Ego projiziert sich unentwegt selbst. Das Ego erzeugt unentwegt seine eigene Realität – seine eigenen Spiegelungen. Nun, wenn du so tief in mich hineinschauen kannst, warum kommst du dann überhaupt her? Schau doch lieber tief in dich selber hinein! Wenn du einen so großen Tiefblick hast, was hat es dann für einen Sinn, hierher zu kommen? Es ist sinnlos! Und wenn du bereits entschieden hast, dass das Ego nicht fallen kann, dass es unmöglich ist, dann hast du eine Entscheidung getroffen, ohne es auch nur zu versuchen.

Und ich sage nicht, man kann das Ego fallenlassen. Ich sage: Das Ego existiert nicht. Wie kannst du etwas fallenlassen, was nicht existiert? Und Buddha hat nicht gesagt, man soll das Ego fallenlassen. Er sagt, dass man nur in das Ego hineinzusehen braucht, um es – überhaupt nicht zu finden! Also verschwindet es. Was kann man da machen?

Wenn du in den Kern deines Seins hineingehst und dort nirgends ein Ego findest, nur Stille dort findest, kein beherrschendes Selbst, kein Zentrum, das nach einem Ego aussieht … „Das Ego fallenlassen" heißt nicht, dass du es fallenlassen musst. „Das Ego fallenlassen" ist lediglich eine Metapher; sie bedeutet nur, dass das Ego verschwindet, wenn du nach innen gehst und du innen nachschaust und du nichts findest. Ja, auch nur zu sagen: „Es verschwindet", stimmt nicht, weil es von Anfang an gar nicht da war, weil es ein Missverständnis ist. Und statt dass du nun in dich selber hineinsiehst, siehst du mich an! Und glaubst, du hättest in mich hineingesehen! Und weil du ein Psychoanalytiker oder ein Psychologe bist, ziehst du dann eine Schlussfolgerung. Und deine Schlussfolgerung wird zur Barriere – denn es existiert kein Ego in mir! Und ich möchte hiermit erklären: Das Ego existiert auch nicht in dir! Sogar diesem Psychologenfreund sage ich hiermit: Das Ego existiert nicht in ihm. Das Ego existiert nicht! Es ist eine nichtexistente Vorstellung, eben nur eine Vorstellung.

Es ist, als wenn du im Dunkeln einen Strick gesehen hast und gemeint hast, es wäre eine Schlange – und du fängst an zu rennen und du bist außer Atem, und du stolperst über einen Stein und brichst dir die Knochen, und wenn es Morgen wird, entdeckst du, dass es nur ein Strick war. Aber es hatte enorme Auswirkungen! Die Schlange war nicht da, aber sie hat deine Realität beeinflusst. Missverstehen ist so real wie Verstehen. Es ist nicht wahr, aber es ist real! Das ist der Unterschied zwischen Realität und Wahrheit.

Eine in einem Strick gesehene Schlange ist real, weil die Resultate, die Konsequenzen daraus real sein werden. Wenn du ein schwaches Herz hast, kann es sehr gefährlich sein, eine Schlange in einem Strick zu sehen: Du kannst so schnell rennen, dass dir das Herz stillsteht. Es kann dein ganzes Leben beeinflussen. Und es sieht so lächerlich aus – es war nur ein Strick.

Was ich sage oder was Buddha sagt, ist folgendes: Nimm einfach eine Lampe und geh nach innen. Schau dich gut um, ob die Schlange existiert oder nicht.

Buddha hat gefunden, dass sie nicht in ihm existiert, ich habe gefunden, dass sie nicht in mir existiert, und am Tag, als ich sah, dass sie nicht in mir existiert, habe ich mich in den Augen aller anderen umgeschaut, und ich habe sie nie gefunden. Sie ist eine unbegründete Vorstellung. Sie ist ein Traum. Aber wenn du zu sehr von diesem Traum erfüllt bist, kannst du ihn sogar auf mich projizieren. Und ich kann nichts daran ändern – wenn du projizierst, projizierst du. Es ist, als ob du eine Brille trägst, eine farbige Brille, eine grüne Brille, und dir die ganze Welt grün erscheint und du dann zu mir kommst und sagst: „Osho, du hast eine grüne Robe an." Was kann ich tun? Ich kann nur sagen: „Nimm einfach deine Brille ab." Und du sagst: „Niemand ist je in der Lage gewesen, seine Brille abzunehmen. Das hat noch keiner geschafft!" Dann wird es schwierig.

Aber es ist kein Problem für mich. Für dich wird es ein Problem sein. Du tust mir leid, denn wenn das deine Vorstellung ist, dann wirst du dein ganzes Leben lang leiden – denn das Ego erzeugt Leiden. Eine unwirkliche Vorstellung, für wirklich gehalten, erzeugt Leiden. Was ist Leiden im Grunde? Leiden ist, wenn du ein paar Vorstellungen hegst, die nicht mit der Wahrheit übereinstimmen. Dann stellt sich Leid ein.

Zum Beispiel glaubst du, Steine wären Nahrung, und du isst sie.

Dann leidest du, dann hast du schlimmes Bauchweh. Aber wenn es wirkliche Nahrung ist, dann leidest du nicht, dann wirst du satt. Leiden wird durch Vorstellungen ausgelöst, die nicht mit der Realität einhergehen. Seligkeit entsteht, wenn du Vorstellungen hast, die mit der Realität einhergehen. Seligkeit ist ein Übereinstimmen zwischen dir und der Wahrheit. Leiden ist eine Dichotomie, eine Kluft zwischen dir und der Wahrheit. Und wenn du nicht mit der Wahrheit einhergehst, bist du in der Hölle. Wenn du mit der Wahrheit einhergehst, bist du im Himmel, das ist alles.

Und das ist alles, was es da zu verstehen gibt. Nun, dieser Mann kommt von weither, aus Amerika. Er hat sich meine Kassetten angehört und angefangen, etwas für mich zu empfinden. Jetzt ist er hergekommen, aber wenn das seine Art ist, die Dinge zu sehen, wird es umsonst gewesen sein. Und denk dran, für mich ist es kein Problem. Wenn du glaubst, ich sei ein großer Egoist – dankeschön. Für mich ist es kein Problem. Dies ist deine Vorstellung, und niemand bestreitet dein Recht, Vorstellungen zu haben. Aber wenn du dir da so sicher bist, was wird passieren?

Er sagt: „Ich war schon bei vielen Heiligen aus vielen Religionen, und alle waren sie Egoisten."

Du wirst sicher überall die gleiche Brille aufhaben. Du erzeugst dir unentwegt deine eigene Realität – die nicht stimmt. Genau darum besteht Buddha so sehr auf dem Nichts, auf dem Nicht-Denken; denn wenn der Geist keine Gedanken hat, kannst du nichts projizieren, dann musst du das sehen, was da ist. Wenn du keine Vorstellungen hast, wenn du einfach leer bist, einfach Spiegel bist und widerspiegelst, dann wird alles, was vor dich hintritt, reflektiert. Und zwar so reflektiert, wie es ist. Aber wenn du Vorstellungen hast, dann verzerrst du.

Gedanken sind die Medien der Verzerrung. Wenn du Ego in mir sehen kannst, vollbringst du tatsächlich ein Wunder. Aber möglich ist das. Und du kannst es genießen. Aber den Schaden durch deine Vorstellung trägst nur du davon, niemand sonst. Wenn diese Vorstellung andauert, dann wird es keine Möglichkeit geben, eine Brücke zu mir zu schlagen. Leg zumindest für die paar Tage, die du hier bist, deine

Vorstellungen beiseite. Und eines ist sicher: Deine Psychologie hat dir nicht weitergeholfen, sonst hättest du nicht herzukommen brauchen.

Erst gestern abend saß er vor mir und sprach von seinen Problemen. Er hat so viele Probleme – und er ist Gruppenleiter! Was wird er mit den Leuten anstellen, was für eine Hilfe kann von ihm ausgehen? Und er hat einen so fetten Körper, und noch nicht einmal das kann er ändern! Und er stopft sich unentwegt voll. Und das sind seine Probleme. Er hatte solche Angst, dass er Laxmi immer wieder anflehte, er müsse unbedingt ein Privatinterview haben – „weil ich vor anderen nicht darüber reden kann." Warum? Die Leute sehen ohnehin, dass du fett bist. Es spielt keine Rolle, ob du es sagst oder nicht. Jeder hat Augen im Kopf, und sie können sehen, dass du fett bist und dass du dich immerzu vollstopfst. Wie willst du im Vrindavan den Leuten aus dem Wege gehen? Sie werden Bescheid wissen!

Er wollte ein Privatinterview, um mir seine Probleme mitteilen zu können – und das Problem war Fettleibigkeit: „dass ich immerzu esse und nicht damit aufhören kann. Was soll ich tun?" Deine Psychologie hat dir nicht einmal damit helfen können, und du meinst, deine Psychologie sei in der Lage, mich zu erkennen, mich zu sehen? Lass dich nicht von deinen eigenen Spielchen hinters Licht führen.

Und du bist mit keinen Heiligen gewesen. Ich will damit nicht sagen, dass sie nicht heilig waren; ich will damit einfach nur sagen, dass du zwar dort gewesen sein magst, aber nicht mit ihnen warst. Wenn du nicht mit mir sein kannst, wie kannst du mit ihnen sein? Du bist mit keinem Heiligen gewesen. Wo immer du hingegangen bist, bist du mit deiner Psychologie zusammen hingegangen, mit all dem Wissen, dass du angesammelt hast. Dabei bringt es dir überhaupt nichts! Es ist wertlos! Und du willst Leute beraten! Du wirst dieselbe Art von Traumen und Komplexen bei den anderen auslösen. Ein Therapeut kann nur dann eine Hilfe sein, wenn seine Ratschläge nicht nur für andere gelten, sondern wenn seine Ratschläge sein Leben sind, wenn er sie gelebt hat und ihre Wahrheit realisiert hat.

Du sagst, dass dieser jahrhundertealte Rat, das Ego fallenzulassen, den Verstand fallenzulassen, nie funktioniert hätte. Er hat funktioniert! Er hat bei mir funktioniert; darum sage ich, dass er funktioniert hat. Ich weiß, bei dir hat er nicht funktioniert. Aber mit diesem Rat ist nichts verkehrt; mit dir ist etwas verkehrt, darum funktioniert er bei dir nicht. Bei Tausenden hat er funktioniert. Und manchmal kann es vorkommen, dass dein Nachbar vielleicht ein erleuchtetes Wesen ist, aber du erkennst es nicht einmal.

Folgende Geschichte:

Ein Wahrheitssucher kam aus Amerika. Er hatte gehört, dass es in Dacca, in Bangladesh, einen großen Sufimystiker gäbe – also fuhr er sofort hin. So sind die Amerikaner nun mal. Er hatte es so eilig, er sprang Dacca geradezu an! Er schnappte sich den erstbesten Taxifahrer und sagte: „Bring mich zu diesem Mystiker!"

Der Taxifahrer lachte. Er sagte: „Bist du wirklich interessiert? Dann hast du den Richtigen gefunden. Wenn du irgendeinen anderen Taxifahrer gefragt hättest, hätte ihn keiner gekannt. Ich kenne den Mann. Ich lebe mit diesem Mann seit fast fünfzig Jahren zusammen."

„Fünfzig Jahre? Wie alt muss er dann erst sein!"

Der Taxifahrer sagte: „Er ist ebenfalls fünfzig."

Er dachte: „Der Mann ist offensichtlich verrückt", und versuchte es mit anderen Taxifahrern. Aber niemand kannte den Mann, und so musste er schließlich zu dem Verrückten zurückkehren. Und der sagte: „Ich hatte dir gesagt, dass niemand ihn kennt. Komm mit, und ich bring dich hin." Und er brachte ihn hin – und Dacca ist eine alte Stadt, voller enger Straßen … schmalen Gassen, und er fuhr im Zickzack, hierhin und dorthin, stundenlang! Und der Amerikaner freute sich sehr, hmm? – weil damit das Ziel immer näher und näher und näher rückte. Nach drei, vier Stunden hielten sie vor einem kleinen Haus, einem richtigen Armeleutehaus. Und der Taxifahrer sagte: „Warte hier, ich werde das mit dem Meister regeln."

Dann kam eine Frau, und sie sagte: „Der Meister erwartet dich." Und der Mann ging rein, und da saß der Taxifahrer.

Und er sagte: „Komm nur, mein Sohn, was willst du wissen?"

Der Amerikaner konnte es nicht glauben. Er sagte: „Du bist der Meister?"

Er sagte: „Ich bin der Meister, und ich lebe mit diesem Mann seit fünfzig Jahren zusammen; niemand sonst weiß etwas davon." Und in der Tat zeigte es sich, dass er der Meister war ...

Aber ihr habt so eure Vorstellungen. „Wie kann ein Taxifahrer ein Meister sein?" Stellt euch nur mal vor: ich als Taxifahrer! Ihr würdet es nicht glauben. Habe ich recht? Wird dieser Psychologenfreund es glauben? Es ist undenkbar! Ihr habt feste Vorstellungen, aufgrund derer verpasst ihr stets alles Mögliche, was um euch her passiert. Die Erde ist nie ganz ohne Meister. Es gibt überall Leute, aber ihr könnt nicht sehen! Und wenn ihr sie sehen wollt, dann geht ihr in den Vatikan, weil ihr euch irgendwie vorstellt, bestimmt ist der Papst erleuchtet. Doch wie kann ein erleuchtetes Wesen Papst sein? Kein Erleuchteter würde je in solch einen Schwachsinn einwilligen. Lieber wäre er Taxifahrer.

Bitte lass deine Vorstellungen fallen, während du hier bist, nur für diese paar Tage. Öffne du dich, sei nicht von Anfang an so voreingenommen. „Das ist noch nie passiert!" Es ist passiert!! Es ist in mir passiert. Schau du mir erst einmal in die Augen, fühl du mich nur – und in dir kann das gleiche passieren. Es gibt nichts, was es hindern könnte – bis auf diese Vorstellungen, dieses Wissen. Genau darum sage ich: Wissen ist ein Fluch.

Die zweite Frage:

> Ich bin ein Schwächling. Und doch habe ich das Gefühl,
> dass ich mich hier zum ersten Mal in meine Schwäche
> hinein entspannen kann. Muss ich stark und mutig sein?

Es gibt kein Muss hier. Jedes Sollte, Müsste, Darfst und Darfstnicht muss fallen. Nur dann wirst du ein natürliches Wesen. Und was ist schlimm dabei, schwach zu sein? Jeder ist schwach. Wie kann der Bruchteil stark sein? Der Bruchteil muss schwach sein. Und wir sind winzige Bruchteile, Tropfen in diesem riesigen Ozean. Wie können wir stark sein? – stark gegen wen, stark wofür?

Ja, man hat euch beigebracht, stark zu sein. Ich weiß, weil man euch beigebracht hat, gewaltsam, aggressiv, kriegerisch zu sein. Man hat euch beigebracht, stark zu sein, weil man euch beigebracht hat, kampflustig, ambitiös, egoistisch zu sein. Man hat euch alle möglichen Aggressivitäten beigebracht, weil man euch beigebracht hat, andere zu vergewaltigen, die Natur zu vergewaltigen. Man hat euch nicht beigebracht zu lieben.

Hier heißt die Botschaft Liebe. Wozu also brauchst du Stärke? Die Botschaft hier heißt Hingabe. Die Botschaft hier heißt Akzeptieren, totales Akzeptieren von allem, was ist, egal was. Schwäche ist schön. Entspanne dich hinein, akzeptiere sie, genieße sie. Sie hat ihre eigenen Schönheiten, ihre eigenen Freuden.

Ich bin ein Schwächling ... Bitte benutze nicht einmal dieses Wort – Schwächling, denn ihm haftet ein abschätziger Ton an. Sag: „Ich bin nur ein Teil", und ein Teil muss notgedrungen hilflos sein. Für sich allein muss der Teil zwangsläufig machtlos sein. Der Teil hat nur Macht zusammen mit dem Ganzen. Deine Stärke liegt darin, mit der Wahrheit zu gehen – eine andere Stärke gibt es nicht. Die Wahrheit ist stark. Wir sind schwach. Gott ist stark. Wir sind schwach. Mit ihm sind wir ebenfalls stark, gegen ihn, ohne ihn, sind wir schwach. Kämpfe gegen den Strom, versuch flussaufwärts zu schwimmen, und du wirst als Schwächling entlarvt. Und treib mit dem Fluss und geh stromabwärts – schwimme nicht einmal, sei losgelassen und lass dich vom Fluss tragen, wohin er auch will – und dann gibt es keine Schwäche. Wenn der Gedanke an Stärke entfällt, bleibt keine Schwäche zurück. Beide verschwinden gemeinsam. Und dann plötzlich bist du weder schwach noch stark. Vielmehr bist du überhaupt nicht. Gott ist – weder schwach noch stark.

Du sagst: *Und doch habe ich das Gefühl, dass ich mich hier zum ersten Mal in meine Schwäche hinein entspannen kann.*

Ein gutes Gefühl! Verliere es nicht aus den Augen. Ein richtiges Gefühl! Entspann dich – das ist mein ganzes Lehren. Entspanne dich in dein Sein, wer immer du bist. Zwinge dir keine Ideale auf. Mach dich nicht verrückt, das ist nicht nötig. Sei! – hör auf zu werden! Hier geht die Reise nirgendwohin, hier sind wir einfach nur hier. Und dieser Augenblick ist so schön, ist ein solcher Segen! Komm ihm nicht mit der Zukunft, sonst wirst du ihn zerstören. Zukunft ist giftig.

Entspann dich und genieße. Wenn ich dir helfen kann, dich zu entspannen und zu genießen, ist meine Arbeit getan. Wenn ich dir helfen kann, deine Ideale, deine Vorstellungen darüber aufzugeben, wie du sein solltest, wie du nicht sein solltest, wenn ich dir all die Gebote wegnehmen kann, die man dir gegeben hat, ist meine Arbeit getan. Und wenn du ohne alle Gebote bist, und wenn du aus dem Moment heraus lebst – natürlich, spontan, einfach, gewöhnlich –, dann herrscht großer Jubel: Du bist zu Hause angekommen.

Jetzt komm mir nicht wieder mit: *Muss ich stark und mutig sein?* Wozu? Tatsächlich ist es ja gerade die Schwäche, die stark sein will. Versuche das zu verstehen. Es ist ein bisschen komplex, aber lasst es uns untersuchen. Nur Schwäche will stark sein, nur Minderwertigkeitsgefühle wollen überlegen sein, nur Dummheit will gelehrt sein – auf dass sie sich im Wissen verstecken kann, auf dass du deine Schwäche in deiner sogenannten Macht verstecken kannst. Nur aus Minderwertigkeitsgefühlen steigt der Wunsch auf, überlegen zu sein.

Das ist der ganze Unterboden der Politik auf der Welt – aller Machtpolitik. Nur Personen mit Minderwertigkeitskomplexen sind es, die Politiker werden, einen Machttrieb entwickeln, denn sie wissen, sie sind minderwertig. Wenn sie nicht Präsident eines Landes oder Kanzler eines Landes werden, können sie nicht vor sich selber und vor anderen bestehen. Für sich genommen fühlen sie sich schwach. Sie treiben sich selbst an die Macht.

Aber wie kannst du dadurch, dass du Präsident wirst, mächtig werden? Tief drinnen wirst du wissen, dass deine Schwäche existiert. Ja, sie ist umso deutlicher fühlbar, mehr noch als vorher, weil jetzt ein Kontrast da ist. An der Außenseite wird Macht da sein, und im Inneren wird Schwäche da sein, klarer noch wie der Silberrand um eine schwarze Wolke. Genauso läuft es: Innen fühlst du dich arm, und so beginnst du zu grabschen, gierig zu werden, Dinge an dich zu reißen, und du machst weiter und weiter und weiter damit, und die Sache hat nie ein Ende. Und dein ganzes Leben wird mit Dingen, mit Anhäufen vertan.

Aber je mehr du anhäufst, desto schneidender wirst du die innere Armut spüren. Gemessen an den Reichtümern ist sie ganz klar zu erkennen. Wenn du das siehst – dass sich da nur die Schwäche stark macht –, wird es absurd. Wie kann Schwäche stark werden? Indem du es siehst, willst du nicht mehr stark werden. Und wenn du nicht mehr stark werden willst, kann die Schwäche nicht in dir bleiben. Bleiben kann sie nur zusammen mit der Vorstellung von Stärke. Sie gehören zusammen, wie die Negativ-Positiv-Pole der Elektrizität. Sie existieren zusammen. Wenn du diesen Ehrgeiz aufgibst, stark zu sein, wirst du eines Tages entdecken, dass auch die Schwäche verschwunden ist. Sie kann sich nicht in dir halten. Wenn du die Vorstellung aufgibst, reich sein zu wollen, wie kannst du dich dann weiter für arm halten? Wie willst du vergleichen, und wie willst du beurteilen, dass du arm bist? Wem gegenüber? Es wird unmöglich sein, deine Armut zu messen.

Wenn du die Vorstellung des Reichtums, des Reichseins aufgibst, verschwindet eines Tages die Armut. Wenn du dich nicht nach Wissen verzehrst und alle Gelehrtheit aufgibst, wie kannst du da unwissend bleiben? Wenn das Wissen verschwindet, dann verschwindet in seinem Gefolge, wie sein Schatten, auch die Unwissenheit. Dann ist ein Mensch weise. Weisheit ist nicht Wissen. Weisheit ist die Abwesenheit von Wissen ebenso wie von Unwissenheit. Dies sind die drei Möglichkeiten: Du kannst unwissend sein, du kannst unwissend sein und viel wissen, und du kannst ohne Unwissenheit und Wissen sein.

Die dritte Möglichkeit ist genau das, was Weisheit ist. Das ist es, was Buddha *Prajnaparamita* nennt – die jenseitige Weisheit, die transzendente Weisheit. Sie ist kein Wissen.

Gib erst einmal dieses Verlangen nach Stärke auf – und beobachte! Eines Tages, stellst du überrascht fest, fängst du zu tanzen an: Die Schwäche ist weg. Es sind nur zwei Seiten der gleichen Medaille, sie leben zusammen, sie gehen Hand in Hand. Wenn du erst einmal zu dieser Tatsache in deinem Innern vorgedrungen bist, kommt es zu einer großen Transformation.

Die dritte Frage:

Woher kommt es, dass die Menschen aus allen vier Ecken der Welt zu dir finden?

Wenn einer die Wahrheit sagt, spürt man ihn früher oder später auf – daher. Es ist unmöglich ... wenn du die Wahrheit ausgesprochen hast, dann ist es unmöglich, dass die Menschen nicht kommen. Sie verzehren sich nach ihr, sie sind durstig nach ihr, sie sind hungrig nach ihr. Und sie sind schon seit vielen Leben hungrig ausgegangen. Sobald sich irgendwo eine kleine Welle der Wahrheit, ein Lied erhebt ... All die Hungrigen, egal wo auf der Welt sie sein mögen, da regt sich plötzlich etwas in ihrem Unbewussten. Wir sind im Unbewussten miteinander verbunden. Im Grunde ... im tiefsten Bereich unseres Seins sind wir eins. Wenn ein Mensch zum Buddha wird, dann bekommt das Unbewusste aller Menschen einen elektrischen Schlag.

Auch wenn ihr es vielleicht nicht bewusst merkt, aber jeder wird in seinem Unbewussten elektrisiert. Es ist wie das Netz einer Spinne: Berühre es, wo du willst, und das ganze Netz fängt an zu zittern. Wir sind in unserer Basis eins. Wir sind wie ein solider, starker Baum, der einsam auf dem Felde steht, groß, riesig, ein herrliches Laubdach, Blätter zu Millionen, unzählige Äste – aber alle abhängig von einem soliden Stamm, und sie alle wurzeln in einem Boden. Wenn eines der Blätter erleuchtet wird, wird der ganze Baum es unbewusst mitbekommen ... „Irgendetwas ist passiert!" Diejenigen, die unterbewusst schon auf der Suche nach der Wahrheit sind, werden sich als erste in Bewegung setzen. Ihr Unterbewusstes wird die leisen Wellen auffangen ...

Ein Freund hat mir gerade geschrieben ... Irgendwo in Kalifornien saß er zufällig ... und es kann leichter in Kalifornien passieren also anderswo! Kalifornien ist die Zukunft, dort sammelt sich das meiste Bewusstseinspotenzial. Kalifornien ist am offensten, also kann es nur in Kalifornien passieren, kann es nicht in der Sowjetunion passieren, wo alles sehr stumpf und tot ist ... Dieser Freund also war zufällig zu Besuch bei einer Frau, sie saßen bei Tisch, aßen und tranken, und plötzlich schaute er in die Augen der Frau, und dort war eine unglaubliche Kraft. Vielleicht hatte der Alkohol, das Trinken, die Musik, die Zweisamkeit dieser beiden, die liebevolle Atmosphäre irgendetwas ausgelöst. Er sah eine ungeheure Kraft in den Augen der Frau, und er verfing sich in diesen Augen, geradezu magnetisiert, hypnotisiert. Und er fing an, ihr in die Augen zu schauen, und als er sie anschaute, fing die Frau an zu wanken. Irgendetwas kam in Bewegung, irgendetwas im Unbewussten. Und nach ein paar Augenblicken fing die Frau an zu sagen: „Rau-niesch, Rauniesch, Rau-niesch" – und sie kannte mich überhaupt nicht, hatte noch nicht einmal von mir gehört. Als sie wieder zu sich kam, sagte der Mann: „Du hast einen gewissen Namen wiederholt – Rauniesch. Es klingt sehr seltsam, ich habe ihn noch nie gehört." Und die Frau sagte: „Ich auch nicht. Ich kenne ihn nicht." Die beiden gingen in einen Buchladen, um nach dem Namen zu suchen. Natürlich war es nicht Rauniesch, sondern Rajneesh. Und er schlug meine Bücher auf – und genau das war es, wonach er viele, viele Jahre lang gesucht hatte. Nächsten Monat will er kommen.

Nun, wie geschieht so etwas? Etwas in der Tiefe der Frau ... Einer Frau fällt es leichter, Botschaften zu empfangen, weil sie dem Unbewussten näher ist als der Mann. Der Mann hat sich weit vom Unbewussten entfernt. Er hat sich zu sehr im Kopf, im Tagesbewusstsein festgefahren. Eine Frau lebt nach wie vor in Ahnungen. Irgendetwas hatte angefangen, sich in ihrem Unbewussten zu regen, als der Mann ihr in die Augen blickte. Und dieser Mann ist ein bewusster Sucher, sie nicht. Diese Frau hat nie nach einem Meister gesucht. Sie kommt nicht. Sie muss es wegrationalisiert haben als irgendeinen Zufall oder so ähnlich. Sie war noch nie irgendwie an einer Suche interessiert, aber ihr Unbewusstes war das empfänglichere.

Erstens also: Sie war eine Frau; und dazu dann der Alkohol, und dann dieser Mann, der ihr ungeheuer gebannt in die Augen schaute – all das tat seine Wirkung, und etwas stieg auf. Und dieser Mann war von seinem Bewusstsein her auf der Suche.

Als er das Wort hörte, biss er an. Er biss an aufgrund des Namens. Er konnte ihn nicht vergessen. Er musste hingehen und in den Buchläden nachforschen, in der Bibliothek, hier und dort, Freunde fragen, was dieses Wort bedeutet. Es ist kein Wunder. Auf die Art und Weise spielt sich dieser Prozess einfach ab.

Du fragst mich: *Woher und wie kommt es, dass die Menschen aus allen vier Ecken der Welt zu dir finden?*

Auf die Entfernung kommt es nicht an; worauf es ankommt, ist die Suche, der Hunger, der Durst. Wenn jemand auf der Suche ist, wird er früher oder später von mir erfahren, manchmal ganz zufällig, und dann einen Sog in meine Richtung verspüren. Millionen suchen, und je mehr Menschen um mich versammelt sind, und je mehr Menschen tiefer in ihr eigenes Sein hineingehen, desto größer wird der Sog dieses Ortes werden. Dann werde es nicht mehr nur ich sein, der sie anzieht, nicht nur ich, der ihre Tiefe in Aufruhr versetzt – der ganze Ort hier wird Anziehungskraft bekommen. Er kann zu einem magnetischen Zentrum werden. Es kommt auf euch an, wie weit ihr euch in euer Sein hineinwagt, wie weit ihr mit mir in Einklang fallt, wie tief eure Hingabe ist.

Die letzte Frage:

> Was soll man mit der Angst machen? Ich habe es wirklich satt, von ihr an der Nase herumgeführt zu werden. Kann man sie meistern oder töten? Wie?

Die Frage ist von Ramananda. Man kann sie nicht töten, man kann sie nicht meistern, man kann sie einzig und allein verstehen. Verstehen – das ist hier das Schlüsselwort. Und nur Verstehen führt zur Mutation, nichts sonst. Wenn du versuchst, deine Angst zu meistern, wird sie unterdrückt bleiben, wird sie tief in dich eindringen., wird es nicht helfen, es wird die Dinge nur komplizieren. Sie taucht auf, und du kannst sie zurückdrängen – genau das heißt Meistern. Du kannst sie verdrängen; du kannst sie so tief verdrängen, dass sie völlig aus deinem Bewusstsein verschwindet. Dann wirst du ihrer nie mehr gewahr, aber sie wird im Keller vorhanden sein und wird ihren Sog ausüben. Sie wird dich gängeln, sie wird dich manipulieren, aber sie wird dich auf eine so indirekte Weise manipulieren, dass du dir dessen nicht bewusst wirst. Aber dann ist die Gefahr nur tiefer gerückt. Jetzt kannst du sie nicht einmal mehr verstehen.

Die Angst muss also nicht gemeistert werden. Sie muss nicht getötet werden. Sie kann auch gar nicht getötet werden, weil die Angst eine Art Energie enthält, und diese Energie nicht zerstört werden kann. Habt ihr schon gemerkt, dass ihr in Angst ungeheure Energie haben könnt? – genauso wie ihr es in der Wut haben könnt? Beide sind sie die zwei Seiten ein und desselben Energiephänomens.

Wut ist aggressiv, und Angst ist nicht-aggressiv. Angst ist Wut in einem negativen Zustand; Wut ist Angst in einem positiven Zustand. Wenn ihr wütend seid – habt ihr nicht beobachtet, wie mächtig ihr werdet, was für enorme Energie ihr besitzt? Ihr könnt einen großen Felsblock werfen, wenn ihr wütend seid. Normalerweise könnt ihr nicht einmal an ihm rütteln. Ihr werdet dreifach, vierfach größer, wenn ihr wütend seid. Ihr bringt gewisse Dinge fertig, die ihr ohne Wut nicht tun könnt. Oder aus Angst könnt ihr so schnell laufen, dass selbst ein Olympialäufer neidisch wird. Angst kreiert Energie, Angst ist Energie, und Energie kann nicht zerstört werden. Kein einziges Iota Energie kann aus der Existenz ausgelöscht werden. Das muss man sich ständig vor Augen halten, denn sonst wird man etwas falsch machen. Man kann nichts zerstören, man kann nur seine Form verändern. Man kann einen kleinen Kieselstein nicht zerstören; ein kleines Atom Sand kann nicht zerstört werden, es wird lediglich seine Form verändern. Man kann einen Tropfen Wasser nicht zerstören. Man kann es zu Eis umwandeln, man kann es verdunsten lassen, aber es wird bleiben. Es wird irgendwo bleiben, es kann nicht aus der Existenz verschwinden.

Du kannst auch die Angst nicht zerstören. Und genau das hat man seit eh und je getan. Die Leute haben versucht, die Angst zu zerstören, versucht, die Wut zu zerstören, versucht, den Sex zu zerstören, versucht, die Habgier zu zerstören, dieses und jenes. Die ganze Welt hat pausenlos daraufhingewirkt, und was ist das Ergebnis? Der Mensch ist heute ein Schlamassel. Nichts ist zerstört, alles ist da, nur ist alles verwirrt worden. Es ist nicht nötig, irgendetwas zu zerstören, weil von Anfang an nichts zerstört werden kann. Was aber muss dann geschehen?

Du musst die Angst verstehen. Was ist Angst? Wie kommt sie auf? Von woher kommt sie? Was ist ihre Botschaft? Schau in sie hinein, und zwar ohne jedes Urteil, nur dann wirst du verstehen. Wenn du bereits eine Vorstellung parat hast, dass Angst schlecht ist, dass sie nicht sein sollte: „Ich sollte keine Angst haben!", dann kannst du nicht hinschauen. Wie kannst du dich dann der Angst stellen? Wie kannst du der Angst in die Augen schauen, wenn du bereits entschieden hast, dass sie dein Feind ist? Niemand schaut dem Feind in die Augen. Wenn du meinst, sie sei etwas Falsches, dann wirst du sie zu umgehen suchen, sie zu meiden suchen, sie zu ignorieren suchen. Du wirst zusehen, dass du ihr nicht über den Weg läufst, aber sie wird bleiben. Dies wird dir nicht helfen. Lass erst alles Verdammen, Verurteilen, Einschätzen fallen. Angst ist eine Realität. Sie muss ins Auge gefasst, sie muss verstanden werden. Und nur durch Verstehen kann sie transformiert werden. Ja, das Verstehen selbst transformiert. Man braucht sonst nichts zu tun; Verstehen transformiert sie.

Was ist Angst? Erstens: In der Angst steckt immer eine Begierde. Du möchtest ein berühmter Mann werden, der berühmteste Mensch auf der Welt – dann ist Angst da. Was ist, wenn du es nicht schaffst? – Angst kommt auf. Jetzt kommt die Angst als Begleiterscheinung der Begierde: Du möchtest der reichste Mann auf der Welt werden. Was ist, wenn es dir nicht gelingt? – du fängst an zu zittern, Angst kommt auf. Du besitzt eine Frau: Du hast Angst, morgen könntest du sie vielleicht nicht mehr besitzen, könnte sie zu einem anderen gehen. Sie steckt noch voller Leben, sie kann es. Nur tote Frauen werden es nicht tun; sie aber ist noch lebendig. Du kannst nur einen Leichnam besitzen; dann ist keine Angst da, dann wird die Leiche da sein. Du kannst Möbelstücke besitzen, dann ist keine Angst da. Aber wenn du einen Menschen besitzen willst, kommt die Angst. Wer weiß? Gestern hatte sie dir nicht gehört, heute ist sie dein. Wer weiß? – morgen wird sie einem anderen gehören. Angst kommt auf. Die Angst steigt aus dem Wunsch zu besitzen auf, sie ist eine Begleiterscheinung. Weil du besitzen willst – darum die Angst. Wenn du nicht besitzen willst, dann ist auch keine Angst da. Wenn du keinen Wunsch hast, in Zukunft dieses oder jenes zu sein, dann ist keine Angst da. Wenn du nicht in den Himmel kommen willst, dann ist keine Angst da, dann kann der Priester dir keine Angst machen. Wenn du nirgendwo hinkommen willst, kann dir niemand Angst machen.

Wenn du anfängst, im Moment zu leben, verschwindet die Angst. Die Angst kommt aus dem Begehren. Im Grunde also erzeugt Begierde Angst. Schau da hinein. Wann immer Angst da ist, schau, woher sie kommt – welche Begierde sie erzeugt, und dann sieh das Unsinnige daran. Wie kannst du eine Frau oder einen Mann besitzen? Es ist eine so alberne, dumme Vorstellung! Nur Dinge können besessen werden, nicht Personen.

Eine Person ist eine Freiheit. Eine Person ist schön dank ihrer Freiheit. Der Vogel ist schön, solange er am Himmel fliegt; sperrt ihn in einen Käfig, und er ist nicht mehr derselbe Vogel, denkt daran. Er sieht noch so aus, aber er ist nicht mehr derselbe Vogel. Wo ist der Himmel? Wo ist die Sonne? Wo sind jene Winde? Wo sind jene Wolken? Wo ist jene Freiheit im Fluge? All das ist verschwunden. Dies ist nicht derselbe Vogel.

Du liebst eine Frau, weil sie eine Freiheit ist. Dann sperrst du sie in einen Käfig. Dann gehst du zum Standesamt und du heiratest und du baust einen schönen, vielleicht goldenen Käfig um sie, besät mit Diamanten, aber sie ist nicht mehr dieselbe Frau. Und jetzt kommt die Angst. Du hast Angst – Angst, weil die Frau diesen Käfig vielleicht nicht mag. Sie mag sich wieder nach Freiheit sehnen. Und Freiheit ist ein absoluter Wert, man kann sie nicht aufgeben.

Der Mensch besteht aus Freiheit, Bewusstsein besteht aus Freiheit. Früher oder später wird die Frau sich also langweilen, wird sie es satt haben. Sie wird Ausschau nach einem anderen halten. Davor hast du Angst. Deine Angst kommt daher, dass du besitzen möchtest – aber warum möchtest du überhaupt besitzen? Sei nicht besitzergreifend, dann ist keine Angst da. Und wenn keine Angst da ist, hast du ein gutes

Stück Energie, das sich in Angst verwickelt, verstrickt, verkrampft hatte, wieder frei zur Verfügung, und diese Energie kann zu deiner Kreativität werden. Sie kann zu einem Tanz, einem Fest werden.

Du hast Angst zu sterben?

Buddha sagt: Du kannst nicht sterben, weil du von Anfang an gar nicht bist. Wie also kannst du sterben? Schau in dein Sein, geh tief hinein. Schau nach – wer ist da, der sterben sollte? Und du wirst kein Ego dort finden. Dann ist jeder Tod ausgeschlossen. Wenn kein Ego da ist, ist kein Tod da. Du bist äußerste Stille, Todlosigkeit, Ewigkeit – nicht als du, sondern als ein offener Himmel, unberührt von irgendeiner Vorstellung von Ich, von Selbst – unbegrenzt, undefiniert. Dann ist keine Angst da. Angst kommt daher, dass noch andere Dinge da sind, Ramananda.

Du wirst in diese Dinge hineinschauen müssen, und das Hineinschauen wird die Dinge allmählich verändern. Frag also bitte nicht, wie du die Angst meistern oder töten kannst. Sie ist nicht zu meistern, sie ist nicht zu töten. Sie kann nicht gemeistert und sie kann nicht getötet werden. Sie kann nur verstanden werden.

Lass Verstehen dein einziges Gesetz sein.

Darum, oh Sariputra,
gibt es in der Leere keine Form,
weder Gefühl noch Sinneseindruck,
weder Trieb noch Bewusstsein;
weder Auge, Ohr, Nase, Zunge, Körper, Verstand,
weder Formen, Töne, Gerüche noch Geschmack,
weder Dinge im Raum noch Dinge im Geist;
weder das Element des Sehorgans noch sonst dergleichen,
bis wir zum Element des Bewusstseins des
Nicht-Denkens kommen;
es gibt weder Nichtwissen noch ein Ausmerzen des
Nichtwissens,
noch sonst dergleichen, bis wir dorthin kommen,
wo es weder Verfall noch Tod gibt,
noch ein Ausmerzen von Verfall und Tod.
Es gibt kein Leiden, keinen Ursprung,
kein Anhalten; keinen Weg.
Es gibt keine Erkenntnis, kein Ankommen
und kein Nicht-Ankommen.

Tasmac Chariputra
sunyatayam na rupam na vedana
na samjna na samskarah na vijnanam.
na caksuh-srotra-ghrana-rasa-sprastavya-dharmah.
na caksur-dhatur yavan na manovjnana-dhatuh.
na-avidya na-avidya-kyaso yavan
na jara-maranam na jara-maranamsayo.
na duhkha-samudaya-nirodha-marga.
na jhanam, na praptir, na apraptih.

5. Kapitel

DER DUFT DES NICHTS

DAS NICHTS IST DER DUFT DES JENSEITS. ES IST DAS AUFBLÜHEN des Herzens für das Transzendente. Es ist das Entfalten des tausendblättrigen Lotus. Es ist die Bestimmung des Menschen. Der Mensch ist erst dann erfüllt, wenn er bei diesem Duft angelangt ist, wenn er bei diesem absoluten Nichts im Inneren seines Seins angelangt ist, wenn dieses Nichts sich ganz über ihn gebreitet hat, wenn er nur noch ein reiner Himmel ist – unbewölkt.

Dieses Nichts ist es, was Buddha *Nirvana* nennt. Erst einmal müssen wir verstehen, was dieses Nichts eigentlich ist, denn es ist nicht einfach nur leer – es ist voll, es fließt über. Ihr dürft nicht denken, keinen einzigen Moment lang, dass das Nichts ein negativer Zustand, eine Abwesenheit sei – nein! Das Nichts ist einfach nur ein Nicht-Etwas. Die Dinge verschwinden, nur die letztendliche Substanz bleibt. Die Formen verschwinden, nur das Formlose bleibt. Die Definitionen verschwinden, das Undefinierte bleibt.

Das ‚Nichts' ist also nicht so, als wäre da nichts. Es bedeutet ganz einfach, dass es keine Möglichkeit zu definieren gibt, was da ist. Es ist etwa so: Du schaffst alle Möbel aus deinem Haus nach draußen; jemand kommt rein und sagt: „Jetzt ist nichts da." Er hat vorher die Möbel gesehen, jetzt fehlen die Möbel, und er sagt: „Hier ist nichts mehr da. Nichts ist da." Seine Feststellung ist nur bis zu einem bestimmten Punkt gültig. In Wirklichkeit entfernst du, wenn du die Möbel entfernst, einfach nur Hindernisse im Raume des Hauses. Jetzt aber ist reiner Raum da, jetzt steht nichts im Wege. Jetzt zieht keine Wolke am Himmel – es ist einfach nur Himmel da. Er ist nicht einfach nichts, er ist Reinheit. Er ist nicht nur Abwesenheit, er ist eine Präsenz.

Wart ihr je in einem absolut leeren Haus? Ihr werdet diese Leere als eine Präsenz empfinden; sie ist sehr spürbar, man kann sie fast berühren. Das ist die Schönheit eines Tempels oder einer Kirche oder einer Moschee – reines Nichts, einfach leer. Wenn ihr in einen Tempel geht, ist das, was euch dort umgibt, dieses Nichts. Es ist leer von allem, aber nicht einfach nur leer. In dieser Leere ist etwas präsent – aber nur für diejenigen präsent, die es spüren können, die sensibel genug sind, es zu spüren, die aufmerksam genug sind, es zu spüren.

Die, die nur Objekte sehen können, werden sagen: „Was soll da sein? Nichts!" Die, die das Nichts sehen können, werden sagen: „Alles ist da, denn Nichts ist da."

Die Identität von Ja und Nein ist das Geheimnis des Nichts. Lasst es mich wiederholen – es ist sehr grundlegend für Buddhas Ansatz. Nichts ist nicht identisch mit Nein. Nichts ist die Identität von Ja und Nein, wo Polaritäten nicht mehr Polaritäten sind, wo Gegensätze nicht mehr Gegensätze sind.

Wenn ihr euch mit einer Frau oder einem Mann liebt, ist der Punkt des Orgasmus der Punkt des Nichts. In dem Moment ist die Frau keine Frau mehr und der Mann kein Mann mehr. Diese Formen sind verschwunden. Diese Polarität zwischen Mann und Frau ist nicht mehr da. Die Spannung ist nicht mehr da, sie hat sich vollkommen entspannt. Sie sind beide ineinander verschmol-zen. Sie haben sich *ent*-formt. Sie sind in einen Zustand eingetreten, der sich nicht definieren lässt.

Der Mann kann nicht ‚Ich' sagen, die Frau kann nicht ‚Ich' sagen, sie sind keine ‚Ichs' mehr, sie sind keine Egos mehr – denn Egos prallen immer aufeinander. Das Ego existiert durch Konflikt, es kann ohne Konflikt nicht da sein. Im Moment des Orgasmus gibt es keine Egos mehr. Daher die ganze Schönheit dabei, daher die ganze Ekstase dabei, daher die ganze *Samadhi*-Qualität dabei. Aber das passiert nur einen Moment lang. Aber selbst schon dieser eine Moment... ein einziger Moment davon ist wertvoller als dein ganzes Leben, denn in jenem Moment kommst du der Wahrheit am nächsten: Mann und Frau sind nicht mehr getrennt. Das genau ist eine Polarität – *Yin* und *Yang*, positiv und negativ, Tag und Nacht, Sommer und Winter, Leben und Tod, das alles sind polare Gegensätze. Wo Ja und Nein sich begegnen, wo die Gegensätze sich begegnen und keine Gegensätze mehr sind, wo sie ineinander übergehen und sich ineinander auflösen, ist Orgasmus. Orgasmus ist die Begegnung von Ja und Nein; nicht identisch mit Nein, sondern jenseits von Ja und Nein. Im einen Sinne ist es jenseits von beidem, im anderen Sinne ist es beides zusammen, gleichzeitig.

Die Vereinigung des Negativen und des Positiven ist die Definition des Nichts, und das ist auch die Definition des Orgasmus, und das ist auch die Definition des *Samadhi*. Lasst es euch gesagt sein. Die Identität von Ja und Nein ist das Geheimnis des Nichts – *Nirvana*. Leere ist nicht einfach nur leer, sie ist eine Präsenz, eine sehr dichte Präsenz. Sie schließt ihren Gegensatz nicht aus. Sie schließt ihn mit ein, sie ist erfüllt von ihm. Es ist eine volle Leere, eine überfließende Leere. Sie ist lebendig, unerschöpflich lebendig, unermesslich lebendig. Erlaubt also den Lexika keinen Moment lang, euch hinters Licht zu führen, sonst werdet ihr Buddha missverstehen.

Wenn ihr ein Lexikon hernehmt und nach der Bedeutung von ‚Nichts' sucht, werdet ihr Buddha verfehlen. Das Lexikon definiert nur das gewöhnliche Nichts, die gewöhnliche Leere. Buddha spricht hier über etwas sehr Außergewöhnliches. Wenn du es kennenlernen willst, musst du ins Leben hineingehen, in irgendeine Situation, wo sich Ja und Nein begegnen, und du wirst es wissen ...

Wo sich Körper und Seele begegnen, wo sich die Welt und Gott begegnen, wo Gegensätze nicht mehr Gegensätze sind – nur dann wirst du einen Geschmack davon bekommen.

Der Geschmack davon ist der Geschmack des Tao, des Zen, des Chassidismus, des Yoga. Das Wort ‚Yoga' ist ebenfalls bedeutungsvoll. Es bedeutet: Zusammenkommen. Wenn ein Mann und eine Frau sich begegnen, ist es ein Yoga: Sie kommen zusammen, sie kommen sich wirklich nahe, sie fangen an, deckungsgleich zu werden, und dann verschwinden sie ineinander. Dann haben sie kein eigenes Zentrum mehr. Der Konflikt der Gegensätze ist verschwunden, und es kommt zur absoluten Entspannung. Zu dieser Entspannung kommt es zwischen Mann und Frau nur vorübergehend. Aber zu dieser Entspannung kann es auch mit der Summe aller Dinge kommen, mit dem Ganzen, auf eine nicht-zeitliche Art und Weise. Es kann auf ewige Art und Weise geschehen. In der Liebe bekommt ihr nur einen Tropfen dieser Ekstase. In der Ekstase bekommt ihr den ganzen Ozean der Liebe.

Dieses Nichts kann nur erreicht werden, wenn es in euch keine Gedankenwolken gibt. Das sind die Wolken, die euren inneren Raum behindern, euren inneren Raum verstellen. Habt ihr den Himmel beobachtet? Im Sommer ist er so sauber und klar, so kristallklar, kein Fleckchen Wolke. Und dann kommt die Regenzeit, und Tausende von Wolken kommen, und die ganze Erde ist von Wolken umhängt. Die Sonne verschwindet, der Himmel ist nicht mehr offen. Das ist der Zustand des Denkens: Das Denken ist nichts als Wolken. Es ist die Regenzeit eures Bewusstseins, die Sonne ist nicht mehr erreichbar, das Licht ist verborgen, verstellt, und die Reinheit des Raums und die Freiheit des Raums ist nicht mehr zugänglich. Überall findest du dich durch die Wolken definiert.

Wenn du sagst: „Ich bin ein Hindu", was sagst du damit? Du wirst von einer Wolke eingefangen, nämlich dem Gedanken, ein Hindu zu sein. Wenn du sagst „Ich bin ein Muslim", oder ein Christ oder ein Jaina – was sagst du damit? Du identifizierst dich allmählich mit einer Gedankenwolke, du verlierst deine Reinheit.

Aus diesem Grund sage ich, dass ein religiöser Mensch weder Hindu noch Muslim noch Christ ist – er kann es nicht sein. Er ist ein Sommer des Bewusstseins, er hat keine Wolken! Die Sonne ist da, hell, unverstellt! Ihn umgibt ein unbegrenzter Raum. Stille umgibt ihn. Keine Schwingung des wolkigen Bewusstseins ist in ihm zu finden.

Wenn du sagst: „Ich bin ein Kommunist", was sagst du damit? Du sagst damit, dass du Karl Marx gelesen hast – Lenin, Stalin, Mao –, dass du dich zu sehr an „Das Kapital" gebunden hast, dass du dich zu sehr mit der Idee vom Klassenkampf identifiziert hast, mit der Idee von arm und reich und dem Kampf zwischen ihnen, dass du dich zu sehr von einem Traum, einer Utopie hast einfangen, hypnotisieren lassen – dass eines Tages, in ferner Zukunft, eine klassenlose Gesellschaft geschaffen werden könne; dass du zu sehr von dieser Utopie besessen bist, und du bereit bist, alles dafür zu tun. Selbst wenn du Millionen von Menschen für sie töten musst, bist du bereit dazu – um ihrer selbst willen, zu ihrem eigenen Besten. Dies ist ein umwölkter Zustand.

Sagt man: „Ich bin Inder" – wieder dasselbe. Sagt man: „Ich bin Chinese" – wieder dasselbe. Wenn ihr wirklich religiös sein wollt, werdet ihr diese Identifikationen langsam, langsam aufgeben müssen. Keine Idee sollte je Besitz von euch ergreifen. Kein Buch sollte je eure Bibel sein. Keine *Veda* darf euch definieren, keine *Gita* darf euch einengen. Ihr dürft keiner Philosophie, Theologie, Dogmatik, Theorie, Hypothese erlauben, euch zu überrennen. Ihr dürft nicht zulassen, dass irgendein Rauch die Flamme eures Bewusstseins verhüllt. Nur dann seid ihr religiös. Fragt ihr einen religiösen Menschen: „Wer bist du?", wird er lediglich sagen: „Ich bin ein Nichts." Denn ‚Nichts' ist keine Idee, ist keine Theorie. Es bezeichnet einfach nur einen Zustand der Reinheit. Denkt daran, Wahrnehmung hat nichts mit Wissen zu tun. Im Gegenteil, wenn ihr durch die Brille des Wissens wahrnehmt, nehmt ihr nicht richtig wahr. Alles Wissen erzeugt Projektionen. Wissen ist Voreingenommenheit, Wissen ist Vorurteil. Wissen heißt, vorgefertigte Schlüsse ziehen: Man hat seine Schlüsse gezogen, bevor man sich überhaupt darauf eingelassen hat.

Zum Beispiel: Wenn du zu mir kommst und schon ein fertiges Urteil im Kopf hast – es mag für mich sein, es mag gegen mich sein, darauf kommt es nicht an; wenn du zu mir kommst und fertige Schlüsse mitbringst, dann kommst du mit einer Wolke. Dann wirst du immer weiter durch deine Wolke hindurch auf mich schauen, und natürlich wird deine Wolke Schatten auf mich werfen. Wenn du zu mir kommst mit der Vorstellung: „Dies ist der richtige Mann!", dann wirst du etwas finden, das diese Vorstellung immerzu stützt. Wenn du mit der Vorstellung gekommen bist: „Dieser Mann ist falsch, gefährlich, böse!", dann wirst du immerzu etwas finden, das deine Vorstellung unterstützt.

Egal, welche Vorstellung du mitbringst, sie ist selbstverewigend, sie findet immerzu Beweise für sich. Und der Mann, der mit einem Vorurteil kommt, wird in seinem Vorurteil bestärkt wieder gehen. In Wirklichkeit ist er nie zu mir gekommen.

Um zu mir zu kommen, muss man unbewölkt sein, ohne Vorurteil für oder wider, ohne ein *a priori* Urteil. Du kommst einfach, um zu sehen, was da ist, du bringst keine Meinung mit. Du hast viele Dinge gehört, aber du glaubst nichts davon; du kommst einfach, um mit deinen eigenen Augen zu sehen, du kommst, um mit deinem eigenen Herzen zu fühlen. Das ist die Qualität eines religiösen Menschen. Und wenn du die Wahrheit wissen willst, wirst du alles mögliche Wissen aufgeben müssen, das du über Jahrhunderte angesammelt hast, in vielen, vielen Leben. Immer wenn sich jemand der Wahrheit mit Wissen nähert, kann er sie nicht sehen, ist er blind. Wissen blendet dich. Wenn du mit klaren Augen sehen willst, lass alles Wissen fallen. Wahrnehmung hat nichts mit Wissen zu tun.

Wahrheit und Wissen, das geht nicht zusammen. Wissen kann nicht die Unermesslichkeit des Lebens und der Existenz enthalten. Wissen ist so winzig, so klein – und die Existenz ist so riesig, so immens. Wie kann es die Existenz enthalten? Es geht nicht. Und wenn du die Existenz in deine Wissensraster hineinzwängen willst, wirst du ihre ganze Schönheit zerstören und wirst du ihre ganze Wahrheit zerstören. Sobald man die Existenz zu Wissen macht, ist es nicht mehr die Existenz.

Es ist, als würde jemand eine Landkarte Indiens mit sich führen und glauben, er würde Indien mit sich führen. Keine Landkarte kann Indien enthalten. Das Abbild des Mondes ist nicht der Mond. Das Wort ‚Gott' ist nicht Gott, das Wort ‚Liebe' ist auch nicht Liebe. Kein Wort kann die Mysterien des Lebens enthalten. Und Wissen ist nichts als Wörter und Wörter und Wörter. Wissen ist eine große Illusion. Genau darum sagt Buddha: Lass das Nichts in dir Fuß fassen. ‚Nichts' bedeutet: ein Zustand des Nicht-Wissens, ein Zustand, wo keine Wolke in deinem Bewusstsein dahinzieht. Nur wenn dein Bewusstsein unbewölkt ist, bist du Nichts. Nichts passt wunderbar mit der Wahrheit zusammen – nur Nichts passt wunderbar mit der Wahrheit zusammen.

Wissen kann nicht das Mysterium des Seins enthalten. Wissen ist gegen alles Geheimnisvolle. „Das Geheimnisvolle" bedeutet das, was niemand weiß, das, was nicht gewusst werden kann, das, was grundsätzlich, von Anfang an, essenziell unwissbar ist – nicht nur noch nicht gewusst wird, sondern unwissbar ist. Wie sollte sich das Unwissbare auf Wissen reduzieren lassen? Wissen sammelt unentwegt Kieselsteine am Strand und übersieht dabei immer die Diamanten. Wissen ist mittelmäßig, geborgt, niemals authentisch, niemals ursprünglich. Um die Wahrheit zu wissen, brauchst du Einblick, ursprünglichen Einblick, brauchst du Augen, die durch und durch blicken können, brauchst du transparente Sehkraft.

Nur also, wenn der Geist völlig frei ist von Wissen, leer ist von Wissen, weiß er die Wahrheit. Wenn kein Wissen da ist, ist Wissen da. Denn wenn kein Wissen da ist, ist Erkennen da. Wenn der Geist völlig von allem Wissen entblößt ist, nackt und bloß, still, außer Funktion, wenn der Geist im Warten verharrt, ohne Vorstellung worauf – einfach ein reines Warten, erwartungsvoll, aber ohne zu wissen worauf, wartend auf den Gast, aber ohne Vorstellung, wartend auf das Klopfen des Gastes bei offener Tür, aber ohne Idee, wer dieser Gast sei ... Wie könntest du es vorher wissen?

Wenn du einen Plan mitführst, wie Gott aussieht, wirst du Gott immer verfehlen – weil du ihn noch nie kennengelernt hast. Ja, andere haben ihn kennengelernt, aber was immer sie gesagt haben, sind nur Landkarten. Ich kann euch nur eine Landkarte geben; alles Wissen ist eine Landkarte. Fangt nicht an, die Landkarte anzubeten, fangt nicht an, einen Tempel um die Karte herum zu errichten. Genau auf diese Art und Weise sind die Tempel entstanden: Der eine Tempel ist den Veden geweiht, ein anderer der Bibel, wieder ein anderer dem Koran – sie sind alle nur Landkarten, sie sind nicht das wirkliche Land. Sie sind nur Hinweise.

Wenn ich etwas zu euch sage, muss ich Wörter gebrauchen. Wörter kommen bei euch an, ihr stürzt euch auf die Wörter, ihr beginnt, die Wörter zu horten – der Verstand ist ein großer Sparstrumpf –, und dann denkt ihr allmählich, ihr wüsstet Bescheid. Das ist nicht der Weg, der zum Wissen führt. Der Weg, der zum Wissen führt, besteht darin, alles Wissen über Bord zu werfen. Und werft es mit einem einzigen Wurf über Bord! Geht es nicht langsam, allmählich an. Wenn ihr den springenden Punkt seht, kann es genau in diesem Moment passieren.

Tatsächlich ist das Sehen des springenden Punktes und das Passierenlassen ein und dasselbe. Man braucht nichts Besonderes zu tun, man braucht nicht einmal sein Wissen fallenzulassen. Einfach indem du den springenden Punkt siehst, dass Wissen keinen Wissenden aus dir machen kann, dass es dich vielmehr daran hindert: Dies sehend – die Revolution! Dies sehend – die Transformation!

Wenn also der Geist nackt ist, still ist, außer Funktion ist, in völligem Warten ist, dann kommt die Wahrheit. Dann ist Wahrheit. Sie braucht nicht von irgendwoher zu kommen, sie ist immer schon da gewesen. Aber du warst ja so voll von Wissen! Genau darum ist sie dir immer entgangen.

Das Nichts kann die Wahrheit erkennen, weil im Nichts die Intelligenz total funktioniert – nur im Nichts funktioniert die Intelligenz total. Genau darum – seht ihr das Wunder? – sind Kinder so intelligent und stumpfen alte Menschen mit der Zeit so sehr ab. Kinder lernen alles so schnell! Je älter man ist, desto schwerer fällt das Lernen. Wenn man alt ist und Chinesisch lernen möchte, wird es dreißig Jahre dauern. Und ein Kind lernt es in zwei, drei Jahren.

Heute sagen die Wissenschaftler, dass ein Kind ohne weiteres mindestens vier Sprachen lernen kann, wenn man es einfach nur vier Sprachen aussetzt – ohne weiteres! Das ist das Minimum! Das Maximum steht noch nicht fest – wieviel Sprachen ein Kind auf einmal erlernen kann, wenn man es ihnen aussetzt. Es passiert überall ... Wenn die Familie mehrsprachig ist, passiert es ganz von allein. Wenn die Stadt mehrsprachig ist, passiert es ganz von allein. In Bombay geschieht es ganz von allein: Das Kind lernt Hindi, Englisch, Marathi, Gujarati – ohne weiteres. Man braucht das Kind dem nur auszusetzen. Es ist so intelligent, dass es sofort begreift, worum es geht, und schon lernt es. Je älter du wirst, desto schwerer. Es ist sehr schwer, sagt man, einem alten Pudel neue Kunststückchen beizubringen. Es muss nicht so sein: Wenn du ein Nichts bleibst, muss es nicht so sein, kannst du dein ganzes Leben lang ein Kind bleiben.

Sokrates ist sogar noch im Sterben ein Kind. Denn er ist immer noch beeindruckbar, offen, bereit zu lernen, ja selbst noch bereit vom Tod zu lernen. Als er schon auf dem Bett liegt und das Gift zubereitet wird – um sechs Uhr soll ihm das Gift gereicht werden, genau bei Sonnenuntergang ... Und er ist so aufgeregt wie ein Kind! Seine Jünger weinen und schluchzen, und er ist völlig aufgeregt! Er steht immer wieder auf und geht hinaus und fragt den Mann, der das Gift zubereitet: „Wie lange dauert es noch?" Seine Augen sind so neugierig! Dabei stirbt dieser Mann gleich! Das ist nicht die Zeit, so neugierig zu sein! Und der Mann wird binnen Minuten seinen letzten Atemzug tun, und er ist so aufgeregt, so ekstatisch. Da fragt ihn einer seiner Jünger: „Wieso wirst du so aufgeregt? Du musst sterben!" Und Sokrates sagt: „Das Leben habe ich kennengelernt, und ich habe viel vom Leben gelernt. Jetzt will ich den Tod kennenlernen und vom Tod lernen. Darum bin ich aufgeregt."

Selbst der Tod wird zur großen Erfahrung für einen, der unschuldig ist. Sokrates ist unschuldig. Der Westen hat keinen zweiten Mann hervorgebracht, der sich mit Sokrates vergleichen ließe. Sokrates ist der Buddha des Westens.

Du kannst immerzu lernfähig bleiben, wenn du ein Kind bleibst. Was erzeugt Stumpfheit, Dummheit, Mittelmaß in euch? – Wissen. Ihr hortet Wissen, ihr werdet immer unfähiger zu erkennen. Sagt euch vom Wissen los! Ich lehre nicht, euch von der Welt loszusagen – das ist dumm, töricht, sinnlos! Ich lehre, euch vom Wissen loszusagen.

Und seltsame Dinge geschehen. Mir sind Leute begegnet, die sich von der Welt losgesagt haben. Im Himalaja ist mir ein Hindu-Fakir begegnet – sehr alt, muss neunzig Jahre oder noch älter gewesen sein. Seit siebzig Jahren war er Sannyasin, siebzig Jahre hat er außerhalb der Gesellschaft gelebt. Er hatte sich von der Gesellschaft losgesagt, hatte die Ebenen seit siebzig Jahren nicht mehr betreten. Schon als junger Mann von zwanzig hatte er sich in den Himalaja zurückgezogen und war nie wieder ins Land zurückgekehrt. Er war nie wieder in einer Menschenmenge gewesen. Aber er ist immer noch Hindu. Er hält sich nach wie vor für einen Hindu. Ich sagte zu ihm: „Du hast dich losgesagt von der Gesellschaft, aber du hast dich nicht von deinem Wissen losgesagt, und dieses Wissen hast du von der Gesellschaft mitbekommen. Du bist immer noch Hindu, du bist immer noch Teil der Masse; denn ein Hindu sein heißt, in einer Menschenmasse zu sein. Du bist immer noch kein Individuum. Du bist noch nicht zu einem Nichts geworden."

Der Alte verstand. Er fing an zu weinen. Er sagte: „Niemand hat mir das bisher gesagt!"

Du kannst dich von der Gesellschaft lossagen, du kannst dich vom Reichtum lossagen, du kannst dich von der Ehefrau, den Kindern, dem Ehemann, der Familie, den Freunden lossagen – das ist leicht, das ist nicht weiter schwer. Das Wahre ist, sich vom Wissen loszusagen. All die anderen Dinge sind außerhalb von dir – vor ihnen kannst du weglaufen. Aber wo und wie willst du vor etwas weglaufen, das in dir ist, das sich dort festklammert? Es wird mitkommen. Du kannst in eine himalaische Höhle gehen und doch Hindu bleiben, Muslim bleiben, Christ bleiben. Dann wirst du nicht fähig sein, die Schönheit und Wahrheit des Himalaja zu sehen. Diese Jungfräulichkeit des Himalaja – du wirst sie nicht sehen können. Ein Hindu kann sie nicht sehen, ein Hindu ist blind. Hindu sein heißt, ein Blinder zu sein; Muslim sein heißt, ein Blinder zu sein. Du magst verschiedene Hilfsmittel benutzen, um blind zu werden, darauf kommt es nicht an. Der eine ist blind mit Hilfe des Korans, der andere ist blind mit Hilfe der Bhagavad-Gita, wieder jemand anders ist blind mit Hilfe der Bibel – aber die Augen sind voller Wissen.

Buddha sagt: Das Nichts erlaubt der Intelligenz zu funktionieren. Das Wort Buddha kommt von *Buddhi* – es bedeutet Intelligenz. Wenn du ein Nichts bist, wenn nichts dich beschränkt, wenn nichts dich definiert, wenn nichts dich enthält, wenn du einfach nur Offenheit bist, dann ist Intelligenz da. Warum? Wenn du nichts bist, verschwindet die Angst. Und wenn die Angst verschwindet, funktionierst du intelligent. Wenn Angst da ist, kannst du nicht intelligent funktionieren. Angst verkrüppelt dich, lähmt dich.

Aus Angst stellst du alles mögliche an. Das ist der Grund, warum du kein Buddha werden kannst – was dein Geburtsrecht ist. Du bist tugendhaft aus Angst. Du gehst zum Tempel – aus Angst. Du befolgst ein bestimmtes Ritual – aus Angst. Du betest zu Gott – aus Angst. Und ein Mensch, der aus der Angst heraus lebt, kann nicht intelligent sein. Angst ist Gift für die Intelligenz. Wie kannst du intelligent sein, wenn du Angst hast? Die Angst wird dich immerzu in lauter verschiedene Richtungen zerren. Sie wird dir nicht erlauben, mutig zu sein, sie wird dir nicht erlauben, ins Unbekannte einzutreten, sie wird dir nicht erlauben, ein Abenteurer zu sein. Sie wird dir nicht erlauben, die Herde, die Masse zu verlassen. Sie wird dir nicht erlauben, unabhängig zu werden und frei. Sie wird dich als Sklaven halten.

Und wir sind Sklaven auf vielerlei Art. Unsere Versklavung ist multidimensional: politisch, spirituell, religiös, in jeder Hinsicht sind wir Sklaven, und die Angst ist die eigentliche Wurzel davon.

Ihr wisst nicht, ob Gott existiert oder nicht – und trotzdem betet ihr?! Das ist sehr unintelligent. Das ist töricht. Zu wem betet ihr? Ihr wisst nicht, ob Gott ist oder nicht ist. Ihr habt kein Vertrauen, denn wie könnt ihr Vertrauen haben? – ihr habt noch nicht erkannt. Also klammert ihr euch nur aus Angst an die Vorstellung von Gott. Habt ihr es beobachtet? Wenn ihr viel Angst habt, fällt euch Gott eher ein als sonst.

Wenn jemand stirbt, fällt er euch plötzlich ein.

Ich kenne einen Anhänger von J. Krishnamurti. Er ist ein sehr anerkannter Gelehrter, im ganzen Land bekannt. Und seit über vierzig Jahren ist er nun schon ein Krishnamurti-Anhänger, folglich glaubt er nicht an Gott, glaubt er nicht an Meditation, glaubt er nicht ans Beten. Dann passierte es eines Tages, dass er krank wurde, er hatte einen Herzinfarkt. Per Zufall war ich in der gleichen Stadt. Sein Sohn rief mich an und sagte: „Mein Vater schwebt in Lebensgefahr. Wenn du kommen könntest, wäre das für ihn ein großer Trost. Dies sind vielleicht seine letzten Augenblicke."

Also eilte ich hin. Als ich ins Zimmer trat, lag er mit geschlossenen Augen auf dem Bett und sang vor sich hin: „Rama, Rama, Rama".

Ich konnte es nicht glauben! Vierzig Jahre lang hatte er gesagt: „Es gibt keinen Gott, und ich glaube an nichts", was war mit diesem alten Mann passiert? Ich rüttelte ihn auf und fragte: „Was machst du da?"

Er sagte: „Stör mich nicht. Lass mich tun, was ich tun will."

Aber ich sagte: „Das ist aber sehr gegen Krishnamurti!"

Er sagte: „Lass Krishnamurti aus dem Spiel. Ich liege im Sterben, und du redest von Krishnamurti!"

„Aber was ist mit den letzten vierzig Jahren? Vertan? Du hast nie geglaubt, dass ein *Japa* – eine Litanei – helfen kann, oder dass Beten helfen kann."

Er sagte: „Ja, das stimmt. Ich hatte es nie geglaubt, aber jetzt blicke ich dem Tod ins Auge. Eine große Angst ist in mir. Vielleicht ... wer weiß, vielleicht existiert Gott ja doch, und in ein paar Minuten werde ich ihm gegenüberstehen. Wenn er nicht existiert, dann ist es kein Problem, dann ist nichts damit verloren, dass ich hier ‚Rama, Rama' singe. Existiert er aber, dann ist etwas gewonnen. Wenigstens kann ich zu ihm sagen: „Im letzten Moment habe ich mich an dich erinnert."

Ist es euch nie aufgefallen? – dass ihr immer dann, wenn ihr im Unglück seid, euch mehr an Gott zu erinnern beginnt? – dass ihr nur, wenn ihr in Gefahr seid, an Gott denkt? – dass ihr, wann immer ihr glücklich seid und alles glatt läuft, Gott völlig vergesst? Euer Gott ist nichts anderes als eure projizierte Angst!

Buddha sagt: Aus Angst kann unmöglich Intelligenz kommen. Und die Angst ist aus einem sehr fundamentalen Grund da: Weil ihr glaubt, dass ihr seid – deshalb ist Angst da. Das Ego bringt Angst als seinen Schatten mit. Das Ego selbst ist illusionär, aber das Ego wirft einen großen Schatten auf euer Leben. Nur weil ihr denkt: ‚Ich bin', habt ihr Angst: ‚Vielleicht werde ich in die Hölle geworfen, wenn ich etwas falsch mache. Dann werde ich leiden.' Wenn ihr denkt: ‚Ich bin', dann denkt ihr natürlich auch daran, einige Vorkehrungen für das zukünftige Leben, für das Jenseits zu treffen, etwas Gutes zu tun, ein wenig *Punya* anzusammeln.

Wisst ihr? Der Name dieser Stadt – Pune – kommt von *Punya*, Tugend. Sammle ein wenig Tugend an, sammle ein wenig an in deinem Namen, auf deinem Bankkonto, sodass du Gott vorweisen kannst: „Schau her, ich war wirklich ein braver Junge, das und das hab ich getan, soundso viele Tage gefastet, nie die Frau eines anderen scheel angesehen, nie ein Dieb gewesen, soundso viel Geld für diesen Tempel oder jene Kirche gestiftet. Ich habe mich immer so benommen, wie es von mir erwartet wurde." Man fängt an, Tugend anzuhäufen, nur für den Fall, dass man es in der jenseitigen Welt gebrauchen könnte.

Aber das alles geschieht aus Angst. Eure guten Menschen, eure bösen Menschen leben alle aus der Angst heraus. Ein intelligenter Mensch lebt ohne Angst. Aber um ohne Angst zu leben, wirst du erst einmal in die Tatsache deines Egos hineinschauen müssen. Wenn es kein Ego gibt, wenn ‚Ich' nicht bin, wo soll dann Angst existieren? Dann kannst du nicht in die Hölle geworfen werden, denn: „Ich bin von Anfang an nicht". Und du kannst auch nicht im Himmel belohnt werden, denn: „Ich bin von Anfang an nicht. Ich bin nicht, nur Gott ist – wie also kann ich ein Sünder oder ein Heiliger sein? Wenn nur Gott ist, was gibt es dann für mich zu befürchten? Ich wurde nicht geboren, weil es mich von Anfang an nicht gibt, und ich werde nicht sterben, weil es mich von Anfang an nicht gibt. Also gibt es keine Geburt, keinen Tod. Ich bin nicht getrennt, ich bin eins mit der Existenz. Als Welle mag ich verschwinden, aber als Ozean werde ich leben. Und der Ozean ist die Wirklichkeit, die Welle ist nur ein Spiel des Zufalls."

Das Nichts kennt keine Angst, keine Habgier, keinen Ehrgeiz, keine Gewalt. Das Nichts kennt keine Mittelmäßigkeit, keine Dummheit, keine Idiotie. Das Nichts kennt keine Hölle, keinen Himmel. Und wo keine Angst ist, ist Intelligenz. Dies ist eine ganz großartige Aussage, die man sich merken muss: Intelligenz ist, wenn Angst nicht ist. Dann hat alles Handeln eine völlig andere Qualität, dann ist es überirdisch, ist es göttlich. Warum? – weil es, wenn du aus dem Nichts heraus handelst, keine Reaktion mehr ist. Wenn du aus dem Nichts heraus handelst, ist es kein Plan. Wenn du aus dem Nichts heraus handelst, ist es nicht geprobt. Wenn du aus dem Nichts heraus handelst, ist es spontan. Dann lebst du von Augenblick zu Augenblick. Du bist ein Nichts. Eine Situation taucht auf, und du antwortest ihr. Wenn du ein Ego bist, antwortest du ihr nicht, sondern reagierst nur immer darauf.

Lasst es euch erklären. Wenn du ein Ego bist, reagierst du immer nur. Zum Beispiel: Wenn du denkst, du bist ein sehr, sehr guter Mensch, wenn du denkst, du bist ein Heiliger, und plötzlich passiert etwas… Jemand beleidigt dich! Wirst du jetzt auf diese Beleidigung antworten oder wirst du reagieren? Wenn du dich für einen Heiligen hältst, wirst du dir dreimal überlegen, wie du reagieren sollst, was zu tun sei, damit du auch deine Heiligkeit bewahrst, sonst könnte dieser Mann sie dir kaputtmachen – einfach indem er dich beleidigt. Du darfst nicht spontan sein, du musst Rückschau halten, alles abwägen – und die Zeit verstreicht. Auch wenn es nur ein einziger Moment ist, aber es verstreicht Zeit, es kann nicht spontan sein, es kann nicht im Moment sein:

Und so handelst du aus der Vergangenheit heraus. Du denkst: ‚Das geht zu weit. Wenn ich jetzt wütend werde – und die Wut kommt schon –, wenn ich wütend werde, ist meine Heiligkeit dahin. Das wäre hier zu teuer bezahlt' – also fängst du an zu lächeln. Um deine Heiligkeit zu retten, lächelst du. Dieses Lächeln ist falsch. Es kommt nicht aus dir, es kommt nicht aus deinem Herzen, es ist einfach nur auf die Lippen gemalt. Es ist pseudo! Du lächelst nicht, es ist nur deine Maske, die lächelt. Du täuschst etwas vor. Du bist ein Heuchler! Du bist ein Blender! Du bist unecht! Aber du hast deine Heiligkeit gerettet: Du hast konform mit der Vergangenheit gehandelt, aus deinem ganz speziellen Image heraus, aus deiner Vorstellung von deinem Wesen heraus. Es war eine Reaktion.

Ein Mann von Spontaneität reagiert nicht, er antwortet. Was ist der Unterschied? Er gestattet der Situation einfach, über ihn zu kommen, und er erlaubt der Antwort, aus ihm zu kommen, egal wie sie sein mag. Der Mensch, der aus der Vergangenheit lebt, ist vorhersagbar, und der Mensch, der von Augenblick zu Augenblick lebt, ist unvorhersagbar. Und vorhersagbar sein heißt, ein Ding sein; und unvorhersagbar sein heißt, Freiheit sein. Darin besteht die Würde des Menschen. Der Tag, an dem du unvorhersagbar sein wirst … niemand weiß, was kommt, nicht einmal du. Denke daran: nicht einmal du! Wenn du schon weißt, was du tun wirst, dann ist es kein Antworten mehr. Du bist schon bereit; es ist geprobt.

Zum Beispiel gehst du zu einem Einstellungsgespräch. Du probst: Du überlegst, was man wohl fragen wird und wie du darauf antworten wirst. Das passiert jeden Tag, es ist so kristallklar! Jeden Abend empfange ich Leute. Beide Arten von Leuten sind da – der eine kommt fix und fertig zu mir, hat sich genau ausgedacht, was er zu mir sagen wird, hat alles schon vorbereitet; das Skript steht schon, er braucht es nur abzuspulen, er hat sich genau vorgenommen, was er alles fragen wird. Und ich kann die Schwierigkeit dieses Menschen sehen. Denn wenn er vor mich hintritt, sich vor mich hinsetzt, ist die Situation eine andere. Eine Veränderung tritt ein.

Das Klima, die Präsenz, seine Liebe für mich, meine Liebe für ihn, die Gegenwart anderer, das Vertrauen, das herrscht, sehr greifbar, die Liebe, die strömt, ein meditativer Zustand… und alles ist völlig anders, als er es sich vorher ausgedacht hat. Jetzt erscheint ihm alles, was er vorbereitet haben mag, irrelevant, unpassend. Er wird nervös, unruhig – was tun? Er weiß nicht, wie er spontan handeln soll, wie er aus der Situation heraus handeln soll. Er tritt vor mich, aber ich sehe das Unechte daran.

Seine Frage kommt nicht aus seinem Herzen. Sie kommt nur aus seiner Kehle, sie hat keine Tiefe. Seine Stimme hat keine Tiefe. Er selbst ist sich nicht mehr sicher, ob er sie noch stellen soll oder nicht, aber er hat sie vorbereitet, vielleicht tagelang. Also hämmert ihm der Verstand ein: „Frag schon. Du hast es vorbereitet." Und er sieht das Irrelevante daran. Vielleicht ist sie schon beantwortet worden. Vielleicht habe ich sie beantwortet, indem ich jemandem anderen antwortete. Vielleicht ist die ganze Situation so, dass er seine Sichtweise geändert hat, dass die Frage so keinen Sinn mehr macht. Aber er handelt aus der Vergangenheit heraus: Das ist Reagieren.

Hmm? Es würde linkisch wirken, er würde sich schämen, wenn er nichts zu fragen hätte. Und weinen kann er auch nicht, weil er ein Blender ist, und er kann nicht einfach „Hallo!" sagen, und er kann nicht sagen: „Ich möchte nur eine Minute lang vor dir sitzen, und ich habe nichts zu sagen." Er kann nicht aus diesem Moment heraus handeln. Er kann nicht hierjetzt sein. Er ist verlegen. Er muss fragen. Was werden die Leute sonst denken? Warum hast du dann überhaupt um einen Darshan gebeten, wenn du nichts zu fragen hattest?' Also fragt er. Er steht nicht mehr dahinter. Es ist eine morsche alte Frage, die keine Bedeutung mehr hat – aber er fragt. Manchmal – ihr mögt es vielleicht beobachtet haben … bei einigen Leuten antworte ich immer weiter und lasse mir eine Menge Zeit, und bei einigen Leuten antworte ich sehr kurz angebunden. Wann immer ich sehe, dass jemand unecht ist, seine Frage unecht ist, eine vorbereitete Frage ist, dann ist es sinnlos, ihm zu antworten. Einfach aus Respekt vor ihm wechsle ich noch ein paar Worte mit ihm, aber ich bin nicht mehr interessiert. Und der unechte Fragesteller ist ebenfalls nicht an dem interessiert, was ich sage. Da er nicht einmal mehr an seiner eigenen Frage interessiert ist – wie kann er da an der Antwort interessiert sein?

Aber es gibt andere Leute ... und nach und nach verschwindet alles Unechte, und Sannyasins werden immer echter, authentischer. Dann setzt sich etwa jemand einfach hin und lacht! Das ist es, was ihm in dem Moment einkommt. Er ist nicht verlegen. Er hat nicht das Gefühl, dass es fehl am Platz ist. Das ist es auch nicht. Das vorbereitete Skript ist fehl am Platz. Angesichts des Nichts musst du nichts sein, nur dann kann es zu einer Begegnung kommen. Denn nur Gleiches kann Gleichem begegnen. Dann ist große Freude da, dann ist große Schönheit da, dann ist ein Dialog da – vielleicht fällt kein einziges Wort, aber ein Dialog ist da. Manchmal kommt jemand, setzt sich einfach hin und fängt an, sich in den Hüften zu wiegen, schließt die Augen, geht nach innen. Das ist die richtige Art, mir entgegenzutreten – geht in sich selbst hinein und springt einfach in mich hinein und erlaubt mir, in ihn hineinzuspringen! Oder er berührt einfach nur meine Füße oder schaut mir einfach nur in die Augen – oder manchmal taucht auch eine große Frage auf. Aber das geschieht im Moment – dann ist es echt, dann hat es ungeheure Macht, dann kommt es aus deinem allertiefsten Kern. Es hat Relevanz.

Wenn du aus dem Nichts heraus handelst, antwortest du, ist es keine Reaktion mehr, hat es Wahrheit, Gültigkeit, Authentizität in sich, ist es existenziell, ist es unmittelbar, spontan, schlicht, unschuldig. Und solches Handeln erzeugt keinerlei Karma.

Denkt daran: Das Wort *Karma* heißt Handeln – ein besonderes Handeln, nicht alle Handlungen erzeugen *Karma*, denkt daran. Buddha lebte noch zweiundvierzig Jahre nach seiner Erleuchtung. Er saß nicht die ganze Zeit lang tatenlos unter dem Bodhibaum; er tat tausenderlei

Dinge, aber ohne irgendwelches Karma zu erzeugen. Er agiert, aber es ist kein Reagieren mehr, es ist ein Antworten.

Wenn du aus dem Nichts heraus antwortest, hinterlässt es keinen Bodensatz, hinterlässt es keine Spuren an dir, wird kein Karma erzeugt. Du bleibst frei. Du handelst immerzu, aber du bleibst frei. Es ist, als ob ein Vogel in den Himmel fliegt, keine Spuren, keine Fußabtritte hinterlässt. Der Mensch, der im Himmel des Nichts lebt, hinterlässt keine Fußspuren, hinterlässt kein Karma, keinen Bodensatz. Sein Akt ist total, und wenn der Akt total ist, ist er vollendet, ist er abgeschlossen. Und ein abgeschlossener Akt bleibt nicht an dir hängen wie eine Wolke. Nur unabgeschlossene Handlungen hängen dir nach.

Jemand hat dich beleidigt: Du wolltest ihn schlagen, aber du hast nicht geschlagen. Du hast deine Heiligkeit gerettet, du hast gelächelt und bist heimgegangen. Jetzt wird es schwierig, jetzt wirst du die ganze Nacht lang träumen, dass du den Mann schlägst – ja vielleicht erschlägst du ihn sogar in deinen Träumen! Jahrelang wird es dir nachhängen; es ist unabgeschlossen. Alles Unabgeschlossene ist gefährlich. Aber wenn du unecht bist, wird alles unabgeschlossen. Du liebst eine Frau, aber nicht genug, um es abzurunden. Selbst beim Liebemachen bist du nicht voll und ganz da; vielleicht übst du immer noch! Vielleicht hast du Sex-Anleitungen gelesen, die es überall gibt. Vielleicht hast du *Vatsayanas Kamasutra* oder Masters and Johnson oder den *Kinsey Report* gelesen und fleißig gelernt, wie man Liebe macht, und jetzt bist du soweit! Weißt alles! Jetzt ist diese Frau nur eine günstige Gelegenheit, dein Wissen anzubringen, also bringst du dein Wissen an. Aber es wird unabgeschlossen bleiben, weil du nicht bei der Sache bist, und dann ist es unbefriedigend, dann fühlst du dich frustriert. Und die Ursache? – ist dein Wissen. Liebe ist nicht etwas zum Üben.

Das Leben braucht nicht geübt zu werden. Das Leben muss gelebt werden, in absoluter Unschuld. Das Leben ist kein Theaterstück. Du brauchst es nicht vorzubereiten, du brauchst keine Proben dafür abzuhalten. Lass es kommen, wie es kommt. Sei spontan. Aber wie kannst du spontan sein, wenn das Ego da ist? Das Ego ist ein großer Schauspieler, das Ego ist ein großer Politiker.

Das Ego manipuliert dich immerzu. Das Ego sagt: Wenn du wirklich elegant handeln willst, musst du dich vorbereiten; wenn du wirklich kultiviert handeln willst, musst du es proben. Das Ego ist ein Darsteller. Und diesem Darsteller zuliebe versäumst du immerzu die Freude, das Fest, den Segen des Lebens.

Buddha sagt: Wenn das Handeln aus nichts heraus kommt, erzeugt es kein Karma. Dann ist es so total, dass schon in dieser Totalität sich der Kreis schließt – und fertig! Dann schaust du niemals zurück. Warum schaut ihr immerzu zurück? – weil alles dort unfertig ist. Immer wenn etwas abgeschlossen ist, schaut ihr nicht zurück. Es ist fertig! Der Abschlusspunkt ist gesetzt, da gibt es nichts mehr zu tun.

Handle aus dem Nichts heraus, und dein Handeln wird total sein, und totales Handeln hinterlässt keine Erinnerung – keine psychologische Erinnerung, meine ich. Im Gehirn bleibt die Erinnerung, aber es bleiben keine psychologischen Haken. Und ein Mensch, der keine Haken hat, ist meine Definition eines Sannyasin.

Wenn die Handlung restlos abgeschlossen ist, bist du frei davon. Wenn die Handlung total ist, schlüpfst du aus ihr heraus, so wie eine Schlange aus der alten Haut schlüpft, und die alte Haut bleibt liegen. Nur unabgeschlossene Handlungen werden zu Karma, denkt daran. Aber wenn eine Handlung abgeschlossen sein soll, muss sie aus dem Nichts kommen.

Es gibt drei Ebenen von Bewusstheit: Bewusstheit des Selbst, Bewusstheit der Welt und Bewusstheit der Phantasie, die zwischen Selbst und Welt vermittelt. Fritz Perls nennt diese vermittelnde Ebene DMZ – Demilitarisierte Zone. Und ihre Funktion ist es, uns davon abzuhalten, in vollem Kontakt mit uns selbst und mit unserer Welt zu sein. Die DMZ enthält unsere Vorurteile, unsere vorgefassten Meinungen, durch die wir die Welt und andere und uns selber wahrnehmen. Wenn wir die Welt durch unsere Voreingenommenheiten betrachten, können wir ihre Wahrheit nicht sehen, können wir nicht sehen, was da ist. Wir erzeugen eine Illusion – das, was die Hindus *Maya* nennen. Wenn wir mit Urteilen, mit *a priori* Schlüssen nach draußen sehen, dann schaffen wir uns unsere eigene Welt – *Maya*, Illusion, eine Projektion. Wenn wir uns selber durch dieses Urteilen und Meinen und Wissen betrachten, schaffen wir eine weitere Illusion – das Ego. Dann können wir nicht sehen, welche Wirklichkeit in uns vorhanden ist. Wir können nicht sehen, was außen vorhanden ist, und wir können nicht sehen, was innen vorhanden ist.

Wenn die Außenwelt nicht erkannt wird, erzeugen wir Illusion, *Maya*; wenn die Innenwelt nicht erkannt wird, erzeugen wir das Ego – *Ahankar*. Und alles beides passiert durch DMZ, die Demilitarisierte Zone. Gurdjieff nannte diese Zone die ‚Pufferzone'. DMZ ist ein wunderbarer Name dafür. Je größer die DMZ ist, desto pathologischer, neurotischer ist der Betreffende. Je kleiner die DMZ ist, desto gesünder, geistig gesünder ist der Betreffende. Und wenn die DMZ völlig verschwindet und kein Gedanke mehr vermittelnd zwischen dich und die Welt tritt – nicht ein einziger Gedanke – dann ist es das, was Buddha mit ‚Nichts' meint. Dann ist der Mensch absolut geistig gesund, heilig, heil.

Bevor wir auf dieses Sutra eingehen, müssen noch ein paar Dinge über dieses Ego – die Illusion vom Selbst – geklärt werden. Das erste: Das Ego ist nicht eine Realität, sondern nur eine Vorstellung. Du kommst nicht mit ihm, wenn du auf die Welt kommst, du bringst es nicht mit. Es ist nicht Teil deines Wesens. Wenn ein Kind geboren wird, bringt es nicht das Ego mit auf die Welt. Das Ego ist erst eine Sache, die es lernt. Es ist kein genetisches Erbteil.

Gordon Alport nennt das Selbst *proprium*, das Eigene. Am besten lässt es sich mit dem Eigenschaftswort eigen erklären, oder mit dem Verb eignen oder aneignen. Das Proprium bezieht sich also auf etwas, das zu einer Person gehört oder sie unterscheidet. Das Selbst entsteht, weil jedes Nichts einmalig ist, jedes Nichts seine eigene Art des Aufblühens hat. Erst aus dieser Einmaligkeit ergibt sich die Möglichkeit, ein Ego herzustellen.

Ich liebe auf meine Art, du liebst auf deine eigene Art. Ich benehme mich auf meine Art, du benimmst dich auf deine eigene Art. Es gibt Unterschiede zwischen den Menschen – aber nur Unterschiede. Die Rose blüht auf die eine Art und die Ringelblume auf eine andere. Aber beide blühen sie – das Blühen ist das gleiche. Das Nichts ist das gleiche, aber jedes Nichts funktioniert auf seine eigene Weise. Und nur deswegen besteht die Möglichkeit, das Ego hervorzubringen.

Es gibt sieben Türen, durch die das Ego hereinkommt, sieben Türen, durch die wir das Ego erlernen. Diese Türen müssen verstanden werden, denn wenn ihr sie versteht, könnt ihr das Ego aufgeben. Denn diese Türen lassen sich – verstanden bis auf den Grund, auch schließen. Dann wird kein Ego mehr hervorgebracht. Richtig betrachtet, bis in den Grund verstanden – dass das Ego nur ein Schatten ist –, beginnt es sich von selbst aufzulösen.

Die erste Tür nennt Alport das ‚körperliche Selbst'. Wir werden nicht mit einem Sinn für uns selbst geboren. Das Kind im Mutterschoß hat keinen Sinn für das Selbst. Es ist eins mit der Mutter. Es ist absolut eins, verbunden, verknüpft mit der Mutter. Und die Mutter ist seine ganze Existenz, sein ganzer Kosmos. Es weiß nicht, dass es getrennt ist. Die Trennung tritt ein, wenn das Kind aus dem Mutterschoß herauskommt und wenn seine Brücke zur Mutter abgeschnitten wird und wenn das Kind von sich aus atmen muss. In Wirklichkeit ist das Atmen nicht etwas, das das Kind tun wird; wie sollte es auch – es kann noch nicht einmal atmen, also ist es noch gar nicht da! Das Atmen geschieht. Es ist nicht so, dass das Kind es tut. Es ist ein Geschehen. Es kommt aus dem Nichts – das Kind fängt zu atmen an. Diese wenigen Sekunden sind sehr, sehr entscheidend, kritisch, gefährlich. Die Eltern, der Arzt, die Krankenschwestern, die sich um die Geburt kümmern, sind alle in großer Erwartung, ob das Kind atmen wird oder nicht.

Das Kind kann nicht gezwungen werden, das Kind kann nicht überredet werden, und das Kind kann nichts von sich aus tun – wenn es passieren soll, wird es passieren; vielleicht passiert es nicht, vielleicht passiert es. Manchmal fangen Kinder nie zu atmen an. Dann meinen wir, sie wären tot geboren.

Es ist ein Wunder, wie das Kind den ersten Atemzug tut. Es hat das bisher nie getan, es kann nicht darauf vorbereitet werden. Es weiß nicht, dass es eine Vorrichtung für das Atmen gibt. Die Lungen haben bisher noch nie funktioniert, aber der Atem kommt, und das Wunder beginnt.

Aber der Atem kommt aus dem Nichts, denkt daran! Später werdet ihr sagen: „Ich atme" – das ist absurd. Nicht ihr atmet – das Atmen passiert von selbst. Lasst die Ich-Vorstellung nicht aufkommen, sagt nicht: „Ich atme" – niemand atmet da. Es steht nicht in eurer Macht, es zu tun oder nicht zu tun. Ihr könnt es versuchen: Hört für ein paar Sekunden zu atmen auf, und ihr werdet wissen, dass es schwer ist, es auch nur anzuhalten. Binnen Sekunden kommt ein großer Sog aus dem Nirgendwo, und ihr fangt an zu atmen. Oder hindert das Atmen von außen – versucht es, und plötzlich seht ihr einen großen Sog. Es steht nicht in eurer Macht, das Atmen kommt doch herein. Es ist nichts, was in euch atmet ... oder nennt es meinetwegen Gott; es ist völlig egal, es ist das gleiche. Nichts oder Gott, sie bedeuten das gleiche. ‚Nichts' im Buddhismus bedeutet haargenau das gleiche, was ‚Gott' im Christentum, Judentum, Hinduismus bedeutet.

Wir werden nicht mit einem Sinn von ‚Selbst' geboren. Er gehört nicht zu unserer genetischen Ausstattung. Der Säugling ist nicht in der Lage, zwischen Selbst und Umwelt zu unterscheiden. Sogar wenn das Kind zu atmen begonnen hat, dauert es Monate, bis es merkt, dass es zwischen seinem Inneren und dem Äußeren einen Unterschied gibt. Allmählich, durch immer komplexere Lern- und Wahrnehmungserfahrungen, entwickelt sich ein vages Vermögen, zwischen etwas ‚in mir' und anderen Dingen ‚da draußen' zu unterscheiden.

Dies ist die erste Tür, durch die das Ego eindringt: die Unterscheidung von etwas ‚in mir'... zum Beispiel spürt das Kind Hunger; es kann fühlen, wie er von innen her kommt, und dann schlägt die Mutter das Kind, und es kann fühlen, dass das von außen kommt. Jetzt wird mit der Zeit zwangsläufig ein Unterschied wahrgenommen – dass es Dinge gibt, die von innen kommen und Dinge, die von außen kommen. Wenn die Mutter lächelt, kann es sehen, dass das Lächeln von dorther kommt, und dann lächelt es – jetzt kann es spüren, dass das Lächeln von innen kommt, von irgendwo da innen. Die Vorstellung von ‚innen und außen' taucht auf: Das ist die erste Erfahrung des Ego. In Wirklichkeit gibt es keine Trennlinie zwischen außen und innen. Das Innen ist Teil des Außen und das Außen ist Teil des Innen. Der Himmel, wenn ihr im Haus seid, und der Himmel, wenn ihr außer Haus seid, sind nicht zwei verschiedene Himmel, denkt daran. Sie sind ein Himmel. Und so auch hier ... Du dort und ich hier sind nicht zwei! Wir sind zwei Seiten derselben Energie, zwei Seiten derselben Medaille. Aber langsam lernt das Kind die Wege des Ego kennen.

Die zweite Tür ist die – Identität. Das Kind lernt seinen Namen, erkennt, dass die Reflektion im Spiegel heute von derselben Person ist wie das gestern Gesehene, und glaubt, dass das Gefühl von ‚mir' oder des ‚Selbst' auch angesichts sich wandelnder Erfahrungen fortdauert. Das Kind erfährt immerzu, dass alles sich ändert. Manchmal ist es hungrig, manchmal ist es nicht hungrig; manchmal ist es müde, und manchmal ist es wach; und manchmal ist es wütend, und manchmal ist es liebevoll – alles ändert sich ständig. Der eine Tag ist ein schöner Tag, ein anderer Tag ist dunkel und beklemmend. Aber es steht vor dem Spiegel.

Habt ihr schon einmal ein Baby beobachtet, das vor einem Spiegel sitzt? Es versucht, das Kind im Spiegel zu fangen, denn es meint, das Kind sei ‚da draußen'. Wenn es ihm nicht gelingt, dann geht es um den Spiegel herum und schaut auf der Rückseite nach, ob das Kind sich dort versteckt. Aber mit der Zeit begreift es, dass es das selbst ist, was da gespiegelt wird. Und von da an beginnt es, eine Art Kontinuität zu spüren – gestern schon war es dasselbe Gesicht, heute ist es ebenfalls das gleiche Gesicht im Spiegel. Wenn Kinder zum ersten Mal in den Spiegel schauen, sind sie fasziniert von dem Spiegel; sie können es nicht glauben, sie laufen ständig ins Badezimmer, um nachzuschauen, wer sie sind. Alles scheint sich zu ändern, eines nur scheint unveränderlich: die Identität des Selbst. Das Ego hat eine weitere Tür, durch das es hereinkommt: die Identität des Selbst.

Die dritte Tür ist Selbst-Achtung. Diese hat mit dem Gefühl des Stolzes im Kind zu tun – als Folge davon, dass es lernt, etwas selber zu können, Dinge zu tun, zu erforschen, zu machen. Wenn das Kind irgendetwas lernt ... zum Beispiel hat es das Wort ‚Pappi' gelernt; jetzt wiederholt es den ganzen Tag lang: „Pappi, Pappi". Es lässt sich keine einzige Gelegenheit entgehen, das Wort zu benutzen. Wenn das Kind anfängt zu laufen, probiert es den ganzen Tag. Es fällt wieder und wieder hin, es stolpert, es verletzt sich, aber dann steht es wieder auf – weil ihm das Stolz einflößt: „Ich kann auch was, ich kann laufen! Ich kann reden! Ich kann Dinge von hier nach da tragen."

Die Eltern sind sehr besorgt, denn das Kind stiftet Unruhe, es fängt an, Dinge durch die Gegend zu schleppen. Sie können es nicht verstehen: „Warum? Wozu? Warum hast du das Buch da weggenommen?" Das Kind interessiert sich kein bisschen für das Buch. Für es ist das Unsinn, es kann überhaupt nicht verstehen, warum ihr ständig in dieses Ding hineinschaut – „Was gibt es da zu suchen?" Aber sein Interesse liegt anderswo: Es kann etwas tragen!

Das Kind fängt an, Tiere zu töten – eine Ameise, und es wird sofort darauftreten und es töten. Es kann etwas! Es genießt es, etwas zu tun. Es kann sehr destruktiv werden. Wenn es die Uhr findet, wird es sie aufmachen. Es will wissen, was drinnen ist, es wird zum Forscher, zum Abenteurer. Es genießt, alles mögliche zu tun, denn das gibt ihm eine dritte Tür zum Ego. Es fühlt sich stolz: Es kann etwas! Es kann ein Lied singen – jetzt ist es bereit, jedem das Lied vorzusingen. Es kann kommen, wer will, bei jedem Gast liegt es auf der Lauer und wartet nur darauf, dass irgendwer ihm das Stichwort gibt, sodass es das Lied singen darf. Oder es kann tanzen oder irgendeine Grimasse schneiden oder sonstwas! Was immer es ist – es möchte etwas tun, um zu zeigen, dass es nicht einfach hilflos ist, dass es auch etwas kann. Dieses Machen ruft das Ego auf den Plan.

Die vierte ist Selbst-Ausdehnung – Gehören, Besitzen. Das Kind sagt: mein Haus, mein Vater, meine Mutter, meine Schule. Es fängt an, das Feld des ‚Mein' zu vergrößern. ‚Mein' wird zu seinem Schlüsselwort. Wenn du ihm sein Spielzeug wegnimmst, interessiert es sich weniger für das Spielzeug; es interessiert sich vielmehr dafür, dass das Spielzeug mein ist: „Du kannst es mir nicht wegnehmen."

Denkt daran, es interessiert sich nicht weiter für das Spielzeug. Wenn keiner sich dafür interessiert, wird es das Spielzeug in die Ecke werfen und nach draußen laufen zum Spielen. Aber sobald jemand es nehmen will, will es das nicht hergeben. Das ist sein ‚Mir'.

‚Mein' verleiht ein Gefühl von ‚Mir'. ‚Mir' erzeugt ‚Ich'. Und denkt daran, diese Türen gelten nicht nur für Kinder, es bleibt ihr ganzes Leben lang so. Wenn ihr sagt: „mein Haus", stellt ihr euch kindisch an. Wenn ihr sagt: „meine Frau", seid ihr kindisch. Wenn ihr sagt: „meine Religion", seid ihr kindisch.

Wenn ein Hindu mit einem Muslim anfängt, sich um Religion zu streiten, sind sie Kinder. Sie wissen nicht, was sie tun. Sie sind noch nicht wirklich reif und erwachsen geworden. Kinder streiten sich ständig: „Mein Pappi ist der größte Pappi auf der Welt!" Und genauso streiten sich die Priester immerzu: „Meine Gottesvorstellung ist die beste, die mächtigste, die wirklichste! Andere sind Kümmerlinge dagegen."

Das sind sehr kindische Einstellungen, aber sie haften euch an, euer ganzes Leben lang. Ihr seid sehr an eurem Namen interessiert. Wenn ich den Leuten einen neuen Namen gebe, sind einige sehr widerspenstig, sie wollen es nicht. Einige schreiben mir Briefe: „Ich möchte gern Sannyasin werden, aber bitte ändere meinen Namen nicht!" Warum? Mein Name! Scheint so etwas zu sein wie ein großer Schatz! Und es ist nichts dran an dem Namen. Aber dreißig Jahre, vierzig Jahre lang hat dein Ego mit diesem Namen gelebt. Es ist sehr schwer für das Ego, eine Tür zu schließen. Genau darum wird der Name geändert! Damit ihr sehen könnt, dass der Name beliebig ist, dass er jederzeit austauschbar ist. Und genau darum ändere ich euren Namen ohne viel Aufhebens. In anderen Religionen wird ebenfalls der Name geändert.

Wenn du ein Jaina-Mönch wirst, werden sie viel Aufhebens davon machen: eine große Prozession und Feier! Bald wird er sehr an diesem neuen Namen hängen. So viel Feierlichkeit und so viel Pomp und so viel Ehre und Respekt, so viel Wirbel darum! Dann geht der springende Punkt verloren. Ich ändere ihn ganz selbstverständlich, nur um euch anzudeuten, dass er nichts ist; er ist beliebig, er lässt sich ohne weiteres ändern. Du kannst A heißen, kannst B heißen, kannst C heißen – es kommt nicht darauf an. In Wirklichkeit bist du namenlos, also kommt es nicht darauf an. Jeder Name tut's, er ist einfach nur Mittel zum Zweck.

Die fünfte Tür ist Selbst-Image. Dies bezieht sich darauf, wie das Kind sich selber sieht. Durch die Interaktion mit den Eltern, durch Lob und Strafe, lernt es, ein gewisses Bild von sich selbst zu haben – gut oder schlecht.

Das Kind achtet immer darauf, wie die Eltern auf es reagieren. Wenn es irgendetwas tut, loben sie es oder bestrafen sie es. Wenn es sich bestraft fühlt, denkt es: ‚Ich habe etwas falsch gemacht, ich bin schlecht.' Wenn es etwas Gutes macht und belohnt wird, denkt es: ‚Ich bin gut, ich werde geschätzt.' Allmählich versucht es, immer mehr Gutes zu tun, sodass es geschätzt wird. Oder, wenn die Eltern wirklich sehr schwierige und unmögliche Leute sind und ihre Forderungen so sind, dass das Kind sie nicht erfüllen kann, dann schlägt es die andere Route ein und fängt an, alles zu tun, was sie ‚schlecht' nennen. Es reagiert, es rebelliert.

Dies sind die beiden Möglichkeiten – die Tür ist die gleiche: entweder ihr lobt es, und es fühlt sich gut, dass es jemand ist; oder, wenn ihr es nicht so leicht lobt, dann sagt es: „Okay, dann werd ich's euch zeigen!" Dann wird es ebenfalls seine Anwesenheit spüren lassen. Es wird anfangen, Sachen kaputtzumachen, es wird anfangen zu rauchen, es wird anfangen, Dinge zu sagen, die euch nicht gefallen.

Und es wird sagen: „Seht ihr jetzt? Ihr müsst Notiz von mir nehmen, ihr müsst mich wahrnehmen. Ihr müsst wissen, dass ich auch jemand bin und dass ich da bin und ihr mich nicht einfach übersehen könnt." Der Gute und der Böse werden auf diese Art geboren, der Heilige und der Sünder.

Die sechste ist das Selbst als Rationalität. Das Kind lernt die Methoden der Rationalität – Logik, Für und Wider. Es lernt, dass es Probleme lösen kann. Die Rationalität liefert dem Selbst großartige Stützen. Nur darum argumentieren die Leute, nur darum nehmen sich die gebildeten Leute so wichtig. Ungebildet? – da wirst du ein wenig verlegen. Du hast glänzende Examen? Du bist ein Dr. phil., ein Dr. rer. nat.? – da ziehst du vom Leder, da stellst du deine Qualifikationen zur Schau: Du hast Goldmedaillen gewonnen, warst der Beste an deiner Universität, dieses und jenes. Warum? Weil du damit zeigst, dass du ein rationales Wesen geworden bist, sehr gebildet, an den besten Universitäten ausgebildet, von den besten Professoren: „Ich kann besser argumentieren als jeder andere." Rationalität wird eine große Stütze.

Und die siebte ist Selbst-Projektion: Lebensziel, Ehrgeiz, etwas darstellen wollen. Was oder wer man ist, wird man durch das, was oder wer man werden möchte, durch Zukunftsplanung; Träume und langfristige Ziele tauchen auf – die letzte Stufe des Ego. Da fängt man an, sich Gedanken darüber zu machen, was man auf der Welt tun könne, um sich in der Geschichte zu verewigen, um auf den Wanderdünen der Zeit seine Unterschrift zu hinterlassen. Ein Dichter werden? Ein Politiker werden? Ein Mahatma werden? Soll man dies oder jenes tun?

Das Leben läuft schnell, entschlüpft schnell, und irgendwas muss man tun, sonst wird man bald zu nichts, und niemand wird je wissen, dass es dich überhaupt gab. Man möchte ein Alexander werden oder ein Napoleon. Wenn es möglich ist, möchte man ein Guter werden, berühmt, weltberühmt, ein Heiliger, ein Mahatma. Wenn es denn nicht möglich ist, möchte man trotzdem wer sein. Viele Mörder haben vor Gericht gestanden, dass sie nicht gemordet haben, weil sie daran interessiert gewesen wären, jemanden zu ermorden, sondern weil sie einfach nur ihre Namen auf der ersten Seite der Zeitungen gedruckt sehen wollten.

Ein Mann hat jemanden von hinten ermordet. Er kam und erstach ihn, und er hatte den Mann noch nicht einmal vorher gesehen. Er war ihm absolut unbekannt, sie kannten sich nicht, da war weder Freundschaft noch Feindschaft. Sie waren sich nie begegnet, und selbst diesmal bekam er nicht das Gesicht dessen zu sehen, den er umbrachte. Er hatte ihn nie gesehen, er hat ihn einfach von hinten ermordet. Der Mann hatte am Strand gesessen und auf die Wellen geschaut, und da kam dieser Mann und tötete ihn.

Das Gericht war ratlos, aber der Mann sagte: „Der Mann selbst, den ich tötete, interessierte mich nicht. Jeder andere hätte es auch getan. Ich war hingegangen, um irgendwen zu töten. Wenn dieser nicht da gewesen wäre, dann irgendein anderer." Aber warum?

Und er sagte: „Weil ich mein Foto und meinen Namen auf der Titelseite der Zeitungen haben wollte. Mein Wunsch ist erfüllt. Das ganze Land redet von mir. Ich bin glücklich. Jetzt bin ich bereit zu sterben. Wenn ihr mich zum Tode verurteilt, kann ich glücklich sterben. Ich war bekannt, ich war berühmt."

Wenn ihr nicht berühmt werden könnt, versucht ihr, berüchtigt zu werden. Wenn ihr nicht Mahatma Gandhi werden könnt, würdet ihr gern Adolf Hitler werden – aber niemand möchte gern ein Niemand bleiben.

Dies sind die sieben Türen, durch die die Illusion des Ego gestärkt wird, immer mächtiger wird. Und dies sind die sieben Türen, durch die das Ego – wenn ihr versteht! – wieder hinausgeschickt werden muss. Nach und nach müsst ihr durch jede einzelne Tür tief in euer Ego hineinschauen und euch von ihm verabschieden.

Dann steigt das Nichts auf.

Das Sutra:

Darum, oh Sariputra,
gibt es in der Leere keine Form,
weder Gefühl noch Sinneseindruck,
weder Trieb noch Bewusstsein;
weder Auge, Ohr, Nase, Zunge, Körper, Verstand;
weder Formen, Töne, Gerüche noch Geschmack,
weder Dinge im Raum noch Dinge im Geist;
weder das Element des Sehorgans noch sonst dergleichen,
bis wir zum Element des Bewusstseins des Nicht-Denkens kommen;
es gibt weder Nichtwissen noch ein Ausmerzen des Nichtwissens,
noch sonst dergleichen, bis wir dorthin kommen,
wo es weder Verfall noch Tod gibt,
noch ein Ausmerzen von Verfall und Tod.
Es gibt kein Leiden, keinen Ursprung,
kein Anhalten, keinen Weg.
Es gibt keine Erkenntnis, kein Ankommen
und kein Nicht-Ankommen.

Eine ungeheuer revolutionäre Aussage ...

Darum, oh Sariputra ...

Zunächst müssen wir das Wort ‚Darum' verstehen. ‚Darum' ist absolut angebracht in einem Syllogismus, einer logischen Beweisführung. Hier aber geht keine Beweisführung voraus, und dennoch sagt Buddha: „Darum, oh Sariputra ..." Viele Gelehrte haben sich den Kopf darüber zerbrochen, warum Buddha ‚Darum' benutzt. ‚Darum' gehört in einen Syllogismus: „Alle Menschen sind sterblich. Sokrates ist ein Mensch. Darum ist Sokrates sterblich."

Es gehört in die Logik. Keine These, kein Beweis ist vorgebracht worden, und dennoch sagt Buddha: „Darum ..." Wieso? Die Gelehrten können es nicht begreifen, weil an der Oberfläche kein Streitgespräch stattfand. Aber es hat sehr wohl ein Dialog stattgefunden, zwischen den Augen Buddhas und denen Sariputras. Ein Verstehen ist aufgetaucht. Indem er Buddha lauschte, wie dieser über die Leere, das Nichts sprach, war Sariputra zu jener Ebene des Nichts aufgestiegen. Es kann in euch hier aufsteigen. Ihr könnt es spüren – wie seine Flügel euch umflattern. Als er ihm in die Augen schaut, fühlt Buddha, sieht er, dass Sariputra tatsächlich verstanden hat: Jetzt kann das Gespräch tiefer gehen. An der Oberfläche hatte kein Streitgespräch stattgefunden, hatte es keine Debatte, Diskussion gegeben. Aber es hatte sehr wohl ein Dialog stattgefunden. Der Dialog besteht zwischen diesen beiden Energien: Buddha und Sariputra. Eine Verschmelzung hat stattgefunden, eine Brücke ist zwischen ihnen geschlagen. In diesem Brückenschlag, diesem Moment der Verschmelzung, hat Sariputra in Buddhas Leere hineingeschaut.

Jetzt sagt Buddha: „Darum ..." Du hast hingeschaut, Sariputra? Jetzt also kannst du tiefer gehen, mehr in die Einzelheiten. Jetzt kann ich ein paar Dinge zu dir sagen, die vorher noch nicht möglich gewesen wären.

Darum, oh Sariputra,
gibt es in der Leere keine Form,
weder Gefühl noch Sinneseindruck...

... weil da niemand ist, der fühlen könnte – wie also kann es Gefühl geben? Wenn das Ego nicht da ist, ist kein Gefühl da, kein Wissen, keine Form, keine Sinneseindrücke. Keine Form steigt auf, weil der Himmel vollkommen wolkenlos ist. Ihr könnt eine Form in einer Wolke sehen. Habt ihr es nicht schon manchmal beobachtet? – eine Wolke sieht genau aus wie ein Elefant, und dann wird ein Pferd daraus und dann etwas anderes, und so verändert sie sich immer weiter. Sie nimmt lauter andere Formen an! Aber habt ihr je eine Form im reinen Himmel aufsteigen sehen? Keine Form taucht dort je auf.

> ... gibt es in der Leere keine Form,
> weder Gefühl noch Sinneseindruck
> weder Trieb ...

Und wenn niemand im Innern ist, wie kann da ein Trieb auftauchen, wie kann da Verlangen auftauchen?

> ... noch Bewusstsein.

Wenn es keinen Inhalt gibt, wenn kein Objekt da ist, verschwindet auch das Subjekt. Jenes Bewusstsein, das immer nur am Objekt klebt, ist nicht mehr zu finden.

> ... weder Auge, Ohr, Nase, Zunge, Körper, Verstand,

Buddha sagt damit: „Alles verschwindet in diesem Nichts, Sariputra. Und jetzt kannst du verstehen, Sariputra – Darum sage ich es. Du hast es soeben gesehen! Du hast in mich hineingeschaut! Du hast direkt an der Schwelle gestanden. Du hast einen Blick in den Abgrund geworfen, in die ewige, bodenlose Tiefe."

> ... weder Formen, Töne, Gerüche noch Geschmack,
> weder Dinge im Raum noch Dinge im Geist;
> weder das Element des Sehorgans noch sonst dergleichen ...

Kein Element geistiger Bewusstheit. Wenn du in einem solchen Zustand

bist, kannst du nicht sagen: „Ich bin in diesem Zustand des Nichts."
Denn wenn du dies sagst, bist du zurückgekehrt.

> ... bis wir zum Element des Bewusstseins des Nicht-Denkens kommen.

Wenn du sagst: „Ich habe das Nichts erfahren", heißt das, dass du zur Welt der Formen zurückgekehrt bist. Der Verstand hat wieder zu arbeiten begonnen. In jenem Moment bist du nicht vom Nichts zu trennen, wie also kannst du sagen: „Ich erfahre das Nichts?" Das Nichts ist nicht wie ein Objekt, es ist nicht getrennt von dir, du bist nicht getrennt von ihm. Der Beobachter ist das Beobachtete dort. Das Objekt ist das Subjekt dort. Die Dualität ist verschwunden.

> Es gibt weder Nichtwissen ...

... sagt Buddha. Es gibt kein Wissen, es gibt aber auch kein Nichtwissen, denn Nichtwissen kann es nur geben, wenn du in Begriffen von Wissen denkst. Es ist ein Vergleich mit Wissen. Wenn du einen Menschen unwissend nennst, was meinst du damit? Du vergleichst ihn mit jemandem, der viel weiß. Aber dort gibt es kein Wissen, also kann es auch kein Nichtwissen geben.

> Es gibt weder Nichtwissen noch ein Ausmerzen des Nichtwissens.

Und Buddha sagt weiter: Denkt daran, ich sage damit nicht, dass das Nichtwissen verschwindet. Nichtwissen hat es vielmehr nie gegeben; es war der Schatten des Wissens. Es war ein Schatten des nach Wissen süchtigen Verstandes. Wenn du ein Licht in ein dunkles Zimmer bringst – was meint ihr: dass die Dunkelheit verschwindet, aus dem Zimmer entweicht, aus dem Zimmer flieht, davonläuft? Nein, das könnt ihr nicht sagen. Denn Dunkelheit existiert von Anfang an nicht, wie also kann sie entweichen? Das Licht kommt, und keine Dunkelheit ist zu finden, weil Dunkelheit nur die Abwesenheit von Licht war. Es gibt also keine Unwissenheit und auch kein Ausmerzen von Unwissenheit. Es gibt kein Wissen und es gibt auch kein Nicht-Wissen. Man ist einfach unschuldig von allem – Wissen, Unwissenheit – einfach nur unschuldig, jungfräulich. Frei zu sein von Wissen und frei zu sein von Unwissenheit, heißt jungfräulich sein, rein sein.

> Es gibt weder Verfall noch Tod...

... weil niemand da ist, der stirbt. Und denkt daran, es gibt auch kein Ausmerzen von Verfall und Tod. Und Buddha sagt damit nicht, dass der Tod verschwindet; denn der Tod ist von Anfang an nie da gewesen. Zu sagen, dass der Tod verschwunden ist, wäre falsch. Buddha ist sehr, sehr vollkommen in seiner Aussage, sehr sorgfältig. Er hat nicht ein einziges Wort ausgesprochen, das von irgendwem, der die Wirklichkeit erkannt hat, widerlegt werden könnte. Er hat keine Kompromisse gemacht. Er hat keine Kompromisse mit dem Zuhörer geschlossen. Er hat das denkbar Vollkommenste gesagt, das sich überhaupt sagen lässt.

> Es gibt kein Leiden ...

Jetzt kommt er zu der unübertroffenen revolutionären Aussage. Ihr müsst von den vier edlen Wahrheiten Buddhas gehört haben.

Die erste edle Wahrheit ist Leiden: dass jeder Mensch leidet, dass die ganze Existenz *Dukkha* ist – Leiden, Schmerz, Unglück, Qual.

Und die zweite edle Wahrheit ist: dass das Leiden dem Verlangen entspringt – *Tanha*, Begierde. Dass das Leiden existiert, ist die erste edle Wahrheit – *Arya Sathya*; die zweite edle Wahrheit ist, dass das Leiden einen Ursprung hat, und dass dieser Ursprung in der Begierde liegt. Wir leiden, weil wir begehren.

Und die dritte edle Wahrheit: Dies Begehren lässt sich anhalten. Es ist möglich, es anzuhalten – *Nirodha*. Indem man tief in das Begehren hineinschaut, lässt es sich anhalten, und wenn das Begehren angehalten worden ist, verschwindet das Leiden.

Und die vierte edle Wahrheit ist: Es gibt einen achtfachen Weg, der zu diesem Anhalten des Begehrens, *Nirodha*, hinführt, und damit auch des Leidens. Das ist der fundamentale Kern von Buddhas Weltanschauung – und hier in dieser Aussage leugnet er selbst das!

Er sagt:

> Es gibt kein Leiden, keinen Ursprung,
> kein Anhalten und keinen Weg.

Niemand hat je etwas so Revolutionäres gesagt. Buddha erreicht den allerhöchsten Gipfel der Revolution; jeder andere fällt dahinter zurück. Nun, die Gelehrten sind seit je darüber besorgt, dass dies ein Widerspruch sei.

Erst lehrt Buddha, dass es Leiden gibt, und dann eines Tages sagt er: „Es gibt kein Leiden." Erst lehrt er, dass es einen Ursprung für das Leiden gibt, und dann eines Tages sagt er: „Es gibt keinen Ursprung."

Erst lehrt er, dass es eine Möglichkeit gibt – *Nirodha*, es anzuhalten, und eines Tages sagt er: „Es gibt kein Anhalten."

Und er sagt – und darauf beruht sein ganzer Buddhismus –, dass es einen achtfachen Weg gebe, *Astangik Marga*: richtige Sicht, richtiges Üben, richtiges Meditieren, richtiges *Samadhi*, und so weiter und so fort, eben der achtgliedrige Weg, der dich zur letzten Wahrheit hinführt. Und jetzt eines Tages sagt er: „Es gibt keinen Weg. Die Wirklichkeit ist eine pfadlose Wirklichkeit."

Warum dieser Widerspruch? Die erstere Feststellung wird für alle die gemacht, die nicht wissen, dass sie nicht sind. Die ersteren Feststellungen werden für gewöhnliche Leute gemacht, voller Ego. Diese Feststellung wird gegenüber Sariputra gemacht, in einer besonderen Verfassung, in einem besonderen Zustand.

> Darum, oh Sariputra ...

... kann ich dir jetzt das alles hier sagen. Ich hätte es nicht vorher sagen können, du warst nicht so weit. Jetzt hast du in mich hineingeschaut, und indem du in mich hineingeschaut hast, hast du gesehen, was das

Nichts ist. Du hast einen Geschmack davon bekommen.

Darum, Sariputra! Tasmac, Sariputra!

Jetzt ist es möglich, dir zu sagen, dass es kein Leiden gibt – es ist ein Traum, die Menschen leiden im Traum. Und es gibt keine Ursache – die Menschen begehren im Traum. Und es gibt kein Anhalten – die Menschen machen im Traum ihre Übungen, Methoden, Meditationen, Yoga usw. Und der ganze Weg existiert nur in diesem Traum.

Jetzt kann dir das gesagt werden, weil du wach bist, Sariputra. Deine Augen sind geöffnet worden. Jetzt siehst du: Das Ego existiert nicht. Und aus dem Ego herauskommen heißt, aus dem Schlaf herauskommen. Aus dem Ego herauskommen heißt, aus der Finsternis herauskommen. Aus dem Ego herauskommen heißt, frei sein.

In dieser Freiheit lässt sich sagen, dass es keinen Weg gibt. Es ist wie im Traum. Im Traum leidest du. Und wenn du im Traum leidest, ist es so wirklich! Und dann suchst du: „Warum leide ich?" Und dann triffst du auf einen großen Weisen – im Traum – und der Weise sagt: „Du leidest, weil du begehrst. Du bist so ins Geld verliebt, darum leidest du. Gib diese Begierde auf, und das Leiden wird verschwinden."

Das verstehst du, es ist sehr logisch. Du weißt es, du hast es selbst erfahren: Jedesmal wenn du begehrst, kommt Leiden. Je mehr Begierde, desto mehr Leiden. Je größer das Begehren, desto größer das Leiden. Das verstehst du. Dann fragst du: „Wie kann ich es dann anhalten?"

Und der große Weise sagt: „Stell dich auf den Kopf, mach Yoga, mach *Dynamische Meditation*, mach *Kundalini Meditation*, mach *Nadabrahma*, mach die Encounter Gruppe und mach die *Leela* Gruppe und die Primärtherapie und all das."

Der große Weise sagt: „Mach all diese Dinge, sie werden helfen. Du wirst deine Begierden besser verstehen, und du wirst in der Lage sein, die Begierden abzustellen."

Also gibt dir der Weise einen gut formulierten ‚achtfachen Pfad'. Er sagt: „Dies ist der Weg."

Eines Tages, wenn du wirklich wach sein wirst ... Und merkt euch:

Diese Dinge helfen euch tatsächlich, wach zu werden! Selbst wenn ihr jetzt im Traum Kopfstand macht, besteht die Möglichkeit, dass euer Traum zerbricht! Versucht es! Versucht es noch heut nacht! Wenn ihr gerade mitten im Traum seid, macht plötzlich Kopfstand im Traum, und plötzlich werdet ihr sehen, dass ihr wach seid. Macht Kundalini im Traum – ihr werdet wach davon. Und wenn ihr es nicht seid, dann wird wenigstens euer Mann davon wach, werden die Nachbarn davon wach. Irgendetwas wird passieren.

Alle Methoden sind nur dazu da, um euch aufzuwecken. Aber wenn ihr wach seid …

Darum, Sariputra …

Und jetzt kann Buddha es Sariputra sagen – er ist wach. Er kann sagen: „Jetzt kann ich dir die Wahrheit sagen – dass niemand existiert, weder der Jünger noch der Meister, weder der Traum noch das Leiden, weder der Weise noch die Ursache, noch das Anhalten. Es gibt keinen Weg."

Dies ist die letztendgültige Beschreibung der Wahrheit. Aber sie lässt sich nur an der höchsten Stufe machen, auf der siebten Sprosse der Leiter. Sariputra hat an jenem Tag diese Sprosse erreicht.

Darum, Sariputra… Tasmac Sariputra …

6. Kapitel

NUR EIN VOLLKOMMENER EGOIST KANN SICH AUFGEBEN

Die erste Frage:

Was ist der Unterschied zwischen der Leere eines Kindes, ehe das Ego geformt wird, und der erwachten Kindlichkeit eines Buddhas?

Da ist eine Ähnlichkeit, und da ist ein Unterschied. Im Grunde ist das Kind ein Buddha, aber seine Buddhaschaft, seine Unschuld ist natürlich, nicht erworben. Seine Unschuld ist eine Art Unwissenheit, nicht Erkenntnis. Seine Unschuld ist unbewusst – das Kind ist sich ihrer nicht bewusst, es weiß nichts von ihr, es hat nichts davon gemerkt. Sie ist da, aber das Kind ist selbstvergessen. Es wird sie verlieren, es muss sie verlieren. Das Paradies wird früher oder später verloren gehen, das Kind ist schon auf dem besten Wege dahin. Jedes Kind muss durch alle möglichen Verdorbenheiten, Unreinheiten hindurchgehen – eben die Welt.

Die Unschuld des Kindes ist die Unschuld Adams, ehe er aus dem Garten Eden vertrieben wurde, ehe er vom Baum der Erkenntnis aß, ehe er bewusst wurde. Sie war tierhaft. Schaut in die Augen jedes beliebigen Tieres, einer Kuh, eines Hundes, da ist Reinheit, die gleiche Reinheit, die in den Augen eines Buddhas existiert, aber mit einem Unterschied. Und der Unterschied ist zugleich riesig. Buddha ist nach Hause zurückgekehrt; das Tier hat das Zuhause noch nicht einmal verlassen. Das Kind ist noch im Garten Eden, ist noch im Paradies – es wird es verlieren müssen, denn um es zu gewinnen, muss man es verlieren.

Buddha ist wieder heimgekehrt ... der Kreis ist geschlossen.

Er war davongegangen, er hatte sich verirrt, war tief in Dunkel und Sünde und Unglück und Hölle hineingegangen. Solche Erfahrungen gehören zum Wachstum und Reifeprozess dazu. Ohne sie habt ihr kein Rückgrat, seid ihr rückgratlos. Ohne sie ist eure Unschuld sehr anfällig, kann sie sich nicht gegen die Winde behaupten, kann sie keine Stürme ertragen. Sie ist sehr schwach, sie kann nicht überleben. Sie muss durch das Feuer des Lebens hindurch – tausendundein Fehler muss gemacht werden, tausendundeinmal stolperst du und stellst dich wieder auf die Füße. All diese Erfahrungen lassen dich langsam, langsam wachsen, machen dich reif: Du wirst ein Gereifter. Buddhas Unschuld ist die eines gereiften Menschen, absolut gereift.

Kindheit ist Natur – unbewusste; Buddhaschaft ist Natur – bewusste. Die Kindheit ist ein Kreisumfang, der keine Ahnung von seinem Mittelpunkt hat. Der Buddha ist ebenfalls ein Kreisumfang, aber im Mittelpunkt verwurzelt, zentriert. Kindheit ist unbewusste Anonymität; Buddhaschaft ist bewusste Anonymität. Beide sind sie namenlos. Beide sind sie formlos. Aber das Kind hat die Form noch nicht kennengelernt, mitsamt ihrem ganzen Unglück; es ist, wie wenn du noch nie im Gefängnis gesessen hast und daher noch gar nicht weißt, was Freiheit heißt. Später dann hast du im Gefängnis gesessen, viele Jahre oder viele Leben lang, und dann eines Tages kommst du frei, kommst du aus dem Gefängnistor heraus – tanzend, ekstatisch! Und du stellst überrascht fest, dass die Leute, die schon draußen sind und auf der Straße laufen und zur Arbeit, ins Büro, in die Fabrik gehen, ihre Freiheit überhaupt nicht genießen – sie haben keine Ahnung, sie wissen nicht, dass sie frei sind. Wie sollten sie auch? Da sie nie im Gefängnis waren, kennen sie nicht den Kontrast. Der Hintergrund fehlt. Es ist, wie wenn du mit weißer Kreide auf eine weiße Wand schreibst – niemand wird es je lesen können. Nicht einmal du selber wirst lesen können, was du geschrieben hast, um wieviel weniger dann erst jeder andere!

Ich habe einmal eine berühmte Anekdote über Mulla Nasrudin gehört: In seinem Dorf war er der einzige, der schreiben konnte, und so kamen die Leute immer zu ihm, wenn sie einen Brief oder ein Dokument schreiben wollten oder dergleichen.

Er war der einzige Schreibkundige. Eines Tages kam ein Mann. Nasrudin schrieb den Brief, alles was der Mann ihm diktierte, es war ein langer Brief. Und dann sagte der Mann: „Bitte, lies es mir jetzt vor, denn ich möchte sicher sein, dass alles dasteht und ich nichts vergessen habe und du nichts falsch gemacht hast."

Mulla sagte: „Nun, das wird schwierig. Ich kann zwar schreiben, aber ich kann nicht lesen. Und außerdem ist der Brief nicht an mich gerichtet, also wäre es auch illegal, es zu lesen." Und dieser Dorfmensch war damit völlig zufrieden. Der Gedanke war vollkommen richtig, also sagte er: „Da hast du recht – er ist nicht an dich gerichtet."

Wenn du auf eine weiße Wand schreibst, wirst du es nicht einmal selbst lesen können. Aber wenn du auf eine Wandtafel schreibst, kommt es klar und deutlich, kannst du es lesen. Der Kontrast ist nötig. Das Kind hat keinen Kontrast. Es ist ein Silberrand ohne die schwarze Wolke. Buddha ist ein Silberrand um die schwarze Wolke herum. Tagsüber stehen die Sterne am Himmel, sie gehen nirgendwohin, sie können nicht so schnell laufen, sie können nicht verschwinden, sie sind schon da, den ganzen Tag sind sie da. Aber in der Nacht könnt ihr sie sehen – der Dunkelheit wegen tauchen sie langsam auf. Während die Sonne untergeht, tauchen sie langsam auf. Je tiefer die Sonne sinkt, immer tiefer dem Horizont entgegen, desto mehr Sterne sprudeln langsam hoch. Sie sind den ganzen Tag da gewesen, aber weil die Dunkelheit fehlte, waren sie schwer zu erkennen.

Ein Kind hat Unschuld, aber ihr fehlt der Kontrast – du kannst sie nicht sehen, du kannst sie nicht lesen. Sie ist nicht sehr deutlich. Ein Buddha hat sein Leben gelebt, hat alles getan, was nötig war, Gutes und Böses, ist an dieses und jenes Extrem gestoßen, ist ein Sünder und ein Heiliger gewesen. Denkt daran: Ein Buddha ist nicht einfach nur ein Heiliger. Er ist ein Sünder gewesen und er ist auch ein Heiliger gewesen. Und seine Buddhaschaft ist jenseits von beidem. Jetzt ist er nach Hause zurückgekehrt.

Darum sagte Buddha im gestrigen Sutra:

Na jnanam, na praptir na-apraptih –

Es gibt kein Leiden, keinen Ursprung, kein Anhalten, keinen Weg.
Es gibt kein Erkennen, kein Wissen,
kein Erreichen und kein Nicht-Erreichen.

Als Buddha erwacht war, wurde er gefragt: „Was hast du erreicht?" Und er lachte und sagte: „Ich habe überhaupt nichts erreicht. Ich habe nur entdeckt, was immer schon da war. Ich bin einfach nach Hause zurückgekehrt. Ich habe mir zurückgeholt, was immer schon mein war und immer schon mit mir war. Es ist also nichts in dem Sinne erreicht worden. Ich bin es einfach nur innegeworden. Es ist keine Entdeckung, sondern eine Wiederentdeckung." Und wenn auch du ein Buddha werden wirst, wirst du den springenden Punkt sehen: Nichts ist dadurch gewonnen, dass man ein Buddha wird. Plötzlich siehst du, dass dies dein Wesen ist. Aber um dieses Wesen zu erkennen, musst du tief in das Gewühl der Welt eintauchen, musst du in alle möglichen Schlammwinkel und Schmutzecken gehen, einfach damit du deine absolute Sauberkeit, deine absolute Reinheit sehen kannst. Gestern habe ich euch sieben Türen genannt, durch die das Ego sich bildet, durch die die Illusion eines Ego gestärkt wird.

Ein paar Anmerkungen hierzu werden euch helfen, hier noch tiefer zu gehen. Diese sieben Türen des Egos sind nicht sehr scharf umrissen und voneinander zu trennen; sie überlappen einander. Und es lässt sich kaum ein Mensch finden, der durch alle sieben Türen zum Ego gelangt wäre. Wenn ein Mensch das Ego durch alle sieben Türen erreicht hat, ist er zum vollkommenen Ego geworden. Und nur ein vollkommenes Ego hat die Chance zu verschwinden, nicht das unvollkommene. Wenn die Frucht reif ist, fällt sie. Wenn die Frucht unreif ist, klammert sie sich. Wenn du dich immer noch an das Ego klammerst, dann merk dir: Die Frucht ist noch nicht reif – daher das Klammern. Wenn die Frucht reif ist, fällt sie zu Boden und löst sich auf. Und mit dem Ego verhält es sich genauso.

Nun ein Paradoxon: dass nur ein voll entwickeltes Ego sich aufgeben kann. Normalerweise meint ihr, der Egoist könne sich nicht aufgeben. Das ist meine Beobachtung nicht, und nicht die Beobachtung der

Buddhas seit Menschengedenken. Nur der vollkommene Egoist kann sich aufgeben. Denn nur er kennt die Qual des Ego. Nur er hat die Stärke, sich aufzugeben. Er hat alle Möglichkeiten des Ego kennengelernt und sich in ungeheurer Frustration wiedergefunden. Er hat sehr viel gelitten, und er weiß, irgendwann hast du genug. Er sucht jeden Vorwand, es aufzugeben. Der Vorwand mag Gott sein, der Vorwand mag ein Meister sein oder was auch immer, aber er will es aufgeben. Die Last ist zu groß, und lange hat er sich damit abgeschleppt.

Leute, die ihr Ego nicht entwickelt haben, mögen sich aufgeben, aber ihre Selbstaufgabe wird nicht vollkommen sein, sie wird nicht total sein. Tief drinnen wird etwas auch weiterhin festhalten, tief drinnen wird etwas auch weiterhin hoffen: „Vielleicht ist ja doch etwas am Ego dran. Warum gibst du auf?"

Im Osten ist das Ego nicht gut entwickelt worden. Aufgrund der Lehre der Egolosigkeit bildete sich ein Missverständnis heraus, nämlich: „Wenn das Ego ohnehin aufgegeben werden muss, warum es dann überhaupt erst entwickeln – wofür?"

Eine simple Logik: Wenn man ihm eines Tages abschwören muss, warum sich dann erst die Mühe machen? Warum sich dann so viel Mühe geben, es hervorzubringen? Es muss aufgegeben werden! Also hat sich der Osten nicht erst groß damit abgegeben, das Ego zu entwickeln. Und die östliche Einstellung findet es ganz einfach, sich vor jedem Beliebigen zu verbeugen. Sie findet es ganz einfach, sie ist immer bereit, sich hinzugeben. Aber die Hingabe ist grundsätzlich unmöglich, weil ihr gar nicht erst das Ego besitzt, um es hinzugeben.

Ihr werdet überrascht sein: Alle großen Buddhas im Osten sind *Kshatriyas* gewesen, aus der Kaste der Krieger – Buddha, Mahavira, Parshwanath, Neminath. Alle vierundzwanzig Teerthankaras der Jainas gehören der Kriegerkaste an, und alle Avatare der Hindus gehörten der Kriegerkaste an. Rama, Krishna – außer einem, Parashuram, der rein zufällig, wie es scheint, in eine Brahmanenfamilie hineingeboren wurde, denn ein größerer Krieger als er lässt sich nicht finden. Es muss irgendein Zufall gewesen sein. Sein ganzes Leben war ein ununterbrochener Krieg. Es ist eine Überraschung, wenn ihr erfahrt, dass kein einziger

Brahmane je zu einem Buddha, einem Avatar, einem Teerthankara erklärt worden ist. Warum? Der Brahmane ist demütig. Von Anfang an ist er in Demut, zur Demut erzogen worden. Egolosigkeit ist ihm von allem Anfang an beigebracht worden, also ist das Ego nicht reif, und unreife Egos klammern sich. Im Osten haben die Menschen sehr, sehr fragmentarische Egos, und sie halten es für leicht, sich hinzugeben. Sie sind jederzeit bereit, sich jedem hinzugeben. Ein Fingerschnippen, und sie sind bereit, sich hinzugeben – aber ihre Hingabe geht nie sehr tief. Sie bleibt oberflächlich.

Genau das Gegenteil ist im Westen der Fall. Die Leute, die aus dem Westen kommen, haben sehr, sehr starke und entwickelte Egos. Denn die ganze westliche Erziehung besteht darin, ein entwickeltes, wohldefiniertes, kultiviertes, raffiniertes Ego heranzuziehen. Sie halten es für sehr schwer, sich hinzugeben. Sie haben das Wort ‚Hingabe' noch nie gehört. Der bloße Gedanke wirkt abstoßend, erniedrigend. Aber das Paradox ist, dass wenn sich ein westlicher Mensch, Mann oder Frau, hingibt, die Hingabe sehr tief geht. Sie geht bis in den Kern seines oder ihres Wesens hinein, weil das Ego sehr weit entwickelt ist. Das Ego ist entwickelt; daher glaubt ihr, es sei sehr schwer, sich hinzugeben. Aber wenn dann die Hingabe passiert, geht sie mitten ins Herz, ist sie absolut. Im Osten meinen die Menschen, die Hingabe sei ganz einfach, aber das Ego ist nicht so entwickelt, also geht sie nie sehr tief.

Ein Buddha ist einer, der in die Erfahrungen des Lebens, ins Feuer des Lebens, die Hölle des Lebens eingetaucht ist und sein Ego zu seiner höchsten Möglichkeit, zum äußersten Höchstmaß ausgereift hat. Und genau in dem Moment fällt das Ego und verschwindet. Wieder bist du ein Kind; es ist eine Neugeburt, es ist eine Wiederauferstehung. Erst musst du am Kreuz des Ego hängen, musst du das Kreuz des Ego erleiden, musst du das Kreuz auf deinen eigenen Schultern tragen – und ganz bis zum Ende. Ego will gelernt sein; erst dann kannst du es verlernen. Und dann herrscht riesige Freude. Wenn du freikommst aus dem Gefängnis, feierst du einen Tanz, ein Fest in deinem innersten Sein. Du kannst nicht begreifen, warum Leute, die nicht im Gefängnis sind, so tot und stumpf herumlaufen und sich dahinschleppen.

Warum tanzen sie nicht? Warum feiern sie nicht? Sie können nicht: Sie haben das Elend des Gefängnisses nicht kennengelernt.

Diese sieben Türen müssen benutzt werden, ehe du zu einem Buddha werden kannst. Du musst in das dunkelste Reich des Lebens hineingehen, in die dunkle Nacht der Seele, um zur Morgendämmerung zurückzukehren, wenn der Morgen wieder anhebt, die Sonne sich wieder erhebt und alles Licht ist. Aber es geschieht selten, dass einer ein vollentwickeltes Ego besitzt. Wenn ihr mich recht versteht, dann sollte das gesamte Erziehungsgebäude paradox verlaufen: Erst sollte man euch das Ego lehren; das sollte der erste Teil der Erziehung sein, die Hälfte davon. Und dann sollte man euch die Egolosigkeit lehren – wie man es fallenlässt; das wird die spätere Hälfte sein. Aber die Leute kommen durch eine Tür oder zwei Türen oder drei Türen herein und verstricken sich in irgendein fragmentarisches Ego.

Die erste, sagte ich, ist das körperliche Selbst. Das Kind fängt langsam, ganz langsam zu lernen an. Das Kind braucht ungefähr fünfzehn Monate, bis es lernt, dass es getrennt ist, dass da etwas in ihm gibt und etwas außer ihm. Es lernt, dass es einen Körper getrennt von anderen Körpern hat. Aber einige Leute bleiben ihr ganzes Leben lang an diesem sehr, sehr bruchstückhaften Ego kleben.

Das sind die Leute, die man Materialisten, Kommunisten, Marxisten nennt, die Leute, die glauben, der Körper sei alles – dass es in euch nichts weiter gibt als den Körper, dass der Körper eure ganze Existenz ist, dass es kein Bewusstsein getrennt vom Körper, über den Körper hinaus gibt, dass Bewusstsein nur ein chemisches Phänomen ist, welches sich im Körper abspielt, dass ihr nicht vom Körper getrennt seid und dass, wenn der Körper stirbt, auch ihr sterbt und alles sich auflöst… Staub zu Staub… dass es in euch kein Göttliches gibt. Sie führen den Menschen auf Materie zurück. Das sind die Leute, die sich an die erste Tür klammern; ihr geistiges Alter scheint nur fünfzehn Monate zu sein. Das sehr, sehr rudimentäre und primitive Ego bleibt Materialist. Diese Sorte Mensch bleibt zwischen zwei Dingen eingekeilt: Sex und Essen. Aber denkt daran, wenn ich sage ‚Materialist', ‚Kommunist', ‚Marxist', meine ich damit nicht, dass damit die Liste komplett wäre.

Jemand mag ein Spiritualist sein und sich trotzdem noch an die erste Tür klammern.

Zum Beispiel Mahatma Gandhi. Wenn ihr seine Autobiografie lest... Er nennt seine Autobiografie „Meine Experimente mit der Wahrheit". Aber wenn ihr seine Autobiografie weiterlest, werdet ihr finden, dass der Titel nicht stimmt; er hätte ihr den Titel geben sollen: „Meine Experimente mit Essen und Sex". Wahrheit ist nirgends zu finden. Er ist ständig besorgt ums Essen: Was er essen soll, was er nicht essen soll. Seine ganze Sorge scheint dem Essen zu gelten, und danach dem Sex: Wie kann er zölibatär werden? – das ist das durchgängige Leitmotiv, das ist der rote Faden. Ununterbrochen, Tag und Nacht denkt er über Essen und Sex nach – „man muss sich frei machen!" Nun, er ist kein Materialist – er glaubt an die Seele, er glaubt an Gott. Ja, eben weil er an Gott glaubt, denkt er so viel übers Essen nach – denn wenn er etwas Falsches isst, begeht er eine Sünde, dann wird er weit entfernt sein von Gott. Er redet von Gott, aber er denkt ans Essen.

Und das ist nicht nur bei ihm so, das ist so mit allen Jaina-Mönchen. Er stand sehr unter dem Eindruck der Jaina-Mönche. Er wurde im Gujarat geboren. Der Gujarat ist im Grunde Jaina-Gebiet; der Jainismus ist der größte Einfluss im Gujarat. Selbst die Hindus im Gujarat stehen den Jainas näher als den Hindus. Gandhi ist zu neunzig Prozent ein Jaina – zwar in einer Hindu-Familie geboren, aber sein Denken ist durch Jaina-Mönche geprägt worden. Sie denken ununterbrochen über das Essen nach. Und dann taucht der zweite Gedanke auf – der an Sex, wie man den Sex loswerden kann. Sein ganzes Leben lang, bis ganz zum Ende hin, hat er sich damit beschäftigt: Wie wird man den Sex los? Im letzten Jahr seines Lebens experimentierte er mit nackten Mädchen und schlief mit ihnen, nur um sich zu testen. Denn er spürte, dass der Tod nahte, und er musste sich prüfen, um nachzuschauen, ob da immer noch etwas Wollust in ihm vorhanden war. Das Land brannte, Menschen wurden getötet, Muslime brachten Hindus um, Hindus brachten Muslime um – das ganze Land stand in Flammen. Und er war mittendrin, in Novakali ... aber seine Sorge war Sex. Er schlief mit Mädchen, nackten Mädchen, er prüfte sich damit selbst, prüfte, ob sein

Brahmacharya – sein Zölibat, schon vollkommen war oder nicht. Aber woher dieser Verdacht? – aus langer Verdrängung! Das ganze Leben lang hatte er verdrängt.

Jetzt, ganz am Ende, hatte er Angst bekommen – weil er selbst in diesem Alter noch von Sex träumte. Also war er sehr skeptisch: War er bereit, seinem Gott gegenüberzutreten?… Nun, er ist ein Spiritist, aber ich erkläre ihn hiermit zu einem Materialisten, und einen sehr primitiven Materialisten dazu. Seine Sorge ist Essen und Sex.

Ob du dafür bist oder dagegen, ist egal – was dich beschäftigt, zeigt, wo dein Ego festhängt. Und ich schließe hier auch noch den Kapitalisten ein: Seine ganze Sorge ist, wie man Geld scheffelt, Geld hortet – weil Geld Macht über die Materie hat. Du kannst dir durch Geld jedes materielle Objekt kaufen. Du kannst dir nichts Spirituelles kaufen, du kannst dir nichts kaufen, was von unveräußerlichem Wert ist, du kannst dir nur Dinge kaufen. Wenn du dir Liebe kaufen willst, kannst du es nicht. Aber du kannst dir Sex kaufen. Sex ist der materielle Teil der Liebe. Durch Geld lässt sich Materie kaufen, besitzen.

Nun werdet ihr überrascht sein: Ich schließe sowohl den Kommunisten wie den Kapitalisten in dieselbe Kategorie ein, wo sie doch Feinde sind, ebenso wie ich Charvaka und Mahatma Gandhi in die gleiche Kategorie einschließe, wo sie doch Feinde sind. Sie sind Feinde, aber sie beschäftigen sich mit dem gleichen.

Der Kapitalist versucht, Geld zu horten, der Kommunist ist dagegen. Er möchte, dass niemand die Erlaubnis hat, Geld zu horten, außer dem Staat. Aber seine Sorge ist ebenfalls Geld, er denkt ebenfalls ständig über Geld nach. Es ist kein Zufall, dass Marx sein großartiges Buch über den Kommunismus ‚Das Kapital' nannte. Es ist die kommunistische Bibel, aber ihr Name ist ‚Das Kapital'! Das ist ihre Sorge: wie man verhindert, dass irgendwer Geld hortet, sodass der Staat horten kann – und wie man den Staat dann besetzt … sodass in Wirklichkeit letztlich du das Geld hortest.

Einmal hörte ich, dass Mulla Nasrudin Kommunist geworden sei. Ich kenne ihn … ich war ein wenig verdutzt. Das war ein Wunder!

Ich kenne seine Habgier!
Also fragte ich ihn: „Mulla, weißt du, was Kommunismus bedeutet?"
Er sagte: „Ja, weiß ich."
Ich sagte: „Du weißt, wenn du zwei Autos hast, und jemand hat keins, dass du ihm eines wirst abgeben müssen?"
Er sagte: „Dazu bin ich durchaus bereit."
Ich sagte: „Und wenn du zwei Häuser hast und jemand kein Haus hat, du ihm ein Haus wirst abgeben müssen?"
Er sagte: „Ich bin völlig bereit dazu, sofort!"
Und ich sagte: „Und wenn du zwei Esel hast, du einen an irgendwen abgeben musst, der keinen hat?"
Er sagte: „Da bin ich anderer Meinung. Das geht nicht, das kann ich nicht machen!"
Aber ich sagte: „Aber warum? Denn es ist die gleiche Logik, die gleiche Schlussfolgerung."
Er sagte: „Nein, ist es nicht: Ich habe zwei Esel, aber nicht zwei Autos."

Die kommunistische Einstellung ist im Grunde eine kapitalistische Einstellung, die kapitalistische Einstellung ist im Grunde eine kommunistische Einstellung. Sie sind Partner im gleichen Spiel – das Spiel heißt ‚Das Kapital'. Viele Leute, Millionen von Leuten, entwickeln nur dieses primitive Ego, sehr rudimentär. Wenn du dieses Ego hast, ist es sehr schwer, dich hinzugeben; es ist sehr unreif.

Die zweite Tür nenne ich Selbst-Identität. Das Kind fängt an, eine Vorstellung zu entwickeln, wer es ist. Indem es in den Spiegel schaut, findet es das gleiche Gesicht. Jeden Morgen, wenn es vom Bett aufsteht, rennt es in das Badezimmer, schaut und sagt: „Ja, das bin ich. Der Schlaf hat nichts durcheinandergebracht." Es gewinnt allmählich eine Vorstellung von einem kontinuierlichen Selbst. Diejenigen Leute, die sich zu sehr an diese Tür binden, nach dieser Tür süchtig werden, sind die sogenannten Spiritualisten, die meinen, sie kämen ins Paradies, in den Himmel, *Moksha*. Aber da werden sie sein. Wenn du an den Himmel denkst, dann kommst du in deiner Vorstellung unbedingt selber darin vor – dass auch du dabei sein wirst. Vielleicht mag der Körper nicht dabei sein, aber deine innere Kontinuität wird bleiben. Das ist absurd! Diese Befreiung, diese letztendliche Befreiung geschieht nur, wenn sich das Selbst aufgelöst hat und alle Identität aufgelöst ist. Du wirst eine Leere...

> Darum, oh Sariputra,
> ist im Nichts keine Form;
> oder Form ist Leere und Leere ist Form.

Es gibt kein Wissen, weil es keinen Wissenden gibt; es gibt nicht einmal *Vigyan*, Bewusstsein, weil es nichts gibt, worüber man sich bewusst sein kann und niemand, dessen man sich bewusst sein kann. Alles verschwindet. Diese Vorstellung, die das Kind von Selbstkontinuität hat, wird von den Spiritisten verewigt. Sie suchen immerzu danach, von wo aus die Seele in den Körper fährt, von wo aus die Seele aus dem Körper fährt, was für eine Form die Seele haben mag ... Planchetten und Medien, lauter so Sachen, alles Humbug und Quatsch.

Das Selbst hat keine Form. Es ist reines Nichts, es ist ein riesiger Himmel ohne alle Wolken darin. Es ist ein gedankenleeres Schweigen, unbegrenzt, in keinerlei Gefäß enthalten. Jene Vorstellung einer fortdauernden Seele, die Vorstellung eines Selbst, hört nicht auf, Spiele in eurem Hirn zu spielen. Selbst wenn der Körper stirbt, wollt ihr euch vergewissern: „Ich werde leben!"

Zu Buddha kamen regelmäßig Leute, viele Leute ... Denn in diesem Lande herrscht seit jeher dieser zweite Ego-Typus, glauben die Leute an die andauernde Seele, ewige Seele, *Atman*... Wie gesagt, kamen regelmäßig Leute zu Buddha, wieder und wieder, mit der Frage: „Wenn ich sterbe, bleibt dann etwas da oder nicht?" Und dann lachte Buddha immer und sagte: „Da ist jetzt schon nichts da! Was macht ihr euch also Gedanken über den Tod? Es ist von Anfang an nie etwas da gewesen."

Und das war für den indischen Geist unvorstellbar. Der indische Geist klebt hauptsächlich an diesem zweiten Ego-Typus fest.

Das ist auch der Grund, warum der Buddhismus in Indien nicht überleben konnte. Binnen fünfhundert Jahren verschwand der Buddhismus. Er fand bessere Wurzeln in China – wegen Laotse. Laotse hatte dort ein wirklich schönes Feld für den Buddhismus bestellt. Das Klima stand bereit – als hätte jemand den Boden vorbereitet, und nun fehlte nur noch die Saat. Und als die Saat China erreichte, wuchs sie zu einem mächtigen Baum heran.

Aber aus Indien verschwand er.

Laotse hat keine Vorstellung von einem fortdauernden Selbst, und die Leute in China gaben nicht viel darauf. Folgende drei Kulturen gibt es auf der Welt: die erste Kultur, materialistisch genannt – im Westen sehr weit verbreitet; die zweite Kultur, spiritualistisch genannt – in Indien sehr verbreitet; und China hat eine dritte Art von Kultur, weder materialistisch noch spiritualistisch.

Sie ist taoistisch: Lebe den Augenblick und kümmere dich nicht um die Zukunft, denn sich Gedanken zu machen um Himmel und Hölle und Paradies und *Moksha* heißt im Grunde nur, sich ständig mit sich selbst zu befassen. Es ist sehr selbstsüchtig, es ist sehr egoistisch. Wenn man Laotse fragt, oder auch wenn man Buddha fragt oder auch mich fragt, ist ein Mensch, der unbedingt in den Himmel kommen will, ein sehr, sehr egoistischer Mensch, sehr selbstsüchtig. Dabei hat er nicht die geringste Ahnung von seinem inneren Sein: Es ist kein Selbst da.

Die dritte Tür war Selbstachtung: Das Kind lernt, Dinge zu tun und das zu genießen. Ein paar Leute bleiben an diesem Punkt hängen – sie werden Techniker, sie werden Darsteller, Schauspieler, sie werden Politiker, sie werden Showleute. Das Grundthema ist der Macher. Sie wollen der Welt beweisen, dass sie etwas können. Wenn die Welt ihnen etwas Kreativität zugesteht, fein. Wenn sie ihnen keine Kreativität zugesteht, dann werden sie zerstörerisch.

Wusstet ihr, dass Adolf Hitler eine Kunstschule besuchen wollte? Er wollte ein Maler werden, so hatte er es sich vorgestellt. Weil er abgelehnt wurde, weil er kein Maler war, weil er die Aufnahmeprüfung der Kunstschule nicht bestand – und es fiel ihm sehr schwer, diese Abweisung zu akzeptieren –, wurde seine Kreativität sauer. Er wurde zerstörerisch. Aber eigentlich wollte er Maler werden, wollte er sich beweisen. Weil er für unfähig befunden wurde, es zu tun, aus Rache, wurde er allmählich zerstörerisch. Der Verbrecher und der Politiker sind nicht sehr weit entfernt, sie sind Vettern. Wenn der Verbrecher die richtige Gelegenheit bekommt, wird er ein Politiker werden, und wenn der Politiker nicht die richtige Gelegenheit bekommt, den Ton anzugeben, wird er ein Verbrecher werden. Sie sind Grenzfälle. Jederzeit kann der Politiker zum Verbrecher werden und kann der Verbrecher zum Politiker werden. Und das ist schon seit Urzeiten so gewesen, aber wir haben immer noch nicht diesen Durchblick, in die Dinge hineinzusehen.

Die vierte Tür war Selbstvergrößerung. Das Wort ‚mein' ist hier das Schlüsselwort. Man muss sich ausdehnen, indem man Geld akkumuliert, indem man Macht akkumuliert, indem man größer und größer und größer wird – der Patriot, der sagt: „Dies ist mein Land, und dies ist das größte Land auf der Welt." Ihr könnt den indischen Patrioten fragen: Er hört nicht auf, aus allen Ecken und Winkeln zu brüllen, dass dieses Land *Punya Bhumi* sei – das Land der Tugend, das reinste Land der Welt!

Einmal kam ein sogenannter Heiliger zu mir, ein Hindu-Mönch, und er sagte: „Glaubst du etwa nicht, dass unser Land nur deshalb das einzige Land ist, wo so viele Buddhas geboren wurden, so viele *Avatare*, so viele *Teerthankaras* – Rama, Krishna und andere –, weil es das tugendhafteste aller Länder ist?"

Ich sagte ihm: „Tatsache ist das genaue Gegenteil: Wenn du in der Nachbarschaft siehst, dass in einem bestimmten Haus jeden Tag ein anderer Arzt ein und aus geht, mal ein *Vidya*, mal ein westlicher Arzt, mal ein *Hakim*, mal ein Akupunkteur oder der Naturheiler, und dieser und jener – was sagt dir das?"

Er sagte: „Einfach! Dass diese Familie krank ist."

„Genau das ist mit Indien der Fall: So viele Buddhas sind nötig... das Land schein absolut krank und pathologisch zu sein. So viele Heiler, so viele Ärzte! Buddha hat gesagt: ‚Ich bin ein Arzt.' Und du weißt, was Krishna gesagt hat: ‚Wann immer Dunkelheit auf der Welt herrschen wird und wann immer die Welt voller Sünde sein wird, werde ich wiederkehren.' Warum ist er also damals gekommen? Es muss aus dem gleichen Grunde gewesen sein. Und warum so oft in Indien?"

Aber der Patriot ist arrogant, aggressiv, egoistisch. Er erklärt immerfort: „Mein Land ist etwas Besonderes, meine Religion ist etwas Besonderes, meine Kirche ist etwas Besonderes, mein Guru ist etwas Besonderes" – und nichts ist dahinter. Hier brüstet sich nur ein Ego. Ein paar Leute bleiben an diesem ‚mein' hängen – der Dogmatiker, der Patriot, der Hindu, der Christ, der Muslim.

Die sechste Tür ist Selbstbild. Das Kind fängt an, in die Dinge, die Erfahrungen hineinzuschauen. Wenn die Eltern mit dem Kind zufrieden sind, denkt es: „Ich bin gut." Wenn sie es tätscheln, fühlt es: „Ich bin gut." Wenn sie wütend blicken, es anbrüllen und sie sagen: „Lass das!", fühlt es: „Etwas in mir stimmt nicht." Es zieht sich zurück.

Ein kleiner Junge wurde an seinem ersten Tag in der Schule gefragt: „Wie heißt du?"
Er antwortete: „Hans Lassdas."
Der Lehrer wunderte sich. Er sagte: „Hans Lassdas? So einen Namen hab ich noch nie gehört."
Der Junge sagte: „Egal was ich mache oder wann ich es mache, ruft man mich, brüllt meine Mutter: ‚Hans, lass das!', brüllt mein Vater: ‚Hans, lass das!' Also ist das wohl mein Name. ‚Lass das' ist immer dabei, egal was ich tu."

Die fünfte Tür ist die, durch die die Moral hereinkommt: Du wirst zum Moralisten. Du fängst an, dich gut zu fühlen, heiliger als die anderen. Oder du wirst – in der Frustration, im Widerstand, im Kampf – zum Immoralisten, und du fängst an, mit der ganzen Welt zu kämpfen, es der ganzen Welt zu beweisen.

Fritz Perls, der Begründer der Gestalttherapie, hat eine persönliche Erfahrung beschrieben, die sich für sein Lebenswerk als sehr entscheidend erweisen sollte. Er war damals Psychoanalytiker und praktizierte in Afrika. Die Praxis lief sehr gut, denn er war der einzige

Analytiker am Ort. Er hatte ein großes Auto, einen großen Bungalow mit Garten, einen Swimmingpool – kurz alles, was ein durchschnittlicher Kopf begehrt, die Luxusgüter der Mittelklasse. Und dann fuhr er nach Wien, um an einer Weltkonferenz der Psychoanalytiker teilzunehmen.

Natürlich dachte er, dass er – ein erfolgreicher Mann in Afrika – von Freud persönlich begrüßt werden würde, dass es einen großen Empfang geben würde. Und Freud war die Vaterfigur der Psychoanalytiker, also wollte er von Freud gelobt werden. Er hatte eine Arbeit geschrieben, hatte monatelang daran gesessen, weil er wollte, dass Freud wisse, wer er sei. Er trug sie vor – ohne jede Wirkung.

Freud war sehr kühl, andere Analytiker waren sehr kühl. Sein Beitrag wurde praktisch nicht wahrgenommen, niemand kommentierte. Er war tief geschockt, deprimiert, aber hoffte trotzdem noch, dass wenn er Freud nur aufsuchen würde, etwas passieren müsste. Und er suchte Freud auf. Er war noch auf den Stufen zum Haus, hatte es noch nicht einmal betreten, da stand Freud schon da. Er sagte zu Freud, nur um ihn zu beeindrucken: „Ich bin Tausende von Meilen hergereist." Und statt ihn willkommen zu heißen, sagte Freud: „Und wann reisen Sie zurück?" Das war die ganze Unterredung – Schluss, aus! Er kehrte um und sagte sich ständig vor, wie ein Mantra im Kopf: „Ich werd's dir zeigen, ich werd's dir zeigen, ich werd's dir zeigen!" Und er tat sein Bestes: Er schuf die wichtigste Bewegung gegen die Psychoanalyse: Gestalt.

Dies ist eine kindische Reaktion. Entweder wird das Kind akzeptiert – dann fühlt es sich gut, dann ist es bereit, alles zu tun, was die Eltern von ihm verlangen. Wenn es aber immer wieder frustriert wird, dann beginnt es zu denken: „Wenn ich schon keine Möglichkeit habe, ihre Liebe zu bekommen, brauche ich aber zumindest ihre Aufmerksamkeit. Wenn ich ihre Aufmerksamkeit nicht auf dem rechten Wege bekommen kann, werde ich ihre Aufmerksamkeit auf dem falschen Wege bekommen. Jetzt werde ich rauchen, werde ich masturbieren, werde ich mich und andere schädigen und werde ich alle möglichen Dinge tun, von denen sie sagen ‚Lass das!'. Aber ich werde sie mit mir beschäftigt halten. Ich werde es ihnen zeigen."

Das ist die fünfte Tür – das Selbst-Image. Der Sünder und der Heilige hängen hier fest. Himmel und Hölle sind die Erfindungen von Leuten, die hier festhängen. Millionen von Menschen hängen hier. Sie fürchten ständig die Hölle und gieren ständig nach dem Himmel. Sie wollen von Gott getätschelt werden, und sie wollen Gott sagen hören: „Du bist gut, mein Sohn. Ich bin zufrieden mit dir." Sie opfern ständig ihr Leben auf, nur um von irgendeiner Phantasmagorie jenseits von Leben und Tod getätschelt zu werden. Sie tun sich selber unentwegt tausendundeine Tortur an, nur auf dass Gott sagen möge: „Ja, du hast dich für mich aufgeopfert."

Es scheint, als ob Gott ein Masochist ist oder Sadist oder so etwas ähnliches. Die Leute quälen sich selbst, in der Vorstellung, Gott damit glücklich zu machen. Was denkt ihr euch dabei?

Ihr fastet und glaubt, Gott wird zufrieden mit euch sein? Ihr hungert euch ab und ihr glaubt, Gott wird zufrieden mit euch sein? Ist er ein Sadist? Genießt er es, Leute zu quälen? Und genau das ist es, was die Heiligen, die sogenannten Heiligen, seit eh und je machen: sich quälen und zum Himmel aufschauen! Früher oder später wird Gott sagen: „Guter Junge, du hast wohlgetan. Jetzt komm und genieße die himmlischen Freuden. Komm nur! Hier fließt der Wein in Strömen und die Straßen sind aus Gold und die Paläste aus Diamanten gebaut. Die Frauen hier werden nie alt, sie bleiben stets sechzehn. Komm nur! Du hast genug getan. Du hast es verdient, jetzt darfst du genießen!"

Die ganze Vorstellung hinter der Selbstaufopferung ist diese. Es ist eine idiotische Vorstellung, weil alle Ego-Vorstellungen idiotisch sind.

Die sechste ist das Selbst als Rationalität. Sie kommt durch Bildung, Erfahrung, Lektüre, Lernen, Zuhören zustande. Du fängst an, Ideen zu sammeln, stimmige Ganzheitssysteme, Philosophien. Das ist es, wo die Philosophen, die Wissenschaftler, die Denker, die Intellektuellen, die Rationalisten festhängen. Aber es wird auch immer raffinierter – verglichen mit der ersten ist die sechste sehr raffiniert.

Die siebte ist Selbstsuche: Der Künstler, der Mystiker, der Utopist, der Träumer – sie hängen hier fest. Sie versuchen immerzu, eine Utopie auf der Welt zu verwirklichen. Das Wort Utopie ist sehr schön; es bedeutet so viel wie das, was nie kommt, was immer im Kommen begriffen ist, aber nie kommt. Was immer dort ist, aber nie hier. Aber es gibt Mondsüchtige, die immer nur nach dem Weitentfernten, dem Entlegenen suchen, und sie bewegen sich immer nur in der Einbildung. Große Dichter, einbildungsstarke Menschen – ihr ganzes Ego ist ins Werden verstrickt. Einer ist da, der will Gott werden – er ist ein Mystiker. Denkt daran: ‚Werden' ist das Schlüsselwort auf der siebten Ebene, und die siebte ist die letzte des Egos. Das gereifteste Ego kommt dort an. Darum werdet ihr spüren, wenn ihr einen Poeten seht ... er mag nichts besitzen, er mag ein Bettler sein, aber in seinen Augen, auf seiner Nase, werdet ihr das große Ego erkennen. Der Mystiker mag der ganzen Welt entsagt haben und er mag in einer himalaischen Hölle sitzen, in einer himalaischen Höhle. Geht nur hin und schaut ihn euch an: Er mag nackt dasitzen, aber was für ein subtiles Ego, was für ein raffiniertes Ego! Er mag euch sogar die Füße berühren, aber er zeigt damit nur: „Schau her, wie demütig ich bin!"

Es gibt sieben Türen. Wenn das Ego vollkommen ist, sind all diese sieben Türen durchschritten worden. Danach fällt das reife Ego ganz von allein. Das Kind ist vor diesen sieben Egos, und der Buddha ist hinter diesen sieben Egos. Es ist ein vollendeter Kreis.

Du fragst mich: *Was ist der Unterschied zwischen der Leere eines Kindes, ehe das Ego geformt wird, und der erwachten Kindlichkeit eines Buddhas?*

Dies ist der Unterschied. Buddha ist in all diese sieben Egos hineingegangen – hat sie gesehen, in sie hineingeschaut, herausgefunden, dass sie illusorisch sind –, und ist nun wieder nach Hause gekehrt, ist wieder ein Kind geworden. Genau das meint Jesus, wenn er sagt: „Solange ihr nicht wieder werdet wie die Kinder, werdet ihr mein Reich Gottes nicht betreten."

Die zweite Frage:

Ich bin einfach nur neugierig: Hast du das Buch „Alexis Sorbas" von Kazantzakis gelesen? Ich liebe es! Ist Sorbas nicht genauso, wie du uns gern hättest? Jedenfalls verstehe ich deine Lehre so.

Ich bin viele Leben lang Alexis Sorbas gewesen. Ich brauche das Buch nicht zu lesen; es ist meine Autobiografie. Und genau das ist es, wie ich euch haben möchte. Nehmt das Leben freudig, nehmt das Leben leicht, nehmt das Leben entspannt, schafft keine unnötigen Probleme. Neunundneunzig Prozent eurer Probleme werden von euch selbst geschaffen, weil ihr das Leben ernst nehmt. Ernst ist die Wurzelursache aller Probleme. Seid spielerisch, und es wird euch nichts fehlen – weil das Leben Gott ist. Vergesst Gott! – seid einfach lebendig, seid überschäumend lebendig.

Lebt jeden Moment, als wäre es der letzte Moment. Lebt ihn intensiv. Lasst eure Fackel von beiden Seiten gleichzeitig abbrennen. Selbst wenn es nur für einen Augenblick ist, genügt das. Ein einziger Augenblick intensiver Totalität genügt, um euch den Geschmack Gottes zu geben. Ihr könnt auf eine lauwarme Weise leben, auf die bürgerliche Weise, die Mittelklasseweise. Ihr könnt immer weiter so leben, euch für Millionen von Jahren dahinschleppen – ihr werdet nur Staub von der Straße ansammeln und sonst nichts. Ein einziger Augenblick der Klarheit, der Totalität, der Spontaneität, und ihr brennt wie eine Flamme. Nur ein einziger Augenblick genügt! Ein einziger Augenblick wird euch ewig machen; von diesem Augenblick aus werdet ihr in die Ewigkeit eingehen. Das ist meine ganze Botschaft an meine Sannyasins: Lebt so, dass ihr nicht zu bereuen braucht – jemals!

Ein Freund hat mir einen Zeitungsausschnitt geschickt. Eine alte Frau, fünfundachtzig Jahre alt, wurde von einem Journalisten gefragt, wie sie leben würde, wenn sie noch einmal zu leben hätte.

Die alte Frau sagte – und es steckt eine große Einsicht darin, hört genau zu: „Wenn ich mein Leben noch einmal leben müsste, würde ich das nächste Mal mehr Fehler machen. Ich würde mich entspannen, fünfe grade sein lassen, ich würde alberner sein, als ich es auf diesem Trip war. Ich würde weniger Sachen ernst nehmen. Ich würde mehr riskieren. Ich würde mehr Reisen machen, ich würde mehr Berge besteigen und mehr Flüsse durchschwimmen. Ich würde mehr Eis essen und weniger Bohnen. Ich würde wahrscheinlich mehr konkrete Probleme kriegen, aber ich hätte dafür weniger eingebildete. Sehen Sie, ich bin einer von diesen armen Leuten, die vernünftig und ordentlich gelebt haben, Stunde für Stunde, Tag für Tag. Oh, ich hatte so meine Momente, aber wenn ich es noch einmal machen müsste, hätte ich noch viel mehr gehabt. Genau genommen würde ich versuchen, nichts anderes zu haben – einfach nur Momente, einen nach dem andern, statt so viele Jahre über die Grenze jeden Tages hinauszuleben. Ich war eine von den Personen, die nie irgendwo hingehen, ohne ein Thermometer, eine Wärmflasche, einen Regenschirm und einen Fallschirm mitzunehmen. Und wenn ich es noch einmal machen müsste, würde ich mit weniger Gepäck reisen als früher. Wenn ich mein Leben noch einmal leben müsste, würde ich früher im Frühling anfangen, barfuß zu laufen und länger in den Herbst hinein dabei bleiben. Ich würde öfters zum Tanzen gehen. Ich würde mehr Karussell fahren. Ich würde mehr Gänseblümchen pflücken."

Und genau das ist auch meine Vision von einem Sannyasin. Lebt diesen Moment so total wie nur möglich. Seid nicht zu vernünftig, weil zuviel Vernünftigkeit zum Wahnsinn führt. Lasst ein bisschen Verrücktheit in euch zu. Das gibt dem Leben Pfeffer, das macht das Leben saftig. Lasst immer ein bisschen Irrationalität da sein. Das macht euch fähig zu spielen, spielerisch zu sein, das hilft euch zu entspannen. Ein vernünftiger Mensch hängt völlig im Kopf, er kann einfach nicht runterkommen. Er lebt oben. Lebt überall – es ist euer Haus! Oben – gut. Unten – völlig in Ordnung; und der Keller ist ebenfalls schön. Lebt im ganzen Haus herum, es ist euer eigenes Haus. Und warte nicht bis zum nächsten Mal, möchte ich dieser alten Frau sagen, denn das nächste Mal kommt nie!

Nicht, dass ihr nicht wiedergeboren werdet; ihr werdet wiedergeboren werden. Aber dann werdet ihr es vergessen haben. Dann werdet ihr wieder beim ABC anfangen. Diese alte Frau ist auch nicht zum ersten Mal hier. Sie muss Millionen von Malen schon hier gewesen sein. Und ich kann euch sagen, dass sie so um die fünfundachtzig herum jedesmal den gleichen Entschluss gefasst haben muss: „Das nächste Mal werde ich es anders machen." Aber das nächste Mal habt ihr's vergessen. Das ist das Problem. Ihr verliert alle Erinnerung an das vergangene Leben. Dann fangt ihr wieder beim ABC an, und das gleiche passiert. Ich würde euch also nicht raten, bis zum nächsten Mal zu warten. Ergreift diesen Moment! Dies ist die einzige Zeit, die es gibt, es gibt keine andere Zeit. Selbst wenn ihr fünfundachtzig seid, könnt ihr zu leben anfangen. Und was habt ihr noch zu verlieren, wenn ihr fünfundachtzig seid? Selbst wenn ihr beim Barfußlaufen im Frühling am Strand, wenn ihr beim Gänseblümchenpflücken sterbt, ist nichts daran verkehrt. Barfuß am Strand zu sterben, ist die richtige Art zu sterben. Beim Gänseblümchenpflücken zu sterben, ist die richtige Art zu sterben. Ob du fünfundachtzig bist oder fünfzehn, das ist egal. Ergreift diesen Moment. Seid ein Sorbas.

Du fragst: *Ich bin einfach nur neugierig: Hast du das Buch „Alexis Sorbas" von Kazantzakis gelesen?*

Es zu lieben, bringt nichts. Sei es! Es kommt vor, dass man das Gegenteil von dem liebt, was man ist. Du genießt das Gegenteil von dem, was du bist, weil es Fantasien in dir freisetzt. Es führt dir vor Augen, wie du gern sein möchtest: Das ist die Anziehungskraft eines Sorbas. Aber das Buch zu lieben bringt nichts. Genau das haben die Menschen seit jeher getan. Die Leute lieben die Bibel, aber werden kein Jesus, und sie lieben das Herz-Sutra. Sie sagen es auf, sie singen es jeden Tag ab. Millionen von Menschen im Osten sagen das Herz-Sutra fünfmal am Tag auf – in China, in Japan, in Korea, in Vietnam; sie leiern es unentwegt her. Es ist nur ein kleines Sutra, es lässt sich in ein paar Minuten hersagen. Sie lieben es, aber sie werden es nicht! Sei ein Sorbas.

Denk daran: Bücherlesen hilft dir nicht weiter, nur Sein hilft.

Ich liebe es! Ist Sorbas nicht genauso, wie du uns gern hättest?

Nicht genauso. Denn ich sähe nicht gern viele Sorbasse auf der Welt. Nicht genauso. Denn das wäre hässlich und monoton und langweilig. Sei du ein Sorbas auf deine Art – nicht genauso. Versuche nie, jemanden nachzuahmen. Sei nie ein Nachahmer; das ist Selbstmord. Dann wirst du niemals Freude haben können. Du wirst immer eine Kopie bleiben, nie das Original sein.

Und alles, worauf es im Leben ankommt – das Wahre, das Schöne, das Gute, die Befreiung, die Meditation, die Liebe –, geschieht nur dem Original, nie der Kopie. Hüte dich – nicht genauso, das ist gefährlich. Wenn du einfach anfängst, Sorbas nachzufolgen und anfängst, alles so zu machen, wie er es macht, dann kommst du in Schwierigkeiten. Genauso haben es die Menschen seit jeher gemacht.

Seht euch die Christen an, seht euch die Hindus an: Sie haben versucht, es genauso zu machen. Niemand kann je wieder ein Buddha sein. Gott lässt keine Wiederholung zu. Gott lässt keine Menschen zweiter Hand zu, er liebt Menschen erster Hand. Er liebte Buddha. Er liebte ihn so sehr, dass es damit vorbei ist.

Jetzt ist Buddha nicht mehr nötig. Es wäre keine Liebesaffäre mehr. Das wäre, als würde man sich den gleichen Film noch einmal ansehen, als würde man das Buch, das man schon viele Male gelesen hat, noch einmal lesen. Gott ist nicht stumpf und doof. Er lässt nie zu, dass irgendwer irgendwen wiederholt: Christus nur einmal, Buddha nur einmal – und auch du bist nur einmal! Und du bist allein, niemand sonst ist wie du. Nur du bist. Dies nenne ich Ehrfurcht vor dem Leben. Dies ist wirklich Selbstachtung. Lerne von Sorbas, lerne das Geheimnis, aber versuche niemals zu imitieren. Lerne das Klima kennen, koste es aus, geh hinein, sympathisiere damit, nimm am Sorbas teil, und dann geh deiner Wege. Dann sei du selbst.

Die dritte Frage:

> Würdest du bitte darüber sprechen, was Gebet und Meditation gemein haben und was sie unterscheidet?

Die Frage ist von Mark Nevejan ...

> P.S. Du kennst mich nicht, weil ich dich noch nicht persönlich getroffen habe. Arup kennt mich ein kleines bisschen.

Arup kennt sich noch nicht einmal selbst, wie kann sie dich kennen? –

nicht einmal ein kleines bisschen. Du hast mich noch nicht getroffen, das stimmt. Aber ich kenne dich, weil ich mich selber kenne. Am Tag, als ich mich selber kennenlernte, habe ich jeden kennengelernt – weil es das gleiche Nichts ist, das auf verschiedene Arten und Weisen Blüten treibt. Ich kenne dich, Mark. Du magst mich nicht kennen. Wie kannst du mich kennen? Du kennst dich selbst nicht. Aber ich kenne dich. Ich mag deine Form nicht kennen, aber ich kenne dich ... Du bist nicht die Form.

> Darum, oh Sariputra ...
> Form ist Leere, Leere ist Form.

Ich kenne die Wahrheit in dir; ich kenne vielleicht nicht die Persönlichkeit um dich herum. Darum kann ich dir helfen – weil ich dich kenne. Darum kann ich dich zum Jenseits geleiten – weil ich dich kenne. Wenn ich dich nicht kenne, kann ich dich auch nicht jenseits führen. Und du fragst: *Würdest du bitte darüber sprechen, was Gebet und Meditation gemein haben und was sie unterscheidet?*

Ich wollte gerade gestern darüber sprechen, aber es waren so viele Fragen da, dass ich dir nicht antworten konnte.

Mark hat heute eine weitere Frage geschickt:

> Liebe Sommerzeit des Bewusstseins und der Freiheit, gestern hatte ich dir eine Frage darüber gestellt, was Gebet und Meditation gemein hätten und was sie unterscheide. Inzwischen habe ich in deinem Buch „Ich bin der Weg" gelesen und die Antwort gefunden. Danke, dass du mir geantwortet hast. Holländischer Wolkenhimmel, Mark Nevejan genannt.

Du wirst nicht mehr lange Mark Nevejan heißen! Ich denke, es wird noch heute sein, denn ich warte nicht bis morgen. Ich werde dir einen schönen Namen aussuchen. Er wird nicht wolkig sein, es wird kein bewölkter holländischer Himmel sein. Es wird ein wolkenloser Spätsommername sein.

Es wird oft passieren, dass einer von euch eine Frage stellt und du, wenn du danach suchst, die Antwort findest. Geduld tut not, denn wenn ich die Fragen anderer beantworte, sind es auch deine. Es gehört nur Geduld dazu. Indem ich eine Frage beantworte, beantworte ich viele, die gestellten und die ungestellten – und die, die in Zukunft gestellt werden, und die, die nie gestellt werden.

Gut, Mark, dass du einen Tag gewartet hast und nicht böse geworden bist. Ein paar Leute werden sehr böse. Sie schreiben mir wütende Briefe: „Ich habe dir Fragen gestellt, und du antwortest mir nicht." Sie hören mir nicht zu, sie lauern nur auf ihre Frage. Das ist ihr Ego, die Frage ist ihnen nicht wichtig – „Meine Frage soll beantwortet werden." Und jedesmal, wenn ich sehe, dass jemand eine Frage gestellt hat, in der ‚meine' wichtiger ist, antworte ich nicht. Mukta sitzt hier. Sie schreibt mir laufend Fragen, wieder und wieder: „Osho, warum antwortest du nie auf meine Fragen?" Am Tag, da sie ihr ‚meine' fallen lässt, wird sie Antworten finden. Ich antworte ja, ständig! Aber wenn du zu sehr an deiner Frage klebst und du einfach nur darauf wartest, wann deine Frage wohl beantwortet wird, werden dir alle Antworten entgehen, mit denen du überschüttet worden bist.

Es kommt oft vor, wenn ich eine Frage beantworte, dass der Fragesteller sie nicht annehmen kann, andere sie aber viel leichter annehmen – weil sie nicht so aufgeregt sind; es ist ja nicht ihre Frage, also sitzen sie seelenruhig da. Sie sind nicht aufgeregt deswegen, sie sind nicht verspannt deswegen, es geht sie persönlich nichts an. Sie können sich entspannen und die Antwort genießen. Wenn es deine Frage ist, bist du verkrampft und hast Angst. Und ich lasse mir keine Chance entgehen – wenn ich euch eins draufgeben kann, dann tu ich's!

Die vierte Frage:

> Ich habe dich wiederholt sagen hören, dass wir in der Welt, auf dem Markplatz bleiben sollen. Aber die meisten Leute, denen ich hier begegne, haben vor, mit dir im Gujarat zu leben und nur in den Westen

zurückzukehren, um das nötige Geld dafür zu verdienen. Eine große Kommune ist geplant. Bitte kommentiere. Du betonst, wie wichtig es ist, mit einem lebenden Meister zu sein, aber dass, wenn die Verbindung erst einmal hergestellt ist, du immer bei uns bist. Warum will jeder mit dir in der Kommune leben, statt in der Welt zu bleiben? Es wäre sicher wunderbar, aber was ist mit dem Marktplatz?

Es wird der größte Marktplatz werden, den du je gesehen hast! Darüber mach dir nur keine Sorgen! Es wird die Welt in Essenz sein – intensiver natürlich, als du sie sonst irgendwo finden kannst, chaotischer natürlich. Und niemand plant es, vergiss nicht. Es taucht aus dem Nichts auf ... darum, oh Sariputra!

Die fünfte Frage:

> Was für eine Chance hat deine ideale Gesellschaft angesichts der Politiker und der Priester und der Machtinteressen des Kapitals?

Erstens, ich bin an keinerlei idealer Gesellschaft interessiert. Genauer gesagt, ich bin noch nicht einmal an irgendeinem idealen Individuum interessiert. Das Wort ‚ideal' ist für mich ein Schmutzwort. Ich habe keine Ideale. Ideale haben euch in den Wahnsinn getrieben. Es sind die Ideale, die diese Welt zu einem einzigen Irrenhaus gemacht haben.

Ein Ideal bedeutet, dass du nicht das bist, was du sein solltest. Es erzeugt Spannung, Angst, Qual. Es spaltet dich, es macht dich schizophren. Und das Ideal ist in der Zukunft, und du bist hier. Und wie kannst du leben, solange du nicht dem Ideal entsprichst? – sei erst das Ideal, dann fang zu leben an. Und das passiert nie. Das kann nicht passieren, das liegt nicht in der Natur der Dinge. Ideale sind unerreichbar. Darum sind sie Ideale. Sie machen dich verrückt und machen dich wahnsinnig. Und Verdammung entsteht, weil du immer hinter dem Ideal zurückbleibst. Schuld wird erzeugt.

Genau das ist es ja, was die Priester und die Politiker immer gemacht haben – sie wollen Schuld in euch erzeugen. Um Schuld zu erzeugen, setzen sie Ideale ein; das ist der einfache Mechanismus. Erst gib ein Ideal vor, dann kommt automatisch die Schuld.

Wenn ich zu dir sage, zwei Augen sind nicht genug, du brauchst drei Augen – öffne dein drittes Auge! Lies Lopsang Rampa – „Öffne dein drittes Auge!" –, und du dich nun mächtig anstrengst … du tust dieses und du tust jenes und du machst Kopfstand und sagst ein Mantra auf – aber das dritte Auge öffnet sich nicht. Nun fängst du an, dich schuldig zu fühlen – irgendwo hapert es … du bist einfach nicht der Richtige. Du wirst deprimiert. Du reibst das dritte Auge hart, aber es öffnet sich nicht. Hütet euch vor all diesem Unsinn. Diese zwei Augen sind wunderschön. Und wenn du nur ein Auge hast, ist das völlig genug. Denn Jesus sagt: „Wenn zwei Augen eins werden, dann ist der ganze Körper voller Licht." Aber damit sage ich nicht, ihr sollt hingehen und aus zwei Augen eines zu machen versuchen. Nein, akzeptiert euch einfach so, wie ihr seid.

Gott hat euch vollkommen geschaffen, er hat nichts in euch unvollständig belassen. Und wenn ihr das Gefühl habt, da sei irgendwo eine Unvollständigkeit, dann ist sie Teil der Vollkommenheit.

Ihr seid vollkommen unvollkommen. Gott weiß es besser: dass es nur in der Unvollkommenheit ein Wachstum gibt, dass es nur in der Unvollkommenheit ein Fließen gibt, dass nur in der Unvollkommenheit etwas möglich wird. Wenn du einfach vollkommen wärst, wärst du tot wie ein Fels. Dann würde nichts passieren, dann könnte nichts passieren. Wenn ihr mich versteht, möchte ich euch gern sagen: Gott ist ebenfalls vollkommen unvollkommen. Andernfalls wäre er längst tot. Er hätte nicht erst abgewartet, bis Friedrich Nietzsche erklärte, dass Gott tot ist.

Was würde dieser Gott machen, wenn er vollkommen wäre? Dann könnte er gar nichts machen, dann könnte er keine Freiheit haben, irgendetwas zu tun. Er könnte nicht wachsen, es ginge nirgends weiter. Er säße da einfach fest. Er könnte noch nicht einmal Selbstmord begehen, denn wenn du vollkommen bist, tust du so etwas nicht. Akzeptiere dich, wie du bist.

Ich bin an keinerlei idealer Gesellschaft interessiert, absolut nicht. Ich bin auch nicht an idealen Individuen interessiert. Ich bin überhaupt nicht am Idealismus interessiert! Und die Gesellschaft existiert für mich nicht, es gibt nur Individuen. Die Gesellschaft hat nur Funktionswert, ist nützlich als Struktur. Man kann einer Gesellschaft nicht über den Weg laufen. Ist euch je eine Gesellschaft über den Weg gelaufen? Ist euch je die Menschheit über den Weg gelaufen?

Ist euch je der Hinduismus, der Islam über den Weg gelaufen? Nein, euch ist immer nur der einzelne über den Weg gelaufen – das konkrete, das greifbare Individuum. Aber die Leute haben sich den Kopf zerbrochen, wie sie die Gesellschaft verbessern können, wie sie eine ideale Gesellschaft herstellen können. Und diese Leute haben sich als eine Katastrophe erwiesen. Sie waren ein enormer Schaden. Ihrer idealen Gesellschaft zuliebe haben sie den Leuten die Achtung vor sich selbst geraubt und haben allen Schuldgefühle eingeimpft. Alle Welt fühlt sich schuldig, niemand scheint so mit sich zufrieden, wie er ist.

Und Schuldgefühle könnt ihr mit jeder beliebigen Sache stiften; aber wenn ihr erst einmal Schuldgefühle gestiftet habt, werdet ihr mächtig. Die Person, die dir die Schuldgefühle eingeimpft hat, gewinnt Macht über dich. Merkt euch diese Strategie – denn jetzt kann nur er dich von der Schuld erlösen. Dann musst du zu ihm gehen. Der Priester erzeugt erst Schuldgefühle, danach musst du zur Kirche gehen. Dann musst du hingehen und beichten: „Ich habe die und die Sünde begangen."

Und er vergibt dir im Namen Gottes. Erst erzeugt er Schuld im Namen Gottes, dann vergibt er dir im Namen Gottes.

> Hört euch folgende Geschichte an:
> Alois wurde von seiner Mutter erwischt, wie er gerade eine schwere Sünde beging. Sofort schickte sie ihn zur Beichte.
> „Pater", sagte Alois, „ich habe an mir herumgespielt."
> „Warum hast du das getan?" Der Pfaffe wurde böse und laut.
> „Ich hatte nichts Besseres zu tun", sagte Alois.
> „Zur Buße sag fünf Vaterunser und fünf Gegrüßet-seist-du-Marias."
> Eine Woche später erwischte Aloischens Mutter ihn erneut,

und wieder wurde er zur Beichte geschickt.

„Pater, ich habe an mir herumgespielt."

„Warum hast du das getan?"

„Ich hatte nichts Besseres zu tun", sagte Alois.

„Zur Buße sagst du zehn Vaterunser und zehn Gegrüßet-seist-du-Marias."

Eine Woche darauf wurde Alois erneut schuldig.

„Zur Kirche, ab marsch, marsch!" sagte die Mutter. „Und bring dem guten Vater dies Stück Schokoladentorte mit."

Während er am Beichtstuhl Schlange stand, aß Alois die Torte auf. Im Beichtstuhl sagte er: „Pater, Mutter hat mir Schokoladentorte für dich mitgegeben, aber ich hab sie beim Warten verputzt."

„Warum hast du das getan?" fragte der Pfaffe.

„Ich hatte nichts Besseres zu tun."

„Und warum hast du nicht an dir rumgespielt?"

Den Priester schert es nicht, was ihr tut; er verfolgt seine eigenen Interessen – seine Schokoladentorte! Und dann magst du zur Hölle fahren. Dann kannst du machen, was du willst, nur – wo ist die Schokoladentorte? Erst machen sie euch Schuldgefühle, dann vergeben sie euch im Namen Gottes. Sie machen euch zu Sündern und sagen dann: „Jetzt kommt zu Christus, er ist der Erlöser."

Niemand ist da, der euch erlösen kann, denn ihr habt erst gar keine Sünde begangen. Ihr braucht nicht erlöst zu werden. Dies ist die Botschaft Buddhas: Ihr seid bereits dort! Ihr seid bereits erlöst! Der Erlöser braucht nicht zu kommen, ihr seid nicht schuldig.

> „Es gibt kein Leiden,
> Sariputra, keinen Ursprung des Leidens,
> kein Anhalten des Leidens, und es führt kein Weg zu ihm.
> Es wird nicht erreicht und nicht nicht-erreicht."

Es ist bereits der Fall, es ist eure ureigene Natur! Ich bin an keinerlei idealer Gesellschaft interessiert. Bitte gebt diesen Traum auf. Er hat große Alpträume über die Welt gebracht. Merkt euch: Nichts kann heute mehr politisch geschehen. Die Politik ist tot. Wofür ihr auch stimmen mögt, links oder rechts, tut es ohne Illusionen.

Es ist notwendig, auf die Vorstellung zu verzichten, irgendein System könne der Erlöser sein. Kein System kann der Erlöser sein – Kommunismus, Faschismus, Gandhiismus. Keine Gesellschaft kann euch erlösen, und keine Gesellschaft kann eine ideale Gesellschaft sein. Und es gibt keinen Heiland – Christus, Krishna oder Ram. Ihr müsst einfach hinschmeißen, was ihr mit euch herumschleppt – diesen Unsinn von wegen Schuld, und dass ihr große Sünder seid.

Steckt eure ganze Energie ins Tanzen, Feiern. Und dann seid ihr ideal, hier und jetzt – nicht, dass ihr erst ideal werden müsstet! Die Ideologie als solche hat ihre Wahrheit verloren. Ja, es war von Anfang an keine da. Und ihre Überzeugungskraft hat sie auch eingebüßt. Nur wenige ernste Köpfe glauben überhaupt noch, dass man Baupläne fixieren und durch gesellschaftliche Umstrukturierungen eine neue Utopie sozialer Harmonie herbeiführen könne. Wir leben im Zeitalter absoluter Freiheit. Wir sind erwachsen geworden. Die Menschheit ist nicht mehr kindisch, sie ist reifer. Wir leben in einer sehr sokratischen Periode, weil die Menschen alle wichtigen Fragen des Lebens stellen. Fangt nicht an, nach einem Zukunftsideal, nach einer Idee, nach Vollkommenheit zu lechzen und zu sehnen. Lasst alle Ideale fahren und lebt hierjetzt.

Meine Kommune wird nicht eine ideale Gesellschaft sein. Meine Kommune wird eine Hierjetzt-Kommune sein.

Darum, oh Sariputra,
liegt es an seiner Nichterrungenschaft,
dass ein Bodhisattva,
indem er sich auf die Vollkommenheit der Weisheit verließ,
ohne Gedankenschleier bleibt.
In Abwesenheit von Gedankenschleiern
ist er nicht zum Zittern gebracht worden,
hat er überwunden, was schrecken kann,
und am Ende erreicht er Nirvana.

All die, die als Buddhas erscheinen
in den drei Spannen der Zeit,
sind vollends erwacht zur äußersten,
rechten und vollkommenen Erleuchtung,
weil sie sich auf die Vollkommenheit der Weisheit
verließen.

Tasmac Chariputra
aptraitvad bodhisattvasya prajnaparamitam asritya
viharaty acittavaranah.
cittavarana-nastitvad atrasto viparyasa-atikranto
nishti-nirvana-praptah.

Tryadhva-vyavasthitah sarva-buddhah
prajnaparamitamasritya-anuttaram
samyaksambodhim abhisambuddha.

7. Kapitel

VOLL-LEERE – DIE SEELE DES BUDDHISMUS

WAS IST MEDITATION? – DENN DIESES GANZE HERZ-SUTRA DREHT sich um den innersten Kern von Meditation. Lasst uns das tiefer untersuchen. Das erste: Meditation ist nicht Konzentration. In der Konzentration steckt ein Selbst, das sich konzentriert, und ein Objekt, auf das sich konzentriert wird. Es ist eine Dualität vorhanden. In der Meditation ist niemand außen und ist nichts innen. Sie ist nicht Konzentration; es ist keine Trennung zwischen dem Innen und dem Außen. Das Innen fließt immerzu ins Außen, das Außen fließt immerzu ins Innen. Die Trennlinie, die Grenze, die Scheidewand existiert nicht mehr. Das Innen ist außen, das Außen ist innen. Es ist eine nicht-duale Bewusstheit.

Konzentration ist eine duale Bewusstheit. Das ist der Grund, warum Konzentration Müdigkeit hervorruft. Das ist der Grund, warum ihr euch erschöpft fühlt, wenn ihr euch konzentriert. Und man kann sich nicht vierundzwanzig Stunden lang konzentrieren; man muss Ferien machen, um sich auszuruhen. Konzentration kann niemals zu deiner Natur werden.

Meditation ermüdet nicht, Meditation erschöpft dich nicht, Meditation kann zu einer Vierundzwanzig-Stunden-Sache werden – tagein, tagaus, jahrein, jahraus. Sie kann zu Ewigkeit werden. Sie ist die Entspannung selbst. Konzentration ist ein Akt, ein gewollter Akt. Meditation ist ein Zustand des Nichtwollens, ein Zustand der Inaktivität. Sie ist Entspannung. Man ist einfach in sein eigenes Sein gefallen, und dieses Sein ist dasselbe wie das Sein von allem.

In der Konzentration steckt ein Plan, eine Projektion, eine Vorstellung. In der Konzentration agiert der Verstand aus einem Entschluss heraus: Du tust etwas Bestimmtes. Konzentration kommt aus der Vergangenheit. In der Meditation steckt kein Entschluss dahinter, tust du nichts Bestimmtes. Du bist einfach nur da. Ihr haftet keine Vergangenheit an, sie ist von der Vergangenheit unberührt. Ihr haftet keine Zukunft an, sie ist rein von aller Zukunft. Das ist es, was Laotse *Wei-wu-wei* genannt hat: Tun durch Nicht-Tun. Das ist es, was die Zen-Meister gemeint haben: „Du sitzt still da, tust nichts, und der Frühling kommt, und das Gras wächst von alleine."

Denkt daran: „Von alleine" – nichts wird getan, du ziehst das Gras nicht hoch. Der Frühling kommt, und das Gras wächst von alleine. Dieser Zustand – wenn du dem Leben erlaubst, seinen eigenen Weg zu gehen, wenn du es nicht dirigieren willst, wenn du ihm keinerlei Zügel anlegen willst, wenn du ihm keinerlei Disziplin aufzwingen willst – genau dieser Zustand reiner, undisziplinierter Spontaneität ist Meditation. Meditation ist Gegenwart, reine Gegenwart. Meditation ist Unmittelbarkeit. Man kann nicht meditieren, man kann nur in Meditation sein. Man kann nicht in Konzentration sein, sondern man kann sich nur konzentrieren.

Konzentration ist menschlich, Meditation ist göttlich. Konzentration hat einen Ausgangspunkt in dir. Aus diesem Ausgangspunkt kommt sie. Konzentration hat ein Selbst in dir. Ja, ein Mensch, der sich sehr viel konzentriert, fängt an, ein sehr starkes Selbst zu entwickeln. Er fängt an, immer mächtiger zu werden, er fängt an, immer mehr zu einem gebündelten Willen zu werden. Er wird gesammelter wirken, mehr wie aus einem Stück. Der Mensch der Meditation wird nicht mächtiger, er wird still, er wird friedlich. Macht wird durch Konflikt erzeugt.

Alle Macht kommt aus Reibung. Aus der Reibung kommt Elektrizität. Man kann Elektrizität aus Wasser gewinnen: Wenn das Wasser vom Berghang stürzt, entsteht Reibung zwischen dem Fluss und den Felsen, und die Reibung erzeugt Energie. Das ist der Grund, warum Leute, die Macht suchen, immerzu kämpfen. Kampf erzeugt Energie. Es geschieht immer nur durch Reibung, dass Energie entsteht, dass Macht entsteht. Die Welt zieht von einem Krieg in den andern, weil die Welt zu sehr von der Idee von Macht beherrscht ist. Man kann keine Macht haben, ohne zu kämpfen.

Meditation bringt Frieden. Der Friede hat seine eigene Macht, aber das ist ein durch und durch anderes Phänomen. Die Macht, die aus Reibung erzeugt wird, ist gewaltsam, aggressiv, männlich. Die Macht – ich benutze das Wort, weil es kein anderes Wort gibt – die Macht, die aus dem Frieden kommt, ist weiblich. Sie hat etwas Anmutiges. Es ist passive Macht, es ist Empfänglichkeit, es ist Offenheit. Sie kommt nicht aus der Reibung – darum ist sie nicht gewaltsam.

Buddha ist machtvoll. Machtvoll in seinem Frieden, in seiner Stille; er ist in derselben Art mächtig wie eine Rosenblüte, er ist nicht mächtig wie eine Atombombe. Er ist so mächtig wie das Lächeln eines Kindes... sehr zart, sehr verletzlich. Aber er ist nicht mächtig im Sinne eines Schwertes, er ist mächtig im Sinne einer kleinen irdenen Lampe, einer kleinen Flamme, die hell in dunkler Nacht leuchtet. Es ist eine völlig andere Dimension von Macht. Diese Macht ist es, die wir göttliche Macht nennen. Sie kommt aus Nicht-Reibung.

Konzentration ist eine Reibung: Du kämpfst mit deinem eigenen Verstand, du versuchst, deinen Verstand in eine bestimmte Richtung zu lenken, auf eine bestimmte Vorstellung, ein bestimmtes Ziel. Du zwingst ihn, du holst ihn wieder und wieder zurück – er versucht zu entkommen, er läuft davon, er verirrt sich, er fängt an, über tausendundeine Sache nachzudenken, und du holst ihn wieder und wieder zurück, und du zwingst ihn. Du gerätst in einen Kampf mit dir selbst. Ganz gewiss entsteht dadurch Macht. Diese Macht ist so schädlich wie jede andere Macht. Diese Macht ist so gefährlich wie jede andere Macht. Diese Macht wird erneut dazu eingesetzt werden, einem anderen Menschen zu schaden. Denn die Macht, die aus Reibung kommt, ist Gewalt. Was aus Gewalt entsteht, wird gewalttätig sein; es wird destruktiv sein.

Die Macht, die aus dem Frieden kommt, aus Nicht-Reibung, Nicht-Kampf, Nicht-Manipulation, ist die Macht einer Rosenblüte, die Macht einer kleinen Lampe, die Macht eines lachenden Kindes, die Macht einer weinenden Frau, die Macht, die in den Tränen ist und in den

Tautropfen. Sie ist ungeheuer, aber nicht roh; sie ist unendlich, aber nicht gewalttätig. Konzentration macht aus dir einen Mann des Willens. Meditation macht aus dir eine Leere. Genau das sagt Buddha zu Sariputra. *Prajnaparamita* heißt wortwörtlich „Meditation, die Weisheit des Jenseits".

Du kannst sie nicht herbeiführen, aber du kannst offen für sie sein. Du brauchst nichts zu unternehmen, um sie ins Leben zu rufen, du kannst es nicht, es liegt nicht in deiner Macht. Du musst erst verschwinden, auf dass sie kommen kann. Der Verstand muss enden, auf dass Meditation da sein kann.

Konzentration ist Anstrengung des Verstandes. Meditation ist ein Zustand des Nichtdenkens. Meditation ist reine Bewusstheit, in der Meditation steckt kein Motiv. Meditation ist der Baum, der ohne Saatkorn wächst. Das ist das Wunder der Meditation, ihre Magie, ihr Mysterium. In der Konzentration steckt ein Saatkorn: Du konzentrierst dich aus einem bestimmten Zweck. Es ist ein Motiv da. Sie ist motiviert. Meditation hat kein Motiv.

Warum sollte man dann aber meditieren, wenn kein Motiv da ist? Meditation tritt nur dann ins Leben, wenn du alle Motive gewogen und für zu leicht befunden hast, wenn du die ganze Runde der Motive abgeklappert und erkannt hast, wie falsch das Ganze ist, und du erkannt hast, dass Motive nirgendwo hinführen, dass du dich immer nur im Kreise bewegst, dass du immer derselbe bleibst, dass die Motive immer weiter und weitergehen, dich an der Nase herumführen, dich anfeuern, dich fast zum Wahnsinn treiben mit ständig neu erzeugten Wünschen – aber nichts kommt je dabei heraus. Deine Hände bleiben so leer wie eh und je.

Wenn das erst einmal erkannt ist, wenn du in dein Leben hineingeschaut hast und du gesehen hast, wie all deine Motive gescheitert sind... Kein Motiv hat je etwas gebracht. Kein Motiv hat je irgendwem zum Segen gereicht. Die Motive verheißen nur, die Ware wird nie geliefert. Kaum ist das eine Motiv gescheitert, schon tritt das nächste Motiv auf und verheißt dir wieder etwas ... und wieder lässt du dich täuschen. Nachdem man sich wieder und wieder von Motiven hat täuschen lassen, wacht man eines Tages plötzlich auf, sieht man plötzlich hinein, und genau dieses Sehen ist der Beginn der Meditation.

Es steckt kein Saatkorn darin, es steckt kein Motiv darin. Wenn du meditierst um einer Sache willen, dann konzentrierst du dich, meditierst du nicht. Dann bist du immer noch in der Welt, dann ist dein Geist immer noch an billigem Kram interessiert, an Trivialitäten, dann bist du weltlich. Selbst wenn du meditierst, um zu Gott zu gelangen, bist du weltlich. Selbst wenn du meditierst, um zum *Nirvana* zu gelangen, bist du weltlich. Denn Meditation hat kein Ziel.

Meditation ist die Einsicht, dass alle Ziele Lug und Trug sind. Meditation ist ein Verstehen, dass Wünschen nirgendwo hinführt. Dies sehend ... und das ist nicht etwa ein Glaube, den du dir bei mir oder bei Buddha oder bei Jesus holen kannst, das ist kein übernommenes Wissen ... Du musst es selbst sehen, du kannst es jetzt im Moment sehen! Du hast lange genug gelebt, du hast viele Motive gesehen, bist in Aufruhr gewesen, hast überlegt, was tun und was nicht tun, und du hast vieles getan ... Wohin hat dich das alles geführt?

Schaut einfach hinein! Ich sage nicht: „Gebt mir recht!", ich sage nicht: „Glaubt mir". Ich mache euch nur auf eine Tatsache aufmerksam, die ihr bisher übersehen habt. Dies ist keine Theorie. Dies ist die simple Feststellung einer sehr simplen Tatsache. Vielleicht weil sie so simpel ist, ist das der Grund, warum ihr immer weitermacht, ohne hinzusehen. Der Verstand ist immer an Komplexitäten interessiert, denn mit etwas Kompliziertem lässt sich etwas anfangen. Mit einem simplen Phänomen lässt sich nichts anfangen.

Das Simple wird übersehen, das Simple wird vernachlässigt, das Simple wird ignoriert. Das Simple ist so offensichtlich, dass wir nie hineinschauen; wir suchen nur nach Komplexitäten – in der Komplexität steckt etwas Herausforderndes. Die Komplexität eines Phänomens, eines Problems, einer Situation gibt dir eine Herausforderung. Mit dieser Herausforderung kommt Energie, Reibung, Konflikt auf: Jetzt musst du dieses Problem lösen! Jetzt musst du beweisen, dass du dieses Problem lösen kannst. Wenn es ein Problem gibt, elektrisiert dich der Anreiz, dass du jetzt die Chance hast, etwas zu beweisen.

Aber das, was ich hier feststelle, ist eine simple Tatsache, kein Problem. Es ist keine Herausforderung. Es ist einfach da. Du kannst es dir anschauen oder es einfach meiden. Und es ruft nicht laut – es ist so simpel! Du kannst nicht einmal von einer stillen, kleinen Stimme in dir sprechen; sie flüstert nicht einmal. Es ist einfach da – du kannst hinsehen, du kannst aber auch nicht hinsehen.

Sieh hin! Und wenn ich sage: „Sieh hin", dann meine ich: Sieh jetzt sofort hin, unmittelbar. Nicht nötig zu warten. Und mach schnell, wenn ich sage: „Sieh hin!" Ja, sieh hin, aber schnell, denn wenn du erst anfängst nachzudenken, wenn du nicht schnell, nicht sofort hinsiehst, dann kommt in diesem Bruchteil einer Sekunde der Verstand dazwischen, und der Verstand fängt an zu brüten, und der Verstand kommt mit Gedanken, und der Verstand kommt mit Vorurteilen – und schon bist du in einem philosophischen Zustand: Lauter Gedanken! Dann musst du wählen, was richtig und was falsch ist, und das Spekulieren hat angefangen. Du hast den existenziellen Moment verpasst.

Der existenzielle Moment ist jetzt. Schau einfach hin, und das ist Meditation. Dies Hinschauen ist Meditation. Einfach die Tatsächlichkeit einer bestimmten Sache, einer bestimmten Lage zu sehen, ist Meditation. Meditation enthält kein Motiv, keinen Ausgangspunkt, und weil kein Motiv und kein Ausgangspunkt da ist, ist auch kein Selbst in ihr enthalten. In der Meditation funktionierst du nicht von einem Mittelpunkt aus. Du handelst aus dem Nichts heraus. Auf den Augenblick eingehen, aus dem Nichts heraus – um nichts anderes geht es beim Meditieren.

Der Verstand konzentriert sich: Er handelt aus der Vergangenheit heraus. Meditation handelt in der Gegenwart, aus der Gegenwart heraus; sie ist ein reines Eingehen auf die Gegenwart, sie ist kein Re-agieren. Sie agiert nicht aus Schlussfolgerungen heraus; sie agiert aus dem Sehen des Existenziellen heraus.

Beobachtet es in eurem Leben: Wenn ihr aus Schlüssen heraus agiert, ist da ein großer Unterschied! Du siehst einen Mann, du fühlst dich angezogen, ein schöner Mann, sieht sehr gut aus, sieht unschuldig aus. Seine Augen sind schön, die Schwingung ist schön.

Aber dann stellt sich der Mann dir vor und sagt: „Ich bin Jude." Und du bist Christ – sofort klickt etwas, und eine Distanz ist da. Jetzt ist der Mann nicht mehr unschuldig, ist der Mann nicht mehr schön. Du hast die-und-die Vorstellungen über Juden. Oder er ist ein Christ, und du bist ein Jude: Du hast die-und-die Vorstellungen über Christen: was das Christentum den Juden in der Vergangenheit alles angetan hat, was andere Christen den Juden angetan haben, wie sie seit Jahrhunderten Juden gequält haben ... Und plötzlich ist er ein Christ, und sofort ändert sich etwas. Das heißt aus vorgefertigten Schlüssen, Vorurteilen heraus zu handeln – statt diesen Mann anzusehen. Denn dieser Mann ist vielleicht nicht der Mann, der deinem Bild vom Juden entspricht.

Jeder Jude ist eine andere Art von Mensch, jeder Hindu ist eine andere Art von Mensch, jeder Muslim. Ihr dürft nicht aus Vorurteilen heraus handeln, ihr dürft nicht aus Kategorien heraus handeln, in die ihr die Leute steckt; ihr könnt sie nicht einfach in Schubladen stecken. Niemand darf in Schubladen gesteckt werden. Ihr mögt von hundert Kommunisten betrogen worden sein, aber wenn ihr dem einhunderteinsten Kommunisten begegnet, dann gebt nichts auf die Schublade, die ihr dann in eurem Hinterkopf parat habt – dass Kommunisten betrügen oder was auch immer. Dieser Mann mag ein anderer Menschentyp sein. Denn keine zwei Personen sind jemals gleich.

Wann immer ihr aus vorgefertigten Schlüssen heraus handelt, handelt der Verstand. Wenn ihr in die Gegenwart hineinschaut und ihr keiner Idee erlaubt, euch die Realität zu verstellen, die Tatsachen zu verstellen, ihr einfach nur in die Fakten schaut und aus diesem Hinschauen handelt – das ist Meditation. Und Meditation ist nicht etwas, das man morgens macht und damit hat sich's: Meditation ist etwas, das man immerzu leben muss, jeden Moment seines Lebens, im Gehen, im Schlafen, im Sitzen, im Reden, im Zuhören. Es muss eine Art Klima werden. Ein entspannter Mensch bleibt darin. Ein Mensch, der immerzu die Vergangenheit abstreift, bleibt meditativ.

Handelt nie aus vorgefertigten Schlüssen; diese Schlüsse, das sind eure Prägungen, eure Vorurteile, eure Wünsche, eure Ängste und was es sonst noch so gibt. Kurz gesagt: Du bist da!

Du, das heißt deine Vergangenheit. Du, das heißt all deine Erfahrungen aus der Vergangenheit. Erlaubt den Toten nicht, die Lebenden zu überstimmen. Erlaubt der Vergangenheit nicht, die Gegenwart zu beeinflussen. Erlaubt dem Tod nicht, euer Leben zu überwältigen.

Genau das heißt Meditation. Kurz gesagt: Du bist nicht da. Das Tote kontrolliert das Lebendige nicht. Diese Erfahrung – Meditation – ist eine, die eurem Leben eine völlig andere Qualität verleiht. Dann lebst du nicht wie ein Hindu oder ein Muslim, Inder oder Deutscher, sondern dann lebst du einfach nur als Bewusstheit. Wenn du im Augenblick lebst, und nichts mischt sich ein, dann ist die Aufmerksamkeit total, weil keine Ablenkungen da sind; Ablenkungen kommen immer nur aus der Vergangenheit und der Zukunft.

Wenn die Aufmerksamkeit total ist, ist die Handlung total. Sie lässt keinen Rest zurück. Sie befreit dich immerzu weiter. Sie baut dir keine Käfige, sie sperrt dich nie ein. Und das ist das höchste Ziel Buddhas – das ist es, was er *Nirvana* nennt.

Nirvana heißt Freiheit – total, absolut, unbehindert wirst du zu einem offenen Himmel. Da ist keine Grenze mehr, da wird es grenzenlos. Es ist einfach da. Und dann ist nur noch Nichts um dich, innen wie außen. Das Nichts ist die Funktion eines meditativen Bewusstseinszustandes. Und dieses Nichts birgt Segnungen. Dieses Nichts an sich ist der Segen.

Jetzt zu den Sutras:

> Darum, oh Sariputra,
> liegt es an seiner Nichterrungenschaft, dass ein Bodhisattva,
> indem er sich auf die Vollkommenheit der Weisheit verließ,
> ohne Gedankenschleier bleibt.
> In Abwesenheit von Gedankenschleiern
> ist er nicht zum Zittern gebracht worden,
> hat er überwunden, was schrecken kann,
> und am Ende erreicht er Nirvana.

Denkt daran, dass dieses „darum" nach wie vor darauf hinweist, dass Buddha unentwegt in Sariputras Leere hineinschaut, und immer mehr spürt, dass dessen Energien sich entspannen, dessen Energien nicht mehr in Aufruhr sind, dass er nicht brütet, sondern lauscht, dass er nicht denkt, sondern einfach nur ganz bei Buddha ist – präsent, offen, verfügbar ... Dies „darum" gibt uns den Hinweis auf diese Entfaltung von Sariputras Wesen. Buddha sagt damit: Immer mehr Blütenblätter öffnen sich jetzt. Also kann er einen Schritt weiter gehen, also kann er Sariputra ein wenig tiefer geleiten. Sariputra ist offen für ihn. Dieses „darum" ist nicht logisch. Dieses „darum" ist existenziell. Je mehr er in Buddha hineinschaut, entfaltet sich Sariputra, und je mehr Buddha in Sariputra hineinschaut, ist Buddha bereit, ihn ein wenig weiter dem Jenseits entgegenzuführen. Jede Aussage geht jetzt tiefer und höher.

> Darum, oh Sariputra,
> liegt es an seiner Nichterrungenschaft, dass ein Bodhisattva,
> indem er sich auf die Vollkommenheit der Weisheit verließ,
> ohne Gedankenschleier bleibt.

Jedes einzelne Wort bedarf hier der Meditation – nicht der Konzentration – der Meditation, des Hinhörens, des Hineinschauens. Nicht des Grübelns, nicht des Nachdenkens! Diese Dinge sind höher als Denken, größer als Denken. Denken ist albern in diesen Sphären.

Erst sagt er, es liegt an seiner Nichterrungenschaft ... Meditation kann nicht errungen werden. Denn Meditation kann kein Motiv haben. Wenn du etwas erringst, erringst du es durch einen Beweggrund. Wenn du etwas erringst, musst du immer für die Zukunft arbeiten und für die Zukunft planen. Man kann jetzt sofort nichts erringen – außer Meditation. Lasst es mich wiederholen: Man kann jetzt sofort nichts erringen, außer Meditation. Warum? Wenn du Geld willst, kannst du es nicht jetzt sofort bekommen. Du wirst hart dafür arbeiten müssen. Legal, illegal – aber du wirst dafür arbeiten müssen. Es gibt langsame Wege – du kannst Geschäftsmann werden –, und es gibt schnellere Wege – du kannst Politiker werden ...

Aber irgendetwas musst du unternehmen. Langsam oder schnell, aber Zeit wird nötig sein. Zeit ist ein Muss. Ohne Zeit kannst du nicht zu Geld kommen. Wenn keine Zeit da ist – wie willst du es jetzt sofort schaffen? Selbst wenn du den Nachbarn berauben willst, wenn du der Person, die neben dir sitzt, in die Tasche greifen willst, gehört immer noch Zeit dazu. Zeit ist ein Muss. Wenn du berühmt werden willst, gehört Zeit dazu. Wenn du politisch mächtig werden willst, gehört Zeit dazu.

Nur Meditation kann man jetzt sofort bekommen, jetzt in diesem Moment, augenblicklich. Warum? Weil sie deine Natur ist. Warum? Weil sie bereits da ist. Du hast dein Recht auf sie noch nicht geltend gemacht, das stimmt; aber sie ist da, unangefordert. Du kannst sie jetzt sofort anfordern. Kein einziger Augenblick braucht zu verstreichen. Es liegt an seiner Nichterrungenschaft. Und *Nirvana* ist nichts als Meditation, heimgekehrt zum Anfangspunkt des Kreises. Gott ist nichts als die Knospe der Meditation, zur Blüte geworden.

Dies sind keine Errungenschaften, sondern eure eigentlichen Wirklichkeiten. Ihr könnt Äonen lang wegsehen, könnt sie Äonen lang ignorieren, aber ihr könnt sie nicht verlieren. Sie sind da, sitzen einfach in euch. Eines schönen Tages schließt ihr die Augen und seht hin, und ihr werdet zu lachen anfangen. Und nach diesem Segen habt ihr gesucht, nur habt ihr an falschen Orten gesucht; ihr habt genau nach dieser Sicherheit gesucht, die aus dem Nichts kommt – und habt sie im Geld und im Bankkonto und in diesem und jenem gesucht. Und so hat sie sich nicht eingestellt. Sie kann sich so nicht einstellen. Nichts, was außerhalb von dir ist, kann dein Leben sicher machen. Das Außen ist unsicher, wie kann es dein Leben sicher machen? Die Regierung kann dein Leben nicht sicher machen, weil die Regierung selber nicht sicher ist: Die Revolution kann kommen! Die Bank kann dein Leben nicht sicher machen, denn die Bank kann bankrott gehen. Nur Banken können bankrott gehen. Wer sonst? Die Frau, die du liebst, kann dein Leben nicht sicher machen: Sie könnte sich in einen anderen verlieben. Der Mann, den du liebst, kann dein Leben nicht sicher machen: Er könnte sterben.

All diese Dinge bleiben; je mehr Sicherheit du also äußerlich hast, um so unsicherer wirst du innerlich, weil du dann Angst vor der Bank hast, sie könnte ja bankrott gehen. Wenn du kein Konto bei ihr hast, ist es dir egal, mag sie jederzeit bankrott gehen! Aber wenn du dein Konto bei ihr hast, dann machst du dir Sorgen, dann hast du dir eine weitere Unsicherheit errungen. Immer diese Möglichkeit, dass die Bank bankrott machen könnte. Jetzt kannst du nicht mehr schlafen, weil du daran denkst, was wohl passieren mag.

Wenn du dein Vertrauen in irgendetwas Äußerliches gesetzt hast, erzeugt das noch mehr Unsicherheit. Darum gilt: Je reicher einer wird, desto unsicherer. Und ich rede hier nicht der Armut das Wort, vergesst das nicht! Ich sage damit nicht, seid arm. Armut hat nichts Heiliges. Und ich sage damit auch nicht, dass der Arme sicher ist. Er hat seine Unsicherheiten. Der Reiche hat seine Unsicherheiten. Natürlich sind die Unsicherheiten des Reichen komplexer; die Unsicherheiten des Armen sind simpel. Aber die Unsicherheiten sind da. Und ich sage nicht, arm zu sein wäre etwas Besonderes, oder arm zu sein wäre etwas sehr Wichtiges und Bedeutsames, oder arm zu sein wäre etwas, womit man sich brüsten könne.

Armsein hat nichts mit Spiritualität zu tun. Und genausowenig hat Reichsein etwas mit Spiritualität zu tun. Das sind irrelevante Fakten. Der Arme ist ebenso sehr nach außen fixiert wie der Reiche. Vielleicht hat der Arme nur einen Ochsenkarren und der Reiche einen Cadillac. Aber das ist egal. Der Ochsenkarren ist genauso äußerlich wie der Cadillac. Beide schauen sie nach außen: Der Reiche mag ein dickes Bankkonto haben, und der Arme mag nur eine winzige Börse haben oder ein bisschen Geld gespart haben. Aber das spielt keine Rolle: Beide schauen sie nach außen. Sicherheit gibt es nur auf dem Weg nach innen. Denn da wirst du erkennen, dass da niemand ist, der stirbt, dass da niemand ist, der leidet, dass es da nichts gibt, was passieren könnte, dass es nur den reinen Himmel gibt ... Wolken kommen und gehen, und der Himmel bleibt.

Leben kommen und gehen, Formen kommen und gehen, und das Nichts bleibt. Dieses Nichts ist bereits da.

Darum sagt Buddha: Es lässt sich erst erringen, wenn du verstehst, dass es nicht-erringbar ist. Es lässt sich erst erringen, wenn du die Grundtatsache verstehst, dass es bereits da ist, dass es bereits der Fall ist. Dieses Nichts, das da ist, lässt sich in keiner Weise entwickeln, evolutionär entfalten, es ist voll da. Eben darum lässt es sich in einem einzigen Augenblick erreichen. Buddha nennt es „Voll-Leere". Denn: Leere kann nur voll sein, wenn sie da ist. Wenn sie nicht voll ist, heißt das, dass auch noch etwas anderes als Leere da ist. Und dies andere wird sich querstellen, wird blockieren, und dies andere wird eine Dualität erzeugen, und dies andere wird eine Reibung erzeugen, und dies andere wird Spannung erzeugen, und dies andere wird Angst erzeugen. Du kannst dich mit etwas anderem nicht entspannen. Leere ist erst da, wenn sie voll ist, wenn alles Trennende gefallen ist, wenn du nichts mehr in dir hast – niemanden, der als Beobachter dabei sein könnte.

Buddha sagt: Diese Leere ist nicht einmal eine Erfahrung, denn wenn du es erfährst, heißt das, dass du da warst, um es erfahren zu können. Es ist du – wie kannst du es also erfahren? Du kannst nur etwas erfahren, was nicht du ist. Erfahrung heißt Dualität: der Beobachter und das Beobachtete, der Wissende und das Gewusste, das Subjekt und das Objekt, der Sehende und das Gesehene. Aber da ist nur Leere – niemand, der es sehen könnte, niemand, der zu sehen wäre, nichts, was Objekt wäre, nichts, was Subjekt wäre.

Diese nicht-duale Leere ist voll. Sie ist absolut voll. Ihre Fülle kann nicht verbessert werden, ihrer Fülle ist nichts mehr hinzuzufügen. Nichts kann ihr genommen werden – weil da nichts ist –, und nichts kann ihr hinzugefügt werden. Sie ist absolut voll. Voll-Leere ist keine Erfahrung, weil in ihr kein Erfahrender da ist. Eben darum sagt Buddha, Spiritualität ist nicht eine Erfahrung. Gott lässt sich nicht erfahren.

Wer sagt: „Ich habe Gott erfahren", versteht entweder nicht, was er da sagt, oder bedient sich einer sehr, sehr unzulänglichen Sprache. Du kannst Gott nicht erfahren! In dieser Erfahrung bist du nicht mehr zu finden. Die Erfahrung ist da, aber der Erfahrende ist nicht da – du kannst es also nicht als eine Erfahrung geltend machen. Immer also, wenn jemand Buddha fragt: „Hast du Gott erfahren?", schweigt er, sagt er kein einziges Wort, wechselt er augenblicklich das Thema, beginnt er, von etwas anderem zu reden.

Wann immer er danach gefragt wurde – sein ganzes Leben lang schwieg er sich aus, unweigerlich. Viele Leute dachten: „Der Mann hat Gott nicht erfahren, darum hält er den Mund." Aber er ist der einzige Mensch, der nichts gesagt hat, negativ oder positiv. Und nicht, weil er es nicht erfahren hätte. Er hat es erfahren – aber darüber lässt sich nicht als Erfahrung reden. Darum hält er den Mund. Darum schwieg Jesus, als Pontius Pilatus fragte: „Was ist Wahrheit?"

J. Krishnamurti sagt immerzu – und er macht eine sehr subtile Unterscheidung zwischen Erfahrung und Erfahren ... und das ist eine schöne Unterscheidung ... Er sagt: „Es ist ein Erfahren, keine Erfahrung." Es ist ein Prozess, kein Ding; es ist lebendig, nicht tot. Es ist in Gang, nicht beendet. Du gehst in Gott ein, und dann ist es etwas Weitergehendes, es geht weiter und weiter, bis in alle Ewigkeit. Du kommst nie wieder heraus. Es ist ein Erfahren, ein lebendiger Vorgang – wie ein Fluss, wie eine Blume, die sich öffnet und öffnet und öffnet und immer weiter öffnet. Und die Sache hat nie ein Ende. Zu sagen, man habe Gott erfahren, ist dumm, billig und töricht. Zu sagen, man habe *Moksha, Nirvana,* die Wahrheit errungen, sagt nicht viel aus, denn das sind Dinge, die sich nicht als Errungenschaften einordnen lassen.

Und so sagt Buddha:

Darum, oh Sariputra,
liegt es an seiner Nichterrungenschaft ...

Wenn der Geist zum Stillstand gekommen ist und nicht mehr daran interessiert ist, irgendetwas zu erringen, dann erringt er die Buddhaschaft. Wenn der Geist zum vollen Stillstand gekommen ist und nirgendwo hinwill, beginnt er nach innen zu gehen, beginnt er, in das eigene Sein, jenen bodenlosen Abgrund zu fallen. Voll-Leere wird durch Nicht-Erringen errungen. Werdet also keine Leistungsmenschen, denkt nicht in Begriffen von Leistung – dass ihr dieses und jenes zu leisten hättet, dass ihr Gott zu erreichen hättet. Das sind alles nur

Spiele – der Verstand betrügt euch aufs Neue. Der Name des Spiels wechselt, aber das Spiel, das subtile Spiel bleibt das Gleiche.

> ... liegt es an seiner Nichterrungenschaft, dass ein Bodhisattva, indem er sich auf die Vollkommenheit der Weisheit verließ ...

Dies ist eine sehr, sehr bedeutende Feststellung. Buddha sagt: Man darf sich auf absolut nichts verlassen. Nun, das ist sehr gegen die gewöhnliche buddhistische Religion, denn die gewöhnliche buddhistische Religion hat drei fundamentale „Zufluchten": *Buddham sharanam gachchhami, sangam sharanam gachchhami, dhammam sharanam gachchhami.* Der Jünger, wenn er zu Buddha kommt, verneigt sich vor ihm, liefert sich ihm aus und sagt: „Ich nehme Zuflucht zum Buddha" – *Buddham sharanam gachchhami;* „Ich nehme Zuflucht zur Kommune des Buddha" – *Sangam sharanam gachchhami;* „Ich nehme Zuflucht zu dem Gesetz, das der Buddha lehrt" – *Dhammam sharanam gachchhami.* Aber Buddha sagt hier, dass man sich auf nichts verlassen soll, dass es keine Zuflucht gibt, dass man nirgendwo Unterschlupf findet.

Man hat dieses Herz-Sutra „die Seele des Buddhismus" genannt, und die Kirche Buddhas hat man „den Körper" genannt. Jene drei Zufluchten sind für den ganz gewöhnlichen Geist gedacht, der auf der Suche nach irgendeiner Zuflucht, Stütze, Hilfestellung ist. Aber diese Aussagen hier gelten der höchsten Seele, einer Seele, die bis zur sechsten Stufe gelangt ist und genau zwischen der sechsten und siebten festhängt. Nur ein kleiner Schubs...

> Darum, oh Sariputra ...

Es heißt, dass mit der ersten Predigt Buddhas – man nennt sie die „Predigt der Drehung des Rades der Religion", *Dhamma Chakrapravatan Sutra,* so hieß seine erste Ansprache, nicht weit von Benares –, die gewöhnliche Religion begann, für die gewöhnlichen Massen.
In dieser Predigt erklärt er: „Kommt und nehmt Zuflucht zum Buddha, kommt und nehmt Zuflucht zum Gesetz, das der Buddha

lehrt, kommt und nehmt Zuflucht zur Gemeinschaft, zur Kommune des Buddha."

Zwanzig Jahre später teilt er diese zweite Arznei aus. Er brauchte zwanzig Jahre dazu, um eine Handvoll Leute zu der höchsten Möglichkeit hinzuführen. Dieses Sutra wird die zweitwichtigste Predigt genannt. Die erste fand in Sarnath bei Benares statt, als er zum Volk sagte: „Kommt und nehmt Zuflucht zu mir, ich habe es errungen! Kommt unter mein Obdach, ich bin angekommen! Kommt und habt an mir teil, ich bin am Ziel! Kommt und folgt mir!" Das galt dem Durchschnittsgeist. Es ist natürlich. Buddha hätte nicht das Herz-Sutra hinausposaunen können, die Massen wären nicht in der Lage gewesen, ihn zu verstehen. Dann arbeitete er zwanzig Jahre lang an seinen Jüngern. Jetzt ist Sariputra ganz nahe dran. Wegen dieser Nähe sagt er:

Darum, oh Sariputra ...

Jetzt kann ich es dir sagen, kann ich dir sagen: indem du dich auf die Vollkommenheit der Weisheit verließest ... Nur auf eines darfst du dich verlassen, und zwar Meditation. Nur auf eines darfst du dich verlassen, und zwar Bewusstheit, Aufmerksamkeit. Nur auf eines darfst du dich verlassen, und zwar die eigene innere Quelle, das Sein. Alles andere muss wegfallen – alle Zufluchten. Indem du dich allein auf die Vollkommenheit der Meditation verlassen hast ... Was man tun muss, ist dies: sich auf nichts verlassen, egal ob es weltlich ist oder nicht; alles loslassen; der daraus resultierenden Leere freien Lauf lassen, ungehemmt durch gleich welche Meinungen, ob für oder gegen; sich künftig auf nichts verlassen, nirgends nach einer Zuflucht oder Stütze suchen. Das ist die wirkliche Entsagung.

Unser separates Selbst ist eine Scheinwirklichkeit, die sich nur dadurch aufrechterhalten lässt, dass wir uns Stützen und Pfeiler suchen, an die wir uns lehnen, auf die wir uns verlassen können. Das „Zufluchtnehmen zu den drei Schätzen" ist der zentrale Akt der buddhistischen Religion – Zuflucht zum Buddha, Zuflucht zur *Sangha*, Zuflucht zum *Dhamma*.

Hier widerruft Buddha das. Es ist kein Widerspruch; er sagt einfach immer nur das, was ihr auch verstehen könnt. In meinen Aussagen könnt ihr tausendundeinen Widerspruch finden. Denn gemacht wurden sie mit Bezug auf verschiedene Leute. Je mehr ihr wachsen werdet, desto mehr werden die Aussagen, die ich mache, sich ändern. Denn meine Aussagen sind Antwort auf euch! Ich rede nicht zu den Wänden. Ich rede zu euch. Und ich kann nur so viel geben, wie ihr entgegennehmen könnt.

Je höher euer Bewusstsein, je tiefer euer Bewusstsein, desto mehr werden die Dinge, die von mir geäußert werden, sich ändern. Natürlich werden diese verschiedenen Äußerungen sehr widersprüchlich sein. Wenn einer auf logische Übereinstimmung erpicht ist, wird er in Buddhas Äußerungen keinerlei logische Übereinstimmung finden.

Aus diesem Grunde hat sich der Buddhismus noch am Tage, als Buddha starb, in sechsunddreißig Schulen aufgesplittert. Noch am selben Tag, als er starb! Und die Jünger spalteten sich in sechsunddreißig Schulen. Wie es dazu kam? Weil er so viele Aussagen verschiedenen Menschen gegenüber gemacht hatte – aufgrund deren Unterschiede an Bewusstsein und Verständnis –, fingen sie alle an, sich zu zanken und zu streiten. Sie sagten: „Das hat Buddha zu mir gesagt!"

Überlegt mal: die fünf ersten Jünger, zu denen er gesagt hatte: „Ich habe es errungen, jetzt kommt zu mir und ich werde euch hinbringen!" – wenn diese ersten fünf Jünger Sariputra treffen und Sariputra sagt: „Es wird errungen durch eine Art Nichterrungenschaft; wer sagt, er habe es errungen, irrt sich, weil es sich nicht erringen lässt!" – Was werden diese ersten Jünger sagen? Sie werden sagen: „Was redest du da? Wir sind die ältesten Jünger, die Senioren unter euch. Und das war das allererste, was Buddha uns gegenüber geäußert hat: ‚Ich habe es errungen!' Wir wären ihm doch nie und nimmer gefolgt, wenn er diese Erklärung nicht abgegeben hätte! Nur weil er sie abgab, folgten wir ihm. Unser Motiv war klar: Er hatte es geschafft, also wollten wir es auch schaffen. Darum sind wir ihm gefolgt. Und er hat zu uns gesagt: ‚Ich bin eure Zuflucht! Kommt und nehmt Zuflucht zu mir. Lasst mich euer Obdach sein.' Und was redest du da für Unsinn? Buddha kann das nicht gesagt haben. Du musst etwas missverstanden haben. Etwas ist schiefgelaufen, oder du hast es frei erfunden."

Nun, diese Aussage hier, dieses Herz-Sutra, wurde unter vier Augen gemacht. Es war für Sariputra gedacht. Es ist spezifisch an Sariputra gerichtet, es ist wie ein Brief. Sariputra kann keine Beweise anführen, denn in jenen Tagen existierten noch keine Tonbandgeräte. Er kann es einfach nur sagen, er kann einen Eid darauf schwören: „Ich erzähle da nicht irgendetwas Unwahres. Buddha hat zu mir gesagt: ‚Verlass dich nur auf deine Meditation und sonst nichts.'"

Der Geist, der sich auf etwas anderes verlässt, ist das Schein-Selbst, das Ego. Das Ego kann ohne Stützen nicht existieren, es braucht Stützen. Irgendetwas muss es stützen. Sobald alle Stützen entfernt sind, kippt das Ego um und verschwindet. Aber nur wenn das Ego umkippt, steigt in euch das Bewusstsein auf, welches ewig ist, welches zeitlos ist, todlos.

Hier nun aber sagt Buddha: „Es gibt keine Zuflucht, Sariputra. Es gibt keine Ausflucht, Sariputra. Es gibt nichts und nirgends ein Ziel. Du bist bereits dort."

Diese Voll-Leere wird dir, wenn du unvorbereitet in sie hineingerätst, ein großes Zittern bereiten. Wenn du durch irgendwen da hineingeworfen wirst ... zum Beispiel kommen Leute zu mir und sagen mit großer Liebe und Achtung: „Osho, warum gibst du mir nicht einen kräftigen Schubs?" Wenn du nicht bereit dafür bist und du hineingestoßen wirst, wird es nicht helfen. Es könnte deinen Fortschritt auf viele zukünftige Leben hinaus behindern. Wenn du auch nur einmal unvorbereitet in diese Leere geraten bist, wirst du so schockiert sein, so geängstigt, so zu Tode erschrocken, dass du dich wenigstens ein paar Leben lang keinem Menschen mehr nähern wirst, der vom Nichts redet, der von Gott redet. Du wirst einen großen Bogen machen. Diese Angst wird einen Keim in dir pflanzen. Nein, ihr dürft da nicht unvorbereitet hineingestoßen werden. Ihr dürft nur langsam, langsam geschoben werden, nur im gleichen Maße, wie ihr bereit seid.

Habt ihr schon einmal den berühmten Ausspruch Søren Kierkegaards gehört, des dänischen Philosophen, des Begründers des modernen

Existenzialismus? Er sagt: „Der Mensch ist ein Zittern, ständiges Zittern." Warum? Weil es den Tod gibt. Warum? Weil die Angst da ist, dass ich eines Tages nicht mehr sein werde.

Was den Durchschnittsgeist betrifft, hat er recht: Jeder zittert. Das Problem ist immer: „Sein oder Nichtsein". Es hängt euch ständig vor Augen – der Tod! Ihr könnt euch nicht vorstellen, im Nichts zu verschwinden. Es schmerzt, es macht Angst. Und wenn ihr tief in euch hineinschaut, werdet ihr finden, dass euch die Vorstellung, nichts zu sein, zittern macht. Ihr wollt sein, ihr wollt bleiben, ihr wollt fortbestehen, ihr wollt für immer fortbestehen. Das ist der Grund, warum Menschen, die nichts von ihrem inneren Sein wissen, beharrlich glauben, ihre Seele sei unsterblich. Nicht, weil sie es wüssten, sondern aus Angst! Aufgrund dieses Zitterns müssen sie glauben, dass die Seele unsterblich ist. Es ist eine Art Wunschdenken.

Jeder Idiot, der etwas von der Unsterblichkeit der Seele daherredet, wird euch also in seinen Bann ziehen. Ihr werdet süchtig werden. Nicht, weil ihr versteht, was er redet – er versteht es vielleicht selber nicht –, aber es wird sehr attraktiv sein. In Indien glauben die Leute an die Unsterblichkeit der Seele, und ihr könnt nirgendwo sonst so feige Menschen finden. Eintausend Jahre lang blieben sie Sklaven – Sklaven winziger Länder ... Jeder, der nach Indien kam, konnte es ohne jede Schwierigkeit erobern. Es war ganz einfach!

Und das sind die Leute, die an die Unsterblichkeit der Seele glauben! In Wirklichkeit dürfte man ein Land, das an die Unsterblichkeit der Seele glaubt, überhaupt nicht erobern können, weil niemand Angst hätte zu sterben! Wie könnte man jemanden erobern, der keine Angst hat zu sterben? Sie wären alle gestorben, aber sie hätten sich in keinerlei Unterwerfung gefügt. Sie hätten sich keinem Eroberer fügen können. Aber tausend Jahre lang blieb Indien Sklave ... Ohne weiteres blieben sie Sklaven. England ist ein sehr kleines Land. Es gibt nicht wenige Distrikte in Indien, die größer sind. Aber England vermochte es, über dieses riesige Land zu herrschen. Ohne weiteres! Es war nicht weiter schwer. Und warum? ... und das sind die Leute, die glauben, dass die Seele unsterblich sei!

Der Glaube kommt nicht aus ihrer Erfahrung, der Glaube kommt aus ihrer Angst. Damit ist alles erklärt: Sie sind feige Menschen, ängstlich, sie haben Angst vor dem Sterben. Folglich klammern sie sich an die Vorstellung, dass die Seele unsterblich sei. Nicht, dass sie es wüssten, nicht, dass sie es erfahren hätten! Sie haben nichts dergleichen je erfahren, sie haben nur den Tod erfahren, der sie einkesselt. Vor lauter Tod haben sie Angst. Und so glauben sie einerseits beharrlich an die Unsterblichkeit der Seele, und andererseits kann jeder sie foltern, und sie sind bereit, sich ihm zu unterwerfen und die Füße zu küssen.

Nur aus Angst glaubt der Mensch an die Unsterblichkeit. Nur aus Angst glaubt der Mensch an Gott – aus Zittern.

Søren Kierkegaard hat recht, was den Durchschnittsgeist betrifft. Ein anderer existenzialistischer Philosoph, Jean Paul Sartre, sagt: „Der Mensch ist dazu verdammt, frei zu sein." Warum verdammt? Warum dieses hässliche Wort „verdammt"? Freiheit – ist sie eine Art Verdammnis? Ja, für den Durchschnittsgeist ist sie das. Denn Freiheit heißt Gefahr. Freiheit heißt: Du kannst dich auf nichts verlassen, du bist allein auf dich gestellt. Freiheit heißt, alle Stützen sind dir entzogen, alle Pfeiler verschwinden. Freiheit heißt im Grunde „Nichts". Du bist erst frei, wenn du nichts bist. Hört euch an, was Sartre sagt: „Der Mensch als Freiheit wird zur Qual." Qual? Aufgrund von Freiheit? Ja, wenn du für sie nicht reif bist, wenn du auf sie nicht vorbereitet bist, ist sie eine Qual. Niemand will frei sein – was immer die Leute reden mögen. Niemand will frei sein. Die Leute wollen Sklaven sein, denn in der Sklaverei kann man die Verantwortung auf andere abschieben, ist man nie selbstverantwortlich.

Du bist ja nur ein Sklave, was kannst du also tun? Du hast ja nur getan, was dir befohlen wurde. Aber wenn du frei bist, bekommst du Angst. Plötzlich ist Verantwortung da. Egal, was du tust – du fühlst dich verantwortlich! Wenn du das eine tust, mag das und das passieren; oder wenn du das andere tust, mag etwas anderes passieren. Dann hast du die Wahl, und Wahl erzeugt Zittern.

Und Jean-Paul Sartre hat recht, was den Durchschnittsgeist betrifft, dass Freiheit Qual erzeugt. Er sagt: „Der Mensch hat Angst, frei zu sein, denn Freiheit erzeugt Schrecken, es ist eine schreckliche Freiheit. Wenn ich frei bin, kann nichts mich gegen mich selbst absichern. Es gibt keinen Wert, der mir mitgegeben wäre, zu dem ich Zuflucht nehmen könnte. Ich muss diese Werte erst selbst erfinden. Ich muss den Sinn meiner selbst und meines Universums bestimmen, allein, jenseits von aller Rechtfertigung oder Entschuldigung. Ich bin nur eine mögliche Form entschleierter Freiheit – du bist eine andere. Meine Freiheit ist nur die ständige Entschleierung meines eigenen Seins, und für dich gilt das gleiche. Unsere Einmaligkeit besteht darin, dass jeder von uns das auf seine eigene Weise tut."

Aber Sartre sagt, Freiheit erzeugt Qual, und Freiheit ist eine Art Verdammnis, ein Fluch. Und Kierkegaard sagt, der Mensch ist ein ewiges Zittern.

Und Buddha will, dass ihr in diese Freiheit, in dieses Nichts hineingeht. Natürlich müsst ihr darauf vorbereitet werden.

Sariputra ist nun soweit.

> Darum, oh Sariputra,
> liegt es an seiner Nichterrungenschaft, dass ein Bodhisattva,
> indem er sich auf die Vollkommenheit der Weisheit verließ,
> ohne Gedankenschleier bleibt.
> In Abwesenheit von Gedankenschleiern
> ist er nicht zum Zittern gebracht worden,
> hat er überwunden, was schrecken kann,
> und am Ende erreicht er Nirvana.

Er hat überwunden, was schrecken kann, und er kennt kein Zittern in diesem Nichts. Es kommt dem Durchschnittsgeist geradezu unmöglich vor: Wie kannst du ohne Zittern bleiben, wenn du verschwindest? Wenn du im Unbekannten verschmilzt, wie kannst du unerschrocken bleiben? Wie bringst du es fertig, nicht davonzulaufen? Wie bringst du es fertig, nicht nach Stützen und Zuflüchten und Hilfestellungen zu greifen, um wieder jenes Gefühl haben zu können, das Ego, das Selbst zu sein?

Darum also musste Buddha zwanzig Jahre warten; und selbst dann brachte er diese Wahrheit nur in einem persönlichen Dialog mit Sariputra zum Ausdruck, nicht in einer öffentlichen Predigt. Und wenn die Leute es Sariputra nicht glaubten, hatten sie ebenfalls recht – denn ihnen gegenüber hatte Buddha etwas anderes gesagt. Merkt es euch – es betrifft auch mich: Meine Aussagen sind widersprüchlich, denn sie werden für verschiedene Menschen gemacht; sie werden für verschiedene Bewusstseinsstufen gemacht. Und je mehr ihr wachst, desto widersprüchlicher werde ich sein, desto mehr werde ich widerrufen müssen, was ich zuvor gesagt hatte. Denn es wird nicht mehr relevant sein für euch. Mit wachsendem Bewusstsein werde ich euch anders antworten müssen. Jede Wende in eurem Bewusstsein wird eine Wende in meinen Aussagen sein. Und wenn ich fort bin, dann bildet keine sechsunddreißig Schulen! Denn sechsunddreißig werden nicht ausreichen …

Das Nichts bringt Freiheit. Freiheit vom Selbst ist die letztmögliche Freiheit. Es gibt keine höhere Freiheit als diese. Das Nichts ist Freiheit. Und es ist keine Qual, wie J. P. Sartre sagt, und es ist kein Zittern, wie Kierkegaard sagt. Es ist eine Segnung, es ist die allerhöchste Wonne. Es ist kein Zittern, weil niemand mehr da ist, der zittern könnte.

Meditation bereitet dich darauf vor. Denn indem du in Meditation gehst, wirst du mit jedem Tag weniger von dir vorfinden. Und je weniger du dich vorfindest, desto mehr wachsen im gleichen Maße deine Segnungen, deine Wonne, deine Seligkeit. Ganz allmählich erlernst du die Mathematik der inneren Welt: Je mehr du bist, desto mehr in der Hölle, je weniger du bist, desto mehr im Himmel. Der Tag, da du nicht bist, ist es *Nirvana*. Die endgültige Heimat hat sich eingestellt, du hast den vollen Kreis beschrieben, du bist wieder ein Kind geworden. Es gibt kein Selbst mehr.

Merkt euch: Freiheit ist nicht die Freiheit des Selbst. Freiheit heißt: Freiheit vom Selbst. Sartre versteht darunter Freiheit des Selbst, und darum fühlt es sich wie eine Verdammnis an – das Selbst bleibt erhalten. Es wird frei, aber es bleibt. Und darum ist Angst da. Wenn Freiheit hingegen bedeutet, dass das Selbst sich in ihr aufgelöst hat und nur noch

Freiheit da ist und keiner, der frei wäre – wer sollte dann zittern? Und wer sollte die Qual fühlen? Und wer sollte sich verdammt fühlen? Dann stellt sich auch die Frage der Wahl nicht: diese Art Freiheit handelt aus sich heraus. Man handelt ohne zu wählen, und da ist keine Verantwortung mehr – weil da niemand mehr ist, der irgendeine Verantwortung fühlen könnte. Dann handelt das Nichts: *Wei-wu-wei* – als Antwort des inneren Nichts auf das äußere Nichts handelt das Nichthandeln. Und es ist nichts da, was sich in den Weg stellen könnte.

> ... liegt es an seiner Nichterrungenschaft, dass ein Bodhisattva, indem er sich auf die Vollkommenheit der Weisheit verließ, ohne Gedankenschleier bleibt.
> In Abwesenheit von Gedankenschleiern ...

Jetzt ist kein Gedankenschleier mehr da. Und der Gedankenschleier ist die Scheidewand, die euch vom äußeren Nichts abtrennt. Genau das ist es, was ich gestern abend zu Neelamber sagte, dem Ex-Mark, von dem ich gestern sprach. Gestern abend ist er in Sannyas eingetreten ... Er wurde zu *Neelamber*. „Neelamber" bedeutet blauer Himmel. Was trennt den äußeren Himmel vom inneren Himmel? Eure Gedankenschleier. Das sind die Kleider, die es eurer Nacktheit verwehren, in Kontakt mit dem Himmel zu sein, die es eurem nackten Dasein verwehren, eine Brücke zum Himmel zu schlagen. Der Gedanke, dass du ein Hindu bist, der Gedanke, dass du ein Christ bist, der Gedanke, dass du ein Kommunist oder ein Faschist bist, trennt dich ab. Der Gedanke, dass du schön bist oder hässlich, trennt dich ab. Der Gedanke, dass du intelligent bist oder unintelligent, trennt dich ab. Egal welcher Gedanke – die Trennung ist da!

Und ihr habt Millionen von Gedanken. Ihr werdet euch schälen müssen, wie man eine Zwiebel schält, Schicht für Schicht. Man schält die eine Schicht ab, und eine andere Schicht ist da. Schäle sie ab – eine weitere Schicht ist da. Und natürlich, wenn du eine Zwiebel schälst, kommen dir Tränen in die Augen. Es tut weh. Wenn du dein Sein bloßzulegen beginnst, tut es mehr weh. Es ist nicht so, wie wenn du dir die Kleider auszieht, eher so, als würdest du dir die Haut abziehen. Aber wenn du immer weiter schälst, dann kommst du eines Tages dahin, dass die ganze Zwiebel verschwunden ist und nur Leere in deinen Händen zurückbleibt. Dieses Nichts ist Seligkeit.

Buddha sagt: Ein *Bodhisattva* bleibt ohne Gedankenschleier. Er ist da, aber er ist niemand. Er ist da, aber er hat keine Vorstellungen. Er ist da, aber er hat keine Gedanken. Nicht, dass er sich keiner Gedanken bedienen könnte ...

Ich bediene mich ständig der Gedanken. Ich spreche zu euch, jetzt in diesem Moment muss ich den Verstand und das Denken benutzen, aber sie hüllen mich nicht ein. Sie sind mir zur Hand. Wann immer ich sie brauche, benutze ich sie. Wann immer ich sie nicht brauche, sind sie nicht da, und mein innerer Himmel und mein äußerer Himmel sind eins. Und selbst während ich mich ihrer bediene, weiß ich, dass sie mich nicht trennen können. Sie sind instrumentell. Man kann sich ihrer bedienen, aber man wird in keiner Weise von ihnen eingehüllt.

... ohne Gedankenschleier bleibt.

Buddha sagt, dass es drei Arten von Gedankenschleier gibt. Der erste ist *Karma Averna* – unfertige Handlungen. Handlungen, die nicht total waren, verschleiern euer Sein. Jede Handlung will vervollständigt sein. Jedem Ding wohnt ein Drang inne, sich zu vervollständigen. Wann immer ihr einer Handlung gestattet, sich unvollständig an eure Fersen zu heften, hüllt sie euch in Schleier ein: *Karma Averna* – Karma, das dich einhüllt.

Die zweite ist *Klesas Averna*. Habgier, Hass, Eifersucht und dergleichen – man nennt sie *Klesas*, Unreinheiten; sie hüllen euch ein. Habt ihr es schon beobachtet? Ein wütender Mensch ist praktisch immerzu wütend. Manchmal weniger, manchmal mehr, aber dennoch wütend. Er ist bereit, jederzeit ausfällig zu werden. Er ist bereit, unter jedem Vorwand einen Wutanfall zu bekommen. Er kocht innerlich. Und genauso ist es mit dem eifersüchtigen Menschen. Der Eifersüchtige sucht immerfort nach etwas, worauf er oder sie eifersüchtig sein kann. Die eifersüchtige Ehefrau sucht überall in den Taschen des Ehemanns nach, ob sie etwas finden kann, schaut in seinen Briefen, seinen Akten nach, ob sie etwas finden kann.

... ohne Gedankenschleier bleibt.

Mulla Nasrudin ... Jedesmal, wenn er nach Hause kommt, gibt es aus irgendeinem Anlass Streit. Seine Frau ist eine so große Sucherin, dass sie immer irgendwas findet. Irgendeine Telefonnummer in seinem Kalender, und schon wird sie eifersüchtig. Ein Haar auf seinem Mantel, und schon stellt sie ein großes Kreuzverhör an: „Wo kommt dieses Haar her?"

Eines Tages kann sie gar nichts finden, nicht einmal ein Haar. Mulla hat getan, was er konnte – trotzdem beginnt sie zu heulen und zu zetern. Mulla sagt: „Was ist denn nun wieder los? Nicht einmal ein Haar hast du auf meinem Mantel finden können!" Sie sagt: „Darum weine ich ja. Jetzt bändelst du also schon mit kahlen Frauen an?"

Es ist nicht eben leicht, eine kahle Frau zu finden ... aber so funktioniert der Verstand einer eifersüchtigen Person. Das alles sind Schleier; Buddha nennt sie *Klesas*, Unreinheiten. Das Ego ist immer auf der Suche nach etwas – entweder um sich zu brüsten, oder sich verletzt zu fühlen. Der besitzergreifende Mensch ist immer auf der Suche nach etwas, womit er seine Besitzansprüche geltend machen kann, oder nach etwas Negativem, damit er kämpfen kann. Die Leute lassen nicht ab... Und ich rede nicht von irgendwelchen anderen, ich rede von euch. Prüft einfach nur mal eure Gedanken, wonach ihr immerzu sucht. Beobachtet eure Gedanken vierundzwanzig Stunden lang, und ihr werdet all diese Schleier – *Avernas* – finden. Entweder unvollständige Handlungen. Oder Unreinheiten. Oder das dritte: *Ghaya Avernas* genannt – Überzeugungen, Meinungen, Ideologien, Wissensschleier. Sie erlauben euch nicht zu erkennen; sie lassen euch nicht genug Spielraum zum Hinsehen. Diese drei Schleier müssen fallen. Wenn diese drei Schleier gefallen sind, bleibt man im Nichts. Dieses Wort ‚bleibt' muss ebenfalls verstanden werden.

Buddha sagt: Er bleibt im Nichts. Es ist seine Bleibe. Das Nichts ist seine Bleibe. Er wohnt in ihm, es ist seine Wohnung. Er liebt es, er ist absolut in Einklang mit ihm. Es ist ihm nicht fremd, er fühlt sich dort nicht wie ein Außenseiter, und er hat nicht das Gefühl, in einem Hotel zu sein und ausziehen zu müssen. Es ist seine Bleibe. Wenn die Gedankenschleier gefallen sind, ist das Nichts dein Zuhause, bist du in absoluter Harmonie mit ihm.

Kierkegaard und Sartre sind niemals dort gewesen. Sie haben nur darüber spekuliert. Sie machen sich nur Gedanken, wie es dort wohl sein mag. Darum zittert Kierkegaard. Er stellt sich einfach nur vor … stellt es euch ebenfalls vor! Stellt euch vor, wie es sein wird, wenn du stirbst und man dich auf einen Scheiterhaufen legt und du für immer erledigt bist. Und dann wirst du diese schönen Bäume, diese schönen Menschen nie wieder sehen können, und du wirst nie wieder lachen und du wirst nie wieder lieben und du wirst die Sterne nicht mehr sehen. Und die Welt wird weitergehen und du wirst überhaupt nicht da sein! Fühlst du kein Zittern? Fühlst du kein Beben? Alles wird weitergehen, die Vögel werden singen, und die Sonne wird aufgehen, und die Ozeane werden brüllen, und irgendwo kreist ein Adler, schwingt sich höher und höher, und die Blumen werden da sein, und ihr Duft, und der Duft der feuchten Erde, alles das wird da sein. Aber plötzlich, eines Tages, wirst du nicht sein, und dein Körper wird tot sein. Dieser schöne Körper, mit dem du gelebt hast, und um den du dich so gekümmert hast … er wurde krank und du warst in Sorge … Und eines Tages wird er so nutzlos sein, dass die Leute, die ihn liebten – die gleichen Leute! – ihn zu einem Scheiterhaufen hinschaffen und ihn anzünden. Stell dir das einmal genau vor! Denke darüber nach, und du bekommst das Zittern.

Kierkegaard muss darüber nachgedacht haben. Er muss ein sehr angstorientierter Mensch gewesen sein. Es geht die Geschichte von ihm, dass er der Sohn eines reichen Mannes war. Der Vater starb; er hinterließ Kierkegaard genug Geld, also arbeitete er nie. Er grübelte unentwegt, er konnte es sich ohne weiteres leisten, er hat nichts zu tun, er hat genug Geld auf der Bank. Jeden Monatsersten ging er zur Bank –

das war seine ganze Arbeit –, um etwas Geld abzuheben, und dann lebte er davon und meditierte – in seinem Sinne von Meditation, im Sinne von Grübeln, Brüten, Nachdenken. Nichts sonst will das deutsche Wort ‚Meditation' besagen. Es ist nicht die richtige Übersetzung von *Dhyana*.

Wenn Leute zu mir kommen und ich ihnen sage, sie sollen meditieren, fragen sie mich: „Worüber?" Das deutsche Wort besagt ‚über etwas meditieren', irgendein Objekt. Das indische Wort *Dhyana* bedeutet drin sein, nicht über oder auf etwas meditieren. Es ist ein Zustand, keine Tätigkeit. Er grübelte also nur immer und dachte nach und brütete und philosophierte. Es heißt, er verliebte sich in eine schöne Frau, aber konnte sich nicht entscheiden, ob er sie heiraten solle oder nicht. Das Phänomen der Liebe wurde in ihm zu einem einzigen Zittern. Drei Jahre brütete er darüber nach und schließlich entschloss er sich, nicht zu heiraten. Und er war tatsächlich verliebt! Sein ganzes Leben lang konnte er die Frau nicht vergessen, sein ganzes Leben lang sehnte er sich elendig nach dieser Frau. Die Frau war verliebt, er war verliebt. Trotzdem beschloss er, nicht zu heiraten. Warum? Weil ihn der bloße Gedanke an Liebe erzittern ließ. Liebe ist eine Art Tod. Wenn du wirklich einen Menschen liebst, stirbst du in ihm, löst du dich auf in ihm.

Wenn ihr Liebe macht … Ich muss dieses Wort ‚machen' benutzen, das trifft es zwar nicht, aber keine Sprache trifft es wirklich. Denkt also immer daran: Ich muss Wörter mit all ihren Beschränkungen gebrauchen. Liebe kann nicht ‚gemacht' werden. ‚Liebe machen' ist ein verkehrter Ausdruck.

Liebe geschieht. Aber wenn sie geschieht, wenn ihr mit jemandem im Zustand der Liebe seid, kommt Angst auf, weil ihr dabei verschwindet. Genau darum gelangen sehr, sehr viele Menschen, Millionen von Menschen niemals zum Orgasmus – weil der Orgasmus ein Tod ist.

Und Kierkegaard war so verliebt, dass ihn die Angst übermannte, sich in dieser Frau zu verlieren. Diese Angst war ihm zu viel. Er gab die Sache auf. Er weigerte sich, er würde nie heiraten. Sein ganzes Leben lang litt er – das ertrug er. Aber vor lauter Angst … Er war ein angstbestimmter Mensch.

Er lebte in besten Umständen, tat nichts, philosophierte nur. Und der Tag, an dem er starb ... das ist eine ganz merkwürdige Anekdote. Der Tag, als er starb ... Er starb, als er von der Bank heimging. Es war der erste Tag irgendeines Monats. Er kam von der Bank, hatte sein Geld abgeholt – aber das war jetzt sein letztes Geld! Er starb auf der Straße. Man nimmt an, dass er aus Angst starb, weil jetzt kein Geld mehr auf der Bank war. Er war vollkommen gesund. Er war nicht krank, es gab keinen Grund, warum er so plötzlich sterben sollte. Aber auf dem Rückweg von der Bank ... Und der Leiter der Bank hatte gesagt: „Das ist jetzt das letzte, Ihr Geld ist alle." Er schaffte es nichtmal bis nach Hause, er starb unterwegs. Er kann das Nichts, von dem Buddha spricht, nicht erfahren haben. Er kann sich nur Gedanken darüber gemacht haben – daher die Angst.

Und Jean-Paul Sartre war ebenfalls nicht in dem Zustand, den man Meditation nennt. Er ist kein Meditierer. Auch er ist wieder nur ein Denker, und dazu ein absolut westlicher. Er hat nie vom östlichen Weg nach innen gewusst. Darum kommt ihm die Freiheit wie Verdammnis vor und kommt ihm die Freiheit wie Qual vor. Die Wahrheit ist das genaue Gegenteil davon. Wenn du in die Freiheit, ins Nichts hineingehst, stellt sich Seligkeit ein. Wenn du in jenen äußersten Tod namens Liebe hineingehst, kommt es zu *Satori*, *Samadhi*. Buddha sagt: Er bleibt in diesem Nichts, es ist seine Bleibe. Es ist keine Qual, es ist kein Zittern, es ist keine Verdammnis. Er wohnt dort – es ist seine Heimat.

> ... ist er nicht zum Zittern gebracht worden,
> hat er überwunden, was schrecken kann,
> und am Ende erreicht er Nirvana.

Buddha sagt nichts weiter sonst. Er sagt: Geh du nur erst in diesen Zustand des Nichts hinein, dann ist *Nirvana* die natürliche Folge; am Ende kommt es ganz von allein. Du brauchst dir darum keine Sorgen zu machen. Du kannst ohnehin nichts dafür tun. Geh du nur erst in dieses Nichts hinein, und dann fängt das Nichts an zu wachsen und zu wachsen, sich weiter und immer weiter auszudehnen, und eines Tages ist es zu deiner ganzen Existenz geworden. Dann ist *Nirvana* da – du hast aufgehört zu sein. Du bist im Universum verschwunden.

Einmal wurde Buddha gefragt: „Wenn du fort bist und du nie mehr in einen Körper zurückkehren wirst, was wird dann aus dir?" Und er sagte: „Ich werde mich in der Existenz auflösen. Wenn du von der Existenz schmeckst, wirst du mich schmecken." Und, ja – da hat er recht. Wenn du die Existenz schmeckst, wirst du alle Buddhas schmecken – Krishna, Christus, Buddha, Mahavir, Zarathustra, Laotse, Kabir, Nanak... du wirst alle Buddhas schmecken.

Am Tag, da du in dieses Nichts eingehen wirst, wirst du von allen Buddhas willkommen geheißen werden. Die ganze Existenz pulsiert von Buddhaschaft, denn so viele Buddhas haben sich in ihr aufgelöst. Sie haben das gesamte Niveau der Existenz angehoben. Ihr habt das Glück, dass so viele Buddhas schon vor euch in die Existenz eingegangen sind. Wenn ihr dort ankommt, werdet ihr nicht unwillkommen sein.

All die, die als Buddhas erscheinen
in den drei Spannen der Zeit,
sind vollends erwacht zur äußersten,
rechten und vollkommenen Erleuchtung,
weil sie sich auf die Vollkommenheit der Weisheit verließen.

Die einzige Zuflucht ist die Vollkommenheit der Weisheit,
die Vollkommenheit der Meditation.
Das war in der Vergangenheit so, das ist in der Gegenwart so,
das wird in der Zukunft so sein.
Jeder, der ein Buddha wird, wird es durch Meditation.
Suche Zuflucht zur Meditation.
Suche Zuflucht zum Nichts.

8. Kapitel

DER WEG DER INTELLIGENZ

Die erste Frage:

Kann der Intellekt eine Tür zur Erleuchtung sein? Oder wird Erleuchtung nur durch Hingabe erlangt?

Erleuchtung geschieht immer durch Hingabe, aber Hingabe wird durch Intelligenz erlangt. Nur Idioten können sich nicht hingeben. Zur Hingabe gehört große Intelligenz. Den springenden Punkt der Hingabe zu erkennen, ist das i-Tüpfelchen aller Erkenntnis. Den springenden Punkt zu erkennen – dass du nicht von der Existenz getrennt bist –, ist das Höchste, was Intelligenz dir zu geben hat.

Es gibt keinen Konflikt zwischen Intelligenz und Hingabe. Hingabe geschieht durch Intelligenz – obwohl du, wenn du dich hingibst, auch deine Intelligenz hingibst. Durch Hingabe begeht der Intellekt Selbstmord. Seine eigene Nutzlosigkeit erkennend, seine eigene Absurdität erkennend, die Qual, die er schafft, erkennend, verschwindet er. Aber passieren tut es durch Intelligenz. Und besonders, was Buddha betrifft, ist sein Weg der der Intelligenz. Schon das Wort ‚Buddha' bedeutet ‚erwachte Intelligenz'.

Im Herz-Sutra bedeuten ein Viertel der benutzten Wörter so viel wie Intelligenz: die Wörter *Buddha*, ‚erwacht'; *Bodhi*, ‚Erwachen'; *Sambodhi*, ‚vollkommenes Erwachtsein'; *Abhisambuddha*, ‚der vollends Erwachte'; *Bodhisattva*, ‚bereit voll zu erwachen'; – sie alle gehen auf die gleiche Wurzel *Budh* zurück, was ‚Intelligenz' bedeutet. Das Wort *Buddhi*, Intellekt, geht ebenfalls auf die gleiche Wurzel zurück. Die Wurzel *Budh* enthält viele Dimensionen. Es gibt kein einziges deutsches Wort, das es übersetzen kann. Es hat viele Assoziationen. Es ist sehr fließend und poetisch. In keiner anderen Sprache gibt es ein Wort wie *Budh* – mit so vielen Bedeutungen. Es stecken mindestens fünf Bedeutungen in dem Wort *Budh*.

Die erste ist ‚aufwachen' – sich selber aufwecken und andere aufwecken. Wach zu sein – insofern ist es das Gegenteil von schlafen, im Schlummer der Selbsttäuschung liegen, von dem der Erleuchtete aufwacht wie aus einem Traum. Das ist die erste Bedeutung von Intelligenz, *Budh* – ein Erwachen in dir zu bewirken. Gewöhnlich schläft der Mensch. Selbst wenn du glaubst, du bist wach, bist du es nicht. Während du die Straße entlang gehst, bist du voll wach – in deiner Vorstellung. Aber von der Warte eines Buddha aus gesehen, bist du im Tiefschlaf – denn tausendundein Traum und Gedanke lärmen in deinem Innern. Dein inneres Licht ist sehr umwölkt. Es ist eine Art Schlaf. Ja, deine Augen sind offen – offensichtlich. Aber die Menschen können mit offenen Augen im Traum, im Schlaf wandeln. Und Buddha sagt: Auch ihr wandelt im Schlaf – offenen Auges. Aber euer inneres Auge ist nicht offen. Ihr wisst noch nicht, wer ihr seid. Ihr habt nicht in eure eigene Realität hineingeschaut. Ihr seid nicht wach.

Ein Geist voller Gedanken ist noch nicht erwacht, kann nicht wach sein. Nur ein Geist, der die Gedanken und das Denken aufgegeben hat, dessen Umwölkung sich aufgelöst hat – und nun brennt die Sonne hell, und der Himmel ist absolut leer von Wolken ... nur solch ein Geist besitzt Intelligenz, nur solch ein Geist ist wach. Intelligenz ist die Fähigkeit, in der Gegenwart zu sein. Je mehr du in der Vergangenheit oder in der Zukunft bist, desto weniger intelligent bist du.

Intelligenz ist die Fähigkeit, hierjetzt zu sein, in diesem Moment zu sein und nirgendwo sonst – dann bist du wach. Zum Beispiel: Du sitzt in einem Haus, und das Haus fängt plötzlich Feuer, dein Leben ist in Gefahr ... Dann wirst du für einen Moment lang wach sein. In dem Moment wirst du nicht viele Gedanken denken, in dem Moment wirst du nicht zugedröhnt sein von deinen psychologischen Erinnerungen: ‚Dass du vor dreißig Jahren eine Frau geliebt hast ... und Junge, war das fantastisch!' Du wirst nicht solchen Gedanken nachhängen. Oder neulich warst du im China-Restaurant, und noch immer liegt dir der Geschmack auf der Zunge und das Aroma und der Duft des frischgebackenen Brotes ... Nein, wenn dein Haus in Flammen steht, kannst du dir diese Art von Denken nicht leisten. Plötzlich wirst du in den jetzigen Moment springen: Das Haus steht in Flammen, und dein Leben steht auf dem Spiel! Du wirst nicht von der Zukunft träumen – was du wohl morgen tun wirst. Morgen spielt keine Rolle mehr. Gestern spielt keine Rolle mehr. Selbst heute spielt keine Rolle mehr, nur noch dieser Moment, dieser Sekundenbruchteil.

Das ist die erste Bedeutung von *Budh* – Intelligenz. Und dann gibt es da noch weitere tiefe Einsichten. Ein Mensch, der wirklich erwacht sein will, der wirklich ein Buddha sein will, muss jeden Moment in solcher Intensität leben, wie ihr es nur selten tut, nur hin und wieder, in irgendeiner Gefahr. Die erste Bedeutung ist das Gegenteil von Schlaf. Und natürlich kann man die Wirklichkeit nur dann sehen, wenn man nicht schläft. Man kann sich ihr nur dann stellen, man kann der Wahrheit – oder nennt es Gott – nur dann in die Augen sehen, wenn man wach ist. Versteht ihr den springenden Punkt der Intensität? Den Punkt, dass man in Flammen steht? Absolut wach? Das heißt Erkennen. Dieses Erkennen bringt Freiheit, dieses Erkennen bringt Wahrheit.

Die zweite Bedeutung von *Budh* ist ‚erkennen' – im Sinne von gewahr werden, sich bekannt machen mit, bemerken, beachten; und somit ist der Buddha einer, der das Falsche als das Falsche erkannt hat und seine Augen für das Wahre als das Wahre geöffnet hat. Das Falsche als das Falsche zu sehen, ist der Anfang des Verstehens dessen, was die Wahrheit ist. Nur wenn du das Falsche als das Falsche siehst, kannst du sehen, was Wahrheit ist, kannst du nicht länger in Illusionen leben. Du kannst nicht in deinen Überzeugungen weiterleben, du kannst nicht in deinen Voreingenommenheiten weiterleben, wenn du die Wahrheit wissen willst. Das Falsche muss als falsch erkannt werden. Das ist die zweite Bedeutung von *Budh*: das Erkennen des Falschen als falsch, des Unwahren als unwahr.

Zum Beispiel hast du immer an Gott geglaubt. Du wurdest als Christ oder Hindu oder Muslim geboren. Man hat dich gelehrt, dass Gott existiert. Man hat dir Angst vor Gott eingejagt – dass du leiden wirst, wenn du nicht glaubst, dass du bestraft werden wirst, dass Gott sehr rabiat ist, dass Gott dir niemals verzeihen wird. Der jüdische Gott sagt: „Ich bin ein sehr eifersüchtiger Gott. Du darfst keine anderen Götter neben mir haben!" Der muslimische Gott sagt genau das Gleiche: „Es gibt nur einen Gott, und keinen anderen Gott. Und es gibt nur einen Propheten Gottes – Mohammed –, und einen anderen Propheten gibt es nicht." Diese Konditionierung kann so tief in dich eindringen, dass sie sich auch dann noch hält, wenn du schon nicht mehr an Gott glaubst.

Erst neulich war Mulla Nasrudin hier, und ich fragte ihn: „Mulla Nasrudin, da du jetzt Kommunist bist und dich Genosse nennst – was ist mit Gott?" Er sagte: „Es gibt keinen Gott, und Mohammed ist sein einziger Prophet!"

So tief kann eine Konditionierung sitzen! Mohammed bleibt der Prophet! Man hat dich gelehrt, an Gott zu glauben, und du hast dran geglaubt. Das heißt Glauben. Ob Gott tatsächlich existiert oder nicht, hat nichts mit deinem Glauben zu tun. Die Wahrheit hat nichts mit deinem Glauben zu tun. Ob du glaubst oder nicht, ist der Wahrheit egal. Aber wenn du an Gott glaubst, wirst du ihn weiter sehen – jedenfalls ihn zu sehen glauben. Wenn du nicht an Gott glaubst, wird dich dieses Nichtglauben am Erkennen hindern. Alle Glaubensinhalte hindern, denn sie werden zu Vorurteilen rings um dich her, sie werden zu ‚Gedankenschleiern' – was Buddha *Avarnas* nennt.

Es gibt nichts, woran ein Mann von Intelligenz glaubt oder nicht glaubt. Ein Mann von Intelligenz ist einfach nur offen zu erkennen, was immer der Fall sein mag. Wenn Gott da ist, wird er es erkennen – aber nicht, weil es sein Glaube ist; er hat keinen Glauben. Nur in einer nicht-gläubigen, nicht-ungläubigen Intelligenz kann die Wahrheit sich zeigen. Wenn du schon glaubst, lässt du der Wahrheit keinen Raum, zu dir zu kommen. Dein Vorurteil sitzt auf dem Thron, sitzt längst auf dem Thron. Du kannst nichts sehen, was gegen deinen Glauben geht. Du wirst Angst bekommen, du wirst unsicher werden, du wirst zu zittern anfangen: Du hast so viel in deinen Glauben investiert, so viel Leben, so viel Zeit, so viele Gebete – fünf Gebete am Tag! Fünfzig Jahre hat jemand seinem Glauben geopfert – wie soll er jetzt plötzlich erkennen können, dass es keinen Gott gibt? Ein anderer hat sein ganzes Leben in den Kommunismus investiert, in den Glauben, es gebe keinen Gott; wie soll er da so weit gehen können, zu prüfen, ob es einen Gott gibt? Er wird es immer wieder vermeiden. Ich sage hier nichts darüber aus, ob Gott ist oder nicht ist. Was ich hier sage, ist etwas, das mit euch zu tun hat, nicht mit Gott. Es gehört ein Geist, ein klarer Geist dazu, es gehört eine Intelligenz dazu, die sich an keinen Glauben klammert. Dann bist du wie ein Spiegel: Du spiegelst das wider, was ist.

Das ist die zweite Bedeutung von *Budh*. Ein intelligenter Mensch ist weder ein Kommunist noch ein Katholik, ein intelligenter Mensch ist nicht gläubig, ist nicht ungläubig – das ist nicht seine Art. Er schaut ins Leben hinein, und was immer dort ist, das ist er bereit zu sehen. Er hat keine Scheuklappen. Sein Blick ist durchdringend. Nur diese wenigen Menschen erreichen die Wahrheit.

Die dritte Bedeutung der Wurzel *Budh*, ‚Intelligenz', ist ‚wissen', ‚verstehen'. Der Buddha weiß, was ist. Er versteht, was ist, und genau in diesem Verstehen ist er frei von aller Knechtschaft – Wissen also im Sinne von Verstehen, nicht im Sinne von Gelehrsamkeit. Buddha ist nicht gelehrt.

Ein intelligenter Mensch gibt nicht viel auf Informationen und Wissen. Ein intelligenter Mensch gibt viel mehr auf die Fähigkeit zu erkennen. Sein wirkliches, authentisches Interesse gilt dem Erkennen, nicht dem Wissen. Erkennen schenkt euch Verstehen. „Vielwissen" verleiht euch nur ein Gefühl von Verstehen, ohne euch wirkliches Verstehen zu schenken. So ein Wissen ist Falschgeld. Es trügt. Es gibt euch nur das Gefühl, Bescheid zu wissen – dabei wisst ihr überhaupt nicht Bescheid. Ihr könnt so viel Wissen ansammeln wie ihr wollt, ihr könnt immer mehr horten, ihr könnt sehr, sehr gelehrt werden, ihr könnt Bücher schreiben, ihr könnt akademische Grade haben, könnt Dr. phil. sein, könnt Dr. jur. sein und dennoch immerzu die gleiche dumme Person bleiben, die ihr seit jeher wart. Diese Grade verändern euch nicht. Sie können euch nicht verändern.

Im Gegenteil, eure Dummheit wird stärker – sie hat jetzt akademische Grade. Sie kann sich durch Zertifikate ausweisen; sie kann sich nicht durch Leben ausweisen, aber sie kann sich durch Urkunden beweisen. Sie kann sich auf keine andere Weise beweisen, aber sie kann akademische Grade vorweisen, Urkunden, Bestätigungen seitens der Gesellschaft.

Alle Welt glaubt zu wissen, und ihr glaubt ebenfalls zu wissen.

Habt ihr das noch nicht gesehen? Die Leute, die als sehr gebildet gelten, sind so unwissend wie nur irgendwer, manchmal noch unwissender. Nur sehr selten findet man in der akademischen Welt intelligente Leute – sehr selten. Ich war in der akademischen Welt, und ich sage es aufgrund meiner Erfahrung. Ich habe intelligente Bauern gesehen, ich habe keine intelligenten Professoren gesehen. Ich habe intelligente Holzfäller gesehen, ich habe keine intelligenten Professoren gesehen. Warum? Was ist schiefgelaufen mit diesen Leuten? Eines ist schiefgelaufen: Sie können sich auf das Wissen verlassen. Sie brauchen keine Erkennenden zu werden, sie können sich auf das Wissen verlassen. Sie haben eine Möglichkeit zweiter Hand gefunden. Zur ersten Möglichkeit gehört Mut.

Ein Erkennen aus erster Hand können sich nur wenige Leute leisten – Abenteurer, Leute, die über den gewöhnlichen Pfad, wo sich die Massen bewegen, hinausgehen, Leute, die sich für kleine Fußpfade im Dschungel des Unerkennbaren entscheiden. Die Gefahr ist, sie können verlorengehen. Das Risiko ist hoch. Wenn du Wissen aus zweiter Hand bekommen kannst – wozu die Mühe! Du kannst einfach in deinem Sessel sitzenbleiben! Du kannst zur Bibliothek gehen, du kannst zur Universität gehen, du kannst Informationen sammeln, du kannst einen großen Haufen Informationen auftürmen und dich obendrauf setzen. Durch Wissen wird dein Gedächtnis größer und größer, aber nicht deine Intelligenz. Manchmal kommt es vor – wenn du nicht viel weißt, wenn du nicht sehr gebildet bist –, dass du in gewissen Momenten intelligent sein musst.

Ich habe gehört …

Eine Frau kaufte eine Dose mit Früchten, aber sie konnte die Dose nicht aufkriegen, sie wusste nicht, wie man sie öffnet. Also lief sie in ihr Arbeitszimmer, um im Kochbuch nachzulesen. Aber bevor sie es nachgeschlagen und die Seite und die Stelle gefunden hatte, war ihr der Diener zuvorgekommen und hatte sie aufgemacht.

Sie fragte: „Aber wie hast du das geschafft?"

Der Diener sagte: „Wenn man nicht lesen kann, muss man seinen Verstand gebrauchen."

Ja, genauso läuft es. Das ist der Grund, warum Bauern, Gärtner, Holzfäller intelligenter sind, etwas Frisches an sich haben. Sie können nicht lesen, also müssen sie ihren Verstand gebrauchen. Man muss überleben und man muss seinen Verstand gebrauchen.

Die dritte Bedeutung von *Budh* ist Wissen im Sinne von Verstehen. Der Buddha hat das, was ist, erkannt. Er versteht das, was ist, und genau in diesem Verstehen ist er frei von aller Abhängigkeit. Was bedeutet das? Es bedeutet: Ihr habt Angst!

Zum Beispiel macht dieses Herz-Sutra vielen Leuten ein Angstgefühl. Viele Leute haben mich wissen lassen: „Osho, Schluss jetzt! Du machst uns Angst vor dem Nichts und dem Tod." Prageet hat sehr viel Angst. Vidya hat sehr viel Angst, und viele andere … Warum? Wollt ihr eure Angst denn nicht loswerden? Wenn ihr die Angst loswerden wollt, müsst ihr die Angst verstehen. Ihr wollt vor der Tatsache die Augen verschließen, dass die Angst da ist, die Angst vor dem Tod. Nun, Prageet wirkt oberflächlich betrachtet wie ein sehr starker Mann – ein Rolfer! Aber tief drinnen hat er eine enorme Angst vor dem Tod: einer der Ängstlichsten hier überhaupt. Vielleicht legt er deshalb das Gehabe der Stärke, der Macht, des Kraftprotzes an den Tag – hm? Genau das ist ein Rolfer.

Ich habe gehört, dass neuerdings der Teufel in der Hölle Rolfer einstellt. Sie foltern die Leute einfach zur eigenen Freude, und sie foltern sie technisch perfekt!

Wenn du in dir drin Angst hast, musst du etwas Starkes nach außen hin aufbauen, eine harte Schale, sodass niemand herausbekommt, dass du Angst hast. Und das ist noch nicht alles: Du selbst wirst nicht erkennen, dass du Angst hast, aufgrund dieser harten Schale. Sie wird dich vor anderen schützen, sie wird dich vor deiner eigenen Einsicht schützen.

Ein intelligenter Mensch läuft vor keiner Tatsache davon. Wenn es Angst ist, wird er hineingehen. Denn der Weg hinaus ist durch. Wenn er Angst und Zittern in sich aufsteigen fühlt, wird er alles andere stehen und liegen lassen: Erst muss er durch diese Angst durch! Er wird hineingehen. Er wird versuchen zu verstehen. Er wird nicht versuchen, irgendwie keine Angst zu haben, er wird sich diese Frage nicht stellen. Er wird nur eine Frage stellen: „Was ist diese Angst? Sie ist da, sie ist ein Stück von mir, sie ist meine Realität – ich muss da hinein, ich muss es verstehen. Wenn ich es nicht verstehe, dann wird mir ein Stück meiner selbst immer unbekannt bleiben. Und wie soll ich herausfinden, wer ich bin, wenn ich immerzu Dinge auslasse? Dann werde ich nicht die Angst verstehen, nicht den Tod verstehen, nicht die Wut verstehen, ich werde meinen Hass nicht verstehen, ich werde meine Eifersucht nicht verstehen, ich werde dies nicht verstehen und jenes, und das ..."

Wie willst du dich dann kennenlernen? All diese Dinge bist du! Das ist dein Dasein! Du musst in alles hineingehen, was da ist, jeden Winkel, jede Ecke. Du musst die Angst erforschen. Selbst wenn du zitterst – nur keine Sorge: Zittre, aber geh rein! Es ist weit besser zu zittern als davonzulaufen. Denn wenn du erst einmal davonläufst, wird dir diese Seite von dir unbekannt bleiben, und du wirst immer mehr Angst haben, sie dir anzusehen, denn diese Angst wird immer mehr zunehmen. Sie wird größer und größer werden, wenn du nicht in sie hineingehst, sofort, in diesem Moment! Morgen wird sie vierundzwanzig Stunden länger gelebt haben – hüte dich! Sie hat mehr Wurzeln in dir! Sie wird mehr Laub haben, sie wird stärker werden. Und dann wird sie schwieriger anzugehen sein. Es ist besser, es jetzt sofort zu tun, es ist schon spät.

Und wenn du hineingehst und du sie siehst ... Sehen heißt: ohne Vorurteil. Sehen heißt, dass du die Angst nicht als schlecht verurteilst. Wer weiß, vielleicht ist sie nicht schlecht. Wer will das wissen? Der Forscher muss offen für alle Möglichkeiten bleiben; er kann sich keinen verschlossenen Geist leisten.

Ein verschlossener Geist und Forschung, die gehen nicht zusammen. Er wird hineingehen. Wenn es Leiden und Schmerz bringt, wird er den Schmerz erleiden. Aber reingehen wird er, zitternd, zögernd, aber er wird hineingehen: „Es ist mein Territorium, ich muss wissen, wie es da ist, vielleicht birgt es ja irgendeinen Schatz für mich? Vielleicht ist die Angst nur da, um den Schatz zu hüten?"

Das ist meine Erfahrung, so verstehe ich es. Wenn du tief in die Angst hineingehst, wirst du Liebe finden. Das ist auch der Grund, warum die Angst verschwindet, wenn du tief in die Liebe hineingehst. Und wenn du Angst hast, kannst du nicht in Liebe sein. Was heißt das? Eine einfache Rechnung: dass Angst und Liebe nicht gemeinsam da sein können. Was wiederum heißt, dass es die gleiche Energie sein muss, die zu Angst wird, dass nichts zurückbleibt, was zu Liebe werden könnte. Wird sie Liebe, bleibt nichts übrig, was Angst werden könnte.

Geht in die Angst rein, Prageet, Vidya und alle andern, die Angst haben. Geht hinein, und ihr werdet einen großen Schatz finden. Verborgen hinter der Angst ist Liebe. Und verborgen hinter der Wut ist Mitgefühl. Und verborgen hinter dem Sex ist *Samadhi*. Geht in jedes negative Etwas hinein, und ihr werdet das Positive finden. Und wenn ihr das Negative und das Positive kennt, dann geschieht etwas Drittes, das Letztmögliche: das Transzendentale. Das ist diese Bedeutung von *Budh*, ‚Intelligenz': Verstehen.

Und die vierte Bedeutung ist ‚erleuchtet sein' und ‚erleuchten'. Der Buddha ist das Licht. Er ist zum Licht geworden. Und da er zum Licht geworden ist und er licht geworden ist, zeigt er das Licht auch anderen – naturgemäß, offensichtlich. Er ist Illumination. Seine Dunkelheit ist verschwunden. Seine innere Flamme brennt hell. Rauchlos ist seine Flamme.

In dieser Bedeutung bezeichnet es das Gegenteil von Dunkelheit und von der entsprechenden Blindheit und Ignoranz. Dies ist die vierte Bedeutung: licht zu werden, erleuchtet zu werden. Gewöhnlich bist du ein Dunkel, ein Kontinent der Dunkelheit, ein dunkler Kontinent – unerforscht ... Der Mensch ist irgendwie seltsam. Er hört nicht auf, den Himalaja zu erforschen, er hört nicht auf, den Pazifik zu erforschen, er hört nicht auf, nach dem Mond und dem Mars zu greifen. Nur eines versucht er nie: sein inneres Dasein zu erforschen.

Der Mensch hat den Mond betreten, und der Mensch hat noch nicht sein eigenes Sein betreten. Das ist seltsam ... Vielleicht ist das Betreten des Mondes nur eine Ausflucht, ist das Betreten des Everest nur eine Ausflucht. Vielleicht will er nicht nach innen gehen, weil er sehr große Angst hat. Er ersetzt es durch irgendwelche anderen Forschungen, um sich besser zu fühlen, andernfalls müsstet ihr euch sehr, sehr schuldig fühlen. Ihr fangt an, einen Berg zu besteigen, und fühlt euch gut, dabei ist der höchste Berg in eurem Innern – noch unbestiegen. Ihr fangt an, tief in den Pazifik zu tauchen, dabei ist der größte Pazifik in euch – und zwar unbefahren, unerforscht. Und ihr fangt an, zum Mond zu fliegen – was für eine Dummheit! Und ihr fangt an, eure Energie damit zu vergeuden, zum Mond zu wollen, dabei ist der wirkliche Mond in euch, weil das wirkliche Licht in euch ist. Der intelligente Mensch wird als erstes nach innen gehen. Ehe er irgendwo anders hingeht, wird er in sein eigenes Dasein hineingehen, das ist das erste und sollte die erste Priorität haben. Nur wenn du dich selbst kennengelernt hast, kannst du überall sonst hingehen. Dann wird dich, wo immer du hingehst, eine Aura von Seligkeit, von Friede, von Jubel begleiten.

Die vierte Bedeutung ist also, erleuchtet zu sein.

Intelligenz ist der Funke ... mit etwas Nachhilfe, mit etwas Kooperation kann er eine Flamme werden und ein Licht und eine Wärme. Er kann zu Licht werden, er kann zu Leben werden, er kann zu Liebe werden. All diese Dinge sind in dem Wort Erleuchtung mit enthalten. Ein erleuchtetes Wesen hat keine dunklen Winkel in seinem Wesen. Alles ist wie der Morgen, die Sonne steht am Horizont. Die Dunkelheit der Nacht und die Bangigkeit der Nacht ist verschwunden, und die Schatten der Nacht sind verschwunden. Die Erde ist wieder erwacht.

Ein Buddha zu sein heißt, einen Morgen, eine Morgenröte in dir zu erreichen. Das ist die Funktion von Intelligenz, die höchstmögliche Funktion.

Und die fünfte Bedeutung von *Budh* ist ‚ausloten'. Eine Tiefe ist in dir, eine bodenlose Tiefe, die ausgelotet werden muss. Oder die fünfte

Bedeutung kann auch sein: ‚durchdringen'. Alles wegzulassen, was hindert, und bis zum innersten Kern deines Wesens vorzudringen: zum Herzen – und genau darum heißt dieses Sutra „Das Herz-Sutra" – *Prajnaparamita-Hridayam Sutra*, vorzudringen.

Die Leute wollen in vieles im Leben eindringen. Euer Drang, euer großes Verlangen nach Sex ist nichts als eine Art von Eindringen; aber das ist ein Eindringen in den andern. Das gleiche Eindringen muss in dein eigenes Dasein stattfinden; du musst in dich selbst eindringen. Wenn du in einen anderen eindringst, kann dir das einen momentanen Lichtblitz verschaffen. Aber wenn du in dich selbst eindringst, kannst du zum universalen, kosmischen Orgasmus gelangen, der bleibt und bleibt und bleibt. Ein Mann begegnet einer äußeren Frau, und eine Frau begegnet einem äußeren Mann ... Das ist eine sehr oberflächliche Begegnung, und dennoch bedeutsam, und dennoch bringt sie Momente der Freude. Wenn die innere Frau dem inneren Mann begegnet... Und beide trägst du in dir! Ein Teil von dir ist weiblich, ein Teil von dir ist männlich, egal ob du Mann oder Frau bist. Jeder ist bisexuell.

Die fünfte Bedeutung der Wurzel *Budh* bedeutet: ‚Durchdringung'; wenn dein innerer Mann deine innere Frau durchdringt, kommt es zur Begegnung, wirst du ganz, wirst du eins, und dann verschwinden alle Begierden, in den anderen einzudringen. In dieser Begierdelosigkeit liegt Freiheit, liegt *Nirvana*.

Buddhas Weg ist der Weg des *Budh*. Denkt dran, Buddha ist nicht der Name von Gautama Buddha; Buddha ist der Zustand, den er erlangt hat. Sein Name war Gautam Siddhartha. Eines Tages dann wurde er zum Buddha, eines Tages blühte sein *Bodhi,* seine Intelligenz auf. Buddha bedeutet haargenau dasselbe wie Christus. Der Name von Jesus ist nicht Christus – das bezeichnet das höchste Aufblühen, das ihm widerfuhr. Genauso ist es mit Buddha. Es hat viele andere Buddhas außer Gautam Siddhartha gegeben. Jeder hat die Fähigkeit von *Budh.* Aber *Budh*, jene Fähigkeit zu sehen, ist genau wie ein Saatkorn in dir. Wenn es sprießt, zu einem großen Baum wird, blüht und am Himmel zu tanzen beginnt, den Sternen zuzuflüstern beginnt, bist du ein Buddha.

Der Weg des Buddha ist der Weg der Intelligenz. Es ist kein emotionaler Weg – nein, absolut nicht. Was nicht heißt, dass emotionale Menschen es nicht auch erreichen können. Für sie gibt es andere Wege – den Weg des Verschmelzens, *Bhakti Yoga* ...

Buddhas Weg ist reines *Gyan Yoga* – der Weg des Erkennens. Buddhas Weg ist der Weg der Meditation, nicht der Liebe. Und genau wie *Budh* gibt es da noch eine Wurzel – *Gya*, die dem Wort *Gyanam* zugrundeliegt. *Gyanam* bedeutet Kognition, Erkennen. Dieselbe Wurzel findet sich auch in *Pragya*, was Weisheit bedeutet – *Pragya* oder *Prajnaparamita,* die Weisheit des Jenseits.

Oder in *Sangya*, was Perzeption, Sensibilität bedeutet, oder in *Vigyanam*, was Bewusstsein bedeutet – diese Wörter kommen aus der Wurzel *Gya. Gya* bedeutet erkennen. Ihr werdet diese Wörter oft und oft in diesem Sutra wiederholt finden – nicht nur in diesem Sutra, sondern in allen Sutras des Buddha. Ihr werdet noch ein paar weitere Wörter finden, sehr oft wiederholt, und diese Worte sind: *Ved* ... *Ved* bedeutet zu wissen – von *Ved* kommt das Hinduwort *Veda*, die Veden; oder man – das Mentale, der Verstand; *Manan* – was eingedenk heißt; oder *Chit*, was Bewusstheit bedeutet; *Chaitanya*, was wiederum Bewusstheit bedeutet. Diese Wörter sind fast wie Pflastersteine auf dem Buddhaweg. Sein Weg ist der der Intelligenz. Noch eines muss man sich merken: Dieses Sutra – das ist wahr – verweist auf etwas, das weit hinter dem Intellekt liegt. Aber bis dahin ist der Weg der, dem Intellekt zu folgen, so weit er dich führen kann.

Der Intellekt muss benutzt, nicht verworfen werden! Muss transzendiert werden, nicht verworfen werden! Und er kann nur transzendiert werden, wenn du bis zur höchstmöglichen Sprosse der Leiter gelangt bist. Du musst immer weiter in die Intelligenz hineinwachsen; dann kommt ein Moment, wo die Intelligenz getan hat, was sie kann. In dem Moment sag' der Intelligenz Lebewohl! Sie hat dir über einen langen Weg hinweg geholfen. Sie hat dich lange genug getragen, sie war ein gutes Gefährt. Sie war ein Boot für dich zur Überfahrt; jetzt bist du am anderen Ufer angelangt, also lässt du das Boot hier. Jetzt nimmst du es nicht auf dem Kopf mit, das wäre töricht.

Der Weg des Buddha geht über die Intelligenz, geht aber über sie hinaus. Es kommt der Moment, wo die Intelligenz dir alles gab, was sie zu geben hat – dann ist sie nicht länger nötig. Dann lässt du am Ende auch sie fallen; ihre Arbeit ist getan. Die Krankheit ist weg, jetzt muss auch die Medizin weg. Und wenn du frei von der Krankheit und auch frei von der Medizin bist – erst dann bist du frei. Manchmal kommt folgendes vor: Die Krankheit ist zwar weg, aber jetzt bist du nach der Medizin süchtig geworden! Das ist nicht Freiheit.

Du hast einen Dorn im Fuß, und er tut weh. Du nimmst einen anderen Dorn, sodass der Dorn in deinem Fuß herausgeholt werden kann mit Hilfe des anderen. Wenn du den Dorn draußen hast, wirfst du beide weg! Du bewahrst den einen, der hilfreich war, nicht auf! Er ist jetzt belanglos. Die Arbeit der Intelligenz ist die, dir zu helfen, dir deines Seins bewusst zu werden. Sobald diese Arbeit getan ist und dein Sein da ist – nun, dann ist dieses Instrument nicht mehr nötig. Du kannst ihm Lebewohl sagen, du kannst Dankeschön sagen.

Buddhas Weg ist der Weg der Intelligenz – reiner Intelligenz; obwohl er über sie hinausgeht.

Die zweite Frage:

Ist es wahr, dass man durch die Hölle muss?

Du musst nicht durch die Hölle, weil du schon dort bist. Wo sonst willst du die Hölle finden? Das ist euer gewöhnlicher Zustand: Hölle. Glaubt nicht, die Hölle wäre irgendwo tief unten, unter der Erde. Die Hölle bist du. Deine Unbewusstheit – genau das ist die Hölle. Dein unintelligentes Funktionieren – genau das ist die Hölle. Und weil so viele Menschen unintelligent funktionieren, ist die Welt immer in Qual. So viele neurotische Menschen auf der Erde! Bis du erleuchtet bist, bleibst du mehr oder weniger neurotisch. So viele destruktive Menschen! Denn Kreativität wird erst möglich, wenn deine Intelligenz erweckt worden ist. Kreativität ist eine Funktion der Intelligenz.

Dumme Leute können nur destruktiv sein. Und genau das spielt sich immerzu ab. Die Leute hören nicht auf, sich auf immer mehr und mehr Zerstörung vorzubereiten. Genau das tun eure Wissenschaftler, genau das tun eure Politiker.

Ich habe eine wunderschöne Geschichte gehört:

Nach dem Zweiten Weltkrieg wusste Gott nicht mehr weiter. Er konnte seinen eigenen Augen nicht glauben. Angesichts von Hiroshima, von Nagasaki, konnte er nicht glauben, dass er diese Spezies Mensch geschaffen hatte! Er fing an, das Ganze noch einmal zu überdenken, so wie wenn man einen Fehler bereut. Er hätte bei den Tieren haltmachen sollen, er hätte Adam und Eva nicht erschaffen sollen! Um noch eine letzte Chance zu geben, rief er drei Vertreter der Welt zu sich, einen Russen, einen Amerikaner, einen Engländer; das waren nach dem Zweiten Weltkrieg die mächtigen Leute.

Er fragte den Russen: „Warum richtet ihr euch auf immer mehr Zerstörung ein? Wenn ihr etwas benötigt, müsst ihr mich nur fragen, und ich werde es augenblicklich erfüllen. Aber keine Zerstörung mehr!"

Der Russe sah Gott sehr arrogant an und sagte: „Erstens glauben wir nicht, dass es dich gibt! Wir haben unsere eigene Dreifaltigkeit, Marx, Lenin und Stalin!" Eine sehr unheilige Dreifaltigkeit – aber die Russen haben nunmal diese Dreifaltigkeit. „An die glauben wir, nicht an dich! Aber wenn du willst, dass wir an dich glauben, musst du uns einen Beweis liefern."

„Und der wäre?", fragte Gott.

Der Russe sagte: „Zerstöre Amerika! Du zerstörst es absolut, keine Spur dieser Seuche namens Amerika darf übrigbleiben. Dann wollen wir dich preisen, dann werden unsere Kirchen wieder zu beten anfangen, werden unsere Tempel sich öffnen. Wir errichten dir neue Altäre."

Gott war äußerst geschockt! Was für ein Gedanke – Amerika zerstören! Als der Russe sah, dass er schwieg, sagte er: „Und wenn du es nicht kannst, mach dir keine Sorgen, werden wir es sowieso tun. Es wird uns ein bisschen mehr Zeit kosten, aber wir werden es tun. Du brauchst nicht so traurig dreinzuschauen. Wenn du es nicht kannst, sag einfach, dass du es nicht kannst."

Gott sah den Amerikaner an und sagte: „Was ist dein Wunsch? Was möchtest du?"

Der sagte: „Nicht sehr viel, ein einfacher Wunsch. Es darf kein Platz für die Sowjetunion auf der Weltkarte sein. Wir wollen ‚UdSSR' nicht auf der Weltkarte sehen. Nicht viel – radier's einfach aus... Sonst ist alles okay, nur dieses ‚UdSSR', das tut weh. Das tut sehr weh, es macht uns verrückt. Wir sind bereit, alles zu tun, um es auszuradieren, und wenn du mit deinem Segen nichts machen kannst, werden wir es tun."

Jetzt war Gott noch ratloser und verwirrter. Es war ja okay von dem russischen Vertreter, denn die glauben nicht an Gott. Aber Amerika? Amerika glaubt an Gott! Also scheint es da keinen Unterschied zu geben zwischen dem Gottgläubigen und dem Ungläubigen! Zwischen dem Kapitalisten und dem Kommunisten! Dem Diktatorischen und dem Demokratischen! Da scheint ja kein wesentlicher Unterschied zu sein, schließlich ist der Wunsch derselbe! Er meinte, der englische Vertreter würde etwas menschlicher, verständiger sein, zumindest *gentlemanlike*.

Und er war es!

Gott fragte ihn: „Was ist dein Wunsch, was willst du?"

Der Engländer sagte: „Wir haben keinerlei Wünsche. Erfülle den Wunsch dieser beiden, dann ist unser Wunsch erfüllt!"

Aber so hat der Mensch gelebt, seit Menschengedenken! Weitaus mehr an der Zerstörung, dem Zerstören des anderen interessiert als daran, selber zu leben, als daran, das Leben zu genießen. Der Mensch scheint todesbesessen zu sein. „Tod über euch!" – wo immer der Mensch hinkommt, bringt er den Tod, die Zerstörung. Diese neurotische Gesellschaft kann es nur deshalb geben, weil die Einzelnen neurotisch sind.

Diese Welt ist hässlich, weil ihr hässlich seid. Ihr steuert eure Hässlichkeit zu dieser Welt bei, und alle legen sie ihre Abscheulichkeiten, Neurosen zusammen, und die Welt wird immer mehr zur Hölle. Du brauchst nirgendwo hinzugehen: Das hier ist die einzige Hölle, die es gibt. Aber du kannst da herauskommen. Indem du verstehst, inwiefern dein Verstand zu dieser Hölle beiträgt, kannst du dich zurückziehen.

Und ein einziger Mensch, der sich weigert, diese Hölle zu unterstützen, der nicht kooperiert, der rebellisch ist, wird eine große Quelle dafür sein, dass der Himmel zur Erde gelangt. Er wird zum offenen Tor.

Du brauchst nicht in die Hölle zu gehen. Du bist bereits dort. Ja, wenn ich sage, du musst in den Himmel kommen, meine ich damit: der Himmel muss zu dir kommen – sei du nur offen für den Himmel! Lass zu, dass all deine destruktiven Energien der Kreativität geopfert werden, lass deine Dunkelheit zu einem Licht werden, lass deine Unbewusstheit meditativ werden, und du wirst eine Tür für Gott werden, und Gott kann, durch dich hindurch, wieder in die Welt kommen.

Das ist der Sinn des christlichen Gleichnisses, dass Jesus von einer Frau, Maria, geboren wird, die Jungfrau ist. Das ist ein Gleichnis, voller Bedeutung – es birgt einen tiefen Sinn. Aber törichte Leute wollen beweisen, dass sie wirklich Jungfrau war, physisch; das ist Unsinn. Aber sie war jungfräulich, sie war rein, absolut rein. Sie war der Himmel auf Erden; nur dann kann Jesus durch sie eintreten, nur dann kann Gott seine Hand der Welt entgegenstrecken.

Werde du zu einem Vehikel! Lass Gott irgendein Instrument durch dich spielen, eine Vina, eine Sitar ... Lass Gott ein Lied durch dich singen – werde du nur zu seiner Flöte, seinem hohlen Bambus. Und genau das ist es, was ich all die Tage zu euch gesagt habe: Wenn ihr ein Nichts werden könnt, werdet ihr zum hohlen Bambus, werdet ihr zur Flöte, und Gottes Lied kann zur Erde niedersteigen. Es wird sehr gebraucht! Das kleinste Quentchen geistiger Gesundheit, das durch euch in diese Wahnsinnswelt kommt – es wird sehr gebraucht, es wird dringend gebraucht.

Die dritte Frage:

> Neulich hast du gesagt, niemand würde dich erkennen können, wenn du ein Taxifahrer wärst. Ich bin anderer Meinung. Ich zumindest würde dich erkennen.

Madame, das bezweifle ich. Du kennst dich nicht genug. Ich weiß deine Liebe zu mir zu schätzen, aber ich kann nicht sagen, dass du mich wirst erkennen können.

Ich will dir eine wahre Geschichte erzählen. Ich war in einer gewissen Stadt in Indien immer bei einer Familie zu Gast, viele Jahre lang; eine sehr reiche Familie, Millionäre. Der Hausherr war mir gegenüber sehr ehrerbietig, er war ein Anhänger. Wenn ich seine Stadt besuchte, berührte er mir immer die Füße, so oft wie möglich, jeden Tag mindestens vier-, fünfmal. Dann, nach sieben, acht Jahren, wollte er mich an dem Platz besuchen kommen, wo ich in Jabalpur wohnte. Er kam …

Einfach um ihm ein Rätsel aufzugeben, um ihn zu verwirren, ging ich zum Bahnhof, um ihn zu empfangen. Damit hatte er nicht gerechnet, dass ich da sein würde, um ihn am Bahnhof in Empfang zu nehmen. Er fiel mir sonst immer zu Füßen.

An jenem Tag berührte er meine Füße zwar auch, aber halbherzig. Denn ein Riesen-Ego erhob sich in ihm: dass ich gekommen war, ihn zu empfangen! Sieben Jahre lang war er gekommen, mich zu empfangen, und jedes Jahr besuchte ich wenigstens drei-, viermal seine Stadt. Hiermit hatte er nicht gerechnet. Er hatte damit gerechnet, dass jemand da sein würde, der ihn zu mir bringen würde. Aber dass ich selbst zu seinem Empfang kommen würde – das war nicht einmal in seinen Träumen vorhanden. Er muss sich innerlich gesagt haben: „Ich bin wer! Ein Millionär!" An jenem Tag verbeugte er sich, aber sehr halbherzig. Wie kannst du dich vor jemandem verbeugen, der dich mit allen Ehren auf dem Bahnhof empfängt? Wir kamen aus dem Bahnhof, und als er sah, dass ich ihn nach Hause fahren würde, war all seine Hochachtung hin. Da fing er an, wie ein alter Freund zu reden. Der Millionär wurde sehr famillionär … Und nach drei Tagen, als er abfuhr – ich war gekommen, um ihm Adieu zu sagen, um ihn zu verabschieden – berührte er nicht meine Füße.

Und die Familie, bei der ich damals wohnte – sie alle wussten, dass ich mir da einen Scherz mit ihm erlaubte, und der arme Kerl hatte sich einfangen lassen! – Sie alle lachten, als der Zug abfuhr. Ich sagte: „Wartet nur. Das nächste Mal … Lasst ihn kommen; er wird erwarten, dass ich ihm die Füße berühre. Und es wäre kein Wunder, wenn er mich nötigen würde, ihm die Füße zu berühren!"

So laufen die Dinge, so funktioniert der Verstand. Du erkennst mich, du liebst mich, aber du kennst deinen eigenen Verstand nicht. Und in diesem Experiment verlor ich einen meiner Millionärs-Anhänger. Auf die Art und Weise habe ich mir schon so manchen Anhänger verscherzt. Aber ich mache weiter meine Experimente...

Die vierte Frage:

Warum fällt es mir so schwer, mich einem Mann hinzugeben?

Dann gib dich nicht hin! Warum dir unnötige Probleme aufhalsen? Wer verlangt denn von dir, dich einem Mann hinzugeben? Gib dich nicht hin! Warum fängst du an, dir unnötige Probleme aufzuladen? Wenn dir nicht nach Hingabe zumute ist, gib dich nicht hin!

Erst gestern fragte mich eine Frau, schrieb mir einen langen Brief, in dem stand: „Ich bin nun hier, aber ich habe nicht das Gefühl, dass dieser Platz etwas für mich ist. Was soll ich tun?" Geh weg! Mach, dass du fortkommst! Was soll die Frage? Und sie hat auch gefragt: „Soll ich auf mein Herz hören, oder soll ich dir vertrauen?" Hör auf dein Herz, Lady, und verschwinde, so schnell du kannst! Wie kannst du mir deinem Herzen zum Trotz vertrauen? Wer vertraut denn? Das Herz vertraut. Wenn das Herz dagegen ist, wer soll mir dann vertrauen?

Und warum in dir eine solche Spaltung erzeugen? So wirst du schizophren! Der eine Teil will sich hingeben und übt Druck aus, und ein anderer Teil will bloß weg hier. Entweder sei total hier oder geh! Wenn du dich nicht hingeben kannst, gib dich nicht hin. Niemand hat ein Interesse an deiner Hingabe.

Und Hingabe kann man nicht machen, man kann sie nicht erzwingen. Sie kommt, wenn sie kommt. Wenn du dich einem Mann nicht hingeben kannst, heißt das, du kannst einen Mann nicht lieben. Aus der Liebe kommt die Hingabe ganz natürlich.

Wenn keine Liebe da ist, lässt sich die Hingabe nicht herbeiführen. Vergiss die Sache!

Vielleicht ist die Fragestellerin eine Lesbierin? Völlig in Ordnung – gib dich einer Frau hin. Wenigstens gib dich irgendwem hin, wenn du kannst. Vielleicht kannst du durch diese Hingabe lernen, dich auch einem Mann hinzugeben. Auf die Art und Weise lernt man. Jedes Kind ist autosexuell, wenn es geboren wird. Es liebt nur sich selbst. Es kann keinen andern lieben. Dann wird das Kind homosexuell: Es liebt jemanden wie es selbst. Es kann nicht den Gegensatz lieben. Später, immer noch heranwachsend, wird es heterosexuell. Jetzt kann es den Gegensatz lieben. Hmm? Genau das sagt Jesus auch: „Liebe deinen Feind!" Feind heißt die Frau! Feind heißt der Gegensatz.

Das ist das Höchste in der Liebe. Und dann kommt ein Augenblick, da der Sex verschwindet. Man wird asexuell. Aber das ist der höchste Punkt, und er lässt sich nur durch diese Phasen erreichen. Vielleicht hängt die Fragestellerin irgendwo in der Homosexualität fest. Nichts verkehrt! Wo immer du bist, auf welcher Stufe du dich auch immer befinden magst, sei liebevoll, sei hingebungsvoll. Aus dieser Phase wird die nächste Phase erwachsen, wird von sich aus heranwachsen. Zwinge es nicht herbei. Ich bin nicht hier, um euch Schuldgefühle zu machen, ich bin nicht hier, um irgendeinen Riss in eurem Dasein zu bewerkstelligen. Ich bin ganz und gar für Entspannung, denn nur durch Entspannung wirst du erfahren können, wer du bist. Was immer dir also leicht fällt, da geh hinein. Sei kein Masochist und mach dir keine künstlichen Probleme. Geh glücklich voran, auf entspannte Art. Und was immer dir jetzt im Moment leicht fällt, damit mach weiter. Durch das wird etwas Besseres zustande kommen, aber nur durch das. Du kannst nicht auf Anhieb herausspringen.

Die fünfte Frage:

> Wozu erst das physikalische Universum, wenn es doch die Bestimmung des Menschen ist, es letztendlich zu transzendieren?

Genau dazu! Wie willst du es sonst transzendieren? Das Universum ist nötig, um zu transzendieren. Das Unglück ist nötig, um zu transzendieren. Die Dunkelheit ist nötig, um zu transzendieren. Das Ego ist nötig, um zu transzendieren – denn nur wenn du transzendierst, ist Freude da, ist die Segnung da. Ich verstehe deine Frage. Es ist eine sehr alte Frage, wieder und wieder und wieder gestellt. Denn das verwirrt den Verstand: Wenn Gott die Welt erschaffen hat, warum hat er dann Unglück in ihr erschaffen? Er hätte euch die Seligkeit als Geschenk mitgeben können! Warum hat er dann Unwissenheit erschaffen? Ist er nicht potent genug, erleuchtete Wesen von Anfang an zu erschaffen?

Er ist potent genug, und genau das tut er auch. Aber selbst Gott ist nicht potent genug, um Unmögliches möglich zu machen. Nur das Mögliche ist möglich. Ihr könnt nur dann wissen, was Gesundheit ist, wenn ihr auch in der Lage seid, krank zu sein. Sonst könnt ihr es nicht wissen.

Ihr könnt Licht nur kennen, wenn ihr wisst, was Dunkelheit ist. Ihr könnt Entspannung nur kennen, wenn ihr wisst, was Verspannung ist. Ihr könnt Freiheit nur kennen, wenn ihr wisst, was Unterdrückung ist. Sie kommen paarweise. Selbst Gott ist nicht potent genug, euch einfach die Freiheit zu geben. Mit der Freiheit kommt, im gleichen Paket, die Abhängigkeit. Und ihr müsst durch die Abhängigkeit hindurch, um einen Geschmack von der Freiheit zu bekommen.

Es ist genau wie mit dem Essen: Wenn ihr nicht hungrig seid, könnt ihr es nicht genießen. Was du fragst, ist: „Wozu ist Hunger gut? Warum können wir nicht einfach so essen, ohne Hunger?" Hunger erzeugt den Schmerz, Hunger erzeugt das Bedürfnis, und dann esst ihr, und es herrscht Freude. Ohne Hunger wäre keine Freude da. Ihr könnt die ganz, ganz reichen Leute fragen, die ihren Hunger verloren haben: Sie genießen ihr Essen nicht, sie können es gar nicht. Erst die Intensität des Hungers bringt die Freude. Darum müsst ihr, wenn ihr gegessen habt, sechs, sieben, acht Stunden lang fasten, um erneut das Essen zu genießen. Die Existenz ist dialektisch: Dunkelheit/Licht, Leben/Tod, Sommer/Winter, Jugend/Alter – sie alle gehören zusammen.

Du fragst: *Wozu erst das physikalische Universum, wenn es doch die Bestimmung des Menschen ist, es letztendlich zu transzendieren?*

Haargenau dazu. Das Universum wird dazu geschaffen, dass du es transzendierst. Sonst würdest du nie erfahren, was Transzendenz ist. Du kannst immerzu selig verharren, aber dann wirst du nie wissen, was Seligkeit ist. Und selig zu sein, ohne zu wissen, was Seligkeit ist, ist die Sache nicht wert. Und wissen kannst du es nur durch das Gegenteil. Dazu also.

Die sechste Frage:

Jeder kriegt natürlich mit, was immer er mitkriegt, und kriegt nicht mit, was er nicht mitkriegt. Und die Linie zwischen dem Mitkriegen, dass du es mitkriegst, und dem Nichtmitkriegen, dass du es mitkriegst, scheint ziemlich fein zu sein. Ist einfach nur mitkriegen, was du halt mitkriegst, etwas anderes als ‚es‘ mitkriegen? Jetzt, wo ich die Frage gestellt habe, erkenne ich, dass da in gewisser Hinsicht natürlich ein Unterschied ist, weil das Wort zweideutig ist. Mitkriegen heißt sowohl mitnehmen wie verstehen. Blah, blah, blah... Bitte klär mich auf!

Anurag, du scheinst von EST zu kommen. Blah, blah, blah...

Die siebte Frage:

Warum sollte ich Sannyas nehmen?

Weil du morgen vielleicht nicht mehr bist, im nächsten Moment vielleicht nicht bist. Und Sannyas ist nichts anderes als die Vision, restlos, total, absolut diesen Moment zu leben. Sannyas heißt einfach: „Ich will das Leben nicht länger auf die lange Bank schieben!" Sannyas heißt einfach: „Ich will nicht länger in Träumen leben", heißt: „Ich will diesen

Moment packen und den ganzen Saft gleich jetzt aus ihm herausquetschen." Genau das ist Sannyas: Es ist eine Art intensives Leben, ein Leben der Sinne. Und denk daran: Das Leben ist sehr zufällig. Man weiß nie.

Hör dir diese Geschichte an:
„Ein Handlungsreisender kam eines Tages unerwartet nach Hause, und die ersten Worte, die er beim Hereinkommen sagte, waren: „Wo ist er? Ich weiß, er ist hier. Ich spüre es bis in die Knochen."
Seine Frau, die gerade das Geschirr spülte, fragte: „Nach wem suchst du?"
Reisender: „Erzähl keinen Schmarrn. Du weißt, nach wem ich suche. Und ich werde ihn finden."
Er suchte im Kleiderschrank, unterm Bett und auf dem Spitzboden. Zufällig schaute er aus dem Fenster im zweiten Stock und sah einen jungen, blonden Mann in ein rotes Cabriolet einsteigen.
„Da ist er!" sagte er, griff sich den Kühlschrank und rollte ihn zum Fenster und stieß ihn hinaus. Er erschlug den Kerl im Wagen und erlag selbst einem Herzschlag.
Sankt Petrus: „Was ist mit dir passiert, junger Mann?"
Junger Mann: „Ich wurde von einem Kühlschrank erschlagen."
Sankt Petrus: „Und mit dir?"
„Ich bekam einen Herzschlag, als ich einen Kühlschrank zum Fenster hinauswarf."
Sankt Petrus zu dem dritten Mann: „Und woran bist du gestorben?"
Dritter Mann: „Na ja, ich saß in so einem Kühlschrank und dachte mir nichts Böses dabei ..."

Das Leben ist voller Zufälle. Man weiß nie, aus welcher Richtung der Eisschrank kommt. Vielleicht sitzt einer drin und denkt sich weiter nichts Böses dabei... Deswegen sage ich, werde Sannyasin! Dieses hier ist der einzige Moment, den du zu leben hast, und einen anderen Moment gibt es nicht.

Darum also muss man die Weisheit des Jenseits wissen –
als den großen Zauberspruch,
den Zauberspruch großer Erkenntnis,
den letztmöglichen Zauberspruch,
den Zauberspruch ohnegleichen,
alles Leid bannend in Wahrheit –
denn was könnte misslingen?
Dieser Zauberspruch ist durch die Weisheit des Jenseits
vermittelt worden; er lautet so:
„Gegangen, gegangen, hinübergegangen,
vollends hinübergegangen!
Erwacht! Halleluja!"

Hier ist das Herz vollkommener Weisheit vollendet.

jnatavyam:
prajnaparamita maha-mantro maha-vidyamantro
'nuttara-mantro samasama-mantrah,
sarva-duhkhaprasamanah, satyam amithyatvat,
prajnaparamitayam ukto mantrah.
tadyatha:
gate gate paragate parasamgate bodhi svaha.

iti prajnaparamita-hridayam samaptam.

9. Kapitel

GEGANGEN, GEGANGEN, HINÜBERGEGANGEN

TEILHARD DE CHARDIN UNTERTEILT DIE EVOLUTION DES MENSCHEN in vier Stufen. Die erste nennt er Geosphäre, die zweite Biosphäre, die dritte Noussphäre und die vierte Christosphäre. Diese vier Stufen sind von ungeheurer Bedeutung, sie müssen verstanden werden. Sie zu verstehen wird euch helfen, den Höhepunkt des Herz-Sutras zu verstehen. Die Geosphäre: Das ist die Stufe, wo das Bewusstsein absolut schläft – die Stufe der Materie. Materie ist schlafendes Bewusstsein. ‚Materie' ist nicht der Gegenbegriff zu ‚Bewusstsein'. Materie ist ein Zustand des Bewusstseins – schlafend, noch nicht erweckt.

Ein Fels ist ein schlafender Buddha. Eines Tages wird der Fels zum Buddha werden. Es mag Millionen von Jahren dauern, das spielt keine Rolle; der Unterschied wird nur einer der Zeit sein. Und Zeit spielt in dieser Ewigkeit keine große Rolle. Das ist der Grund, warum wir im Osten Statuen aus Stein gemacht haben. Das ist sehr symbolisch. Zwischen Stein und Buddha ist ein steinernes Standbild die Brücke. Der Stein ist das Unterste, und der Buddha ist das Höchste. Eine Statue in Stein besagt, dass selbst im Stein ein versteckter Buddha wohnt. Die Steinstatue besagt, dass Buddha nichts anderes ist als der Stein, der zur Offenbarung gelangt ist: Jetzt hat der Stein sein ganzes Potenzial zum Ausdruck gebracht.

Dies ist die erste Stufe, die Geosphäre. Sie ist Materie, sie ist Unbewusstheit, sie ist Schlaf, sie ist Vor-Leben. In diesem Zustand gibt es keine Freiheit, denn Freiheit tritt mit dem Bewusstsein auf. In diesem Zustand gibt es nur Ursache und Wirkung. Alles ist nur Gesetz; nicht die geringste Abweichung ist möglich. Freiheit ist nicht bekannt.

Freiheit kommt erst als Schatten des Bewusstseins auf.

Je bewusster du wirst, desto freier. Deshalb wird Buddha ein *Mukta* genannt – absolut frei.

Der Stein ist in totaler Gefangenschaft, überall festgeschmiedet, auf allen Seiten, aus allen Himmelsrichtungen. Der Stein ist die angekettete Seele. Der Buddha ist die Seele im freien Flug. Da gibt es keine Ketten mehr, keine Gebundenheiten, keine Gefangenschaften. Sein Dasein kennt keine Grenzen. Sein Dasein ist so grenzenlos wie die Existenz selbst. Er ist eins mit dem Ganzen.

Aber in der Welt der Geosphäre ist Ursache und Wirkung das einzige *Dhamma*, das einzige Gesetz, das einzige *Tao*. Die Naturwissenschaft ist noch ganz auf die Geosphäre fixiert, weil sie immer nur in Begriffen von Ursache und Wirkung denkt. Die moderne Naturwissenschaft ist eine sehr rudimentäre Wissenschaft, sehr primitiv, denn sie kann sich nichts Größeres vorstellen als Materie. Ihr Horizont ist sehr begrenzt. Und daher bringt sie mehr Unheil als Abhilfe. Ihre Vision ist so begrenzt, ihre Vision ist so winzig, so klein, dass sie einfach nicht in den Rahmen der gesamten Existenz passen kann. Sie schaut aus einem kleinen Loch und meint nun, das wäre alles. Die Naturwissenschaft beschränkt sich nach wie vor nur auf die Geosphäre. Die Naturwissenschaft liegt nach wie vor in Ketten, sie hat noch keine Flügel. Sie wird erst Flügel bekommen, wenn sie anfängt, über Ursache und Wirkung hinauszugehen.

Ja, hier und da gibt es ein paar erste Lichtstrahlen. Der Kernphysiker betritt heute eine Welt, die jenseits von Ursache und Wirkung liegt, er überschreitet gerade die Grenze. Daher taucht jetzt das „Unsicherheits-Prinzip" auf – und zwar mit großer Macht. Ursache und Wirkung sind das Sicherheits-Prinzip: Du tust das und das, und dann muss das und das passieren. Du erhitzt Wasser auf hundert Grad, und das Wasser verdunstet. Das ist Ursache und Wirkung. Das Wasser hat keine Freiheit. Es kann nicht sagen: „Heute bin ich nicht in der Stimmung, und ich will nicht bei hundert Grad verdunsten. Ich sage einfach nein!" Nein, das kann es nicht sagen. Es kann sich nicht widersetzen, es kann nicht gegen das Gesetz kämpfen, es ist sehr gesetzestreu, sehr gehorsam. Oder an einem anderen Tag, wenn sich das Wasser sehr wohl fühlt, kann es nicht sagen: „Du brauchst dir nicht so viel Mühe zu machen, heute verdampfe ich schon bei fünfzig Grad, ich will dir einen Gefallen tun." Hm? das ist nicht möglich. Die alte Physik, die alte Naturwissenschaft, hatte keine Ahnung vom Unsicherheits-Prinzip. Das Unsicherheits-Prinzip ist das Prinzip der Freiheit.

Allmählich kommen kleine Lichtblicke. Heute ist man sich nicht mehr so sicher wie früher. Heute lässt sich noch in der tiefsten Materie eine gewisse Qualität der Freiheit erkennen. Es ist z.B. sehr schwer zu sagen, ob das Elektron ein Atom oder eine Welle ist. Es verhält sich wie beides. Manchmal so, manchmal so, und es gibt keine Möglichkeit, es vorherzusagen. Es ist ein Quant. Und nicht nur das; seine Freiheit ist dergestalt, dass es sich manchmal sogar gleichzeitig wie eine Welle und wie ein Partikel verhält. Das kann sich der Wissenschaftler alten Schlages absolut weder vorstellen noch erklären. Aristoteles würde es nicht verstehen können, Newton würde es nicht verstehen können. Es lässt sich unmöglich sehen, bedeutet aber, dass eine Sache sich gleichzeitig wie eine Linie und wie ein Punkt verhält; das macht einfach keinen Sinn. Wie kann sich etwas wie ein Punkt und wie eine Linie verhalten? Entweder es ist eine Linie, oder es ist ein Punkt!

Aber jetzt fangen die Physiker an, erste Lichtblicke über den innersten Kern der Materie zu haben. Über einen sehr, sehr großen Umweg stoßen sie jetzt auf einen der größten Faktoren des Lebens: Freiheit.

Aber in der Geosphäre existiert sie nicht. Sie ist *Sushupti*. Das Wort *Sushupti* bedeutet absoluter Schlaf – nicht einmal ein Traum regt sich. Steine träumen noch nicht einmal. Sie können nicht träumen. Zum Träumen müssten sie ein bisschen bewusster sein. Der Stein ist einfach nur da. Er hat keine Persönlichkeit, er hat keine Seele – wenigstens keine aktualisierte. Er kann nicht einmal träumen. Sein Schlaf ist ungestört; tagein, tagaus, jahrein, jahraus schläft er weiter. Seit Jahrtausenden schläft er, und noch Jahrtausende wird er schlafen. Nicht einmal ein Traum stört ihn.

Im Yoga unterteilen wir das Bewusstsein in vier Stufen. Diese sind sehr, sehr aufschlussreich für die Einteilung Chardins. Das erste ist *Sushupti* – Tiefschlaf. Das Gegenstück dazu ist die Geosphäre.

Die Geosphäre ist mehr Tod als Leben. Daher wirkt die Materie wie tot. Sie ist es nicht, sie wartet darauf, dass ihr Leben sich entfalten kann. Sie ist wie ein Samenkorn – es wirkt tot, es wartet auf seinen richtigen Moment, um ins Leben platzen zu können.

Aber im Moment ist sie tot. Es ist kein Verstand da. Denkt daran, auch in der letzten Phase wieder wird kein Verstand da sein. Auch ein Buddha befindet sich im Zustand des Nicht-Denkens, und der Fels ist ebenfalls in einem Zustand des Nicht-Denkens. Daher die Aussagekraft einer Steinstatue – das Ineinander von zwei entgegengesetzten Polen. ‚Stein im Zustand des Nicht-Denkens' heißt, dass der Stein noch immer unterhalb vom Verstand ist. ‚Buddha im Zustand des Nicht-Denkens' heißt, dass Buddha den Verstand hinter sich gelassen hat. Da gibt es also eine Ähnlichkeit, dieselbe Ähnlichkeit wie die zwischen einem Kind und einem Heiligen. Das Kind ist unterhalb vom Verstand, und der Heilige ist jenseits vom Verstand. Der Stein wird das ganze Knäuel des Lebens erst noch durchlaufen müssen, den der Buddha jetzt hinter sich gelassen hat.

Er ist gegangen und gegangen und immer weiter gegangen, hinübergegangen, völlig hinübergegangen. Aber eine Ähnlichkeit ist da: Er befindet sich erneut in einem Zustand des Nicht-Denkens. Er ist so voll bewusst geworden, dass der Verstand nicht mehr nötig ist. Der Stein ist so unbewusst, dass der Verstand noch nicht da sein kann. Im Stein ist das Unbewusste absolut, und kein Verstand ist möglich. Im Buddha ist das Bewusstsein absolut, darum ist kein Verstand nötig.

Lasst es mich euch verdeutlichen – es gehört mit zu den wichtigsten Dingen, die es zu lernen, zu verstehen gibt. Der Verstand ist nur nötig, weil ihr noch nicht wirklich bewusst seid. Wenn ihr wirklich bewusst seid, dann ist Einsicht da, kein Denken. Dann handelt ihr aus Einsicht, handelt ihr nicht aus eurem Verstand heraus. Dann ist kein Verstand nötig. Man erkennt eine Sache als wahr – dein bloßes Sehen wird zu deinem Handeln.

Zum Beispiel: Du bist in einem Haus, und das Haus steht in Flammen. Du siehst es – es ist kein Denken, du siehst es einfach, und du springst aus dem Haus. Du wartest nicht, du grübelst nicht, du denkst nicht erst nach, du erkundigst dich nicht, du schlägst nicht in Büchern nach, du fragst niemanden um Rat, was da zu tun sei.

Du kommst gerade von einem Abendspaziergang und plötzlich siehst du mitten auf der Straße eine Schlange. Du springst! Bevor irgendetwas anderes eintritt, springst du. Es kommt nicht aus dem Denken, dass du springst, sondern aus dem Erkennen: Die große Gefahr ist da – die Gefahr selbst macht dich lebendig, intensiv, bewusst, und du machst den Sprung aus Bewusstheit. Es ist ein Nichtverstand-Sprung. Aber diese Momente sind selten in eurem Leben, weil ihr noch nicht so reif seid, eure Bewusstheit intensiv und total zu leben. Für Buddha ist das seine normale Lebensweise. Er lebt so total, dass der Verstand nie gebraucht wird, nie zu Rate gezogen wird.

Die erste Sphäre, die Geosphäre, ist eine Nichtverstand-Sphäre. Es ist kein Selbst da, natürlich, denn ohne Denken kann das Selbst nicht existieren. In der vierten wird dann wieder kein Selbst da sein – denn wie kann das Selbst ohne das Denken fortleben? Der Verstand braucht einen Mittelpunkt, vom dem aus er funktionieren kann, und so erzeugt er das Ego, das Selbst. Der Verstand muss sich selbst unter Kontrolle halten, der Verstand muss sich in einer bestimmten Anordnung, Ordnung halten. Er muss sich festhalten. Das Festhalten erzeugt einen Mittelpunkt, denn nur durch einen solchen Punkt kann er die Kontrolle bewahren. Ohne einen Mittelpunkt wird er keine Kontrolle bewahren können. Sobald also der Verstand einsetzt, ist das Ego schon unterwegs. Früher oder später wird der Verstand ein Ego brauchen, ohne das Ego wird der Verstand nicht funktionieren können. Denn wer sonst soll die Kontrolle ausüben? Wer sonst soll entscheiden, manipulieren, wer soll planen? Wer soll träumen, wer soll projizieren? Und wer sonst wäre da, an den man sich als Konstante wenden kann? Denn der Verstand ändert sich ständig: ein Gedanke nach dem andern, eine einzige Prozession von Gedanken. Ihr wäret verloren, wenn ihr kein Ego hättet! Ihr würdet nicht wissen, wer ihr seid und wohin ihr geht und wofür!

In der Geosphäre gibt es keinen Verstand, kein Selbst. Und keine Zeit. Sie liegt unterhalb der Zeit, die Zeit ist noch nicht aufgetreten. Der Stein weiß von keiner Vergangenheit, keiner Gegenwart, keiner

Zukunft. Und dasselbe ist bei Buddha der Fall! Er ist ebenfalls jenseits von Zeit, er weiß von keiner Vergangenheit, keiner Gegenwart, keiner Zukunft. Er lebt in der Ewigkeit. Tatsächlich ist das der wirkliche Sinn von „in der Gegenwart sein". „In der Gegenwart sein" bezeichnet nicht jenes Intervall zwischen Vergangenheit und Zukunft. Das ist die Bedeutung, die im Lexikon steht: Das Intervall zwischen Vergangenheit und Zukunft heißt Gegenwart. Aber das ist nicht die Gegenwart. Was für eine Gegenwart sollte das sein? Sie ist bereits dabei, Vergangenheit zu werden! Sie ist schon auf dem Wege hinaus aus der Existenz! Dieser Moment – wenn ihr den Gegenwart nennt, dann ist er, noch bevor ihr es ausgesprochen habt, schon auf dem besten Wege zur Vergangenheit, ist er schon nicht mehr die Gegenwart. Und dieser nächste Moment, den ihr eben noch Zukunft nanntet – während ihr noch „Zukunft" sagt, ist er bereits Gegenwart geworden und schon unterwegs, Vergangenheit zu werden. Diese Gegenwart ist nicht die wahre Gegenwart. Die Gegenwart, die zwischen Vergangenheit und Zukunft ist, ist nur ein Teil von Vergangenheit und Zukunft – des Zeitverlaufs.

Die Gegenwart, von der ich rede, das Jetzt, von dem ich rede oder der Buddha redet oder Christus redet, wenn er sagt: „Denkt nicht an morgen, seht die Lilien auf dem Felde, sie arbeiten nicht, sie weben nicht, und seht, wie schön sie sind, wie unglaublich schön, selbst Salomon in all seiner Pracht war nicht so schön!"

Seht die Lilien auf dem Felde an: Diese Lilien leben in einer Art Jetztheit, sie kennen nicht die Vergangenheit, sie kennen nicht die Zukunft. Der Buddha kennt keine Vergangenheit, keine Zukunft und keine Gegenwart. Er kennt keine Einteilung. Das ist der Zustand der Ewigkeit. Dann herrscht das Jetzt absolut, und es gibt nur jetzt und nur hier und sonst nichts. Aber der Stein ist ebenfalls in diesem Zustand – unbewusst natürlich.

Die zweite Sphäre ist die Biosphäre. Sie bedeutet Leben, Vor-Bewusstheit. Die erste Sphäre war Materie, die zweite Sphäre ist Leben: Bäume, Tiere, Vögel. Der Stein kann sich nicht rühren, der Stein hat nirgends Leben, sichtbares Leben. Der Baum hat mehr Leben. Das Tier noch mehr, der Vogel noch mehr. Der Baum ist im Boden verwurzelt, kann sich nicht viel bewegen. Ein bisschen bewegt er sich, er schwankt, aber kann sich nicht viel bewegen, so viel Freiheit hat er nicht. Ein bisschen Freiheit, sicher, die hat er. Aber das Tier hat mehr Freiheit. Es kann sich bewegen, es darf sich ein wenig aussuchen, wo es hinwill, was es machen will. Der Vogel hat sogar noch etwas mehr Freiheit – er kann fliegen. Dieser Bereich also heißt Biosphäre – die Lebenssphäre.

Es ist Vor-Bewusstsein – nur ein rudimentäres Bewusstsein kommt auf. Der Stein ist absolut unbewusst. Den Baum kann man nicht ebenso absolut unbewusst nennen. Ja, er ist unbewusst, aber ein bisschen Bewusstsein sickert schon durch, ein Strahl von Bewusstheit fällt in ihn. Und das Tier ist noch ein wenig bewusster.

Der erste Zustand ist das Gegenstück zu Patanjalis *Sushupti* – tiefer, tiefer Schlaf. Der zweite Zustand korrespondiert mit Patanjalis *Swabana* – Traumzustand. Bewusstsein kommt nun auf, wie ein Traum. Ja, Hunde träumen. Ihr könnt es sehen, ihr braucht einem Hund nur beim Schlafen zuzusehen, und ihr könnt sehen, dass er träumt. Im Traum wird er manchmal versuchen, Fliegen zu fangen. Und manchmal seht ihr, er ist traurig, und manchmal seht ihr, er ist glücklich. Beobachtet eine Katze, und manchmal springt sie in ihrem Traum auf eine Maus; imaginär – aber ihr könnt sehen, was sie im Traum macht: frisst die Maus, putzt sich den Schnurrbart ... Ihr könnt die Katze beobachten!

Jetzt ist das Träumen da. Es kommt etwas in Bewegung in Richtung bewusste Welt, das Bewusstsein taucht langsam auf. Ursache und Wirkung sind immer noch vorherrschend, aber nicht so wie in einem Stein. Ein wenig Freiheit wird möglich. Und damit treten jetzt auch Unfälle auf. Das Tier hat ein klein wenig Freiheit. Es kann zwischen ein paar Dingen entscheiden. Es kann launisch sein, es kann gute Laune haben und freundlich zu dir sein, es kann schlechte Laune haben und nicht freundlich zu dir sein. Ein kleines bisschen Freiheit ist in sein Dasein gekommen. Aber nur ein ganz kleines bisschen, nur erst der Anfang. Das Selbst ist noch nicht kristallisiert – ein sehr loses Selbst, ein Sammelsurium. Aber es zeigt sich bereits, die Struktur nimmt Gestalt an, die Form taucht auf. Das Tier richtet sich am Vergangenen aus, es lebt aus der Vergangenheit. Das Tier hat keine Vorstellung von der Zukunft.

Es kann nicht für die Zukunft planen, es kann nicht vorausdenken. Selbst wenn es manchmal vorausdenkt, ist das sehr, sehr fragmentarisch. Zum Beispiel, wenn das Tier sich hungrig fühlt, kann es vorausdenken, ein paar Stunden im voraus planen, dass es jetzt Essen besorgen muss. Aber das Tier kann nicht einen Monat, zwei Monate, drei Monate in die Zukunft denken. Jahre kann sich das Tier nicht vorstellen, es hat keinen Kalender, keinen Zeitbegriff. Es richtet sich am Vergangenen aus. Was in der Vergangenheit passiert ist, das erwartet es auch in Zukunft. Seine Zukunft ist mehr oder weniger identisch mit der Vergangenheit, sie ist eine Wiederholung, sie wird von der Vergangenheit beherrscht. Die Zeit kommt durch die Vergangenheit herein, das Selbst kommt durch die Vergangenheit herein.

Die dritte Sphäre ist die Noussphäre, der Verstand. Die Selbst-Bewusstheit erscheint. Die erste war Bewusstlosigkeit, die zweite war Vor-Bewusstheit, die dritte ist Selbstbewusstheit. Das Bewusstsein kommt, aber mit ihm auch ein Unheil – das Selbst. Es kann auf keinem anderen Wege zustande kommen. Das Selbst ist ein notwendiges Übel. Das Bewusstsein geht mit einer Vorstellung von ‚Ich' einher. Die Reflexion setzt ein, das Denken setzt ein, die Persönlichkeit kommt ins Spiel, und mit dem Verstand die Zukunftsgerichtetheit. Der Mensch lebt in der Zukunft, Tiere leben in der Vergangenheit.

Fortgeschrittene Gesellschaften leben in der Zukunft, unterentwickelte Gesellschaften leben in der Vergangenheit. Primitive leben noch in der Vergangenheit, nur zivilisierte Menschen leben in der Zukunft. In der Zukunft zu leben ist ein höherer Zustand, als in der Vergangenheit zu leben. Junge Menschen leben in der Zukunft, nur alte Menschen leben in der Vergangenheit. Junge Menschen sind lebendiger als alte Menschen. Neue Länder, neue Kulturen leben in der Zukunft.

Zum Beispiel lebt Amerika in der Zukunft, Indien in der Vergangenheit, fünftausend Jahre, zehntausend Jahre zurück – Indien schleppt sich immer noch damit ab, es ist eine solche Last. Sie ist kaum noch zu tragen, sie ist erdrückend. Aber man schleppt sie weiter mit, schließlich ist sie das Erbe! Und man ist sehr stolz auf die Vergangenheit. Stolz zu sein auf die Vergangenheit ist einfach ein unzivilisierter Zustand. Man muss nach der Zukunft greifen, man muss sich in die Zukunft vortasten. Die Vergangenheit ist nicht mehr, die Zukunft kommt erst – man muss sich auf sie vorbereiten.

Ihr könnt es vielfach beobachten. Der indische Geist ist immer nur von Ereignissen der Vergangenheit fasziniert. Bis heute führen die Leute regelmäßig das Drama von Rama auf, jedes Jahr, und sie sind völlig hingerissen davon. Jahrtausende sind vergangen, und sie haben dasselbe Stück wieder und wieder und wieder aufgeführt, und sie werden es wieder aufführen, und sie sind völlig hingerissen. Sie waren nicht so hingerissen, als der erste Mensch den Mond betrat. Es faszinierte sie nicht annähernd so, wie das Drama Ramas sie fasziniert und schon immer fasziniert hat. Sie kennen die Story, sie haben sie oft genug gesehen – aber es ist ihr Erbgut! Sie sind sehr stolz darauf.

Ihr werdet erstaunt sein zu hören, dass es Hindu-Mahatmas und Jaina-Mahatmas in Indien gibt, die unbedingt beweisen wollten, dass der Mensch gar nicht den Mond betreten hat, dass alles nur ein Betrug der Amerikaner sei. Warum? Weil der Mond ein Gott ist – wie also kann man den Mond betreten? Und es gibt Leute, die auf sie hören und ihnen folgen. Einer dieser Jaina-Mönche kam mich einmal besuchen, als ich in Gujarat war, und er sagte: „Unterstütze mich! Und ich habe Tausende von Anhängern!"– und die hat er, und sein ganzes Lebensthema ist, dass die Amerikaner alles nur vorgetäuscht haben, dass jene Fotos, die mitgebracht wurden, nur Trickaufnahmen sind, dass jene Gesteine, die sie vom Mond mitgebracht haben, aus Sibirien oder sonstwoher auf der Erde stammen. Niemand ist je zum Mond gefahren, und niemand wird je zum Mond fahren, denn in den *Jaina-Shastras*, in den Jaina-Schriften, steht geschrieben, dass der Mond ein Gott ist. Wie könnt ihr auf Gott herumtrampeln? Das heißt Vergangenheitsorientiertheit. Sie ist sehr erstickend. Sie ist der Grund, warum Indien nicht wachsen kann, sich nicht entwickeln kann, nicht vorwärtskommen kann: Indien klebt immer noch an der Vergangenheit.

Mit der Noussphäre – mit Verstand, Selbstwahrnehmung, Reflexion, Denken, Persönlichkeit – kommt Zukunftsorientiertheit ins Dasein.

Und je mehr ihr anfangt, euch auf die Zukunft einzustellen, desto angstvoller werdet ihr natürlich. Folglich sind die Amerikaner von allen das verspannteste, nervöseste Volk. Die Inder sind sehr gelassen – so gelassen, dass sie überhaupt nichts zustande bringen. Wisst ihr? – wenn Inder eine Glühbirne einschrauben, brauchen sie dazu drei Inder. Einer hält die Birne fest, und zwei drehen die Leiter. Sehr gelassene Leute – entspannt. Sie leiden nicht unter irgendwelchen nervösen Ticks, sie wissen überhaupt nicht richtig, was Nervosität ist. Nervosität tritt mit der Zukunft auf. Denn nun müsst ihr planen. Ihr könnt nicht einfach nur eure alten Lebensweisen fortsetzen. Wann immer ihr etwas Neues macht, besteht die Möglichkeit eines Fehlers – die Wahrscheinlichkeit eines Fehlers. Je mehr ihr das Neue ausprobiert, desto nervöser werdet ihr. Darum ist in psychologischer Hinsicht Amerika von allen das gestörteste Land, Indien von allen das ungestörteste.

Tiere kennen keine Nervosität. In der Vergangenheit zu leben ist eine niedrigere Geistesverfassung. Freilich komfortabler, bequemer ... und die Hindu-Mahatmas erzählen der Welt immerzu: „Schaut, wie friedlich wir sind! Es gibt keine Neurosen. Selbst wenn wir verhungern, verhungern wir schweigend, selbst wenn wir sterben, sterben wir sehr ergeben. Und ihr seid dabei, verrückt zu werden!"

Aber merkt euch, Fortschritt kommt durch Rastlosigkeit. Aus Fortschritt ergibt sich Nervosität – ein Zittern davor, etwas falsch zu machen, etwas Verkehrtes zu tun, das Wichtige zu verfehlen. Bei der Vergangenheit gibt es da kein Problem: Man wiederholt sie immer nur, es ist eine fix-und-fertige Vergangenheit, ihre Wege sind völlig vertraut. Ihr seid ihnen gefolgt, eure Eltern sind ihnen gefolgt, und so weiter und so fort, bis zurück zu Adam und Eva. Alle haben es so gehalten, es gibt keine Möglichkeit, sich zu verirren.

Angesichts des Neuen kommt Unruhe, Nervosität, Angst auf, Angst vor dem Versagen.

Diese dritte Sphäre, die Noussphäre, ist die Sphäre der Angst, Verspannung. Wenn es zwischen der zweiten und der dritten zu wählen gilt, dann wählt die dritte, wählt nicht die zweite. Obwohl es gar nicht nötig ist, zwischen der dritten und der zweiten zu wählen; wohl könnt ihr zwischen der dritten und der vierten wählen – dann wählt die vierte! Wählt immer das höhere!

Merkt euch, wenn ich hier den indischen Geisteszustand verurteile, dann verurteile ich nicht Buddha und verurteile ich nicht Krishna. Sie haben die vierte gewählt – sie sind ebenfalls in Ruhe, sie sind ebenfalls entspannt, aber ihre Entspannung kommt vom Aussteigen aus der Zeit an sich, nicht durch ein Leben in der Vergangenheit. Sie sind absolut entspannt, sie haben keine Rastlosigkeit, keine Neurose. Ihr Geist ist ein stiller See ohne die leiseste Welle – aber nicht durch die Wahl der zweiten Stufe, sondern der vierten, nicht durch das Verharren unterhalb des Verstandes, sondern durch das Hinausgehen über den Verstand.

Aber so laufen die Dinge nun einmal: Die Leute in Indien haben Buddha gesehen und seine Stille, sie haben die Gesegnetheit des Mannes gesehen und sie haben seine Anmut gesehen und sie haben gesehen, in was für einer Entspanntheit das Leben geführt werden kann – warum nicht auch ein solches Leben führen? Aber sie haben keinerlei Anstrengung unternommen, zur vierten Stufe weiterzugehen. Im Gegenteil, sie sind von der dritten abgerutscht und haben sich auf der zweiten niedergelassen. Das wirkt in etwa wie Buddhas Stille, aber nur in etwa, es trifft es nicht genau. Es ist immer einfacher, sich in der Vergangenheit einzurichten und es sich auf die Art bequemer und komfortabler zu machen. Buddha hat sich nicht in der Vergangenheit eingerichtet, er hat sich auch nicht in der Zukunft eingerichtet, er hat sich nicht in der Zeit überhaupt eingerichtet – er ist ausgestiegen aus der Zeit. Er ist ausgestiegen aus dem Verstand, der die Zeit erzeugt. Er ist ausgestiegen aus dem Ego, das Unruhe erzeugt. Die Wahl der Inder war es, die Zukunft aufzugeben, weil diese offenbar Unruhe bringt: „Zukunft bringt Unruhe? Lasst doch die Zukunft sausen!" Dann werdet ihr abrutschen, werdet ihr zurückfallen in den vorherigen Zustand. Lasst lieber das Ego sausen! – und dann transzendiert ihr.

Die dritte Sphäre ähnelt der, die Patanjali ‚Wachheit' nennt. Die erste ist Schlaf, die zweite ist Traum, die dritte ist Wachheit. Eure Wachheit natürlich, nicht die Wachheit eines Buddha! Eure sogenannte Wachheit – die Augen sind offen, aber drinnen ziehen die Träume.

Die Augen sind offen, aber in eurem Innern ist Schlaf. Ihr seid voller Schlaf, selbst wenn ihr wach seid. Dies ist der dritte Zustand. Und er ist immer hilfreich; wenn ihr müde werdet vom Tage, fallt ihr in einen Traum – das schenkt euch Entspannung. Dann verfallt ihr in Tiefschlaf – das schenkt euch sogar noch mehr Entspannung, und morgens fühlt ihr euch wieder frisch. Ihr fallt zurück, um zur Ruhe zu finden, denn das kennt ihr schon, euer System ist so eingerichtet, ihr könnt da einfach hineingehen.

Der vierte Zustand muss erst erzeugt werden. Er ist nicht in eurem System enthalten. Er ist euer Potenzial, aber ihr seid noch nie in ihm gewesen. Das ist harte Arbeit, es geht stromauf, bergauf. Der vierte Zustand ist die Christosphäre. Ihr könnt sie Buddhasphäre nennen, das heißt dasselbe. Ihr könnt sie Krishnasphäre nennen, das heißt dasselbe.

Im dritten Zustand existiert eine gewisse Freiheit, Pseudofreiheit – die Freiheit namens Wahl. Das will verstanden sein, es ist von großer Wichtigkeit. In der dritten Stufe habt ihr nur eine pseudoartige Freiheit, und diese Freiheit ist die Freiheit der Wahl. Zum Beispiel sagt ihr: „Mein Land gewährt religiöse Freiheit." Hm? – das heißt, ihr könnt wählen: Ihr könnt in die Kirche oder in den Tempel gehen, und das Land und sein Gesetz wird euch keine Schwierigkeiten machen. Du kannst ein Muslim werden oder ein Hindu oder ein Christ – du kannst wählen. ‚Das Land ist frei' bedeutet: Du kannst dein Leben selber wählen – wo du leben möchtest, was du tun möchtest, was du sagen möchtest. Die Wahl des Ausdrucks, die Ausdrucksfreiheit ist gegeben. Das gilt als Freiheit – dass man sagen kann, was man will, dass man tun kann, was man will, dass man jeden religiösen, politischen Stil wählen kann; du kannst ein Kommunist sein, du kannst ein Faschist sein, du kannst ein Liberaler sein, du kannst ein Demokrat sein und all dieser Unsinn ... du kannst wählen.

Es ist nur eine Pseudofreiheit. Warum nenne ich es Pseudofreiheit? Weil ein Geist, der voll von Gedanken ist, nicht frei sein kann. Du lebst zum Beispiel schon seit fünfzig Jahren, und dein Verstand ist von deinen Eltern und den Lehrern und der Gesellschaft geprägt worden – und du glaubst, frei wählen zu können? Du wirst aus deiner Geprägtheit heraus wählen! Was für eine Wahlfreiheit soll das sein? Zuerst hat man dich geprägt!

Es ist genauso, wie wenn man jemanden hypnotisiert. Ihr könnt jemanden zu Santosh, unserem Hypnotiseur, bringen, und er kann ihn hypnotisieren und ihm sagen: „Morgen früh gehst du zum Markt und kaufst eine ganz bestimmte Zigarette" – irgendeine Marke, die er demjenigen in tiefer Hypnose suggerieren kann. Morgen früh wird er aufstehen, und er wird keine Ahnung haben, dass er zum Markt gehen und eine ganz bestimmte Zigarettenmarke kaufen wird, weil die Konditionierung ins Unbewusste gesunken ist, dem Unbewussten eingepflanzt wurde. Sein bewusster Teil weiß nichts davon. Er weiß noch nicht einmal, warum er zum Markt geht. Aber er wird irgendeine Rationalisierung finden, er wird sagen: „Lasst uns heute einkaufen gehen." Warum? Warum heute, warum nicht morgen, warum nicht übermorgen? Warum heute? Er wird sagen: „Das ist meine Freiheit. Wenn ich gehen will, kann ich gehen. Wer bist du, mich zu hindern? Das ist meine Freiheit!" Und er ist sich nicht bewusst, ist sich völlig unbewusst, dass dies absolut keine Freiheit ist. Und er wird zum Markt gehen mit der Vorstellung, er sei frei. Und er denkt vielleicht keine Sekunde daran, dass er eine ganz bestimmte Zigarettenmarke kaufen wird, und plötzlich kommt er an einem Laden vorbei und er sagt sich: „Warum nicht eine Schachtel Zigaretten kaufen? Du hast so lange nicht geraucht!" Und er meint, er würde das denken, und er geht in den Laden und er sagt: „Geben Sie mir die Zigarettenmarke da, 555" – oder was auch immer. Warum nicht *Panama*, warum nicht *Wills*, warum nicht *Berkeley*? Er wird sagen: „Das ist meine Sache! Ich kann wählen, was ich will!" Und er wird 555 kaufen, und er wird frei bleiben – jedenfalls in seiner Vorstellung. Er ist nicht frei. Er ist abgerichtet worden.

Ihr seid abgerichtet worden als Hindu, als Christ, als Muslim, als Inder, als Chinese, als Deutscher – wie könntet ihr frei sein? Ihr seid abgerichtet worden von euren Eltern, von eurer Gesellschaft, von eurer Nachbarschaft, von Schule, College, Universität – wie könntet ihr frei sein? Eure Freiheit ist Pseudofreiheit, sie ist Attrappe. Sie verleiht euch nur das Gefühl der Freiheit und macht euch zufrieden – ansonsten steckt keine Freiheit darin. Wenn ihr zur Kirche geht, geht ihr da aus eurer Freiheit heraus? Wenn ihr in den Hindutempel geht, geht ihr da aus eurer Freiheit heraus? Seht es euch an, und ihr werdet herausfinden, dass es nicht aus Freiheit geschieht: Du wurdest in eine Hindufamilie geboren!

Manchmal kann es vorkommen, dass du in eine christliche Familie geboren wurdest und trotzdem in einen Hindutempel gehen willst. Selbst das ist eine Konditionierung – in anderer Form. Vielleicht waren deine Eltern zu christlich, allzu sehr, und so viel Unsinn konntest du einfach nicht absorbieren. Alles hat seine Grenzen. Du wurdest feindselig, du fingst an, dagegen zu rebellieren, du hast dagegen reagiert. Und sie haben dich immer mit zur Kirche geschleift! Sie waren übermächtig, und du warst ein kleines Kind und konntest nichts tun und warst hilflos, und du hast immer gedacht: „Ich werd's euch zeigen!" Am Tag als du mächtig wurdest, hörtest du auf, zur Kirche zu gehen.

Nun, dieser Gedanke „Ich werd's euch zeigen!" ist dir durch ihren Kirchenwahn eingepflanzt worden. Das ist wiederum Hypnose – in umgekehrter Abfolge, aber es ist trotzdem noch Hypnose. Du reagierst nur, du bist nicht frei. Wenn du zur Kirche gehen wolltest, wärst du nicht fähig, zur Kirche zu gehen, du würdest sehen, wie du dich sträubst. Du wirst nicht hingehen, weil dieses die Kirche ist, zu der dich deine Eltern immer mitgenommen haben. Du kannst nicht in diese Kirche gehen. Du wirst Hindu werden. Du wirst lauter Dinge anfangen, die deine Eltern dir immer verboten haben, nur um es ihnen zu zeigen.

Das ist Reaktion. Das erstere ist Gehorsam, das letztere ist Reaktion, aber in keinem von beiden steckt Freiheit.

Und noch eines: Es liegt nicht nur an der Konditionierung, dass ihr nicht frei seid. Immer wenn ihr zwischen zwei Dingen wählt, selbst zwei Dingen, für die euch niemand irgendwie konditioniert hat – es gibt schließlich Millionen von Dingen, für die ihr überhaupt nicht konditioniert worden seid ... Immer wenn ihr also zwischen zwei Dingen wählt, trefft ihr eure Wahl aus Verwirrung heraus. Und aus Verwirrung heraus kann es keine Freiheit geben.

Du möchtest entweder dieses Mädchen heiraten oder jenes Mädchen heiraten. Wie willst du das entscheiden? Du bist verwirrt. Jeden Tag bekomme ich Briefe von Leuten: „Ich bin zwischen zwei Frauen hin- und hergerissen. Was soll ich tun? Die eine Frau ist schön – körperlich, was die Proportionen betrifft; sie hat sehr, sehr schöne Augen, eine Art Zauber, ihr Körper pulsiert, strahlt, ist lebendig; aber psychologisch ist sie sehr abstoßend. Die andere Frau ist psychologisch schön, aber körperlich abstoßend. Was soll ich jetzt tun?" Und du bist zerrissen.

Ich habe von einem Mann gehört, der ans Heiraten dachte. Er liebte eine Frau, aber sie war sehr arm. Sie war schön, aber sie war sehr arm. Und eine andere Frau, die sehr reich war, aber sehr hässlich, war in ihn verliebt. Aber eines war auch an ihr schön: ihr Ton, ihre Stimme – sie war eine große Sängerin. Jetzt war er hin- und hergerissen. Die schöne Frau hatte nicht diese Stimme, Singstimme – und er war ein Musikliebhaber!

Die Sängerin hatte kein schönes Gesicht, aber die Form war ihm nicht so wichtig wie die Stimme. Und außerdem war er arm, und er wollte eine Frau, die eine Menge Geld mitbrachte, um der Sicherheit willen und damit er mit Herz und Seele total in seiner Musik aufgehen könne und sich dabei keine Sorgen ums Geld und dergleichen Dinge zu machen brauche. Er wollte sein ganzes Leben der Musik weihen. Jene Frau hatte zwei Dinge: das Geld und eine wunderschöne Stimme – aber sie war ausgesprochen hässlich. Es war ihm fast unmöglich, sie anzusehen. Ihr Gesicht war abstoßend. Die arme Frau war schön, aber ihre Stimme war gewöhnlich, und sie hatte kein Geld. Wählt er also diese Frau, so wird er seine Liebe zur Musik aufgeben müssen, wird er ein Angestellter in irgendeinem dummen Büro werden müssen oder ein Lehrer oder irgendetwas anderes. Und dann wird er nicht in der Lage sein, sich der Musik zu weihen. Musik verlangt totale Hingabe.

Musik ist eine sehr eifersüchtige Geliebte – sie bewacht dich mit Argusaugen, sie will dich restlos und total besitzen. Also fühlte er sich hin- und hergerissen, und am Ende siegte seine Liebe zur Musik, und er heiratete die hässliche Frau.

Er kam heim, sie gingen schlafen. Nachts im Dunkeln ging es ja noch, denn da sah er die Frau nicht; aber am Morgen, als die Sonnenstrahlen hereinsickerten und er wach wurde und das Gesicht der Frau sah, war es so abstoßend! Er rüttelte die Frau wach und sagte: „Singe! Sing sofort was!" – nur um sich vor so viel Hässlichkeit zu schützen ...

Die Leute schreiben mir: „Wir können uns nicht entscheiden zwischen zwei Frauen, oder zwischen zwei Männern. Was sollen wir tun?" Die Verwirrung kommt daher, dass ihr eine Motivation habt. Ihr habt eure Motive: Geld, Musik, Sicherheit. Es ist keine Liebe da, darum seid ihr hin- und hergerissen. Wäre Liebe da – intensive Liebe, grenzenlose Liebe, dann hättet ihr keine Wahl. Eine solche Leidenschaft wird von selbst entscheiden, ihr werdet nicht erst wählen müssen. Ihr werdet nicht zerrissen sein. Aber so intelligent sind die Menschen nicht, und auch nicht so intensiv. Sie leben das Leben lauwarm, nur so la-la. Sie leben es nicht intensiv. Ihr Leben ist ohne Feuer.

Wirkliche Freiheit tritt erst dann ein, wenn euer Leben in jedem Moment so total ist, dass es da gar nichts zu entscheiden gibt – diese Totalität entscheidet. Könnt ihr mir folgen? Die Totalität selbst entscheidet. Ihr seht euch nicht vor zwei Alternativen gestellt – ob ihr diese oder jene Frau heiraten sollt –, euer Herz ist total bei einer. Es ist kein Motiv da, also seid ihr nicht zerrissen und also herrscht keine Unentschiedenheit. Wenn ihr aus Unentschiedenheit heraus entscheidet, werdet ihr Konflikte schaffen. Verwirrung kann euch nur in noch tiefere Verwirrungen stürzen. Trefft nie eine Wahl aus Verwirrung.

Darum redet Krishnamurti immer von Wahllosigkeit. Wahllosigkeit ist Freiheit. Du wählst nicht, sondern du bist nur total intensiv, du wirst nur absolut wach, bewusst, aufmerksam ... Zum Beispiel: Ihr hört mir zu. Ihr könnt nun auf eine lauwarme Art und Weise zuhören – halb schlafend, halb wach, gähnend, an tausendundeine Sache denkend, Pläne schmiedend, die letzte Nacht hängt euch noch in den Knochen, tausenderlei Katzenjammer ... und so ganz nebenbei hört ihr zu. Dann taucht eine Frage auf: Ob ich wohl die Wahrheit sage oder nicht.

Wenn du leidenschaftlich zuhörst, wenn du absolut hier und jetzt präsent bist, dann weiß deine Leidenschaftlichkeit sofort die Antwort darauf. In dieser Intensität wirst du wissen, was Wahrheit ist. Wenn ich etwas sage, das wahr ist, wird es augenblicklich in deinem Herzen nachklingen; denn du wirst dermaßen hellhörig sein – wie könntest du es überhören? Deine Intelligenz wird so sehr auf dem Plan sein – wie könntest du es überhören? Und wenn da etwas ist, das nicht wahr ist, wirst du auch das augenblicklich sehen. Der Klarblick wird sich sofort einstellen. Es wird keine Entscheidung deinerseits geben: „Soll ich diesem Mann folgen oder nicht?" Das wäre aus Unentschiedenheit: Du hast nicht zugehört, du hast mich nicht gesehen.

Seht den springenden Punkt: Angesichts der Wahrheit bedarf es nicht eurer Billigung oder Missbilligung. Man braucht nur die Wahrheit zu hören – total, mit Sensibilität, das ist alles; und dann entscheidet genau diese Sensibilität. Du siehst, du fühlst augenblicklich die Wahrheit der Sache. Durch dieses Fühlen hast du bereits die Wahrheit betreten – nicht, dass du erst zugestimmt oder abgelehnt hättest, nicht, dass du erst von mir überzeugt, von mir bekehrt worden wärest. Ich bekehre niemanden. Wahrheit bekehrt. Und Wahrheit ist kein Glaube, und Wahrheit ist kein Argument; Wahrheit ist eine Präsenz. Wenn du präsent bist, wirst du sie fühlen. Wenn du nicht präsent bist, wirst du sie nicht fühlen.

Auf der dritten Stufe, der Noussphäre, gibt es nur Pseudofreiheit. Aus Verwirrung heraus entscheidet ihr – darum nimmt die Verwirrung immer mehr zu. Verwirrung bringt Konflikte, weil es immer zwei Seiten in euch gibt: Soll man dieses oder jenes tun, soll man sein oder nicht sein …? Und was auch immer ihr entscheidet, die andere Seite wird bleiben und ihren Zeitpunkt abwarten, um sich zu rächen.

Die Freiheit stellt sich erst auf der vierten ein.

Die Christosphäre ist die vierte. Mit der Christosphäre kommt das Nichtdenken in die Existenz: das Nichtdenken eines Buddha, eines Christus – nicht eines Steins. Mit der vierten kommt das Bewusstsein ohne Zentrum, ohne das Selbst darin. Einfach reines Bewusstsein, ohne irgendwelche Grenzen – grenzenloses Bewusstsein. Dann könnt ihr nicht sagen: „Ich bin bewusst" – es ist kein Ich darin. Es ist einfach Bewusstsein. Es hat keinen Namen und keine Form. Es ist Nichts, es ist Leere.

Bei solchem Bewusstsein ist kein Denken nötig, tritt das Erkennen in Funktion, tritt die Intuition in Funktion. Der Intellekt lebt von der *Tuition*, vom Input: Andere müssen dich lehren – das heißt *Tuition*. Die Intuition braucht dich niemand zu lehren, die kommt von innen. Sie wächst aus dir selbst heraus, sie ist eine Blüte deines Daseins. Das ist die Bewusstseinsqualität, die wir Meditation nennen: Intuition, Erkennen, Bewusstheit ohne Mittelpunkt, Zeitlosigkeit; oder ihr könnt es auch das Jetzt, die Gegenwart nennen. Aber merkt euch: Es ist nicht die Gegenwart zwischen Vergangenheit und Zukunft. Es ist die Gegenwart, in der sich Vergangenheit wie Zukunft aufgelöst haben.

De Chardin nennt es den Omega-Punkt. Buddha nennt es *Nirvana*. Die Jainas nennen es *Moksha*. Christus nennt es Gottvater. Das sind alles nur Namen. Dieses ganze Sutra dreht sich nur um den Schritt von der dritten zur vierten, von der Noussphäre zur Christosphäre, vom Intellekt zur Intelligenz, von der Selbst-Bewusstheit zum Nichtselbst-Bewusstsein. Die dritte ist wie der Wachzustand, das normale Wachsein, die vierte ist das, was Patanjali *Turiya* nennt – „das Vierte". Er hat der Sache überhaupt keinen Namen gegeben, und ich finde, das klingt sehr schön. Nennt es Christosphäre, und es klingt christlich; nennt es Krishnasphäre, und es klingt hinduistisch; nennt es Buddhasphäre, und es klingt buddhistisch.

Patanjali ist sehr, sehr puristisch, er nennt es einfach „das Vierte", darin ist alles enthalten. Er gibt ihm keinen besonderen Namen. Für drei hat er Namen angegeben, weil sie Formen haben – und wo Form ist, ist Name relevant. Das Formlose kann keinen Namen haben – *Turiya*, „das Vierte".

In diesem ganzen *Prajnaparamita Sutra* geht es um den Übergang von der dritten zur vierten Stufe. Sariputra steht auf dem Gipfel der dritten, der Noussphäre – Reflexion, Denken, Selbst-Bewusstheit. Bis zum Äußersten hat er die dritte durchquert, er hat das Maximum erreicht: Da ist nichts mehr zu holen. Er steht an der Grenze ...

Darum, oh Sariputra ...

Buddha steht da, jenseits der Grenze, und ruft Sariputra zu: „Komm ... komm ... und noch einmal, komm!" Das ganze Sutra wird heute noch einmal in diesen letzten Versen zusammengefasst. Alle Verse bisher waren nur die Vorbereitung auf diesen letzten Höhepunkt.

> Tasmaj jnatavyam:
> prajnaparamita maha-mantro maha-vidyamantro
> 'nuttara-mantro' samasama-mantrah ...

Darum also muss man die Weisheit des Jenseits wissen –

> ... Tasmaj jnatavyam ...
> ... Darum ist dies das einzige Wissenswerte.

Wir sind am Abschluss dieses ganzen wunderbaren Dialogs. Der Dialog findet aber nur zwischen zwei Energien statt – Buddha und Sariputra; Sariputra hat kein einziges Wort gesagt.

Dies ist ein sehr viel gehobenerer Dialog als der, der zwischen Arjuna und Krishna in der *Gita* stattfindet, denn Arjuna sagt etwas. Es ist verbal. Arjuna ist mehr Student denn Jünger. Er wird erst ganz am Schluss zum Jünger. Wenn er zum Jünger wird, wird Krishna zum Meister. Solange der Jünger kein Jünger ist – wie kann der Meister dann Meister sein? Solange der Jünger nur ein Student ist, ist der Meister nur ein Lehrer.

Dort, wo die *Gita* endet – genau da fängt dieses *Prajnaparamita Sutra* an. Sariputra ist ein Jünger – absolut still, hat kein einziges Wort gesprochen, hat nichtmal eine Frage gestellt – nicht verbal. Er ist ein Fragen, nicht eine Frage. Sein ganzes Dasein fragt, nicht sein Kopf. Er verbalisiert nichts. Seine Existenz ist ein Fragezeichen. Er steht vor Buddha, sein ganzes Dasein durstig, entflammt, entbrannt. Buddha, der ihn in diesem Zustand sieht, spricht immerzu ungefragt zu ihm. Nicht, dass der Jünger erst fragen muss.

Der Meister weiß, wann der Jünger es braucht. Der Meister weiß sehr viel besser als der Jünger selbst, was er braucht. Der Jünger muss warten. Vielleicht hat Sariputra viele Jahre lang, wohl zwanzig Jahre auf diesen Moment gewartet – dass der Meister die Not sehen, dass der Meister seinen Hunger und Durst spüren werde, dass er würdig sein werde, ein Geschenk vom Meister zu empfangen. Dieser Tag ist gekommen, dieser glückliche Moment ist da.

Tasmaj jnatavyam ...

Buddha sagt: „Darum, oh Sariputra, ist dies das einzige, was sich zu wissen lohnt." Und er fasst seine ganze Botschaft in einige wenige Worte, in einen kleinen Satz, in ein Mantra, in eine Maxime, in eine Formel, denn Buddha hat alles hineingepackt, was man für die gesamte Reise braucht! Er hat alles in dieser knappen, dieser ganz knappen Formel untergebracht! „Darum ist das einzige, was sich zu wissen lohnt, das *Prajnaparamita* ...

... als den großen Zauberspruch,
den Zauberspruch großer Erkenntnis,
den letztmöglichen Zauberspruch,
den Zauberspruch ohnegleichen ...

Buddha preist ihn über alles! Er geht alle denkbaren Superlative durch! Er sagt: „Das ist der große Zauberspruch!" Ein *Mantra*, ein Zauberspruch, ist eine magische Formel. Was genau ein *Mantra* ist, muss verstanden werden. Unter einem *Mantra* muss man etwas sehr, sehr Besonderes verstehen. Es ist ein Zauberspruch, eine magische Formel. Sie beruht auf dem Phänomen, dass alles, was du hast, nicht wirklich da ist, und alles, was du nicht zu haben glaubst, da ist! Deshalb wird eine magische Formel nötig: Dein Problem ist nicht wirklich, deshalb wird eine magische Formel nötig. Zum Beispiel ... ein Gleichnis: Es war einmal ein Mann, der hatte sehr viel Angst vor Geistern. Und zu seinem Pech musste er täglich den Friedhof überqueren, hin und her. Und manchmal wurde es spät, und er musste nachts über den Friedhof. Sein Haus lag gleich hinter dem Friedhof. Und er hatte eine solche Angst vor Geistern, dass sein Leben eine einzige Folter war. Er konnte nicht schlafen. Die ganze Nacht wurde er von den Gespenstern gestört. Manchmal klopften sie an die Türen, manchmal rumorten sie im Haus, und er konnte ihre Tritte und ihr Geflüster hören. Und manchmal kamen sie auch ganz nah an ihn heran, und er konnte sogar ihren Atem spüren. Er lebte in einer ständigen Hölle.

Er ging zu einem Meister, und der Meister sagte: „Das ist gar nichts. Du bist an den Richtigen geraten" – genau was ich auch immer zu euch sage! „Nimm dieses *Mantra*, das wird reichen, und dann mach dir keine Sorgen mehr. Du legst dieses *Mantra* einfach in eine kleine goldene Schachtel und trägst die Schachtel immer bei dir. Du kannst sie dir um den Hals hängen" – genau wie die Mala – sie ist ein *Mantra*. Oder wie die Zauber-Box, die ich Sannyasins mitgebe, wenn sie weit weggehen von mir. Sie ist eine Zauber-Box – sie ist ein *Mantra*!

Der Meister sagte: „Bewahre dies *Mantra* gut auf. Du brauchst es nicht einmal auszusprechen. Es hat solche Macht, dass es nicht laut gesprochen werden muss. Bewahre es in der Schachtel auf. Nimm die Schachtel mit, wohin du auch gehst, und kein Geist wird dich je belästigen."

Und wirklich, so war es. An jenem Tage ging er quer über den Friedhof, fast so, als wäre er auf einem Morgenspaziergang. Noch nie war es so leicht gewesen. Früher war er immer gerannt! Früher hatte er immer laut gerufen und gebrüllt und Lieder gesungen im Gehen. An jenem Tage ging er ganz langsam mit der Schachtel in der Hand, und es funktionierte tatsächlich! Keine Gespenster! Er blieb sogar mitten auf dem Friedhof stehen und wartete, ob jemand kam, aber kein Gespenst zeigte sich. Es herrschte absolute Stille. Dann ging er heim. Er tat die Schachtel unter sein Kopfkissen. In dieser Nacht klopfte niemand an die Tür, flüsterte niemand, kam ihm niemand nahe. Zum ersten Mal in seinem ganzen Leben konnte er gut schlafen. Es war ein großes *Mantra!*

Aber nun hing er zu sehr an der Schachtel! Er konnte sie nirgends lassen, den ganzen Tag lang musste er sie überall mitschleppen. Die Leute fingen an zu fragen: „Warum schleppst du immer diese Schachtel mit?" Und er antwortete: „Das ist meine Sicherheit, meine Garantie."

Eine große Angst überkam ihn: wenn ihm nun eines Tages diese Schachtel verloren gehen sollte? „Dann werde ich Riesenprobleme kriegen, denn diese Gespenster werden voll Rache nehmen!" Aß er, so hatte er die Schachtel dabei. Auf der Toilette, hatte er die Schachtel dabei. Ging er mit seiner Frau ins Bett, die Schachtel war dabei. Er wurde allmählich verrückt! Und jetzt wurde ihm die Angst zuviel. Wenn sie gestohlen würde, wenn ihm jemand einen Streich spielen sollte oder er sie irgendwo verlieren sollte, oder wenn der Schachtel etwas zustoßen sollte, was dann?! „Dann lauern diese Geister schon seit Monaten nur darauf, mir eins auszuwischen! Sie werden sich von allen Seiten auf mich stürzen und mich töten!"

Eines Tages erkundigte sich der Meister, wie alles lief.

Er sagte: „Eigentlich ganz gut. Alles ist völlig in Ordnung, nur plagen mich jetzt meine eigenen Ängste. Wieder kann ich nicht schlafen. Die ganze Nacht über muss ich nachschauen, ob die Schachtel noch da ist. Immer wieder muss ich mich selber aufwecken und nach der Schachtel suchen. Und wenn sie im Bett mal hierhin oder dorthin gerutscht ist und ich sie nicht finden kann ... es ist furchtbar! Ich bekomme solche Angst!"

Der Meister sagte: „Jetzt werde ich dir ein anderes *Mantra* geben. Wirf diese Schachtel jetzt weg."

Er antwortete: „Wie soll ich mich denn dann vor den Gespenstern schützen?"

Der Meister sagte: „Sie existieren gar nicht. Diese Schachtel ist schlicht Unsinn. Diese Gespenster existieren nicht. Nur darum hat die Schachtel funktioniert. Diese Gespenster existieren nur in deiner Vorstellung. Wenn es sie wirklich gäbe, hätten sie keine Angst vor der Schachtel. Es ist alles nur deine Phantasie, diese Gespenster waren deine Vorstellung. Jetzt hast du eine bessere Vorstellung, weil du einen Meister hast und der Meister dir eine Schachtel, einen magischen Zauberspruch gegeben hat. Sei von nun an verständiger. Die Gespenster sind gar nicht da, nur darum hat die Schachtel geholfen. Jetzt brauchst du nicht von der Schachtel besessen zu sein – wirf sie weg!"

Ein *Mantra* ist ein Zauberspruch, um euch Dinge wegzunehmen, die in Wirklichkeit gar nicht da sind. Zum Beispiel wird euch ein *Mantra* helfen, das Ego aufzugeben. Das Ego ist ein Gespenst, nur eine Vorstellung. Eben darum sage ich, dass ich dazu hier bin, euch Dinge wegzunehmen, die ihr in Wirklichkeit gar nicht bei euch habt, und euch dafür Dinge zu geben, die wirklich da sind. Ich bin dazu hier, euch das zu geben, was ihr bereits habt; und ich muss euch das wegnehmen, was ihr nie gehabt habt – was ihr aber zu haben glaubt.

Eure Armseligkeiten, eure Wunden, eure Ruhmesträume, eure Eifersüchte, eure Ängste, eure Begehrlichkeiten, Hassgefühle, Unfreiheiten – das alles sind Gespenster. Ein Mantra ist nur ein Trick, eine Strategie, damit ihr eure Gespenster aufgebt. Wenn ihr all diese Gespenster erst einmal losgelassen habt, dann muss auch das Mantra losgelassen werden. Man braucht kein Mantra mehr bei sich zu haben, wenn man merkt, dass die Gespenster verschwunden sind. Und dann werdet ihr lachen über das ganze absurde Spiel: Die Gespenster waren Quatsch, und das Mantra war Quatsch – aber es hat geholfen!

Folgende Geschichte:
Ein Mann hatte im Traum die Vorstellung, eine Schlange wäre durch seinen Mund in ihn hineingekrochen und jetzt säße sie in seinem Bauch. Und er konnte immer die Bewegung der Schlange fühlen. Ihr kennt solche Schlangen; jeder kennt sie! Und er wurde ganz verstört. Er ging zu den Ärzten und wurde geröntgt, aber da war nichts …
Er sagte jedes Mal: „Sie ist da, selbst wenn das Röntgenbild sie nicht zeigt. Das ist egal. Ich leide, mein Leiden ist wirklich."
Dann ging er zum Sufi-Meister. Jemand hatte ihm geraten: „Geh zu einem Sufi-Meister, nur ein Meister kann hier helfen. Ärzte werden nicht viel helfen, sie heilen wirkliche Krankheiten. Meister heilen unwirkliche Krankheiten. Geh du zu einem Meister."
Also ging er. Und der Meister sagte: „Gut, ich werde etwas unternehmen, morgen früh wird sie rauskommen." Am nächsten Morgen bereitete der Meister alles vor, ließ eine Schlange auftreiben, gab sie der Frau des Mannes und richtete alles so ein, dass der Mann,

wenn er am Morgen aufwachen würde, die Schlange just dabei erwischen würde, wie sie sein Bett verließ. Und der Mann kreischte und schrie und sprang! „Hier ist sie! Da haben wir die Schlange! Und diese idiotischen Ärzte, die haben gesagt, es wäre keine Schlange da, es wäre nichts dran, hier ist sie!"

Und von dem Tage an verschwand das Problem. Es war ein *Mantra*. Das Problem war nicht wirklich vorhanden. All eure Probleme werden von euch erfunden. Ein *Mantra* ist eine Strategie, um euch eure Illusionen zu nehmen, und wenn euch die Illusionen genommen sind, ist das, was zurückbleibt, die Wahrheit. Das *Mantra* nimmt nur das Unwirkliche weg. Es kann euch das Wirkliche nicht geben, es kann nur das Unwirkliche wegnehmen. Aber das reicht. Sobald das Unwirkliche weg ist, sobald das Falsche als falsch begriffen wurde, zeigt sich die Wahrheit. Und Wahrheit befreit. Wahrheit ist Befreiung.

Buddha sagt:

> ... als den großen Zauberspruch,
> den Zauberspruch großer Erkenntnis,
> den letztmöglichen Zauberspruch,
> den Zauberspruch ohnegleichen
> – sarva-duhkha prasamanah –
> Heiler allen Leidens

Buddha sagt, dieses kleine *Mantra* hat eine solche Macht – es reicht für euer gesamtes Leid! Allein dieses *Mantra* wird genügen, wird euch zum anderen Ufer bringen.

> ... satyam amithyatvat –
> alles Leid bannend in Wahrheit – denn was könnte misslingen?

Buddha sagt, es wird dir nur das Unwirkliche als unwirklich zeigen. Und wenn du die Wahrheit weißt – was kann schiefgehen? Nichts kann schiefgehen – *Satyam Amithyatvat*.

Dieses Wort *Amithya* kommt aus der Wurzel *Mithya*. *Mithya* bedeutet unwahr, *Amithya* bedeutet nicht unwahr. Das Wort *mithya* kommt in dem deutschen Wort Mythos vor. Mythos heißt: das Unwahre. Mythos kommt aus der gleichen Wurzel, *mithya*. Ein Mythos ist das, was zu sein scheint, aber nicht wirklich ist. In einem anderen Wort – missen, im Sinne von fehlen – kommt die gleiche Wurzel vor, *Mithya*. Missverstehen – dieses *miss-* kommt von *Mithya*. Oder wenn es im Englischen heißt: *He missed* – er hat es verfehlt –, kommt dieses „to miss" ebenfalls von *Mithya*.

Wahrheit ist das, was wir immerzu verfehlen. Wir verfehlen es, weil wir immerzu am Unwahren festhalten. Wir verfehlen die Wahrheit, weil wir uns ans Unwahre klammern. Wenn wir das Unwahre loslassen, ist kein Verfehlen möglich. Und das ist auch die Wurzelbedeutung des Wortes ‚Sünde'. Sünde heißt verfehlen, das Ziel verfehlen. Wann immer du dich ans Unwahre klammerst, begehst du eine Sünde, denn indem du dich daran klammerst, verfehlst du die Wahrheit.

Ihr klammert euch an die Vorstellung eines Gottes, und die ist unwahr, alle Vorstellungen sind unwahr. Ihr klammert euch an eine bestimmte Gottesvorstellung, und das ist eure Barriere. Buddha sagt, dieses Mantra wird all eure Barrieren fortnehmen. Es wird euch nur nichts geben. Im Nichts zeigt sich die Wahrheit – weil nichts da ist, was sich in den Weg stellt. Nichts heißt, dass nichts mehr da ist, was sich in den Weg stellen könnte, alle unwahren Vorstellungen sind unterwegs losgelassen worden, du bist einfach leer, du bist einfach empfänglich, offen. Du kommst bloß, nackt, leer bei der Wahrheit an – das ist die einzige Möglichkeit, bei ihr anzukommen. Dann kann nichts schiefgehen.

> ... prajnaparamitayam ukto mantrah –
> Dieser Zauberspruch ist uns von der Weisheit
> des Jenseits vermittelt worden ...

Und Buddha sagt: „Ich habe das Letztmögliche, das Höchste hineingelegt. Das ist alles, was es da zu sagen gibt, und es gibt keine weitere Möglichkeit, es zu verbessern."

Und auch ich sage euch: Es gibt keine weitere Möglichkeit, es zu verbessern. ‚Nichts' ist das größte Mantra. Wenn ihr ins Nichts eingehen könnt, ist sonst nichts nötig. Und das ist die ganze Botschaft des *Prajnaparamita Sutra*. *Tadyatha* – er lautet so: Jetzt fasst Buddha die ganze Schrift, den ganzen Dialog, die ganze Botschaft in ein paar Worten zusammen. *Tadyatha* – er lautet so:

> Gate gate paragate parasamgate bodhi svaha:
> Gegangen, gegangen, hinübergegangen,
> vollends hinübergegangen!
> Erwacht! Halleluja!"

Buddha benutzt das ‚gegangen' viermal. Und das hier sind die vier Dinge, für die er ‚gegangen' benutzt: Geosphäre, Biosphäre, Noussphäre, Christosphäre. ‚Gegangen' – aus der Materie hinaus, aus dem Körper hinaus, aus dem Sichtbaren, Greifbaren hinaus. ‚Gegangen' – wieder benutzt er ‚gegangen', schon zum zweiten Mal!

Hinübergegangen aus dem Leben, aus dem sogenannten Rad von Leben und Tod. ‚Hinübergegangen' – zum dritten Mal benutzt er ‚gegangen' – jetzt über den Verstand, über den Kopf, das Denken, das Selbst, das Ego hinaus. ‚Vollends hinübergegangen' – jetzt benutzt er es zum vierten Mal ... selbst über das Jenseits hinausgegangen – die Christosphäre. Jetzt hat er das Unerschaffene betreten. Der Lebenskreis ist an seinen Ausgangspunkt zurückgekehrt. Dies ist der Omegapunkt, und es ist auch das Alpha. Es ist dasselbe Symbol, das ihr schon in vielen Büchern, in vielen Tempeln, in alten Geheimschriften gesehen haben werdet: das Symbol der Schlange, die ihren Schwanz im Mund hält.

> Gegangen, gegangen, hinübergegangen, vollends hinüber ...

Du bist heimgekehrt. Oh, was für ein Erwachen, was für ein *Satori*, was für ein *Samadhi!* Das ist jetzt das Erwachen, die Buddhaschaft.

> Svaha! Halleluja!

Fragt Aneeta, sie singt immerzu „Halleluja!" Genau das hier ist Halleluja, ist der Zustand des Halleluja! Wenn alles fort ist, wenn alles verschwunden ist und nur noch das reine Nichts zurückbleibt, ist das der Dankessegen: „Halleluja!" Das ist die Ekstase, nach der jeder sucht, ob auf die richtige oder die falsche Weise – aber jeder sucht nach dieser Ekstase ... Du bist ein Buddha, und doch bist du noch kein Buddha – das ist das Dilemma, das ist das Paradox. Du bist als Buddha gedacht, aber du verfehlst es. Dieses Sutra schlägt dir die Brücke. Dieses Sutra hilft dir zu werden, was du zu werden bestimmt bist. Dieses Sutra hilft dir, dein Dasein zu erfüllen.

Denkt daran: Dieses Sutra darf nicht einfach nur hergesagt werden, wie es seit Jahrhunderten immer geschieht – in China, Korea, Thailand, Japan, Ceylon. Ewig leiern sie: *„Gate gate paragate Parasamgate Bodhi Svaha!"* Solches Herleiern wird nichts helfen. Dieses Mantra darf nicht einfach nur hergesagt werden. Es muss verstanden werden, es muss zu eurem Dasein werden. Hört nicht auf, immer weiterzugehen: über jeden Namen, jede Form hinaus; geht immer weiter über jede Identität hinaus, geht immer weiter von jeder Einschränkung weg, werdet immerzu größer und größer, riesig, immens – selbst der Himmel ist nicht eure Grenze, geht weiter!

Gate gate paragate parasamgate bodhi svaha

Svaha ist der Ausdruck der höchstmöglichen Ekstase. Es bedeutet überhaupt nichts, es ist einfach genau wie ein „Halleluja!" Es ist ein großer Ausruf des Jubels – die Segnung ist eingetreten – du bist erfüllt, absolut erfüllt. Aber dieses Sutra darf nicht einfach nur hergesagt werden. Buddha hat es nur deshalb in diese wenigen Worte zusammengedrängt, damit ihr es euch merken könnt. In diese paar Worte hat er seine ganze Botschaft gelegt, die ganze Botschaft seines Lebens. Du bist ein Buddha, und solange du es nicht als solches erkennst, wirst du leiden. Dieses Sutra erklärt dich zum Buddha. Genau deswegen habe ich diese Diskurse damit begonnen, dass ich den Buddha in euch grüßte. Ich erkläre euch zu Buddhas. Erkennt es!

Das englische Wort für Erkennen ist schön: *recognition*. Es bedeutet einfach: sich umsehen und schauen. Respektiert euch! Das Wort Respekt ist ebenfalls gut. Es bedeutet: ‚Schaut nochmal hin': *re-spekt*. Genau das meint Jesus, wenn er sagt: Bereut! Das ursprüngliche aramäische Wort bedeutet: ‚Kehrt um'; es hat nichts mit christlicher Reue zu tun. Bereuen heißt umkehren – eine Kehrtwendung um hundertundachtzig Grad. Patanjali nennt es *Pratiyahar* – ‚Geht hinein, zieht euch nach innen zurück.' Und Mahavir nennt es *Pratikrama* – ‚Geht nicht hinaus, kommt herein, kommt heim.'

Der Abstand zwischen dem unwirklichen Du und dem wirklichen Du ist offensichtlich ein unwahrer Abstand. Denn du bist die ganze Zeit über das wirkliche Du – nur dass du träumst, dass du glaubst, ein anderer zu sein! Hör auf damit! Schau einfach hin, wer du bist. Und lass dich nicht von Glaubensbekenntnissen und Ideologien und Schriften und Wissen täuschen.

Lass alles los! Lass es bedingungslos los. Wirf das ganze Gerümpel ab, das du in deinem Dasein mitschleppst. Mach einfach leeren Raum dort, und dieser leere Raum wird dir die Wahrheit offenbaren. In dieser Erkenntnis – *Svaha! Halleluja!* Eine große Ekstase bricht aus dir hervor, in Liedern, in Tanz, in Stille, in Kreativität. Man weiß nie, was passieren wird, wie diese Ekstase durch dich zum Ausdruck kommen wird – man weiß nie!

Jeder wird es auf seine Weise zum Ausdruck bringen. Jesus auf seine Weise, Buddha auf die seine, Meera auf die ihre ... Jeder drückt es auf seine Weise aus; der eine wird absolut still: Stille ist sein Gesang. Der andere fängt an zu singen – eine Meera, ein Chaitanya – Gesang ist ihre Stille. Jemand tanzt – nicht wissend, wie er es sagen soll, wirft er sich in einen Wahnsinnstanz! Das ist seine Weise. Der eine mag malen, der andere mag Musik komponieren, der dritte mag bildhauern, oder wieder ein anderer wird etwas anderes tun. Es gibt so viele Ausdrucksformen, wie es Menschen gibt. Imitiere also nie – beobachte einfach nur, auf welche Art deine eigene Energie Besitz von dir ergreifen wird. Lass dein svaha, dein Halleluja dein eigenes sein, authentisch deins! Und das geschieht, wenn du ein Nichts bist. Das Nichts ist der

Geschmack dieses ganzen Sutras: Werde nichts, und du wirst alles sein. Nur die Verlierer können die Gewinner in diesem Spiel sein. Verliere alles, und du wirst alles haben. Halte fest, besitze – und du wirst alles verlieren.

Buddha ist als Mantra *Adipatti* bekannt, als ‚Verabreicher von Zaubersprüchen‘, als Meister der Zaubersprüche, als ‚Mahaguru‘. Nicht in dem schmutzigen Ruf, in den das Wort in neueren Zeiten gefallen ist – ‚Guru‘ ist ein schmutziges Schimpfwort geworden; nicht in diesem Sinne! Krishnamurti sagt, dass er allergisch gegen Gurus ist – recht hat er!

Buddha ist wirklich ein Mahaguru. Das Wort ‚Guru‘ bedeutet: schwer von lauter Himmel, schwer von Freude, schwer von Ekstase, schwer von *Svaha*, wie eine Wolke von Regen schwer, bereit, sich über jeden zu ergießen, der durstig ist, bereit sich zu verschenken. ‚Guru‘ bedeutet schwer, schwer von Himmel. ‚Guru‘ bedeutet auch einer, der die Dunkelheit anderer zerstört.

Ich rede nicht von den sogenannten Gurus, die ständig überall auf der Welt unterwegs sind. Sie zerstören nicht eure Dunkelheit – sie stülpen euch ihre Dunkelheit über! Sie stülpen euch ihre Unwissenheit über. Und diese Gurus schießen schneller als die Pilze aus dem Boden! Ihr könnt sie überall finden: Hier schießt ein Muktananda aus dem Boden, dort schießt ein Maharishi Mahesh Yogi aus dem Boden – überall schießen sie wie die Pilze!

Ein Guru ist einer, der dich frei macht. Ein Guru ist einer, der dir die Freiheit überbringt. Ein Guru ist einer, der dich freisetzt. Buddha ist einer von den Mahagurus. Seine Botschaft ist die größte, die der Menschheit je überbracht wurde. Und dieses Sutra ist eine der größten Schöpfungen Buddhas. Zweiundvierzig Jahre lang hat er gesprochen, und viele Dinge hat er gesagt – aber nichts im Vergleich hierzu. Das hier ist einmalig. Ihr seid von Glück gesegnet, dass ihr hier gewesen seid, um es zu hören und darüber zu meditieren.

Jetzt werdet noch gesegneter – werdet es.

Iti prajnaparamita-hridayam samaptam.
Hier ist das Herz vollkommener Weisheit vollendet.

10. Kapitel

SICH DEM STROM ÜBERLASSEN

Die erste Frage:

Was sind die Eigenschaften eines Sannyasin?

Es ist sehr schwierig, einen Sannyasin zu definieren. Und erst recht, wenn es darum geht, meine Sannyasins zu definieren. Sannyas ist grundsätzlich eine Rebellion gegen alle Strukturen – daher die Schwierigkeit zu definieren. Sannyas ist ein Weg, das Leben unstrukturiert zu leben. Sannyas heißt, einen Charakter zu haben, der charakterlos ist. Mit ‚Charakterlosigkeit' meine ich: Du bist nicht mehr von der Vergangenheit abhängig. Charakter heißt Vergangenheit – wie du in der Vergangenheit gelebt hast, wie du gewohnt warst zu leben. All deine Gewohnheiten und Prägungen und Glaubensinhalte und Erfahrungen – alles das macht deinen Charakter aus. Ein Sannyasin ist jemand, der nicht länger in der Vergangenheit oder aus der Vergangenheit heraus lebt, sondern jemand, der im Augenblick lebt – und deshalb nicht berechenbar ist.

Ein Mensch von Charakter ist berechenbar, ein Sannyasin ist unberechenbar. Denn ein Sannyasin ist Freiheit. Ein Sannyasin ist nicht nur frei – er ist Freiheit! Er ist lebende Rebellion.

Aber trotzdem, ich will's versuchen; ein paar Hinweise lassen sich geben, wenn auch keine präzisen Definitionen – ein paar Fingerzeige. Finger, die zum Mond zeigen. Fallt nicht auf die Finger herein! Die Finger definieren den Mond nicht, sie zeigen nur drauf. Die Finger haben nichts mit dem Mond zu tun. Sie mögen lang sein, sie mögen kurz sein, sie mögen künstlerisch sein, sie mögen hässlich sein, sie mögen weiß sein, sie mögen schwarz sein, sie mögen gesund sein, sie mögen krank sein – all das ist egal. Sie zeigen einfach nur.

Vergesst den Finger und schaut auf den Mond.

Was ich geben werde, ist keine Definition – das ist nicht möglich in diesem Fall. Ja, eine Definition, wovon auch immer, ist niemals möglich, wenn die Sache lebendig ist. Eine Definition ist nur von etwas möglich, was tot ist, was nicht mehr wächst, was nicht mehr blüht, was keine Möglichkeit mehr hat, kein Potenzial mehr hat, was erschöpft und erledigt ist. Dann ist Definition möglich. Man kann einen Toten definieren; man kann nicht einen lebenden Menschen definieren.

Leben heißt im Grunde, dass Neues noch möglich ist. Also sind das hier keine Definitionen. Der alte Sannyasin hat eine Definition, sehr klare Umrisse. Eben darum ist er tot. Ich nenne mein Sannyas ‚Neo-Sannyas' – aus diesem speziellen Grund: Mein Sannyas ist ein Öffnen, eine Reise, ein Tanz, ein Liebesabenteuer mit dem Unbekannten, eine Romanze mit der Existenz selber, auf der Suche nach einer orgasmischen Beziehung mit dem Ganzen.

Und alles andere hat versagt auf der Welt! Alles, was definiert war, was klare Umrisse hatte, was logisch war, hat versagt. Die Religionen haben versagt. Die Politik hat versagt. Die Ideologien haben versagt. Und sie alle hatten sehr klare Umrisse. Sie waren Baupläne für die Zukunft des Menschen – sie haben allesamt versagt. Alle Programme haben versagt! Sannyas ist kein Programm mehr; es ist ein Forschen, kein Programm. Wenn du ein Sannyasin wirst, initiiere ich dich in die Freiheit und in sonst nichts. Frei zu sein ist eine große Verantwortung, weil du dich dann auf nichts stützen kannst. Außer deinem inneren Sein, deinem eigenen Bewusstsein, hast du nichts zum Abstützen.

Ich nehme euch all eure Stützen und Hilfestellungen weg, ich lasse euch allein, ich lasse euch restlos allein. In diesem Alleinsein – die Blüte von Sannyas. Dieses Alleinsein entfaltet sich ganz von allein zur Blüte von Sannyas.

Sannyas ist Charakterlosigkeit. Es hat keine Moral. Es ist nicht unmoralisch, es ist amoralisch. Besser gesagt, es hat eine höhere Moral, die niemals von außen kommt, sondern die aus dem Inneren kommt.

Sie erlaubt keinen äußeren Zwang, weil jeder äußere Zwang euch zu Leibeigenen, zu Sklaven macht. Und mein Bestreben ist es, euch Würde, Größe zu verleihen! Mein Bestreben hier ist es, euch Glanz zu verleihen.

Alle anderen Bestrebungen sind gescheitert. Es war unvermeidlich. Denn das Scheitern war vorprogrammiert. Sie waren allesamt strukturorientiert. Und jede Art von Struktur wird früher oder später eine Last für das Herz des Menschen. Jede Struktur wird zu einem Gefängnis, und eines schönen Tages werdet ihr gegen sie rebellieren müssen. Habt ihr es nicht beobachtet, die ganze Geschichte hindurch?

Jede Revolution, eine nach der anderen, wird später selbst repressiv. In Russland war es so, in China war es so – nach jeder Revolution wird der Revolutionär antirevolutionär. Kaum ist er an der Macht, muss er der Gesellschaft seine eigene Struktur aufzwingen. Und sobald er anfängt, seine eigene Art von Struktur durchzusetzen, verwandelt sich die Sklaverei in eine neue Art von Sklaverei, niemals in Freiheit.

Alle Revolutionen sind gescheitert. Das hier ist nicht Revolution. Das hier ist Rebellion. Revolution ist gesellschaftlich, kollektiv. Rebellion ist individuell.

Wir sind nicht daran interessiert, der Gesellschaft irgendeine Struktur zu verpassen! Genug der Strukturen! Lasst alle Strukturen los! Wir wollen Individuen auf der Welt haben, die sich frei bewegen, die sich bewusst bewegen, auf natürliche Weise. Und ihre Verantwortung kommt aus der eigenen Bewusstheit. Sie verhalten sich richtig, nicht weil sie bestimmten Geboten folgen wollen, sondern sie verhalten sich richtig, sie verhalten sich akkurat, weil es von Herzen kommt. Wisst ihr, dass dieses Wort akkurat so viel wie ‚sich kümmern' bedeutet? Das Wort akkurat bedeutet in seiner Wurzel, sich um etwas zu kümmern. Wenn du dich um etwas kümmerst, bist du akkurat. Wenn dir jemand am Herzen liegt, bist du akkurat in deiner Beziehung.

Ein Sannyasin ist jemand, der sich selber am Herzen liegt und dem ganz natürlich jeder andere am Herzen liegt. Denn du kannst nicht allein glücklich sein. Du kannst nur glücklich sein in einer glücklichen Welt, in einem glücklichen Klima. Wenn jeder weint und greint und unglücklich ist, wird es sehr, sehr schwer für dich werden, glücklich zu sein. Wem also das Glück am Herzen liegt – sein eigenes Glück! –, dem liegt auch das Glück aller anderen am Herzen, denn Glück ist nur möglich in einem glücklichen Klima. Aber diese Art Kümmern kommt nicht durch irgendein Dogma zustande, es kommt durch Liebe zustande. Und die allererste Liebe ist natürlicherweise die Liebe zu dir selbst. Dann folgen andere Lieben.

Alle anderen Bestrebungen haben versagt, weil sie rational waren: Ihre Basis lag im Denkprozess. Es waren rationale Schlüsse. Sannyas ist kein rationaler Schluss. Sannyas ist nicht am Denken orientiert. Es hat keine Wurzeln im Denken. Sannyas ist Einsichtsfülle. Es ist Meditation, nicht Verstand. Es hat seine Wurzeln in der Freude, nicht im Gedanken. Es hat seine Wurzeln im Feiern, nicht im Denken. Es hat seine Wurzeln in jener Bewusstheit, wo keine Gedanken zu finden sind. Es ist keine Entscheidung, es ist keine Wahl zwischen zwei Gedanken, sondern das Loslassen aller Gedanken. Es ist ein Leben aus dem Nichts heraus.

Darum, oh Sariputra,
ist Form Nichts, ist Nichts Form.

Sannyas ist das, worüber wir gestern sprachen: *Svaha! Halleluja!* Es ist Freude am Dasein. Nun, wie wollt ihr das definieren – Freude am Dasein?! Es lässt sich nicht definieren, weil die Freude am Dasein bei jedem einzelnen anders sein wird. Meine Freude am Dasein wird anders sein als deine Freude am Dasein. Die Freude wird die gleiche sein, der Geschmack wird der gleiche sein, aber die Blüte wird anders sein. Eine Rose blüht, ein Lotus blüht, eine Ringelblume blüht – sie alle blühen, und der Vorgang des Blühens ist der gleiche. Aber die Ringelblume blüht auf ihre Weise, und die Rose auf ihre. Und der Lotus auf seine. Ihre Farben sind anders, ihre Ausdrucksformen sind anders, obwohl der Geist der gleiche ist. Und wenn sie voll aufblühen dürfen, und wenn sie den Winden zuflüstern dürfen, und wenn sie ihren Duft in den Himmel verströmen dürfen, sind sie alle voller Freude.

Jeder Sannyasin wird ein absolut einmaliger Mensch sein. Ich bin nicht an der Gesellschaft interessiert. Ich bin nicht am Kollektiv interessiert. Ich bin absolut nur an Individuen interessiert. An dir! Und Meditation kann leisten, was der Verstand nicht leisten konnte, weil Meditation eine radikale Revolution ist – in eurem Dasein. Nicht die Revolution, die die Regierung verändert, nicht die Revolution, die die Wirtschaft verändert, sondern die Revolution, die dein Bewusstsein verändert, die dich transformiert von der Noussphäre zur Christosphäre, die dich aus einer schläfrigen Person in eine erwachte Seele verwandelt. Und wenn du erwacht bist, ist alles, was du tust, gut.

Das ist meine Definition des Guten, von Tugend: Das Handeln eines erwachten Menschen ist Tugend, das Handeln eines unerwachten Menschen ist Sünde. Es gibt keine andere Definition von Sünde und Tugend. Es kommt auf den einzelnen an – auf seine Bewusstheit, auf die Qualität, die er in sein Tun einbringt. Es kann also vorkommen, dass dieselbe Handlung tugendhaft sein mag, dieselbe Handlung sündig sein mag. Die Handlungen mögen dieselben sein, aber die Leute hinter den Handlungen können verschieden sein.

Zum Beispiel: Jesus betrat den Tempel von Jerusalem mit einer Peitsche in der Hand, um die Geldwechsler hinauszuwerfen. Er stieß die Wechseltische um. Ganz auf sich gestellt, im Alleingang, warf er alle Geldwechsler aus dem Tempel. Das erscheint sehr gewaltsam: Jesus mit Peitsche, der Leute aus dem Tempel wirft. Aber er war nicht gewaltsam. Würde Lenin das gleiche tun, wäre es gewaltsam, und sein Tun wäre Sünde. Jesus, der den gleichen Akt vollzieht, ist gut. Er handelt aus Liebe – es kommt von Herzen! Ihm liegen auch die Geldwechsler am Herzen. Es ist Mitgefühl, Betroffenheit, Liebe, Bewusstheit, dass er so handelt. Er handelt deshalb so drastisch, weil er sie nur so schocken und eine Situation herstellen kann, in der eine Veränderung möglich ist.

Der Akt kann derselbe sein, aber wenn der Handelnde wach ist, verändert sich die Qualität der Handlung. Ein Sannyasin ist ein Mensch, der mehr und mehr in Achtsamkeit lebt. Und je mehr Menschen aus Achtsamkeit heraus leben werden, desto besser die Welt, die dabei herauskommt. Die Zivilisation ist noch nicht passiert. Jemand soll einmal den Prinzen von Wales gefragt haben: „Was halten Sie von der Zivilisation?" Und der Prinz von Wales soll gesagt haben: „Gute Idee – jemand sollte sie mal ausprobieren!"

Es ist bisher noch nicht passiert. Sannyas ist erst ein Anfang, ein Keim zu einer total anderen Art Welt, wo die Menschen die Freiheit haben, sie selbst zu sein, wo die Menschen nicht unterworfen, verkrüppelt, gelähmt werden, wo die Menschen nicht unterdrückt und mit Schuldgefühlen gepäppelt werden, wo Freude akzeptiert wird, wo Heiterkeit die Regel ist, wo Ernst verschwunden ist, wo eine nicht-ernste Aufrichtigkeit, eine Verspieltheit den Ton angibt.

Folgende Dinge mögen Hinweise sein – Finger, die auf den Mond weisen. Erstens: eine Offenheit für Erfahrung. Die Menschen sind gewöhnlich verschlossen, sie sind nicht offen für Erfahrung. Bevor sie irgendetwas erfahren, haben sie schon Vorurteile darüber. Sie wollen nicht experimentieren, sie wollen nicht forschen. Das ist schiere Dummheit! Jemand kommt zu mir, und er will meditieren. Und wenn ich ihm sage, er soll Tanzmeditationen machen, sagt er: „Was soll denn beim Tanzen herauskommen? Wie kann Meditation durch Tanzen eintreten?" Ich frage ihn: „Hast du je getanzt?" Er sagt: „Nein, nie."

Nun, das ist ein verschlossener Geist. Ein offener Geist wird sagen: „Okay. Ich werde da hineingehen und sehen. Vielleicht passiert es ja durch Tanzen." Er wird die Offenheit haben hineinzugehen, ohne Vorurteil. Unser Mann dagegen, der sagt: „Wie kann Meditation durch Tanzen passieren?", wird selbst, wenn man ihn dazu überreden könnte, die Meditation mitzumachen, im Kopf diese Vorstellung mitbringen: „Wie kann Meditation durch Tanzen passieren?" Und es wird bei ihm nicht passieren. Und wenn es dann nicht passiert, wird sein altes Vorurteil erst recht bestärkt sein. Dabei ist es nur wegen des Vorurteils nicht passiert! Das ist der Teufelskreis des verschlossenen Geistes. Er tritt voll mit Vorstellungen an, er tritt fix-und-fertig an. Neue Fakten erreichen ihn nicht, dabei wird die Welt kontinuierlich mit neuen Fakten bombardiert. Die Welt verändert sich immerzu! Und der verschlossene Geist bleibt in der Vergangenheit stecken. Und die Welt verändert sich weiter, jeden Morgen steigt etwas Neues auf die Welt herab. Gott malt die Welt immer wieder von Neuem, wieder und wieder. Und ihr schleppt eure alten, toten Ideologien weiter in euren Köpfen mit!

Die erste Eigenschaft eines Sannyasin ist: Offenheit für Erfahrung. Er wird nicht eher entscheiden, als bis er erfahren hat. Er wird nie entscheiden, ehe er Erfahrung hat. Er hat keine Glaubenssysteme. Er wird nicht sagen: „Dies ist so, weil die Bibel es sagt." Er wird nicht sagen: „Dies ist so, weil Buddha es sagt." Er wird nicht sagen: „Dies ist so, weil es in den Veden geschrieben steht." Er wird sagen: „Ich werde da reingehen und nachschauen, ob es so ist oder nicht." Genau das war Buddhas Abschiedsbotschaft an seine Jünger: „Denkt daran ... " Und er hatte dies sein ganzes Leben lang wiederholt, wieder und wieder, und dies war auch seine letzte Botschaft: „Denkt daran: Glaubt nichts, nur weil ich es gesagt habe. Glaubt nichts, was es auch sei – außer ihr habt es selber erfahren."

Ein Sannyasin wird nicht viele Überzeugungen mitführen. Genauer gesagt: keine. Er wird nur seine eigenen Erfahrungen mitführen. Und das Schöne an einer Erfahrung ist, dass die Erfahrung immer offen ist; denn für sie ist weiteres Nachforschen möglich, während ein Glaube immer schon abgeschlossen, beim Schlussstrich angelangt ist. Glaube ist immer abgeschlossen. Erfahrung bleibt unabgeschlossen. Du lebst ja noch – wie also kann deine Erfahrung abgeschlossen sein? Deine Erfahrung wächst, sie verändert sich, sie bewegt sich, sie schreitet kontinuierlich vom Bekannten zum Unbekannten und vom Unbekannten ins Unkennbare fort. Und merkt euch: Erfahrung hat etwas Schönes, weil sie unvollendet ist.

Einige der größten Lieder sind die unvollendeten. Einige der größten Bücher sind die unvollendeten. Einige der größten Werke der Musik sind die unvollendeten. Das Unvollendete hat seine eigene Schönheit.

Ich habe eine Zen-Parabel gehört:

Ein König ging zu einem Zen-Meister, um das Gärtnern zu lernen. Der Meister lehrte ihn drei Jahre lang, und der König hatte einen wunderschönen, großen Garten, Tausende von Gärtnern waren beschäftigt, und was immer ihm der Meister beibrachte, damit experimentierte der

König in seinem Garten. Nach drei Jahren war der Garten fertig, und der König lud den Meister ein, herzukommen und sich den Garten anzusehen.

Der König war überdies sehr nervös, denn der Meister war sehr streng. Wird er ihn gutheißen? Denn das war jetzt eine Art Prüfung. Wird er sagen: „Ja, du hast mich verstanden!"? Und er hatte jede Sorgfalt walten lassen. Der Garten war aufs Schönste abgerundet, nichts fehlte. Erst jetzt wollte der König den Meister holen. Aber der Meister war vom ersten Moment an traurig. Er schaute sich um, sah sich den Garten an, von dieser Seite und von jener Seite … er wurde immer ernster. Der König bekam große Angst. Er hatte ihn noch nie so ernst gesehen. Warum sah er so traurig drein? Ist hier etwas so verkehrt?

Und wieder und wieder schüttelte der Meister sein Haupt und sagte innerlich Nein.

Da fragte der König ihn: „Was ist los, Herr? Was ist falsch? Warum sagst du es nicht? Du wirst so ernst und traurig, und du schüttelst den Kopf in Ablehnung. Warum? Was ist verkehrt? Ich sehe nichts, was falsch wäre! Das hier ist es, was du mir beigebracht hast, und ich habe es in diesem Garten umgesetzt."

Der Meister sagte: „Er ist so vollendet, dass er tot ist. Er ist so vollkommen – das ist der Grund, warum ich den Kopf schüttle und nein sage. Es muss unvollendet bleiben. Wo sind die toten Blätter? Wo sind die trockenen Blätter? Ich sehe kein einziges trockenes Blatt!"

Alle trockenen Blätter waren entfernt worden, auf den Wegen lagen keine trockenen Blätter. An den Bäumen hingen keine trockenen Blätter, keine alten Blätter, die gelb geworden waren. „Wo sind die Blätter?" Und der König sagte: „Ich hatte meinen Gärtnern befohlen, alles zu entfernen: ‚Macht es so vollendet wie möglich!'"

Und der Meister sagte: „Da haben wir's. Es sieht so öde aus, so von Menschenhand gemacht. Gottes Dinge sind niemals fertig."

Und der Meister eilte aus dem Garten, und außerhalb des Gartens war alles welke Laub aufgehäuft. Er brachte ein paar welke Blätter in einem Eimer, warf sie in den Wind, und der Wind ergriff sie, und der Wind fing an, mit den welken Blättern zu spielen, und sie fingen an, auf den Wegen zu tanzen, und er war entzückt und sagte: „Schau, wie lebendig das aussieht! Und nun sind mit den trockenen Blättern auch Geräusche hereingekommen – die Musik der trockenen Blätter, der Wind, wie er mit den trockenen Blättern spielt! Jetzt hat der Garten ein Flüstern, vorher war er öde und tot wie ein Friedhof. Diese Stille war nicht lebendig!"

Ich liebe diese Geschichte. Der Meister sagte: „Alles ist so vollendet – darum stimmt es nicht."

Erst gestern abend war Savita bei mir. Und sie erzählte mir, dass sie einen Roman schreibt. Und sie war sich völlig im unklaren, wie es weitergehen sollte, es war an einem Punkt, wo sie eigentlich Schluss machen konnte, aber es gab auch die Möglichkeit, es länger zu machen. Ich sagte ihr: „Mach Schluss, solange es unfertig ist. Dann hat die Sache etwas Mysteriöses – jenes gewisse Unvollendete." Und ich sagte ihr: „Wenn dein Held noch etwas tun möchte, dann lass ihn Sannyasin werden! Und danach entzieht sich alles deinem Einfluss – was kannst du dann noch machen? Dann hat die Sache ein Ende, und doch wächst alles weiter!" Keine Geschichte kann schön sein, wenn sie absolut fertig ist. Sie wäre ausgesprochen tot!

Erfahrung bleibt immer offen – mit anderen Worten, unfertig. Glaube ist immer abgeschlossen und fertig. Die erste Eigenschaft ist eine Offenheit für Erfahrung. Euer Denken, das sind all eure Glaubensinhalte zusammengenommen. Offenheit heißt Nichtdenken. Offenheit heißt, du lässt deine Gedanken beiseite und bist bereit, dir das Leben immer wieder aufs Neue anzusehen. Nicht mit den alten Augen – dein Denken gibt dir die alten Augen; es setzt dir nur wieder Brillen auf: „Schau hier durch!" Aber dann wird die Sache gefärbt, dann schaust du sie dir nicht an. Dann projizierst du eine Vorstellung darauf, dann wird das Wahre zur Leinwand, auf die du immer nur projizierst.

Schau durch das Nichtdenken, schau durch das Nichts – *Shunyata*. Wenn du durch das Nichtdenken schaust, ist deine Wahrnehmung intakt, denn dann siehst du das, was ist.

Und Wahrheit befreit; alles andere erzeugt eine Fessel. Nur die Wahrheit befreit. In solchen Momenten des Nichtdenkens beginnt die

Wahrheit zu dir durchzusickern wie Licht. Je mehr du dieses Licht, diese Wahrheit genießt, desto mehr wirst du fähig und mutig, deine Gedanken fallen zu lassen. Früher oder später kommt ein Tag, wo du hinschaust, und du hast keine Gedanken. Du hältst nicht nach etwas Ausschau, du schaust einfach nur. Dein Schauen ist rein. In jenem Moment wirst du *Avalokita* – „einer, der mit reinen Augen schaut". Das ist einer der Namen Buddhas, *Avalokita*: Er schaut ohne Vorstellungen, er schaut einfach nur.

Einmal geschah es, dass ein Mann Buddha ins Gesicht spuckte. Er wischte sich das Gesicht ab und fragte den Mann: „Hast du noch mehr zu sagen?" Seine Jünger waren äußerst schockiert und wütend. Sein Hauptjünger, Ananda, sagte zu ihm: „Das geht zu weit. Wir können nichts machen, weil du hier bist, sonst hätten wir diesen Mann getötet. Dieser Mann hat dich angespuckt – und du fragst: ‚Hast du noch mehr zu sagen?'"

Und Buddha sagte: „Na und? Und das ist auch eine Art, etwas zu sagen – spucken. Vielleicht ist der Mann so wütend, dass Worte nicht angemessen sind – darum hat er gespuckt." Wenn Worte nicht angemessen sind, was tut man da? Man lächelt, man weint, es kommen Tränen, man umarmt sich, man ohrfeigt – man tut etwas. Wenn zuviel Wut da ist, was kann man da machen? Man kann kein hinreichend gewaltsames Wort finden – was tut man also? Man spuckt!

Nun, das ist Buddhas Art, die Dinge zu sehen – ohne jede Vorstellung. Er sieht in den Mann hinein: „Was geht hier vor? Warum spuckt er mich an?" Er selbst ist völlig unbetroffen. Er ruft nicht seine vergangenen Erfahrungen oder Vorstellungen ab – dass Spucken schlecht ist, dass das beleidigend und demütigend ist. Keine Vorstellung tritt dazwischen. Er schaut einfach hinein in die Wirklichkeit dieses Mannes, der ihn anspuckt. Er ist absolut mitfühlend: Warum? Der Mann muss Probleme haben, Sprachprobleme. Er will etwas sagen, aber er hat nicht die richtigen Worte dafür. Darum ist er so linkisch und spuckt!

Buddha sagt: „Und so frage ich ihn: ‚Hast du noch mehr zu sagen?'" Der Mann selber war geschockt. Denn damit hatte er nicht gerechnet. Er war gekommen, um Buddha zu demütigen. Aber Buddha ist nicht gedemütigt. Buddhas Mitgefühl überschüttet den Mann! Er konnte in jener Nacht nicht schlafen. Immer wieder musste er darüber nachdenken. Er konnte es kaum verkraften: „Was für ein Mann war das? Mit wem hatte ich es da zu tun? Ich spucke, und er fragt mich einfach – und mit welcher Liebe! – ‚Hast du noch mehr zu sagen?'"

Früh am nächsten Morgen kam er wieder, fiel Buddha zu Füßen und sagte: „Herr, entschuldige, vergib mir! Ich konnte die ganze Nacht nicht schlafen."

Buddha lachte und sagte: „Du Narr! Warum? Ich hab seelenruhig geschlafen! Warum solltest du dich wegen einer solchen Kleinigkeit so aufregen? Es hat mich nicht verletzt – du siehst, mein Gesicht ist genauso wie vorher. Warum hast du dir solche Sorgen gemacht?"

Und der Mann sagte: „Ich bin gekommen, um dein Jünger zu werden. Weihe mich ein! Ich möchte mit dir sein. Ich habe etwas Einmaliges, Übermenschliches gesehen. Aber erst verzeih mir." Und Buddha sagte: „Das ist Unsinn. Wie kann ich dir verzeihen? Ich habe ja nicht einmal Notiz davon genommen. Ich war nicht wütend, was kann ich dir also verzeihen?"

Und seitdem waren vierundzwanzig Stunden vergangen, und sie saßen am Ufer des Ganges, und Buddha sagte: „Schau, wieviel Wasser den Ganges hinabgeflossen ist! Genau so viel Leben ist seitdem in dir verflossen, genau so viel Leben ist in mir verflossen, es ist nicht mehr der gleiche Ganges. Ich bin nicht der gleiche Mann. In Wirklichkeit warst nicht du es, der mich angespuckt hat – es war jemand anders, vierundzwanzig Stunden her. Und du bist nicht mehr der Gleiche, der gespuckt hat. Wer soll also wem verzeihen? Lass Vergangenes vergangen sein."

Das ist die Art, wie das Nichtdenken sieht. Es kann Wunder wirken. Der Sannyasin lebt eine Offenheit allem gegenüber.

Die zweite Eigenschaft: existenzielles Leben.

Er lebt nicht aus Vorstellungen heraus – dass man so oder so sein sollte, dass man sich so benehmen sollte, aber nicht so benehmen sollte... Er lebt nicht aus Vorstellungen. Er lässt sich auf die Existenz ein – er geht mit seinem ganzen Herzen auf das ein, was jeweils anliegt.

Sein Dasein ist hier und jetzt. Spontaneität, Einfachheit, Natürlichkeit – das sind seine Eigenschaften. Er lebt kein vorgefertigtes Leben. Er schleppt keine fix-und-fertigen Landkarten mit – wie man zu leben hat, wie man nicht zu leben hat. Er lässt das Leben machen; wo immer es hinführt, da geht er mit. Ein Sannyasin ist kein Schwimmer, und er versucht nicht, flussaufwärts zu schwimmen. Er geht mit dem Ganzen, er treibt mit dem Strom. Er treibt so total mit dem Strom, dass er nach und nach nicht mehr vom Strom zu trennen ist: Er wird der Strom.

Das nennt Buddha *Srotapanna* – einer, der zum Strom wird. Das ist auch bei dem Sannyas von Buddha das allererste: Einer, der in den Strom gestiegen ist, einer, der sich endlich in die Existenz hinein entspannt hat. Er bringt keine Wertungen mit, er ist nicht urteilend. Existenzielles Leben heißt: Jeder Moment muss für sich entscheiden. Das Leben kommt in Atomen – du entscheidest nicht vorweg. Du probst nicht. Du bereitest nicht vor, wie du leben sollst. Jeder Moment kommt, bringt eine Situation, und du bist da, gehst auf sie ein – du lässt dich darauf ein.

Gewöhnlich leben die Leute eine sehr seltsame Art von Leben. Wenn du ein Interview geben sollst, bereitest du dich darauf vor. Du überlegst, was wohl gefragt werden mag und wie du darauf antworten sollst, wie du sitzen sollst und wie du stehen sollst – alles wird unecht, weil es geprobt ist. Und was passiert? Wenn du dermaßen geprobt ankommst, bist du nie total da. Man stellt dir eine Frage, und du kramst in deinem Gedächtnis nach – denn du bringst ja eine vorbereitete Antwort mit, egal ob sie passt oder nicht, ob sie ausreicht oder nicht. Du bekommst immer gar nicht erst mit, was läuft; du bist nicht total da, du kannst nicht total da sein, du bist mit deinem Gedächtnis beschäftigt.

Und dann passiert das nächste: Wenn du es hinter dir hast, fängst du an zu überlegen: So hättest du darauf antworten sollen! Wir nennen das „Treppenweisheit" – hmm? wenn du wieder die Treppe hinuntergehst und zu überlegen anfängst: „Ich hätte das antworten sollen! Ich hätte das sagen sollen!" Plötzlich bist du wieder ganz weise. Vorher warst du weise, hinterher bist du weise – mittendrin bist du keinerweise. Und mittendrin ist das Leben! Dort ist die Existenz!

Die dritte Eigenschaft eines Sannyasin: ein Vertrauen in seinen eigenen Organismus. Die Leute vertrauen anderen. Der Sannyasin vertraut seinem eigenen Organismus – Körper, Geist, Seele, alle sind eingeschlossen. Wenn ihm nach Liebe zumute ist, überlässt er sich dem Strom der Liebe. Wenn ihm nicht nach Liebe zumute ist, sagt er: „Tut mir leid." Aber er täuscht nie etwas vor. Ein Nichtsannyasin täuscht ständig etwas vor. Sein Leben ist ein durch Masken gelebtes Leben. Er kommt heim, er umarmt die Frau, dabei will er die Frau gar nicht umarmen; und er sagt: „Ich liebe dich!" Und diese Worte klingen so hohl, denn sie kommen nicht aus dem Herzen, sie kommen aus Dale Carnegie. Er hat „Wie man Freunde gewinnt und andere beeinflusst" gelesen und ähnlichen Unsinn, und er ist voll von diesem Unsinn, und er schleppt ihn mit und setzt ihn um. Sein ganzes Leben wird zu einem unwahren Pseudoleben, zu einer Parodie. Und er ist nie befriedigt. Natürlich – er kann es nicht sein; denn Befriedigung kommt nur aus einem authentischen Leben. Wenn dir nicht nach Lieben zumute ist, musst du es sagen. Es ist nicht nötig, etwas vorzumachen. Wenn du dich wütend fühlst, musst du es sagen. Du musst deinem Organismus treu bleiben, du musst deinem Organismus trauen. Und du wirst überrascht sein: Je mehr du vertraust, desto mehr wird dir die Weisheit des Organismus klar – klipp und klar.

Dein Körper hat seine eigene Weisheit. Die Weisheit der Jahrhunderte steckt ihm in den Zellen. Dein Körper verspürt Hunger – du aber hältst gerade eine Fastenzeit ein, weil dir deine Religion vorschreibt, dass du an diesem Tag fasten sollst. Aber dein Körper verspürt Hunger: Du vertraust nicht deinem Organismus. Du vertraust einer toten Schrift – weil in irgendeinem Buch irgendwer geschrieben hat, dass du an diesem Tag fasten sollst. Also fastest du. Hör auf deinen Körper! Ja, es gibt Tage, wo der Körper sagt: „Faste!" Dann faste! Aber es ist nicht nötig, auf die Heilige Schrift zu hören. Der Mann, der diese Schrift schrieb, hat beim Schreiben nicht an dich gedacht, absolut nicht. Er hätte sich dir nicht einmal vorstellen können. Du warst ihm nicht gegenwärtig, er schrieb nicht über dich. Es ist, als wärest du krank und du gingst ins Haus eines toten Arztes und wühltest dort in seinen Rezepten und suchtest dir eines davon aus und hieltest dich nun daran. Dieses Rezept wurde für einen anderen ausgestellt, für einen anderen Toten, in einer anderen Situation.

Denk daran, deinem eigenen Organismus zu vertrauen. Wenn du spürst, dass der Körper sagt: „Iss nicht!", dann hör sofort auf. Wenn der Körper sagt: „Iss!", dann gib nichts drauf, ob nun die Schrift sagt, du sollst fasten oder nicht fasten! Wenn dein Körper sagt: „Iss dreimal am Tag!" – völlig in Ordnung. Wenn er sagt: „Iss einmal am Tag!" – völlig in Ordnung. Lerne allmählich, auf deinen Körper zu hören, denn es ist dein Körper, du bist in ihm, du musst ihn respektieren. Und du musst ihm vertrauen – er ist dein Tempel. Es ist gotteslästerlich, deinem Körper etwas aufzuzwingen. Kein Motiv darf es rechtfertigen, ihm etwas aufzuzwingen. Und das wird dich nicht nur das Vertrauen in deinen Körper lehren, es wird dich auch lehren, der Existenz zu vertrauen, denn der Körper ist Teil der Existenz. Dann wird dein Vertrauen zunehmen, und du wirst den Bäumen vertrauen und den Sternen und dem Mond und der Sonne und den Meeren – du wirst den Menschen vertrauen! Aber der Anfang des Vertrauens muss das Vertrauen in deinen eigenen Organismus sein. Vertraue deinem Herzen.

Gerade heute hat jemand eine Frage gestellt: Sein Prinzip ist, mit seiner Ehefrau zu leben, weil er es für eine große spirituelle Tugend hält, mit der eigenen Frau zu leben und sie nie zu verlassen, sich nie zu trennen und nie mit einer anderen Frau ins Bett zu gehen. Das mag für einige gelten, für andere wiederum nicht – es kommt drauf an.

Nun sagt der Fragesteller: „Das ist mein Prinzip, aber nun gibt es Probleme: Ich fühle mich zu einer anderen Frau hingezogen. Ich habe Schuldgefühle. Und ich fühle mich nicht zu meiner Frau hingezogen, und auch das macht mir Schuldgefühle. Ich will nicht mit ihr ins Bett, weil der Wunsch nicht aufkommt, aber ich muss mit meiner Frau schlafen, um sie zu befriedigen. Wenn ich mit ihr schlafe, dann habe ich Schuldgefühle mir gegenüber, dass ich mir selbst nicht treu bin. Und die Sache wirkt sehr lähmend auf mich." Wenn du nicht mit jemandem schlafen willst, dann ist es die hässlichste Sache von der Welt, wenn du es doch tust.

Liebe ist eine der allerschönsten Erfahrungen, aber nur, wenn du mit ihr fließt, wenn sie spontan ist. Wenn sie leidenschaftlich ist, wenn du erfüllt von ihr bist, überwältigt von ihr, besessen von ihr, trunken von ihr, versunken in ihr – nur dann. Dann führt sie dich zum höchsten Gipfel der Freude.

Aber wenn du nicht von ihr besessen bist und du nicht die geringste Liebe für deine Frau oder für deinen Mann verspürst und ihn trotzdem liebst – dann stimmt der englische Ausdruck *making love* – Liebe machen. Dann machst du es, dann passiert es nicht. Es ist hässlich, es ist Prostitution. Mit wem du es machst, ist egal – es ist Prostitution, es ist kriminell. Und das wird dich in keiner Weise spirituell machen! Du wirst nur sexuell unterdrückt sein, das ist alles. Wenn du dann Liebe machst, wirst du dich schuldig fühlen, und wenn du keine Liebe machst, wirst du dich auch schuldig fühlen.

Nun, dieser Mann hat eine fixe Idee, wie Ehemann und Ehefrau zu sein haben. Nun muss auch die Frau leiden. Beide hängen am Angelhaken, beide langweilen sich miteinander, beide wollen einander loswerden, kommen aber nicht weg voneinander, weil sie ihrem Organismus nicht vertrauen.

Wenn dein Organismus dir sagt: „Seid zusammen, wachst zusammen, fließt zusammen!", wenn dein Organismus sich glücklich und erregt und angesprochen fühlt und Ekstase da ist, dann geh mit der Frau – ein Leben lang, zwei Leben lang, drei Leben lang, seid zusammen, so viele Leben ihr wollt. Und ihr werdet Gott immer näher kommen, und eure Intimität wird eine Qualität von Spiritualität haben.

Aber nicht diese Art von Intimität! Eine gezwungene Intimität wird dich nur immer unspiritueller machen, und dein Verstand wird selbstverständlich Auswege suchen, dein Verstand wird immer mehr vom Sex besessen sein! Und wenn zu viel Besessenheit da ist – wie sollst du dann an Spiritualität zunehmen?

Hör auf den Organismus und tu das, was der Organismus dir sagt. Und ich sage nicht, trenne dich von deiner Frau; aber wenn es so kommen muss, muss es so kommen. Und es wird für euch beide gut sein. Jedenfalls so viel schuldest du deiner Frau: Wenn dir deine Frau überhaupt am Herzen liegt, du sie aber nicht mehr liebst, dann musst du es sagen. Mit tiefer Traurigkeit – der Abschied wird traurig sein –, aber was kann man machen? Du bist hilflos. Du wirst dich nicht in Wut trennen, du wirst dich nicht mit Vorwürfen und Anschuldigungen trennen; du wirst dich mit einer ungeheuren Hilflosigkeit im Herzen trennen: Dein Organismus sagt nein, was kannst du dafür? Du kannst deinen Organismus zwingen, und dein Organismus kann hingehen und mit der Beziehung weitermachen, aber es wird keine Freude da sein. Und ohne Freude, wie kannst du da in einer Beziehung sein? Dann ist die Ehe eine Scheinehe – legal vielleicht, aber ansonsten Schein.

Ein Sannyasin ist einer, der seinem eigenen Organismus vertraut. Und dieses Vertrauen hilft ihm, sich in sein eigenes Wesen zu entspannen, und das hilft ihm, sich in die Gesamtheit der Existenz zu entspannen. Es schenkt dir ein generelles Akzeptieren – deiner selbst und anderer, es schenkt dir eine gewisse Verwurzelung, Standhaftigkeit. Und dann ist eine große Stärke und Macht da, denn dann ruhst du in deinem eigenen Körper, in deinem eigenen Wesen. Du hast Wurzeln im Boden. Überall seht ihr entwurzelte Menschen – Bäume, die aus dem Boden gerissen wurden. Sie sterben langsam, sie leben nicht. Darum gibt es so wenig Freude im Leben, ist das Element des Lachens so wenig zu sehen, fehlt das Feiern. Und selbst wenn die Leute feiern – selbst dann ist es unecht.

Zum Beispiel: Heute ist der Geburtstag Krishnas, und das Volk feiert. Wie könnt ihr Krishnas Geburtstag feiern? Ihr habt ja noch nicht einmal euren eigenen Geburtstag gefeiert! Und da ist jemand vor fünftausend Jahren geboren worden – was geht das euch an? Es ist reines Theater. Wie könnt ihr den Geburtstag von Jesus Christus feiern? Das ist unmöglich! Ihr habt noch nicht einmal den Gott gefeiert, der in euch gekommen ist – wie könnt ihr da irgendeinen anderen Gott feiern, der vor zweitausend Jahren in einem Stall geboren wurde?

Mitten in eurem Dasein, in eurem Körper, in diesem Moment ist Gott da – und ihr habt es nicht gefeiert! Ihr könnt es nicht feiern. Das Feiern muss zuerst in eurem eigenen Zuhause, in unmittelbarster Nähe stattfinden. Dann wird eine große Springflut daraus und verbreitet sich über die ganze Existenz.

Viertens: ein Gefühl der Freiheit. Ein Sannyasin ist nicht nur frei – er *ist* Freiheit. Er lebt immer auf eine freie Weise. Freiheit heißt nicht Zügellosigkeit. Zügellosigkeit ist nicht Freiheit, Zügellosigkeit ist nur eine Reaktion gegen Sklaverei, sodass man ins andere Extrem fällt. Freiheit ist nicht das andere Extrem, sie ist nicht Reaktion. Freiheit ist eine Erkenntnis, nämlich: „Ich muss frei sein, wenn ich schon sein muss. Anders ist es unmöglich zu sein. Wenn ich zu sehr von der Kirche besessen werde, vom Hinduismus, vom Christentum, vom Islam, dann kann ich nicht sein, dann werden sie ständig neue Zäune um mich her ziehen, werden sie mich ständig in mich zurückstoßen wie einen Krüppel. Ich muss frei sein. Ich muss dieses Risiko eingehen, das da heißt frei sein, ich muss diese Gefahr riskieren."

Freiheit ist nicht sehr angenehm, sie ist nicht sehr bequem. Sie ist riskant. Ein Sannyasin wagt dieses Risiko. Was nicht heißt, dass er mit jedem und allen ständig Streit hat, was nicht heißt, dass er, wenn das Gesetz vorschreibt: „Fahrt rechts" oder „Fahrt links", dagegen angeht. Nein, Belanglosigkeiten sind ihm egal. Wenn das Gesetz sagt, fahr links, fährt er links. Es hat nichts mit ihm zu tun, es ist keine Unterdrückung. Aber wenn es um Wichtiges, um das Wesentliche geht ... Wenn der Vater sagt: „Heirate diese Frau, denn sie ist reich, und das bringt viel Geld!", dann sagt er: „Nein. Wie kann ich eine Frau heiraten, wenn ich sie nicht liebe? Das wäre eine Missachtung dieser Frau." Wenn der Vater sagt: „Geh jeden Sonntag in die Kirche, denn du wurdest unter christlichem Dach geboren!", wird er sagen: „Ich werde zur Kirche gehen, wenn mir danach ist, ich werde nicht gehen, weil du es sagst. Wo man geboren wird, ist Zufall, das heißt nicht viel ... Kirche ist etwas Wichtiges – wenn mir danach ist, werde ich hingehen." Ich sage hier nicht, geht nicht zur Kirche, sondern geht nur dann hin, wenn der Wunsch danach aufgetaucht ist. Dann wird es eine Kommunion geben, ansonsten braucht ihr nicht hinzugehen.

Wenn es um Wesentliches geht, wird der Sannyasin immer auf seine Freiheit bedacht sein. Und weil er die Freiheit achtet, wird er auch die

Freiheit anderer achten. Er wird sich niemals in die Freiheit eines anderen einmischen, egal wer dieser andere ist. Wenn deine Frau sich in einen anderen verliebt hat, dann magst du dich verletzt fühlen, wirst du weinen, wirst du Tränen der Traurigkeit weinen, aber das ist dein Problem. Du wirst sie in Ruhe lassen, du wirst nicht sagen: „Schluss damit, denn ich leide!"

Du wirst sagen: „Das ist deine Freiheit. Wenn ich leide, ist das mein Problem, ich muss damit fertigwerden, ich muss mich dem stellen. Wenn ich eifersüchtig bin, muss ich meine Eifersucht loswerden. Aber geh du deinen Weg. Auch wenn es mir wehtut! Zwar wäre es mir lieber gewesen, wenn du nicht mit einem anderen gegangen wärst. Aber das ist mein Problem. Ich darf deine Freiheit nicht antasten!" Liebe empfindet eine solche Achtung, dass sie Freiheit gewährt. Und wenn Liebe keine Freiheit gewährt, ist es nicht Liebe, sondern etwas anderes.

Ein Sannyasin hat eine enorme Achtung, was seine eigene Freiheit betrifft, ist sehr bedacht, was seine eigene Freiheit betrifft – und lässt dasselbe für die Freiheit anderer gelten. Dieses Gefühl von Freiheit schenkt ihm Individualität. Er gehorcht nicht einfach der Psychologie der Masse; er besitzt eine gewisse Unverwechselbarkeit – seine Lebensweise, seinen eigenen Stil, sein Klima, seine Individualität. Er lebt auf seine Weise, er schätzt sein eigenes Lied. Er hat ein Gefühl der Identität. Er weiß, wer er ist. Er hört nie auf, sein Gespür für das, was er ist, zu vertiefen. Und er macht nie Kompromisse. Unabhängigkeit, Rebellion – wohlgemerkt Rebellion, nicht Revolution –, das macht einen Sannyasin aus. Und das ist ein großer Unterschied. Revolution ist nichts sehr Revolutionäres. Auch Revolution setzt die gleiche Struktur fort.

Zum Beispiel: In Indien durften die Unberührbaren, die niedrigste Kaste, seit Menschengedenken keinen Tempel betreten. Die Brahmanen hatten ihnen nie erlaubt, in den Tempel zu kommen: Der Tempel wird schmutzig, wenn sie hereinkommen! Seit Menschengedenken hatten die Unberührbaren in Indien keinen Tempel betreten. Das ist hässlich. Dann kam Mahatma Gandhi. Er tat, was er konnte, er kämpfte hart, er wollte, dass die Unberührbaren in die Tempel gelassen werden. Sein ganzes Leben war ein einziger Kampf dafür. Das ist revolutionär, aber nicht rebellisch. Warum revolutionär? Was ist dann Rebellion? Jemand fragte einmal J. Krishnamurti, was er von Gandhis Kampf halte, den Unberührbaren Zugang zu den Tempeln zu verschaffen. Und wisst ihr, was J. Krishnamurti gesagt hat? Er sagte: „Aber Gott ist doch nicht in den Tempeln!"

Das ist Rebellion.

Gandhis Ansatz ist revolutionär – aber auch er glaubt, Gott sei in den Tempeln, genau wie die Brahmanen. Die Struktur ist die gleiche. Er glaubt, es sei sehr, sehr wichtig, dass die Menschen zum Tempel gehen, dass sie, wenn sie nicht zum Tempel gehen, Gott verfehlen! Genau das denkt der Brahmane! Genau das denkt die Gesellschaft, die die Unberührbaren unterdrückt, die sie davon abhält, den Tempel zu betreten. Die Vorstellung ist die gleiche: dass Gott in den Tempeln wohnt. Und jeder, der den Tempel betreten darf, kommt Gott natürlich näher. Und jeder, der es nicht darf, der wird ihn verfehlen. Gandhi ist revolutionär, aber Revolution glaubt an die gleiche Struktur. Es ist Reaktion.

J. Krishnamurti ist rebellisch. Er sagt: „Aber Gott ist nicht in den Tempeln. Was soll es also? Weder bekommen es die Brahmanen dort, noch würden es die Unberührbaren dort bekommen. Was soll es also? Es ist dumm!"

Alle Revolutionäre sind Reaktionäre, reagieren auf bestimmte Strukturen. Wann immer du reagierst, ist nicht viel dran an deiner Revolution, weil du an die gleiche Struktur glaubst. Freilich, du hast was dran auszusetzen, aber du glaubst dran. Zuunterst ist das Substrat dasselbe.

Gandhi bildet sich ein, die Brahmanen kämen in einen großen Genuss – dass sie zuviel von Gott abbekämen. Und die Unberührbaren? Sie kämen zu kurz! Aber er hat sich die Brahmanen nicht angesehen. Seit Jahrhunderten haben sie Gott in den Tempeln verehrt und nichts dabei gewonnen. Nun, das ist Dummheit: Die, die im Tempel drin sind, haben nichts davon, was also soll das Ganze? Und warum Leute reinholen, die nicht drin sind? Es macht keinen Sinn.

Ein Sannyasin ist rebellisch. Mit Rebellion meine ich: Seine Sehweise ist absolut anders. Er funktioniert nicht nach der gleichen Logik, nach der gleichen Struktur, im gleichen System.

Er ist nicht gegen das System – denn wenn du gegen ein bestimmtes System bist, dann musst du ein anderes System erfinden, um gegen es anzukämpfen. Und alle Systeme sind sich gleich. Ein Sannyasin ist einer, der einfach herausgeschlüpft ist. Er ist nicht gegen das System, er hat die Dummheit aller Systeme verstanden, hat die Idiotie aller Systeme durchschaut und ist entschlüpft. Er ist rebellisch.

Fünftens: Kreativität. Der alte Sannyasin war sehr unkreativ. Man dachte sich das so, dass jemand Sannyasin wird und in eine Höhle im Himalaja zieht und dort sitzt, und das wäre so völlig in Ordnung, mehr wäre nicht nötig. Ihr könnt hingehen und euch die Jaina-Mönche ansehen. Sie sitzen in ihren Tempeln und tun nichts – absolut unkreativ. Sehen stumpf und dumm aus, ohne jeden Funken von Intelligenz! Und die Leute beten sie an und berühren ihnen die Füße. Fragt ihr sie: „Warum berührt ihr dem die Füße?", dann sagen sie: „Dieser Mann hat der Welt entsagt!" Als ob Weltentsagung an sich schon ein Wert wäre! „Und was hat er geleistet?" – und sie werden sagen: „Er hat gefastet! Er fastet ganze Monate lang!" Als ob Nichtessen ein Wert an sich wäre!

Aber fragt nicht, was er gemalt hat, was er Schönes auf die Welt gebracht hat, welches Gedicht er geschrieben hat, welches Lied er zum Leben erweckt hat, welche Musik, welchen Tanz, welche Erfindung… „Was hat er geschaffen?" – und sie werden sagen: „Was redest du da? Er ist ein Sannyasin! Er sitzt einfach im Tempel und erlaubt den Leuten, ihm die Füße zu küssen. Das ist alles." Und es gibt unzählige Leute in Indien, die einfach so herumsitzen …

Meine Vorstellung vom Sannyasin ist, dass seine Energie schöpferisch sein wird, dass er ein bisschen mehr Schönheit in die Welt hineintragen wird, dass er ein bisschen mehr Freude in die Welt hineintragen wird, dass er neue Wege finden wird, wie man sich dem Tanz, dem Gesang, der Musik hingibt, dass er ein paar schöne Gedichte mitbringt. Er wird etwas erschaffen, er wird nicht unschöpferisch sein. Die Tage des unschöpferischen Sannyas sind vorbei. Den neuen Sannyasin kann es nur geben, wenn er schöpferisch ist. Er sollte etwas beitragen! Unkreativ zu bleiben ist geradezu Sünde. Schließlich existierst du – und du steuerst nichts bei? Du isst, du nimmst Platz weg – und du steuerst nichts bei? Meine Sannyasins müssen Schöpfer sein. Und wenn du tief ins Schöpferische gehst, bist du Gott nahe. Das ist es, was Gebet wirklich ist, das ist es, was Meditation ist. Gott ist der Schöpfer, und wenn du nicht auch Schöpfer bist, wirst du weit von Gott entfernt sein. Gott kennt nur eine Sprache, die Sprache des Schöpferischen. Das erklärt auch, warum, wenn ihr Musik macht, wenn ihr völlig darin aufgeht, ein Abglanz des Göttlichen in eurem Dasein erscheint. Es ist die Freude am Schöpferischen, es ist die Ekstase – *Svaha!*

Das sechste ist Humor – Lachen, Verspieltheit, unernste Aufrichtigkeit. Der alte Sannyasin war ohne Lachen, tot, stumpf. Der neue Sannyasin muss mehr und mehr Lachen in sein Dasein bringen. Es muss ein lachender Sannyasin sein. Denn euer Lachen ist eure Entspannung, und euer Lachen kann auch anderen Menschen den Anlass zum Entspannen liefern. Der Tempel sollte voller Freude und Lachen und Tanz sein. Er darf nicht sein wie eine christliche Kirche. Die Kirche wirkt so kirchhofsmäßig. Und mit dem Kreuz – dort scheint der Tod regelrecht angebetet zu werden! Ein wenig morbid ... Man darf in einer Kirche nicht lachen. Ein Lachen aus dem Bauch wäre dort nicht erlaubt. Die Leute werden meinen, du bist verrückt oder sonstwas. Wenn die Leute eine Kirche betreten, werden sie zu ernsten, steifen Langgesichtern. Für mich ist das Lachen eine religiöse Eigenschaft – sehr wesentlich. Es muss zur inneren Welt eines Sannyasin dazugehören: ein Sinn für Humor.

Das siebte ist eine meditative Lebensweise – Alleinsein, mystische Gipfelerfahrungen, die sich einstellen, wenn du allein bist, wenn du absolut allein in deinem Inneren bist. Sannyas macht dich allein – nicht einsam, sondern allein; nicht verloren, sondern es schenkt dir ein Fürsich-sein. Du kannst allein glücklich sein, du bist nicht mehr von anderen abhängig. Du kannst allein in deinem Zimmer sitzen und absolut glücklich sein. Nicht nötig, in einen Club zu gehen, nicht nötig, ständig Freunde um dich zu haben, nicht nötig, ins Kino zu gehen. Du kannst die Augen schließen und du kannst in innere Seligkeit fallen. Das und nichts anderes heißt meditative Lebensweise.

Und das achte ist Liebe, Bezogenheit, Beziehung. Denkt daran: Ihr könnt euch erst dann auf andere beziehen, wenn ihr gelernt habt, allein zu sein – niemals vorher. Nur zwei Einzelne können sich aufeinander beziehen. Nur zwei Freiheiten können sich nahekommen und einander umarmen. Nur zwei Nichtse können einander durchdringen und ineinanderschmelzen. Wenn ihr nicht fähig seid, allein zu sein, ist eure Beziehung unwahr, ist sie nur ein Trick, um eure Einsamkeit zu vermeiden, sonst nichts. Und genau das machen Millionen von Menschen. Ihre ‚Liebe' ist nichts anderes als ihre Unfähigkeit, allein zu sein. Also gehen sie mit irgendwem ... Sie halten sich an den Händen, geben vor, sich zu lieben, aber untendrunter ist das einzige Problem, dass sie es allein nicht aushalten. Also brauchen sie jemanden, der rumhängt, an den sie sich klammern können, brauchen sie jemanden, an den sie sich lehnen können. Und der andere benutzt sie ebenfalls, auf die gleiche Weise, denn auch der andere kann nicht allein sein, ist unfähig dazu... Er oder sie empfindet dich ebenfalls nur als ein Instrument, als ein Hilfsmittel, um vor sich selber davonzulaufen. Zwei Menschen also, von denen ihr sagt, sie seien ‚verliebt ineinander', sind mehr oder weniger ‚verhasst in sich selbst'. Und wegen dieses Hasses sind sie auf der Flucht. Der andere gibt ihnen Fluchthilfe, und so werden sie abhängig voneinander, werden sie süchtig nach einander. Du kannst nicht ohne deine Frau leben, du kannst nicht ohne deinen Mann leben, weil du süchtig bist.

Aber ein Sannyasin ist einer ... Eben darum sage ich, die siebte Eigenschaft ist Alleinsein, und erst die achte ist Liebe, Beziehung. Und genau das sind die beiden Möglichkeiten: Ihr könnt allein glücklich sein, und ihr könnt zusammen glücklich sein. Das sind die beiden Formen von Ekstase, die dem Menschsein zugänglich sind. Ihr könnt in *Samadhi* gehen, wenn ihr allein seid, und ihr könnt in *Samadhi* gehen, wenn ihr zu zweit seid, in tiefer Liebe.

Und es gibt zwei Arten von Menschen: den extravertierten wird es leichter fallen, ihren Höhepunkt durch den anderen zu erleben, und die introvertierten werden es einfacher finden, ihren höchsten Gipfel dann zu erleben, wenn sie allein sind. Aber der andere ist nicht der Feind – sie können auch beide gemeinsam hingelangen. Allein wird es größer sein ... und daran lässt sich entscheiden, ob du ein extravertierter oder ein introvertierter Mensch bist. Der Weg Buddhas ist der Weg des Introvertierten, er spricht nur von Meditation. Der Weg Christi ist extravertiert, er spricht von Liebe. Mein Sannyasin muss eine Synthese von beiden sein. Ein gewisser Akzent wird vorhanden sein. Der eine wird sich mehr auf sich selbst als auf andere einstimmen, und bei dem anderen wird es genau umgekehrt sein – mehr auf einen anderen eingestimmt. Aber es ist nicht nötig, sich auf eine einzige Erfahrungskategorie festzulegen. Beide Erfahrungen können zugänglich bleiben.

Und die neunte ist Transzendenz – *Tao*. Kein Ego, kein Verstand, Niemandsein, Nichts, eingestimmt auf das Ganze. Das ist die ganze Botschaft des *Prajnaparamita Sutra,* des Herz-Sutra: *Gate, gate, paragate...* gegangen, gegangen, hinübergegangen... absolut hinübergegangen. Ekstase! Halleluja!

Transzendenz ist die letzte – und höchste – Eigenschaft eines Sannyasin. Aber das sind nur Fingerzeige. Das hier sind keine Definitionen. Nehmt das, was ich gesagt habe, sehr fließend. Fangt bitte nicht an, es allzu genau zu nehmen ... sehr vage, mit verschwommener Sicht, mit Dämmersicht. Nicht so, wie wenn die Sonne hoch am Himmel steht und alles sehr scharfe Umrisse hat, sondern wie im Zwielicht, wenn die Sonne gerade gesunken ist und die Nacht sich noch nicht herabgesenkt hat ... Es ist beides, genau in der Mitte, im Zwischenraum. Auf die Art und Weise versteht bitte das, was ich zu euch gesagt habe. Bleibt ohne scharfen Umriss, fließend.

Schafft niemals Starre um euch herum, werdet nie definierbar!

Die zweite Frage:

> Wenn du Taxifahrer wärst, würde ich dich wirklich nicht erkennen. Erstens würdest du mich, statt mich direkt zur MG Road zu bringen, um den Verstand bringen, eineinhalb Stunden lang. Zweitens würdest du dich weigern, das Fahrgeld anzunehmen, und stattdessen mein Leben verlangen. Drittens würdest du, nachdem du mich in meiner Not zurückgelassen hättest, mit einem himmlischen Lächeln davonfahren und dein

Leuchtschild einschalten: „Genug für heute!" Sollte ich diesen Taxifahrer immer noch nicht erkennen, dann geh ich wohl besser zu Fuß!

Die Frage ist von Swami Anand Adi. Adi ist so verrückt, dass ich nicht mit Bestimmtheit vorhersagen kann, ob er mich erkennen wird oder nicht. Er ist dazu imstande! Verrückte sind Verrückte. Was Verrückte angeht, kann man nie sicher sein. Ja, Adi, schon möglich; du könntest mich sogar als Taxifahrer erkennen. Du sagst:

> Erstens würdest du mich, statt mich direkt zur MG Road zu bringen, um den Verstand bringen, eineinhalb Stunden lang.

Das stimmt. Hilf mir, dich um den Verstand zu bringen ... denn dein gesunder Verstand ist nichts wert. Dein gesunder Menschenverstand ist wie ein Felsblock auf deinem Herzen. Lass mich ihn von dir entfernen. Es ist eine Art Chirurgie. Es tut weh, es schmerzt. Du würdest dich gern an den Felsen klammern. Du würdest gern zur MG Road wollen – direkt! Aber mein ganzes Lehren ist ja, dass es nirgendwo hingeht, zu keiner MG Road! Es gibt kein Ziel im Leben. Das Leben ist eine Reise ohne Bestimmungsort. Also muss ich euch im Zick-Zack fahren, immerzu, immerzu, bis ihr hundemüde seid und sagt: Genug!... „Genug für heute!"

> Zweitens würdest du dich weigern, das Fahrgeld anzunehmen, und stattdessen mein Leben verlangen.

Auch das stimmt, Adi. Drunter geht's nicht. Drunter ist wertlos. Das ist mein ganzes Lehren: dass ihr nichts zu verlieren habt, außer – alles!

> Und drittens: ... würdest du, nachdem du mich in meiner Not zurückgelassen hättest, mit einem himmlischen Lächeln davonfahren und dein Leuchtschild einschalten: „Genug für heute!"

Das kommt auf dich an. Du kannst an meinem himmlischen Lächeln teilhaben. Es gehört Mut dazu. Du hast so viel in deine Not investiert, dass du sie festhältst. Aber vergiss nicht: Je mehr du sie festhältst, desto größer wird die Investition, mit jedem Tag größer! Lass sie fallen! Heute ist es leichter, morgen wird es schwerer sein, denn morgen, vierundzwanzig Stunden später, hast du noch mehr in sie investiert. Lass sie fallen, so schnell wie möglich. Schieb es nicht auf, denn aller Aufschub ist gefährlich. Indem du immerfort aufschiebst, wird deine Not nur immer stärker und kann ihre Wurzeln immer mehr in deinem Dasein ausbreiten.

Ich weiß, warum ihr euch an eure Not klammert. Weil ihr die Vorstellung habt: „Etwas ist besser als gar nichts." Und mein ganzer Ansatz ist: Nichts ist Gott. Ihr klammert euch immerzu an eure Not, weil euch das ein Gefühl von „Ich hab was!" verschafft: „Wenigstens habe ich etwas. Mag sein, dass es Not, Angst, Elend ist – aber etwas, wenigstens etwas! Ich bin nicht leer!" Ihr habt eine solche Angst vor der Leere! Dabei ist es nur die Leere, durch die Gott kommt. Lasst mich euch helfen, zu *Nichtsen* zu werden. Dann kommt jenes himmlische Lächeln … Es kommt aus dem Nichts. Wenn in euch nichts ist, werdet ihr ein Lächeln am ganzen Körper haben. Es ist nicht nur auf den Lippen, sondern am ganzen Körper! Es ist das Lächeln des Nichts.

Erkennt, dass ihr eine große Ladung Not mitschleppt, und erkennt, dass ihr sie schleppt. Und erkennt, dass ihr die Verantwortung dafür tragt, ob ihr sie tragen wollt oder nicht. Ihr könnt sie in diesem Moment abwerfen. Und sie abzuwerfen ist das ganze Geheimnis von Sannyas! So viel muss ich von Anand Adi sagen: Ich fürchte, er würde mich doch erkennen, wenn ich Taxifahrer wäre. Vielleicht würde er mich weit besser erkennen, als er mich jetzt zu erkennen vermag! Er ist einfach verrückt! Hier sind eine Menge mehr Leute, die mich erkennen würden, sowieso, überall. Nur das sind die Leute, die mit mir sind – die, die mich erkennen würden, gleich wo.

Jesus starb. Sein Leichnam wurde nach der Kreuzigung in einer Höhle aufbewahrt. Maria Magdalena ging am dritten Tage hin, um nachzuschauen, und der Leichnam war nicht da. Also suchte sie überall und traf auf einen Gärtner, der draußen arbeitete. Und sie ging zu dem

Gärtner und fragte ihn: „Hast du gesehen, wo diese Leiche hingekommen ist?" Und der Gärtner fing an zu lachen und sagte: „Kannst du mich nicht erkennen?" Es war Jesus selber, auferstanden. Als Jesus das sagte, da – erst da erkannte ihn Magdalena. Aber sie war eine Frau, und sie schnitt nicht schlecht ab… zwar nicht brillant, denn zuerst hielt sie ihn für einen Gärtner. Aber immerhin, kaum hatte er sein erstes Wort ausgesprochen, kaum hatte sie in seine Augen gesehen, da erkannte sie ihn. Aber dann ging Jesus auf die Suche nach seinen übrigen Jüngern. Er traf zwei Jünger unterwegs nach einer anderen Stadt, und sie sprachen unentwegt über das, was ihrem Meister zugestoßen war. Er ist gekreuzigt worden, und was wohl die Auswirkungen sein werden … und dass kein Wunder geschehen ist, und wie sehr hatten sie auf das Wunder gewartet! Und sie richten das Wort auch an Jesus, in der Meinung, er sei ein Fremder. Vier Meilen gehen sie nebeneinander her und reden mit Jesus, aber sie können ihn nicht erkennen. Nicht einmal haben sie ihn angesehen!

Später setzen sie sich zum Essen in ein Gasthaus, und kaum hat Jesus sein Brot gebrochen, da erkennen sie ihn. Denn die Art, wie er sein Brot brach, war einfach unverwechselbar, einzigartig. Diese Geste gehörte ihm, niemand hätte sie imitieren können: mit einer solchen Hochachtung, Verehrung, mit einer solchen Andacht, als wäre das Brot Gott. Da erkannten sie ihn! Aber lange hatte es gedauert, vier Meilen waren sie gegangen, vier Meilen hatten sie geredet – aber sie konnten ihn nicht erkennen! Viele sind hier, die mich in jeder Form erkennen würden. Aber es sind auch viele hier, die mich noch nicht einmal in dieser Form erkannt haben. Es kommt auf dich an. Wenn du eine bestimmte Vorstellung mit dir herumträgst, dann wird es sehr schwierig.

Jemand hat mir geschrieben … Er ist ein Anhänger von Sri Aurobindo, und er weiß nicht so recht … Er möchte sich entscheiden – aber er kann sich nicht entscheiden, ob er bei Aurobindo bleiben soll oder bei mir. Und er bittet mich: „Entscheide du!" Wie kann ich das entscheiden? Und wenn ich es entscheide, wird es verkehrt sein. Du wirst es dir selber ansehen müssen. Und wohlgemerkt, ich sage nicht: „Entscheide!", ich sage: „Sieh es dir an!" Wenn du Sri Aurobindo wirklich geliebt hast, was macht es dann für einen Sinn, hierherzukommen? Wenn es durch ihn passiert ist, ist es passiert – nicht nötig herzukommen. Wenn es aber nicht passiert ist, und du deshalb zu mir gekommen bist, dann sag ihm Lebewohl. Aber die Leute stellen es sehr schlau an, sie wollen auf beiden Pferden reiten. Du wirst Probleme bekommen. Das passiert jeden Tag.

Die Leute kommen zu mir und hängen irgendwo fest. Wenn sie irgendwo festhängen, können mich ihre Augen nicht sehen. Nun, dieser Mann sagt zu mir: „Wenn du, Osho, mir sagen kannst, dass es Sri Aurobindo selber war, der mich zu dir geschickt hat, würde es mir sehr leicht werden, dich zu akzeptieren" – durch Aurobindo! Jetzt soll ich diese Lüge erzählen! Warum sollte Aurobindo dich zu mir schicken? Und warum sollte ich das sagen? Damit du irgendwie einen Kompromiss machen kannst? Damit du sagen kannst: „Gut, also ist es Aurobindos Wille, also wende ich mich nicht gegen Aurobindo." Wie feige du bist! Wie sehr du dich fürchtest, irgendwas dranzugeben! Wenn aber etwas passiert ist, bin ich der letzte, der sagt: „Gib's auf!" Dann geh! Dann ist dies hier nicht dein Platz.

Aber wenn nichts passiert ist, dann schlag dir Sri Aurobindo aus dem Kopf; nur so kannst du bei mir sein. Und dazu gehört keine Entscheidung, nur Einsicht. Sieh einfach hinein!

Und die letzte Frage:

> Als ich gestern abend in mein Hotelzimmer kam, saß da eine kleine Eidechse auf meinem Kopfkissen!

Dein Glück, dass es nicht ein schöner Frosch war! Denn schöne Frösche neigen dazu, sich über Nacht in hässliche Prinzen zu verwandeln. Eine Eidechse ist sehr unschuldig – hab keine Angst.

Und die wirklich, wirklich letzte:

Ich bin jetzt fünfundsechzig und trotzdem denke ich ständig an Sex. Was stimmt mit mir nicht?

Was stimmt, ist, dass du noch lebendig bist, dass du noch jung bist. Nur eines scheint nicht zu stimmen – dass du glaubst, mit dem Sex würde etwas nicht stimmen. Mit dem Sex stimmt alles. Aber du musst ihn offenbar unterdrückt haben, denn sonst hättest du ihn längst hinter dir. Warte jetzt nicht länger damit. Komm zu Ende mit dem Sex – geh hinein! Sonst wirst du dich noch im Grab hin- und herwälzen und an Sex denken! Du bist noch lebendig – noch ist etwas möglich. Und hab keine Schuldgefühle. Da gibt es nichts, weswegen du dich schuldig fühlen müsstest. Er ist eine schöne Energie. Er kann zum Kanal, zum Vehikel zu Gott werden. Es ist wahr, man hat ihn seit grauen Vorzeiten verdammt, aber du brauchst diesen Verdammungen doch nicht zu glauben! Man hat dir eingetrichtert, dass etwas damit nicht stimme, aber du kannst diese Konditionierung loslassen, du kannst wieder frisch werden und anfangen hineinzugehen.

Und mach dir keine Gedanken, weil du fünfundsechzig bist …

Ein Rabbi, ein Priester und ein Pastor, drei ältliche Kleriker, sitzen beim Nachmittagstee beisammen, und das Gespräch dreht sich um die allerpeinlichsten Augenblicke ihres Lebens.

Als der Rabbi dran ist, erzählt er, dass seine Mutter ihn dabei erwischt habe, wie er dem Hausmädchen durch einen Spalt in der Badezimmertür beim Baden auflauerte. Die beiden anderen schmunzeln.

„Tja," sagt der Priester, „wir waren schon rechte Lausejungs in unserer Jugend!" „Was heißt hier Jugend? Das war gestern!"

Mach dir keine zu großen Sorgen. Du hast ihn lange genug unterdrückt – jetzt geh hinein. Akzeptiere ihn als ein Geschenk Gottes. Sonst führt Verdrängung zu Perversionen.

Hier eine kleine Geschichte … meditiere darüber!

Also da ist dieser alte Itaker mit seiner Pasta-Fabrik, und seine drei

Töchter schuften für ihn. Eines Tages sitzen sie da und machen Pasta, und er sagt zu seiner ältesten: „Nun-a, Agnes-a, wenn du nicht-a die Ravioli und die Spaghetti machen-a müsstest, was würdest-a du am liebsten im Leben-a sein?"
„Ach Papa! Ich wär so gern-a die Sophi-a Loren-a! Sie iest-a so schön-a, alle Männer-a sind-a hinter ihr her-a!"
„Benissima", sagt der Herr Papa. „Und du-a, Marie-a, verrat-a auch du-a deinem Papa-a, wer wärst du-a am liebsten-a, wenn du nicht-a die Spaghetti machen-a müsstest?"
„Ich? Ach-a, ich wär-a so gern-a die Dschiena Lollobriedschida. Sie iest-a so schön-a! An jedem-a Finger-a hat sie zehn-a! Und sie hat-a einen Alfa Romeo und einen-a Cadillac!"
„Fantastico!", lobt der Papa und wendet sich seiner Jüngsten zu: „Und-a du, Lucia bella? Sag deinem-a Papa, wer-a wärst du am liebsten-a auf dieser Welt-a, wenn-a du nicht-a bis zum Ellenbogen in den-a Ravioli stecken-a würdest?"
„Ich wär ja so gern-a ... die Viktoria Pippalina!"
„Wer-a?!" ruft der Vater. „Wer, diavoli, ist denn Viktoria Pippalina?"
Lucia, die kaum lesen kann, zieht einen Zeitungsausschnitt aus dem BH!
Der Vater liest: „Victoria Pipeline in 2 Wochen von 400 Männern geflickt!"

Genug für heute?

Über Osho

Oshos Lehren widerstehen jeglicher Kategorisierung, sie reichen von der persönlichen Sinnsuche bis hin zu den dringendsten sozialen und politischen Fragen, mit denen die Welt heute konfrontiert ist. Seine Bücher wurden aus zahllosen Tonband- und Videoaufnahmen transkribiert. Er hat über einen Zeitraum von 35 Jahren vor einer internationalen Zuhörerschaft stets aus dem Stegreif gesprochen. Er sagte: „Denkt daran, was immer ich sage, ist nicht nur für euch ... ich spreche auch für die kommenden Generationen."

Der Londoner Sunday Times zufolge zählt Osho zu den „1000 Machern des 20. Jahrhunderts"; der amerikanische Romanautor Tom Robbins hat ihn einmal „den gefährlichsten Mann seit Jesus Christus" genannt. Sunday Mid-Day (Indien) hat Osho als einen der zehn Menschen bestimmt, die das Schicksal Indiens verändert haben – wie Gandhi, Nehru und Buddha.

Osho selbst beschreibt sein Werk als „Beitrag, die Voraussetzungen für die Entstehung einer neuen menschlichen Lebensweise zu schaffen". Diesen neuen Menschentypus hat er immer wieder als „Sorbas der Buddha" umschrieben – also einen Menschen, der nicht nur wie Sorbas der Grieche die irdischen Freuden zu schätzen weiß, sondern ebenso sehr die stille Heiterkeit eines Gautam Buddha.

Wie ein roter Faden zieht sich durch alle Aspekte von Oshos Arbeit die Vision einer Verschmelzung der zeitlosen Weisheit des Ostens mit den höchsten Potenzialen westlicher Wissenschaft und Technik. Vor allem seine revolutionären Ansätze zur Wissenschaft der inneren Transformation haben Osho berühmt gemacht. Seine innovativen „aktiven Meditationen" basieren auf dem Gedanken, dass erst der in Körper und Geist angesammelte Stress abgebaut werden muss, um, frei von Gedanken und entspannt, einen meditativen Zustand zu erfahren.

Seine innovativen „aktiven Meditationen" basieren auf dem Gedanken, dass erst der in Körper und Geist angesammelte Stress abgebaut werden muss, um, frei von Gedanken und entspannt, einen meditativen Zustand zu erfahren.

www.osho.com

Das Osho International Meditation Resort

Lage: Etwa 120 Kilometer südöstlich von Mumbai, in der prosperierenden Stadt Pune gelegen, ist das Osho International Meditation Resort ein Urlaubsort der besonderen Art. Das Meditationsgelände erstreckt sich über ca. 15 Hektar inmitten eines von alten Baumalleen gesäumten Villenviertels.

Besonderheit: Jedes Jahr empfängt das Ressort Tausende Menschen aus über 100 Ländern. Auf dem Campus gibt es die Möglichkeit, direkt Erfahrungen mit einem anderen Lebensstil zu machen – durch mehr Bewusstheit, Entspannung, Festivitäten und Kreativität. Es gibt eine Vielzahl an Programmen die rund um die Uhr und über das ganze Jahr hin angeboten werden. Nichts zu tun und zu entspannen, ist eine davon. Alle Programme gründen auf Oshos Vision von „Sorbas, dem Buddha" – einer qualitativ neuen Art von Mensch, der nicht nur sein Alltagsleben schöpferisch zu gestalten vermag, sondern auch Zugang zu entspannter Stille und Meditation findet.

Meditationen: Es werden täglich und regelmäßig Meditationen unterschiedlichster Art angeboten – aktive und passive Methoden, traditionelle und revolutionäre, und ganz besonders natürlich, die von Osho entwickelten Aktiven Oho Meditationen. Sie alle finden in der wahrscheinlich weltgrößten Meditationshalle, dem Osho Auditorium, statt.

Multiversity: Hier kann man Einzelsitzungen, Kurse und Trainings zu unterschiedlichen Themen buchen – von den bildenden Künsten bis hin zu ganzheitlichen Heilmethoden, von persönlicher Transformation bis hin zu Therapie, esoterischer Wissenschaft, Sport- und Fitnessprogrammen mit Zen-Akzent.

Das Geheimnis des Erfolgs der Multiversity, liegt darin, dass alle Programme immer mit Meditation verknüpft sind, um das Verständnis zu fördern, dass wir menschlichen Wesen mehr sind als die Summe aller Teile.

Basho Spa: Das luxuriöse Spa hat einen großzügigen Pool unter freiem Himmel umsäumt von Bäumen und tropischem Grün. Das weitläufige Jacuzzi, Sauna, Gym, Tennisplatz ... all diese Plätze liegen in einer ausgesprochen ästhetisch gestalteten Anlage.

Küche: Es gibt stets eine Auswahl köstlicher vegetarischer Gerichte in westlicher, asiatischer und indischer Ausrichtung. Das Meiste davon wird für das Ressort organisch angebaut. Brot und Kuchen werden in der hauseigenen Bäckerei gebacken.

Nachtleben: Die Nummer 1 der Abendveranstaltungen ist das Tanzen, neben Vollmond-Meditationen unterm Sternenhimmel, Varietétheater, Musikveranstaltungen und Meditationen. Man kann auch Leute am Plaza Café treffen oder einen Spaziergang durch die Gärten in dieser märchenhaften Umgebung machen.

Infrastruktur: Alle wesentlichen Dinge kann man in der Galeria einkaufen. In der Multimedia Gallery bekommt man alle Osho Media Produkte. Es gibt eine Bank, ein Reisebüro und ein Internetcafé auf dem Campus. Für alle die gerne auf Shoppingtour gehen: Man findet in der Stadt sowohl gute traditionelle Produkte, wie auch weltbekannte Markenläden.

Unterbringung: Man kann sich im eleganten Osho Guesthouse einmieten oder sich für längere Aufenthalte zum Living-In Programm anmelden. Zusätzlich gibt es noch zahlreiche Hotels und Appartements in der direkten Umgebung.

www.osho.com/resort

OSHO
ZEN - DEN KLANG DER STILLE HÖREN
256 Seiten Seiten
Broschur
ISBN 978-3-942502-07-8

OSHO
ZEN UND DIE FREUD'SCHE COUCH
Zen-Geschichten, Zen-Meister und die Liebe zum Leben
288 Seiten Seiten
Hardcover
ISBN 978-3-942502-38-2

OSHO
WEDER LEICHT NOCH SCHWER
Der Zen-Weg zu mehr Gelassenheit
144 Seiten Seiten
Klappenbroschur
ISBN 978-3-942502-54-2

OSHO
ZWISCHEN BEWEGUNG UND RUHE
Der Zen-Weg zu sich selbst
160 Seiten
Klappenbroschur
ISBN 978-3-942502-57-3

Mehr Bücher von Osho finden Sie hier

www.innenwelt-verlag.de